Werner Spies
Auge und Wort

Berlin University Press

Werner Spies
Auge und Wort

Gesammelte Schriften zu Kunst und Literatur
Band 10

Herausgegeben von Thomas W. Gaehtgens
unter Mitarbeit von Maria Platte

Redaktion Tanja Wessolowski
mit Markus A. Castor, Julia Drost, Dirk Hildebrandt
und Annerose Rist

Werner Spies

Literatur und Betrieb

BERLIN UNIVERSITY PRESS

Daniel-Henry Kahnweiler – Leben und Werk

Die puritanische Revolution eigener Beobachtung	11
Ein falscher Charakter mit Anstand –	
Dandy ohne Öffentlichkeit	12
Der unsichtbare Kubismus	14
In aller Ruhe Malen statt Boxen	16
Die Violine aus falschem Holz wird revidiert	17
Die Kontrolle der Kamera	19
Ein schönes Werk muß nicht gefallen	21
Invasion mit Schwungkraft	22
Ein possessiver Charakter lehrt das Lesen	23
Die Malerei von Übermorgen	25
Der ausschließliche Kunsthändler ist kein Börsenmakler	28
Publizieren ohne durchzuzählen	30
Die gescheiterte Liquidation der Avantgarde	32
Künstlerische Abrüstung der europäischen Familie	33
Der reinliche Kunsthändler, Augenzeuge der Chronologie	34
Platonismus und die Seele des Weinglases	36
Verhärtungen des Nominalismus	38
Präzisierung des Halbbewußten	40
Die Kunstgeschichte kulminiert: Lesen lernen ohne Anekdoten	42
Vom Weltprinzip des Unbewußten in der Kunst	44
Assimilationsstrategien der Malerei	46
Gewöhnung als Bereicherung – der Gegenstand des Betrachters	49
Ontologische Promotion der Gegenstände	50
Paris nach der Verschwörung	52
Evangelist und Inquisitor	54

Die Wirklichkeit der Dinge und die Phantome der Kunst
Cervantes, Duchamp, Beckett, Nauman   60

Herzschrittmacher des Surrealismus – André Breton   74

André Breton, Rue Fontaine
Die Kunst- und Wunderkammer des Surrealismus   81

Ein Leben, aber welches? – Louis Aragon   102

Absage an die Gewißheit – Henri Michaux' Fluchtgebärden   113

Eine Parallelaktion – Der Dichter und Maler Henri Michaux	119
Der Leib wird zum Lapsus – Max Ernst und Kafka	129
Steine aus dem Himmel unseres Kindes Die Erinnerungsspiele des Salvador Dalí	140
Flucht eines Selfmade-Helden Die »Anti-Memoiren« des André Malraux	150
Pablo Picasso, Schriftsteller	156
Mit Denkspielen gegen den hohen Ton Der Dichter Jean Tardieu	164
Francis Ponge Texte zur Kunst	168
Im Namen der Dinge Francis Ponges poetische Phänomenologie	175
Die Erschaffung der Welt in der Sprache. Francis Ponge und seine Ansichten über »Die literarische Praxis«	181
Der »Nouveau Roman« und das Hörspiel Meine Zusammenarbeit mit den französischen Autoren	187
Wir brauchen einen Kahlschlag der Gefühle Zum Tode von Alain Robbe-Grillet	206
Welt unter Verdacht. Zum Tode von Nathalie Sarraute	216
Labyrinthe der Erinnerung. »Das Seil« – ein frühes Werk des französischen Schriftstellers Claude Simon	224
Pierre Klossowski	228
Weh dem, der Symbole sieht. *Watt* von Samuel Beckett	232
Samuel Beckett. Eine Schwäche für alles, was vorbei ist	239
Ein ungespieltes Leben Zum Tode von Samuel Beckett	249
Was hat die Welt heute, für immer, von Beckett? Zum 100. Geburtstag von Samuel Beckett	254
Paul Auster und Sophie Calle Zwischen Brooklyn und Malakoff	266
»Meine Laufbahn entschied sich an einem Sonntag im Herbst 1934, um 9 Uhr morgens.« Rede zur Verleihung des ›Meister-Eckhart-Preises‹ an Claude Lévi-Strauss	275

Das Wort als revolutionäre Realität
Versuch einer Phänomenologie des Pariser Mai 290

Der Bart des Gartenzwergs«
Der Kitsch« – Eine Anthologie von Gillo Dorfles 299

Wie Arno Breker die Kunst vor Picasso retten sollte
Eine Begegnung mit Hitlers Lieblingsbildhauer in Paris 305

Kunst an der amerikanischen Westküste
Siddhartha in der Bucht von San Francisco 317

Venice in Kalifornien. Jesus-Jünger und technologische
Kunst an der Pazifikküste 328

Hitchcock und die Kunst 337

Der balsamierte Alltag. Aufmarsch der neuen Realisten
in Amerika 346

Deutsch-französische Beleuchtungen
Rede im Hebbel-Theater in Berlin 354

Was wir lieben, wird sterben
Wenn die Politik *Guernica* kaschieren muss 363

»Beaubourg« – eine Spekulation auf die Zukunft
Das größte kulturelle Projekt Frankreichs, vor der Eröffnung 367

Paris – Berlin 1900-1933. Übereinstimmung und Gegensätze
Vorwort zur Ausstellung 378

Der gespaltene Schädel
Jean Clairs Ausstellung »L'âme au corps« 387

Die Sammlung Flick im Hamburger Bahnhof
Kein Modell für die Franzosen 396

Die amerikanische Unfehlbarkeitserklärung
Das MoMA-Komplott: Anmerkungen zum Gastspiel
des Museum of Modern Art in der Nationalgalerie Berlin 405

Am Webstuhl der Zeit. Kronos sei der Gott der Künste:
Meine Präsentation des Musée national d'Art Moderne,
Centre Georges Pompidou, Paris 415

Quellenverzeichnis 425

Namensregister 428

Daniel-Henry Kahnweiler
Leben und Werk

Für Peter-Klaus Schuster

Diese Arbeit entstand für die Publikation »Daniel Henry Kahnweiler, Kunsthändler, Verleger, Schriftsteller«. Sie erschien zuerst 1984 in den Éditions Centre Georges Pompidou (Paris) sowie 1986 im Verlag Gerd Hatje (Stuttgart).

Daniel-Henry Kahnweiler –
Leben und Werk

Es gibt mehrere Gründe, die Persönlichkeit Daniel-Henry Kahnweilers in Erinnerung zu rufen. Auch wer nur wenig mit der Rolle dieses einzigartigen Entdeckers, Weggenossen der Künstler und Kunstschriftstellers vertraut ist, wird von dem Kern dessen, was diese Vita auszeichnet, zutiefst berührt: Er begegnet einem Mann, dem es gelungen ist, ein langes, fünfundneunzigjähriges Leben lang Kontinuität zu bewahren und sich dabei treu zu bleiben. Das Beispiel Kahnweilers liegt nicht nur darin, daß er wichtiger, oft entscheidender Figurant einer Szene war. Abgesehen vom Erfolg, vom Durchsetzungsvermögen, von der Klarheit seiner Überzeugungen, erregt uns heute die Möglichkeit, daß er als Zeitgenosse bereits das zu erkennen vermochte, was der Zukunft als ein Teil des Optimums dieser Zeit erscheinen mußte. Denn was der knapp Zwanzigjährige aus dem Wust seiner Zeit auszusuchen vermochte – Picasso, Braque, Léger, Juan Gris, André Derain –, entspricht dem, was die objektive Konstruktion der Geschichte unseres Jahrhunderts nachträglich sanktioniert hat. Und das ist etwas anderes als der ephemere Konsensus für einen gewieften und mächtigen Kunstvermittler. Kahnweilers subjektive Überzeugung von der Wahrheit der richtigen Wahl wurde weitgehend zu einer historisch gesicherten. Eine derartig geniale Prämonition kann kein Zufall sein. Und auch der Hinweis, daß er sich von Anfang an in Paris mit der Freundschaft Apollinaires und Max Jacobs gut umgab, kann nicht die eigene Leistung verkleinern. Gerade dann zeigt sich Kahnweilers absolute Eigenständigkeit, seine Unerbittlichkeit, wenn man ihn an der scheinbar unbegrenzten Einfühlsfähigkeit Apollinaires mißt. Kahnweiler kam, als er sich 1907 in Paris als Kunsthändler niederließ, mit ganz wenigen Namen aus. Im Index zu den ästhetischen Schriften Apollinaires finden wir deren Hunderte. Ein anderes Naturell spricht sich hier aus. Auch wenn Kahnweiler von der Person und vom Werk Apollinaires fasziniert wurde – er war der erste Verleger Apollinaires –, so akzeptierte er doch nicht dessen ästhetische Grundeinstellung, die der institutionalisierten Lust an der »surprise«.

Ein Problem der Zeit – bis heute das Maß unseres Verzichts auf Wertung und Abgrenzung – taucht hier auf: Vom Bankrott der Kunstkritik und des Sammelns der vorhergehenden Generation, die die nachfolgende zu immer neuer Umwertung und Rehabilitation aufforderte, traumatisiert, legte Apollinaire die Maschen des Lobs so eng, daß ihm ja nichts entschlüpfen konnte. »Überentdeckung« wurde hier einer normativen, riskanten Wahl vorgezogen. Kahnweiler hat eine solche gewagt.

Er böte sich als der Gegenstand einer einzigartigen Biographie eines Rezipierenden an, eines Rezipierenden, der – und mag dies auch paradoxal klingen – selbst ein Werk aufzuweisen hat. Er pflegte gerne zu sagen: »Es sind die großen Künstler, die die großen Kunsthändler machen!« – Dies klingt bescheiden, doch dahinter versteckt sich der Stolz eines Mannes, der sich seiner Rolle bewußt war. Wir können hier nur einige Hinweise geben, Hinweise auf den Entdecker, den Freund der Künstler und Schriftsteller und den Interpreten. Eine Auswahl aus seinen Schriften und die detaillierten biographischen Hinweise sollen mithelfen, das Geheimnis dieser Persönlichkeit ohne Geheimnis zu umkreisen. Die Voraussetzungen für sein »Werk« können wir bereits in dem »Kahnweiler vor Kahnweiler« auffinden. Schon früh lassen sich Prädispositionen feststellen, die ihn dazu aufforderten, gegen den Geschmack seiner Zeit zu revoltieren und für diese Auflehnung gegen Familie und Gesellschaft eine Norm zu finden. Das Wort von der Revolte erscheint uns nicht zu stark, auch wenn Kahnweiler in seinen Gesprächen stets den Eindruck zu vermitteln suchte, als sei seine Abwendung von dem Geschmack seiner Zeit im Grunde ganz einfach und selbstverständlich verlaufen. Dem Entdecker Kahnweiler geht zunächst der Verneiner Kahnweiler voraus.

Die puritanische Revolution eigener Beobachtung

Als er im Jahre 1907 in Paris, in der Rue Vignon, eine Galerie eröffnet, sah dies nach einem Abenteuer aus, zumal da der noch nicht Dreiundzwanzigjährige gerade das große Abenteuer jener Zeit schlechthin abgelehnt hatte: Südafrika, die Goldminen. Verwandte in London, Bankiers, hatten dem jungen Mann vorgeschlagen, in ihr Kontor am Kap der Guten Hoffnung zu ziehen. Er schlug dies aus, machte den Gegenvorschlag, Kunsthändler in Paris zu werden. Ein Freund der Familie, Besitzer einer Galerie, unterzog Kahnweiler auf Ersuchen der konsternierten Verwandtschaft einem Examen, bei dem den Prüfling der Teufel ritt. Er zog allen etablierten Werten, allem Anerkannten El Greco und Vermeer van Delft vor und zeigte damit bereits im Bereich des Überkommenen, Historischen, daß er neben allgemeine, anerkannte Anschauungen eigene Beobachtungen setzen, sich durchsetzen wolle. Niemand ermunterte Kahnweiler zu diesem Beruf – in der Familie hatte niemand einen ähnlichen Hang gezeigt. Die Eltern, die von Mannheim, wo Kahnweiler am 25. Juni 1884 geboren wurde, bald nach Stuttgart übersiedelten, besaßen zwar schöne Möbel, schöne Teppiche. Die Bilder indes, die sie hatten, die im Stile Defreggers gehalten waren, verrieten keinen Sinn für Malerei. Das künstlerische Element fehlte nicht völlig in der Familie. Onkel »Amico«, ein Bruder der Großmutter mütterlicherseits, lebte wenigstens wie ein Künstler, liebte Musik, Theater und Schauspielerinnen, schrieb Gedichte. Dieser »Amico« – Außenseiter, den jede größere Familie hervorbringt, in dem bürgerliche Tugenden unscharf werden, der den Sprung von einer gutgefügten Welt zu einem exzentrischen Sohn, der von der Einübung in die Freiheit profitieren kann, vorbereitet –, dieser »Amico« übte auf Kahnweiler Einfluß aus. Kahnweiler ist achtzehn Jahre alt, als er erstmals nach Paris kommt. Er hatte eben eine zweijährige Banklehre in Karlsruhe abgeschlossen. In Paris arbeitet er als Volontär bei einem Börsenmakler. In seiner Freizeit geht er täglich drei Stunden in den Louvre oder ins Musée du Luxembourg. Sein Mentor, Eugene Reignier, führt ihn ins Theater, in die Oper, gibt ihm Verhaeren, Maeterlinck zu lesen. Es ist dies beileibe nicht die erste Lektüre. Diese begann in Deutschland mit Hauptmann, Max Halbe, Sudermann, Zola, Nietzsche, Schopenhauer. Das mondäne Leben lockt ihn nicht, er hat sich auch in der Folgezeit nie etwas daraus gemacht. Er ist Puritaner und bleibt es auch.[1] Aus der Rückschau schreibt er an Michel Leiris: »Ich sage mir jetzt häufig, daß meine Stuttgarter Lehrer mich wohl doch stark beeinflußt haben, und daß meine geistige Einstellung protestantisch ist (...) Nach Fichte soll man zur Identität mit sich selbst gelangen: Ich glaube, daß diese Idee schon recht gut ist. Ich mache mir – wie gesagt – keine Illusionen darüber, welch preußischer Geist in diesem Ideal liegt, aber ich glaube, daß es das einzige Ideal ist, daß derzeit noch möglich ist.«[2]

Ein falscher Charakter mit Anstand –
Dandy ohne Öffentlichkeit

Die Kunst der damaligen Zeit lernt er in den Salons kennen. Er legt sich eine kleine Sammlung von Graphiken der Maler an, deren Bilder ihm gefielen: Manet, Cézanne, Renoir, Sisley, Toulouse-Lautrec, Signac, Cross.

Nach dem kurzen Aufenthalt in London, nach dem Examen bei Wertheimer, das trotz der exzentrischen Vorliebe für Maler, die man eben wieder zu entdecken begann, günstig ausgefallen war, kehrt Kahnweiler nach Paris zurück, von seinen Onkeln mit dem nötigen Geld versehen und mit der Erlaubnis, ein Jahr lang in Paris sein Heil als Kunsthändler zu versuchen. Falls das Unternehmen schiefgehe, solle er wieder nach London zurückkehren. Wir besitzen Briefe, die Eugène Reignier seinem Freund nach London gesandt hat. Er macht Kahnweiler auf die Schwierigkeiten aufmerksam, die ihn erwarten. Der Charakter Kahnweilers scheint ihm keineswegs einer solchen Karriere zu entsprechen: »Übrigens hast Du Geschmack, Witz und Verstand, und Du wirst auch niemals *zynisch sein* können ... Und dann verabscheust Du es, Dich den Leuten an den Hals zu werfen, ihnen zu schmeicheln und etwas vorzuschwindeln. Jede Form von *Reklame* widerstrebt Dir. Du wirst darauf warten, daß sie zu Dir kommen, daß sie verstehen...«[3] Und in einem auf den 30. Januar 1907 datierten Brief gibt er seinem Freund den Rat, sein bisheriges Äußeres und damit auch seine Lebensanschauung zu korrigieren: »Allerdings muß ich Dir doch noch einen Rat geben – vergiß die Bohème, weg mit den lächerlichen Haaren, den anarchistischen Allüren... Mehr Anstand! Ich schwöre Dir, daß ich es ernst meine. Das andere, das war richtig, als Du den Menschen aus dem Weg gingst; jetzt mußt Du Dich um sie bemühen, selbst um diejenigen, die Du verachten könntest.«[4]

Diese Zeilen geben eine Charakterisierung des jungen Dandy, der zuvor seinen symbolistischen Subjektivismus stilisierte. Und es sind gerade die Züge, die Reignier bei seinem Freund feststellt, die schließlich seine Stärke und Einzigartigkeit ausmachen sollten. »Jede Form von *Reklame* widerstrebt Dir« und »Du wirst warten, daß sie zu Dir kommen, daß sie verstehen« – beide Feststellungen scheinen Kahnweilers Strategie zu bezeichnen. Nach allem, was wir wissen, entzog sich dieser nämlich so weit wie möglich der Öffentlichkeit. Im Rückblick meinte er: »Man glaubt immer, ein Kunsthändler ›lanciere‹ Maler, indem er für Publizität sorgt und laut die Werbetrommel rührt. Ich habe dafür nicht einen Sou ausgegeben, nicht einmal für Anzeigen in Zeitschriften.«[5] Nach der Ausstellung, die er im Herbst 1908 Braque widmete, beschränkte er sich bis zum Ausbruch des Ersten Weltkriegs darauf, den Besuchern seiner kleinen Galerie Werke der Künstler, die er vertrat, formlos zugänglich zu machen: »Dazu ist zu sagen, daß die wenigen Liebhaber dieser Maler – denn es gab wohl fünf oder sechs – ab einem bestimmten Zeitpunkt sich sofort diese neuen Bilder bei mir anschauten; auch die nicht finanzkräftigen Maler und Liebhaber kamen sofort; aber ich habe nie mehr öffentlich ausgestellt; das ist ein guter Beweis für die völlige Verachtung, die wir für die Kritik und die große Masse empfanden.« Diese Ablehnung des Publikums entsprach Picasso. Am 17. Juli 1912 schrieb er an Kahnweiler: »Sie schreiben mir, daß Uhde meine letzten Bilder mit den Fahnen und dem Ripolin-Lack nicht mag; vielleicht gelingt es uns, sie alle abzustoßen, und dabei haben wir noch nicht alles gesagt...«[6] Er ging von der einfachen Prämisse aus, daß sich das Bedeutende von selbst einen Weg bahne: »Das Gute und Schöne aber setzt sich immer durch... Der rasche Publikumserfolg ist meiner Ansicht nach ein schlechtes Zeichen.«[7]

Der unsichtbare Kubismus

Diese Einstellung erklärt auch, warum die Galerie und der Name Kahnweilers in der Presse dieser Jahre so gut wie nie auftauchen. Doch seine Künstler stellen von nun an auch nicht mehr auf den öffentlichen Salons aus.[8] Dies führt im Grunde dazu, daß Picasso und Braque sehr schnell zu den ungesehenen Heroen des Kubismus werden. Ständig ist von ihnen in den Zeitungen die Rede – sehen kann man sie in Paris jedoch fast nur in der Galerie in der Rue Vignon. Immer wieder liest man Klagen darüber.

Wir müssen – und dies ist paradox genug – die »Ventes Kahnweiler« zu Beginn der zwanziger Jahre abwarten, um in

Paris einen Blick auf den »authentischen« Kubismus werfen zu können. Die Zwangsversteigerung des Kahnweilerschen Stocks erst gestattet eine Bilanz: »Abgesehen davon, daß die Kahnweiler-Auktionen mit ihren illustrierten Katalogen die ersten – sehr kurzen – Retrospektiven des Kubismus darstellten, hatten sie natürlich auch auf die bedeutende Rolle des Kunsthändlers für die Förderung der modernen Kunst aufmerksam gemacht.«[9]

Das Ausland ist in diesen Jahren besser informiert über diese Maler als Paris. Denn zu den großen Ausstellungen der Zeit (*Sonderbund* in Köln, *Armory Show* in New York) sendet Kahnweiler ständig Werke. Im Ausland ermöglicht er auch Einzelausstellungen seiner Künstler. Zu zahlreichen Publikationen, für Kataloge stellt er Photos der Werke zur Verfügung. Und er legt dabei – wie wir der Korrespondenz entnehmen können – großen Wert darauf, daß der Hinweis, das Photo sei von der Galerie Kahnweiler zur Verfügung gestellt worden, nicht vergessen wird. Kahnweiler öffnet die Galerie dem Ausland zu, in Paris selbst hält er sich zurück. Und den Erfolg finden seine Künstler weitgehend im Ausland. Im November 1912 schreibt *La Gazette de la Capitale et du Parlement* über Picasso: »So außergewöhnlich das auch erscheinen mag, aber die Werke des Begründers des Kubismus verkaufen sich wie warme Brötchen, was seine Schüler, die in der Section d'Or ausstellen, etwas bekümmert... Er war schlau genug, sich durch einen recht vorteilhaften Vertrag mit amerikanischen Bankiers bis ans Ende seiner Tage zu versorgen. Weit entfernt vom Salon d'Automne, der Section und den kleinen Ausstellungen. Er ist der Meister, er stellt nicht mehr aus.« So gewinnt man denn – durchblättert man die zahlreichen Dokumente, die in diesen Jahren den Kubismus, Picasso, Braque, Léger oder Gris nennen – den Eindruck, als ob die Wirkungsgeschichte des Kubismus, des »wahren« Kubismus, gewissermaßen außerhalb von Paris stattfinde. Und dieses einzigartige Renommee, das die Künstler der Galerie so rasch auf diesen ausländischen Ausstellungen erwerben, steht von vornherein dem hektischen Getriebe entgegen, das sich im Umkreis der Maler der »Section d'Or«, im Umkreis von Metzinger und Gleizes entwickelt.

In aller Ruhe Malen statt Boxen

Selbstverständlich suchte Kahnweiler auch, seine Künstler einer Konfrontation mit dem agitatorischen Futurismus zu entziehen: »Die Futuristen, die vor den Surrealisten kamen, waren noch viel zanksüchtiger als diese. Ihre Versammlungen arteten meistens in wilde Boxkämpfe aus. Wir indes strebten ungefähr genau das Gegenteil an. Meine Maler wollten arbeiten und nicht herausfordern; sie waren von ihrem Vorhaben überzeugt und wollten malen, und sonst gar nichts. Sie hätten ausgestellt, wenn ihnen an einem Skandal gelegen wäre, aber davon hielten sie nichts. Sie arbeiteten in aller Ruhe und mit großer innerer Sicherheit.«[10]

Hinter Kahnweilers geradezu besessenem Rückzug aus Öffentlichkeit und Ausstellungsbetrieb steckte eine genaue Analyse eines Kulturbetriebs, in dem die soziale Kontrolle jeglicher Kreativität durch Staat und Öffentlichkeit obsolet geworden war. Die Marginalität, in die Courbet, die Impressionisten, Cézanne, van Gogh und die Fauves gedrängt wurden, machten Kahnweiler empfänglich für die überragende Rolle, die hier jeweils einzelne – Nadar, Durand-Ruel, Vollard – übernehmen konnten. Hier entdeckte er die eigentliche Legitimität und Funktion des Händlers/Entdeckers. Gleichzeitig sprach sich in diesem negativen Verdikt der Öffentlichkeit gegen die Kunst ihrer Zeit in seinen Augen etwas Wesentliches aus: Erkenntnis von großer Kunst konnte nicht in einer gewissermaßen hedonistischen Spontaneität – im Augenblick selbst – erreicht werden. Ein Blick auf die jüngste Geschichte, das Versagen von staatlicher Kunstförderung, Akademiebetrieb, Salon zeigten ihm deutlich, daß Kunst nur im Widerstand gegen etablierte Meinungen entstehen konnte.

Zu Kahnweilers ständigen Überzeugungen gehörte folglich die Ablehnung jeglicher staatlicher Gängelei und der Förderung von Gegenwartskunst durch den Staat. Auch dies läßt sich mit frühen Äußerungen Kahnweilers belegen. Was er später, in seinen »Entretiens« dazu anmerkte, hatte er bereits 1916 in einem unveröffentlichten Aufsatz, »Der Staat und die Bildende Kunst«, zu Papier gebracht: »Was die Vergrößerung der öffentlichen Sammlungen durch Ankäufe alter Kunstwerke betrifft, so kann der Ankauf dieser Art nie ein eigentlicher Fehlgriff sein... Es sollte dem Staate kein Geld zur Verfügung gestellt werden zur Unterstützung lebender Künstler, da dieses Geld nie an den rechten Ort gelangt, sondern stets an unwürdige vergeudet wird, die man ganz im Gegenteil entmutigen sollte, denn der bildenden Künstler sind zu viele.«[11] Und Kahnweiler begründet diese Skepsis eben mit dem Bruch, der seit dem frühen neunzehnten Jahrhundert Künstler und Staat entzweit. Es fehlt die Verbindlichkeit eines großen Stils. Eine solche könne seines Erachtens erst dann wieder erreicht werden, wenn ein Stil einen so starken Grad an Norm erreicht habe, daß er als verbindlich angesetzt werden könne. Erst dann sei es überhaupt sinnvoll, wieder so etwas wie einen Lehrbetrieb zu organisieren: »Vielleicht – ich hoffe und glaube es – wird auch auf unsere Periode der Umwälzung ein Stil folgen, der alle in seine Bande schlägt und die Hierarchie der Kunst wieder aufrichtet, dermaßen, daß notgedrungen auch die Schule ihm Untertan wird: Bis dahin jedenfalls müssen wir mit den jetzigen Zuständen rechnen.«[12]

Die Violine aus falschem Holz wird revidiert

Kahnweiler schafft, wie gesagt, seinen Künstlern Ruhe, und er erläßt es ihnen, sich jeweils erneut mit ihrer neuesten Produktion einem unverständlichen Publikum stellen zu müssen.[13] Die Briefe, die Picasso damals an Kahnweiler richtete, gestatten dazu wesentliche Einblicke. Wie oft ist hier vom Nichtfertigsein die Rede, davon, daß er an den Bildern noch weiterarbeiten wolle. Wie oft hält er Arbeiten zurück, weil er sie noch revidieren möchte. Nehmen wir als Beispiel Briefstellen wie folgende: »Ich hatte daran gedacht, Ihnen auch die Violine aus falschem Holz zu überlassen, aber ich denke, daß ich noch an ihr arbeiten muß.« (Brief vom 5. Juni 1912)[14] »Sie sollten zum Boulevard de Clichy gehen und mir eine oder zwei Rollen jener Leinwand schicken, die letztes Jahr präpariert wurde. Die Leinwand, die Sie mir geschickt haben, stammt aus der Rue Ravignan, und ich glaube, es bleibt nicht mehr viel übrig... Ich möchte wie immer an mehreren Werken gleichzeitig arbeiten, um das Ganze unermüdlich fortsetzen zu können.« (Brief vom 5. Juni 1912) »Ich glaube, daß meine Malerei an Stärke und Klarheit gewinnt, nun, wir werden ja mal sehen, Sie werden ja

Pablo Picasso: Daniel-Henry Kahnweiler, 1910. Chicago, The Art Institute

sehen; aber das Ganze steht noch nicht zum Abschluß bereit, obwohl ich mehr Sicherheit in mir fühle.« (Brief vom 12. Juni 1912)[15] Offensichtlich erschwert diese ständige Selbstkritik die Beziehungen mit dem Kunsthändler. So schreibt Kahnweiler am 6. Juni 1912: »Nun, Sie würden mir den größten Dienst erweisen, wenn Sie mir in Ihrem nächsten Brief mitteilen, welche Bilder Sie nun als abgeschlossen betrachten, damit ich über sie verfügen kann; genaugenommen wissen Sie auch in acht Tagen nicht mehr als heute, und es handelt sich doch nur um eine Entscheidung, die Sie nun einmal treffen müssen.«

Nicht von ungefähr enthält der Vertrag, in dem sich Picasso Kahnweiler gegenüber am 18. Dezember 1912 verpflichtet, ihm zunächst für die Dauer von drei Jahren die gesamte Produktion zu überlassen, folgenden Passus: »Sie werden sich auf meine Entscheidung, ob nun ein Bild abgeschlossen ist oder nicht, verlassen müssen.«[16]

Die Kontrolle der Kamera

Diese Briefe, die Picasso seinem Kunsthändler in diesen Jahren schrieb, gehören auch zu den eindrucksvollsten Dokumenten über die damalige Aktivität Kahnweilers. Immer wieder klingt an, was Picasso fordert: die Lösung aller praktischen Fragen und Diskretion. Er hat ihm alle organisatorischen Probleme abzunehmen. Eine überaus wichtige Rolle spielt dabei die Übersendung von Photographien nach Werken Picassos. Am 13. Juni 1912 schreibt er an Kahnweiler: »Ich warte auf die Photographien und möchte gerne wissen, was dabei herausgekommen ist«,[17] und am 15. Juni: »Wenn ich meinen Photoapparat hier hätte, könnte ich Ihnen demnächst Photographien schicken, die über den Stand meiner Bilder Aufschluß geben; vielleicht finde ich auch jemanden mit einem Apparat, dann könnte ich sie machen; sonst müßte ich Sie bitten, mir meinen Photoapparat zu schicken. Sie müssen ihn gesehen haben; er liegt im Raum neben dem Zimmer mit meinem Bett, und zwar auf der Fensterseite neben dem Sofa. Im Apparat befinden sich noch einige Photoplatten, die man entwickeln müßte; es sind Aufnahmen, die ich von mir vor dem Spiegel gemacht hatte. Aber das alles nur, wenn ich hier keinen Apparat finde.« Am 20. Juni aus Céret: »Ich habe soeben die Photographien erhalten, und ich freue mich, sie zu sehen; sie sind sehr schön geworden und geben mir recht... Einige Gemälde sind wirklich nicht schlecht, und wenn ich jetzt diejenigen betrachte, die ich Ihnen schicken werde, dann finde ich sie ganz gut...« Am 15. Juli 1912 aus Sorgues: »Ich würde mich sehr freuen, die Photographien von den Sachen von Ceret und den anderen zu sehen...«[18]

Dies verdient festgehalten zu werden: Einerseits sucht Picasso, mit Hilfe dieser Photos von früheren Arbeiten – und Kahnweiler läßt systematisch die Werke seiner Künstler aufnehmen –, während seiner wiederholten Abwesenheit von Paris jeweils so etwas wie ein Ateliermilieu zu rekonstruieren. Er braucht eigene Werke – wenigstens in Reproduktion – um sich. Andererseits scheint die Photographie als Medium – Verkleinerung des Formats, Egalisierung der Tonwerte – die Arbeit in eine Distanz zu rücken. Dank dieser Verfremdung vermag Picasso eigene Bilder, wie er selbst schreibt, neu zu sehen. »Karfreitag 1913... gestern habe ich die Photographien erhalten; sie sind gut geworden; Ihre Photos gefallen mir immer wieder, weil sie mich überraschen. Ich sehe meine Bilder dann anders als sie sind...«[19] Offensichtlich: Die Photographie – die Photos, die Kahnweiler ständig zur Verfügung stellt – hat für die Entwicklung des Kubismus eine determinierende Funktion. Auch dem Briefwechsel mit Braque und Derain können wir dies entnehmen. Auch ihnen dienen die ständigen Sendungen Kahnweilers dazu, ihre Arbeit kontinuierlich weiterzuentwickeln.

Ein schönes Werk muß nicht gefallen

Von Picassos Zögern war die Rede. Kahnweiler konnte dieses geradezu im privilegierten Moment erkennen, zu dem Zeitpunkt, da er erstmals seinen Fuß ins Atelier im »Bateau Lavoir« setzte, hatte er *Les Demoiselles d'Avignon* beendet. Es war die Zeit, da sich Vollard, Derain, Braque von Picasso abwandten. Kahnweiler lernt Picasso in diesem historisch einzigartigen Augenblick kennen – und er gehörte zu den ganz wenigen, die damals den Bruch, den dieses Bild so monumental vorführte, als eine Notwendigkeit erkannten. Bemerkenswert erscheint, daß Kahnweiler in *Demoiselles d'Avignon* von vornherein ein Bild erkennt, das sich nicht an ein Geschmacksurteil wendet. Von Deformation und Expressivität ist in seiner Schilderung nicht die Rede. Vom narrativen, abbildenden Charakter der Komposition abstrahiert er als einer der ersten: Er entdeckt die »Probleme«, die Picasso mit diesem Bild lösen möchte. Und er kommt zu folgendem Urteil: »Der Aufbau des Gemäldes, das heißt die Zusammenfassung des Mannigfaltigen der Außenwelt in der Einheit des Kunstwerks, bedingt einen Formenrhythmus, der mit der eng an die Außenwelt anschließenden Darstellung dieser Außenwelt in Widerstreit geraten kann, oder besser: muß.«[20] Die Ablehnung, dieses Bild mit den Kategorien des Expressiven, des Häßlichen zu belegen, bezieht er später auf das Urteil Kants: »Ein schönes Werk muß nicht gefallen.« Das Naturschöne muß vom Kunstschönen getrennt werden. 1919 notiert er: »Es ist bedauernswert, daß das Wort, der Begriff der ›Schönheit‹ nicht dem Kunstwerk vorbehalten wurde, dem, was geformt wurde und auf ewig unveränderlich, unvergänglich geworden ist, eben dem authentisch Schönen. Zur Zeit maßt sich jeder beliebige an, diesen Begriff wie eine abgedroschene Formel zu verwenden, und meint von einer ›schönen‹ Landschaft, einer ›schönen‹ Frau sprechen zu können.«[21]

Etwas vom Erscheinungshaften, mit der ihn dieses Bild ergriff, ein Bild, das alle Sehgewohnheiten zerstörte, klingt in dem Bericht an, den Kahnweiler bereits in der ersten Fassung seines *Weg zum Kubismus* gab. Wir haben hier eine Erkenntnisleistung zu sehen: Auch wenn Picasso dieses Bild in all den Jahren des »heroischen« Kubismus einer Wirkungsgeschichte entzog, so hatte doch Kahnweiler klar erkannt, daß Picasso mit den *Demoiselles d'Avignon* so etwas wie eine Barrikade gegen eine Jahrhunderte dauernde europäische Tradition errichtet hatte.

Invasion mit Schwungkraft

Von vornherein war es Kahnweiler klar, daß ihn diese Begegnung mit einer Kunst in Berührung brachte, die auf radikale Weise das verwirklichte, was er damals als junger Mann »erträumte«: nicht Vertreter einer Modifikation der Avantgarde der Zeit zu sein, sondern Partner eines Bruchs. Der erste Artikel, den er – wie ein Manifest – in seine Sammlung von Zeitungs- und Zeitschriftenartikeln, die er vor 1914 anlegte, einklebte, war deshalb eine Charakterisierung Picassos, die Félicien Fagus bereits 1901, Jahre ehe Kahnweiler Picasso kennenlernte, gefällt hatte. Unter dem Titel »L'invasion espagnole: Picasso« schreibt der Autor: »Nach dreihundert Jahren bricht nun für die anglo-romanische Welt die kritische Stunde der Auflösung und Erstarrung ihrer Bestandteile an. Die neue iberische Expansion ... äußert sich in strenger, dunkler, ätzender und zuweilen großartiger Einbildungskraft, einer Pracht, die jedoch gerne zum Schauerlichen tendiert und vor allem ihre nationale Eigenart aggressiv vertritt.«[22] Und um dieses Hiatus zu bezeichnen, der diesen »Picasso vor Picasso« und den, für den sich nun Kahnweiler einsetzt, gilt ihm das Wort Fagus': »Man sieht, daß sein Temperament und sein Schwung ihm noch keine Zeit gelassen hat, sich einen persönlichen Stil zu prägen; seine Persönlichkeit liegt in dieser Schwungkraft.«[23]

Auf die Begegnung mit Picasso, die mit Picassos Einsamkeit, können wir Kahnweilers eigentliche Berufung zum

Kunsthändler datieren. In den Monaten zuvor, da er sich in der Rue Vignon niedergelassen hatte, hatte er auf dem Salon des Indépendants Arbeiten von Vlaminck, van Dongen, Derain, Braque (?), Friesz, Camoin, Signac und auch eine Zeichnung von Matisse gekauft. Er wies im Gespräch darauf hin, daß er vor seiner Begegnung mit Picasso bereits Kunsthändler gewesen sei und daß er wohl weiterhin für die Fauves oder eine andere Kunst eingetreten wäre – diese Begegnung mit Picasso sei jedoch zum Schock seines Lebens geworden. Die einzige Gewißheit, von der er zunächst ausgegangen war: Künstler seiner eigenen Generation zu vertreten. Dahinter steckt, wie er es später in seinen ästhetischen Schriften formulieren sollte, die Überzeugung, daß »jede Generation durch die Augen ihrer Künstler sieht«. An anderer Stelle präzisiert er: »Als ich mich entschloß, Kunsthändler zu werden, dachte ich mit keinem Gedanken daran, Bilder von Cézanne zu kaufen. Die Impressionisten gehörten einer – wenigstens für mich – vergangenen Epoche an. Ich sah meine Aufgabe darin, für die jungen Maler meines Alters zu kämpfen, und diese Künstler lernte ich dann auch kennen und trat für sie ein.«[24]

Ein possessiver Charakter lehrt das Lesen

Rasch versucht er, mit den Künstlern, für die er sich schließlich entschieden hat, Verträge abzuschließen, die ihm die gesamte Produktion sichern. Bereits im Jahre 1907 trifft er solche Abmachungen mit Vlaminck und Derain. Vollard kannte diesen Ehrgeiz nicht – er überließ sich seinem phlegmatischen Naturell, nahm, was kam, wurde eigentlich erst durch den Verkaufserfolg Cézannes aus der Reserve gelockt. Wenn Kahnweiler auf Vollard zu sprechen kam, dann mit einer ungläubigen Verwunderung darüber, daß dieser so ganz und gar quietistisch war und zu Vlaminck, dem Kahnweiler vorschlug, er solle ihm alle seine Bilder verkaufen, sagte, er könne darauf ruhig eingehen, das mache ihn bekannt. Von Anfang an offenbart sich Kahnweilers possessiver Charakter. Eifersüchtig besteht er auf dieser Ausschließlichkeit. Sie ist ein kapitaler Zug seines Wesens und sicherlich eines seiner wenigen geschäftlichen »Geheimnisse«: Risiko und Erfolg sollen unteilbar bleiben. Er geht dabei von der Überzeugung aus, daß sich bedeutende Kunst gewissermaßen von selbst durchsetzen werde. Es komme nur darauf an, hierfür die Bedingungen zu schaffen: Und diese bestehen darin, langen Atem zu haben und die Eigendynamik der Geschichte zu erkennen und zu respektieren. Kahnweilers aufklärerischer Geist hat es darauf abgesehen, nach und nach Sammler zu motivieren. Zu den ersten gehören Hermann Rupf aus Bern und Roger Dutilleul. Er lehrt die Sammler und Besucher das neue ABC, die Elemente einer ihnen zunächst unzugänglichen, fremden Sprache. Als Kahnweiler während der Jahre des Ersten Weltkriegs in der Schweiz die Grundlagen seiner Ästhetik reflektiert, wird der Begriff der Lektüre hier einen vorrangigen Platz einnehmen. Aus den wenigen Dokumenten der Zeit vor dem Ersten Weltkrieg – Kahnweiler publizierte hier noch nichts – geht ganz deutlich hervor, daß sich diese Ästhetik, die den Schriftcharakter einer Kunst, die sich erst im »Lesen« erschließt, postuliert, auf den Umgang Kahnweilers mit den Werken und mit den Besuchern der Galerie gründen kann. Kahnweiler ging besessen von diesem Glauben auf die Fragesteller ein. Er tat dies ernsthaft, ohne die Fragenden mit Ironie und Spott zur Strecke zu bringen. Wie weit sind wir da von den anderen, von Félix Fénéon etwa, der bei Bernheim-Jeune Bilder verkaufte und der einem Sammler, der ein Stilleben nicht zu erkennen vermochte, zur Antwort gab: »Aber, Monsieur, das sind Anspielungen auf gewisse bekannte Lebensmittel.« Wie gesagt, auch wenn wir keine Schriften Kahnweilers aus dieser Zeit besitzen, so kann uns doch das eine oder andere Zeugnis auf der Suche nach dieser Persönlichkeit dienlich sein. Das bedeutendste entnehmen wir der Zeitschrift *Je sais tout*, in der 1912 der Schriftsteller und Kritiker

Jacques de Gachons über einen Besuch in der Galerie Kahnweiler referierte:

Die Malerei von Übermorgen

Paris hat in letzter Zeit mehrere Bilderausstellungen erlebt: Futuristen, Kubisten, Picassisten, die Je sais tout nun nicht einfach übergehen konnte.

— Monsieur, sagte ich, als ich den schlichten kleinen Laden eines Kunsthändlers in der Nähe der Madeleine betrat, Monsieur, man hat mir gesagt, daß bei Ihnen die besten »Kubisten« ausstellen.
Der junge Händler richtete sich in seiner ganzen Größe auf, zog die Augenbrauen hoch, während seine Lider heftig flatterten. Ich hatte ihn beleidigt. Wahrscheinlich hatte ich mich in der Tür geirrt. An den Wänden hingen jedoch Bilder, die mich durch ihre hieroglyphischen Formen geradezu aufforderten, beharrlich zu bleiben.
— Monsieur, antwortete mir schließlich der Herr des Hauses, mir ist bekannt, daß es »Kubisten« gibt oder vielmehr Leute, die sich aus Liebe zur Reklame so nennen. Meine Maler sind keine Kubisten.
— Ach so!... doch... finde ich sie außergewöhnlich genug, um unsere Leser auf sie aufmerksam zu machen... Man hat mich gebeten, für Je sais tout zu schreiben.
— Für Je sais tout! Dann darf ich Sie allerdings bitten, nicht weiter darauf zu bestehen. Mir ist es lieber, daß Ihre Zeitschrift nicht über meine Maler spricht. Ich möchte nicht, daß man sie lächerlich zu machen versucht. Meine Maler, die zudem meine Freunde sind, sind seriös, überzeugt von ihrer Suche, mit einem Wort: Künstler. Sie gehören nicht zu jenen Gauklern, die ihre Zeit damit verbringen, das Interesse der Menge auf sich zu ziehen...
— Aber ich versichere Ihnen, daß Sie sich nun wirklich irren. Wir haben keineswegs die Absicht, uns über diese Herren lustig zu machen. Jede Überzeugung verdient Respekt. Wir möchten gerne zeigen, wo diese Leute, die man einst ausgepfiffen und verhöhnt hat, heute stehen, die Gauguin, die Signac, die Cézanne, die van Gogh und wie sie alle heißen; vielleicht greifen wir sogar bis auf Manet zurück, der einst von den Salons zurückgewiesen wurde und heute

im Louvre zu sehen ist. Dann werden wir unseren Lesern, die nun einmal über alles unterrichtet sein möchten, sagen: »Und nun, sehen Sie, das ist die äußerste Avantgarde von heute.«

Der jähzornige junge Kunsthändler hatte wieder eine normale Haltung eingenommen, seine Brauen hatten sich geglättet, und seine Augen strahlten.

— Unter diesen Umständen, Monsieur, kann ich Ihnen alle notwendigen Dokumente zur Verfügung stellen... Hier ist das Album zu den Arbeiten Picassos, hier das Werk von Braque und hier die Arbeiten von Vlaminck und Turel [Derain].

Die chronologisch geordneten Photographien dieser Maler stellten wirklich eine beachtenswerte Anstrengung dar. Die frühen Arbeiten Picassos haben beispielsweise noch eine starke Ähnlichkeit mit den Arbeiten von Maurice Denis oder Gauguin. Dann werden die Sujets ungewöhnlicher, die Linien brechen, die Strukturen werden kantiger und die Körper nehmen unvorhergesehene Formen an. 1911-1912 schließlich scheint der Maler den Höhepunkt seiner technischen Beherrschung erreicht zu haben. Der wohlgesinnte Laie fühlt sich jedoch ungefähr wie der Ochse vorm Berg, er sieht wohl etwas, kann aber nicht klar erkennen, was es ist.

Der junge und sympathische Kunsthändler kam mir zu Hilfe:

— Ja, ich weiß, daß die Lektüre der letzten Werke Picassos und der aktuellen Bilder Braques recht mühsam ist. Ich dagegen bin eingeweiht. Ich habe den Entstehungsprozeß der Bilder verfolgt. Ich weiß, was der Künstler alles hineinlegen wollte. Schauen Sie, das hier stellt »den Dichter« dar.

— Ah, ja! (die gebotene Höflichkeit verbot mir, meine äußerste Verwunderung noch stärker zum Ausdruck zu bringen. Ich hatte eine Landschaft zu sehen geglaubt, und nun war es ein Dichter!).

— Ja, in sitzender Stellung. Hier ist seine Stirn. Hier sein linker Arm... sein Bein.

— Und diese Linie hier, die schräg nach unten verläuft?

— Sie entspricht keinem wirklichen Objekt, aber beachten Sie, wie ausdrucksvoll sie ist. Sie ist Ihnen sofort aufgefallen... Hier sind seine Hände.

— Wo sind bitte die Hände des Dichters?

— Die eine Hand ist hier.

— Das ist sehr sonderbar.

— Nicht wahr?

– Was ist das hier? fragte ich beim Umblättern des Albums.
– Ein Stilleben. Das ist eine der hervorragendsten Erfindungen Picassos. Sie sehen hier eine Violine, einen Fächer, Gläser, ein Manuskript, aus dem die Seiten herausfallen, eine Pfeife...
Die Überzeugung des jungen und beredten Händlers berührte mich: Ich spürte, daß er tatsächlich alles sah, was er mir mit einer lässigen Geste zeigte, seine Geste war eine Mischung aus affektiertem Schnipsen und zärtlicher Berührung, wie bei einem großen Couturier oder einem Rosenzüchter, wenn er seine Schöpfungen betrachtet.
Machen wir uns also darüber nicht lustig; ich fürchte, wir könnten sonst den jungen und reizenden Händler verärgern.
Ich bedaure, die Maler selbst nicht angetroffen zu haben. Dennoch wollte ich einiges über sie erfahren.
– Herr Picasso ist wahrscheinlich Spanier?
– Ja, er ist in Malaga geboren.
– Er ist jung.
– Ungefähr dreißig Jahre alt.
– Und Georges Braque?
– Dreißig Jahre alt.
– Franzose?
– Ja, er ist in Argenteuil geboren.
– Und Maurice de Vlaminck ist vermutlich Belgier?
– Er ist in Rueil geboren. Und Turel [Derain] in Chatou.
– Die ganze Pariser Banlieue also! Das ist sehr eigenartig. Kennen sie sich untereinander?
– Sie sind eigentlich immer zusammen.
– Ich danke Ihnen für Ihre große Zuvorkommenheit. Ich werde meinem Artikel Photographien einiger charakteristischer Werke dieser Herren beifügen; und es liegt dann bei den Lesern, zu urteilen. Ich kann Ihnen nicht versprechen, daß ich ihnen zu Ehren eine Lobrede verfassen werde. Ich muß gestehen, daß mir Chardin, Latour und sogar Ingres besser gefallen; aber ich verspreche Ihnen, keineswegs ungerecht zu sein.
Ich hoffe, mein Versprechen eingehalten zu haben.[25]

Der ausschließliche Kunsthändler ist kein Börsenmakler

Unabdingbar war für ihn, wie erwähnt, die Exklusivität. Dies paßte zu seinem Charakter, der von vornherein nur solche Künstler in die Galerie aufnahm, die ihm ihre gesamte Produktion anvertrauten. Daran scheiterte wohl auch Kahnweilers früher Versuch (1907), der Kunsthändler Matisses zu werden. Exklusivität bedeutete auch: Wenn er dazu bereit war, das Risiko voll zu übernehmen, wollte er auch die Gewißheit dafür haben, daß er allein den Markt beherrschen konnte. In diesem Sinne war Kahnweiler sehr schnell ein »mächtiger« Händler: Die Beteiligung seiner Künstler auf den Ausstellungen im Ausland lief über ihn. Er konnte die Preise diktieren und schließlich auch dafür sorgen, daß diese nicht zu schnell Funktion einer Spekulation wurden. Den Durchbruch zum erfolgreichen Kunsthändler brachte jedoch erst die Zeit nach dem Zweiten Weltkrieg. Picasso kehrte exklusiv zu Kahnweiler, in die Galerie seiner Schwägerin Louise Leiris zurück. Und der kommerzielle Erfolg der Galerie war selbstverständlich an den einzigartigen Erfolg Picassos gebunden. Er hat selbst sich in Gesprächen und in Schriften so gut wie nie über die ökonomischen Prinzipien geäußert, die sein Tun bestimmten. In seinen Gesprächen weist er nur kurz darauf hin und verweilt etwas länger bei den Schwierigkeiten, die die zwanziger und dreißiger Jahre brachten.

Vom Kunsthändler muß die Rede sein. Kahnweiler war Kunsthändler, und er versuchte nie, sich als Mäzen zu verkleiden. Auch auf ihn paßt eine Selbstaussage Vollards, der, zusammen mit Durand-Ruel, zu den Vorbildern Kahnweilers zählte: »In der Beziehung eines Kunsthändlers zu seinem Künstler stört mich dagegen die ›Großzügigkeit‹, die man ihm bescheinigt; das erscheint mir ungefähr so, als ob man von einem Käufer, der ein Terrain erwirbt, auf dem er Gold zu finden hofft, sagt, er habe sich durch diesen Kauf dem Verkäufer gegenüber großzügig erwiesen.«[26]

Exklusivität: Im Gegenzug bot er seinen Künstlern die Gewißheit, unabhängig von Erfolg oder Mißerfolg ihre Arbeiten zu übernehmen. Dies unterscheidet Kahnweilers Strategie grundsätzlich von dem Banquier-Esprit, der den Kunsthandel weitgehend zu einem Spiel mit Ebbe und Flut der Konjunktur macht. Wie sehr Kahnweiler von Anfang an davon überzeugt war, ein kontinuierliches Lebenswerk – mit normativer Gültigkeit – aufzubauen, zeigt ein Blick auf die Briefe, die einen der dramatischsten Momente seines Lebens begleiten: als seine Galerie unter Sequester gestellt wurde und als diese liquidiert werden sollte. Unter allen Umständen möchte er seine Arbeit wieder aufnehmen.

An Derain schreibt er: »Mir scheint, daß ich kein gewöhnlicher Kunsthändler war.«[27] Und seine Künstler geben dies zu. So schreibt Léger: »Sie sind der *erste*, der etwas gewagt hat, das wissen wir alle, und Ihr Name ist unabänderlich mit der Geschichte der modernen Kunst verbunden.«[28] Und Derain: »In Paris wird der Kunsthandel zur Zeit mit einem Zynismus und einer Vulgarität betrieben, die uns bisher fremd waren; das schadet wohl allen.«[29] Mit Bitterkeit notiert er in einem Brief an Braque, in welch verzweifelter Lage er sich befinde: »Soll ich mich in der Schweiz niederlassen? Die Schweiz, sie ist in jeder Hinsicht so klein, und das Antiquariat liegt mir nicht.« Und er setzt hinzu: »Nein, ich werde kämpfen.«[30]

Er schreibt seinen Künstlern leidenschaftliche Briefe, und er liefert ihnen in diesen Briefen auch die ökonomischen Argumente, die seines Erachtens dagegen sprechen, daß nun die Rosenberg und Guillaume kurzfristig von dem, was er als sein Lebenswerk betrachtet, profitieren. Er fragt in einem Brief Derain: »Besitzen diese Leute denn überhaupt die finanzielle und intellektuelle Weitsicht, um dies durchzuführen?«[31] In einem Brief an Vlaminck geht er auf die Spekulation ein, die mit seinen Künstlern nun, in seiner Abwesenheit, getrieben werde, und gibt eine Analyse der Situation: »Sie werden Sie wie ein ausgedientes Möbelstück vor die Tür setzen, an dem Tag, da sie darin einen Vorteil für sich erblicken werden... Man muß dem Kunsthändler, der hier und da ein paar Bilder erwirbt – auch wenn er aus Paris kommt –, einen ganz anderen Preis machen, als dem Händler, der einen *gesicherten Rückhalt*, eine *endgültige* Sicherheit garantiert. In allen Ländern kauft man im Augenblick wie wild Schmuck, Bilder, einfach alles. Man will damit aus Furcht vor den Steuern sein Vermögen verheimlichen. Aber das wird in Kürze aufhören. Die Steuern werden das Geld aufzehren, es wird zu einer wirtschaftlichen Depression kommen. In diesem Augenblick werden Sie sehen, wer Ihre wirklichen Kunsthändler sind.«[32] Und auch seine Analyse einer Liquidation seines Stocks durch den französischen Staat erwies sich als richtig. An Braque schreibt er: »Ich muß Ihnen wohl nicht sagen, was für ein Unglück es für Sie bedeuten würde, wenn alle meine Bilder gleichzeitig den Kunstmarkt überfluten sollten.«[33]

Publizieren ohne durchzuzählen

Zu den herausragenden Leistungen Kahnweilers gehört von Anfang an die des Verlegers. Er hat Arbeiten angelegt, die den Dialog zwischen Malerei und Dichtung in Gang brachten. Im Unterschied zu den Publikationen Vollards verlegte er ausschließlich unveröffentlichte Texte. Häufig handelte es sich dabei um die erste Buchpublikation eines Schriftstellers. *L'Enchanteur pourrissant* bezeichnete einen dreifachen Beginn (1909): Erstes Buch der Editions Kahnweiler, erste Publikation Apollinaires und erste Buchillustration Derains. Er stellte seine Veröffentlichungen unter das Emblem der zwei »coquilles« – symbolisch deutete er damit, wie er uns einmal erklärte, an, daß dies der hohe Maßstab sei, den er für seine Publikation setze: Ein Buch könne nur dann perfekt sein, wenn es nicht mehr als zwei Fehler enthalte. Und diese Perfektion setzte einen neuen Standard. Am 16. Februar 1914 publizierte Apollinaire im *Mercure de France* einen Artikel über den Meisterdrucker

Paul Birault — er wurde gleichzeitig ein Hommage an Kahnweilers verlegerische Leistung:

»Jedenfalls wurde L'*Enchanteur pourrissant* in einer Auflage von einhundertvier Exemplaren verlegt und Dank der Gewissenhaftigkeit von Herrn Paul Birault sehr sorgfältig gedruckt; erst danach bemerkten wir, Paul Birault, André Derain, Henry Kahnweiler und ich, daß man ein einziges Detail vergessen hatte, nämlich die Seiten zu numerieren.

Dieses Buch ist heute fast berühmt, die meisten Bildtafeln, die es illustrieren, wurden in den Kunstzeitschriften der ganzen Welt reproduziert. Ich glaube, daß der Druck von Herrn Paul Birault eines der einzigen Produkte der zeitgenössischen französischen Buchdruckkunst ist, das den ausländischen Buchdruck beeinflußt hat, ohne jedoch seinerseits diesem verpflichtet zu sein. Diese einhundertvier Bändchen in Kleinquart mit dem Zeichen der Jakobsmuschel, das von André Derain für die Editions Kahnweiler gezeichnet wurde, hat den Ruf der französischen Buchdruckkunst in einem Augenblick gerettet, da sich in Frankreich alle Blicke bewundernd der deutschen, englischen, belgischen und holländischen Typographie zuwandten.«

André Derain: Exlibris für Daniel-Henry Kahnweiler, 1909

Die gescheiterte Liquidation der Avantgarde

Der Erste Weltkrieg brach aus, als Kahnweiler auf einer Reise in Rom weilte. Wie viele andere seiner Generationsgefährten – überzeugte Pazifisten und Europäer – hatte er ernstlich nie an diese Kriegsgefahr glauben wollen. So hatte er auch keinerlei Vorsorge getroffen: Die Galerie des Deutschen fiel unter Sequester und wurde zu Beginn der zwanziger Jahre als feindliches Eigentum liquidiert. Dies war von weitreichender kulturpolitischer Wirkung. Die Beseitigung einer Galerie – und damit einer bestimmten Ästhetik – war nicht nur das Zeichen einer Abwendung vom Kubismus. Diese Auktionen, auf denen zahllose Hauptwerke der Vorkriegszeit an den Pranger gestellt und zu Spottpreisen gehandelt wurden, sollten so etwas wie den Krach des Kubismus herbeiführen. Liest man heute die Zeitungsartikel, die 1914 aus Anlaß der Versteigerung »La Peau de l'ours« im Hôtel Drouot erschienen sind, wird deutlich, daß der Internationalismus dieser »École de Paris« manchen Beobachtern schon lange ein Dorn im Auge war. Wie *Comoedia* (März 1914) schrieb, war diese Versteigerung ein interessanter Test, denn »das war das erste Mal, daß man bei einem öffentlichen Verkauf eine derartig vollständige Sammlung moderner Werke sah; es waren ausschließlich avantgardistische Werke, und ihre Autoren zählten noch vor wenigen Jahren zu jenen ›Verrückten‹, über die die Masse im Salon des Indépendants immer lachten«.

Bereits 1912 schlägt Louis Vauxcelles im *Gil Blas* (21. Oktober) einen chauvinistischen Ton an, der sich im Umkreis der Vente »La Peau de l'Ours« und während der Liquidation des Stocks Kahnweilers noch verstärken sollte: »Ich möchte mich nun nicht weiterhin auf die nationalistische These berufen und meinerseits die Behauptung unterstützen, daß dieser ganze Trubel aus dem Ausland kommt. Das mag für die Mailänder Zauberkünstler zutreffen, obwohl die futuristische Suppe unseren Algebristen nicht recht bekommt. Daß es etwas zu viele

Deutsche und Spanier in der fauvistischen und kubistischen Bewegung gibt und daß Matisse Berliner Bürger geworden ist oder daß Braque nur noch auf sudanesische Kunst schwört und daß der Kunsthändler Kahweiler (sic) nicht gerade ein Landsmann von Papa Tanguy ist oder daß dieser Wüstling von van Dongen gebürtiger Amsterdamer ist oder Pablo aus Barcelona stammt, das alles hat an sich kaum eine Bedeutung... Es stellt sich nicht die Frage, welche Sprache die Kubisten sprechen, sondern, ob sie auf eine einträgliche Ader gestoßen sind. Leider bezweifle ich es.« Im Umfeld der Vente »La Peau de l'Ours« verstärkt sich dieser Ton – eben weil es hier nicht gelungen ist, diese Avantgarde zu liquidieren, im Gegenteil, die Versteigerung wird zu einem großen Erfolg. Unter dem Titel »Avant l'Invasion« gibt Paris-Midi (8. März 1914) den Ton an. Die Gegner der Moderne haben die Verschwörung erkannt: »Nehmen schließlich nicht selbst die deutschen Gewohnheiten auf innigste Art teil am Leben der Pseudoerneuerer der französischen Kunst... Nun, es gibt einen neuen schlagenden Beweis für diese deutsche Einmischung ... Groteske und ungestaltete Werke unerwünschter Ausländer haben dort ›horrende Preise‹ erzielt, und seit zwei Wochen haben gerade Deutsche, wie wir es auch unaufhörlich und aus gutem Grund vorausgesagt haben, diese Preise gezahlt oder sie in diese Höhe getrieben.

Künstlerische Abrüstung der europäischen Familie

Ihre Absicht wird deutlich. Arglose junge Maler werden mit Sicherheit in diese Falle stolpern. Sie werden den Nachahmer Picasso, der alles abgeklatscht hat und als er nichts mehr nachzuahmen fand, dem kubistischen Bluff verfiel, imitieren... So werden Maß und Ordnung als die ursprünglichen Eigenschaften unserer nationalen Kunst nach und nach verschwinden und dies zur großen Freude von Herrn Tannhäuser (sic) und seiner Landsleute, die eines Tages keine Picassos mehr kaufen, sondern das Museum im Louvre kostenlos ausräumen werden; die trägen Snobs oder intellektuellen Anarchisten, die sich unbewußt zu ihren Komplizen machen, werden den Louvre nicht zu verteidigen wissen.« Solche nationalistischen Ausfälle, denen sich auf deutscher Seite Entsprechendes gegenüberstellen ließe, mußten Kahnweiler zutiefst treffen. Es darf deshalb nicht verwundern, daß einer der ersten Texte, die Kahnweiler während seines vierjährigen Zwangsurlaubs in der Schweiz verfaßte, solche Antinomien zu lösen suchte. Der – unveröffentlichte – Aufsatz »Die künstlerische Kultureinheit Europas« wurde 1915 geschrieben. Er wandte sich darin gegen den Kulturprotektionismus, der »zum Ausschluß aller fremden Kunst« führe. Er hält dem entgegen: »Ein Land Europas kann nicht gleichzeitig große Maler und große Musiker hervorbringen, denn es gibt seit Jahrhunderten keine *deutsche*, keine *französische* Kultur mehr: nur eine *europäische*. Und jedes Land ist nur Glied dieser Familie, nicht Einheit für sich.« Und er zieht folgendes Fazit: »Zum künftigen Frieden wird auch die künstlerische Abrüstung gehören müssen; das Gefühl der *Kultureinheit Europas*.«

Der Kriegsausbruch überrascht Kahnweiler auf einer Italienreise: »Der Krieg war für mich ein entsetzliches Ereignis, eine unsägliche Qual. Für Deutschland konnte ich nicht kämpfen – daran dachte ich auch nicht eine Minute.«[34] Wie viele andere Pazifisten – Hans Arp, Hugo Ball, Tristan Tzara, die er kennenlernt – läßt er sich in der Schweiz nieder. Er wendet sich einer Darstellung seiner Maler zu. Er fühlt sich dazu aufgefordert, die »authentische« Schilderung der historischen und ästhetischen Ereignisse zu geben.

Der reinliche Kunsthändler, Augenzeuge der Chronologie

Ein Blick in die Sammlung der Zeitungsausschnitte, die Kahnweiler vor dem Ersten Weltkrieg angelegt hat, ist mehr als lehrreich. Wir erleben hier mit, wie eine völlig neue Bildsprache

– die der Kubisten – eine Vielzahl an Reaktionen und Definitionen hervorruft. Erregend, wie sich hier Material für ein »sottisier« und für ernsthafte Beschäftigung kreuzen. Es kann nicht anders sein, da die Kunst Picassos und Braques nicht von einem Apriori ausgeht und ein Manifest zu illustrieren unternimmt: ein Prozeß der Verwirklichung und Radikalisierung liegt dem zugrunde, für den die Zeitgenossen nicht den Blick haben konnten, da ihnen ein schrittweises Miterleben dieser Entwicklung nicht zugänglich war. Allein Kahnweiler, als Augenzeuge, verfügte über die genaue chronologische Kenntnis, die ein Bild aus dem anderen hervorbrachte. Und eine solche genaue Konstruktion der Geschichte des Kubismus fehlt in den frühen Schriften und Büchern, die dem Thema gewidmet wurden. Kahnweiler kam erst in den Jahren des Ersten Weltkriegs dazu, die wesentlichen Strukturen für eine derartige geschichtliche Herleitung zu skizzieren.

Dies war nicht nur eine Frage der Muße. Daß Kahnweiler erst zu dem Zeitpunkt sich zu den Künstlern äußerte, für die er sich einsetzte, da er selbst als Kunsthändler ins Abseits gedrängt wurde, hängt nicht zuletzt mit seiner Definition des Berufs zusammen. Ein Brief an Carl Einstein aus dem Jahre 1924 ist dafür aufschlußreich. Er bezieht sich auf eine Anfrage Einsteins, warum er nicht weiter publiziere. Kahnweiler schreibt: »Was mich betrifft: Sie haben meine – der Vergangenheit angehörende – schriftstellerische Tätigkeit noch nicht vergessen. Nein, ich will nichts mehr veröffentlichen, da ich nun wieder Kunsthändler bin: das scheint mir reinlicher. Vor meinem Gewissen könnte ich es wohl, denn ich kaufe ja nur die Dinge, die ich liebe, aber fürs Publikum röche es doch nach Geschäftsreklame. Also schweige ich.«[35] (Wir dürfen dabei nicht vergessen, daß der Schriftsteller Kahnweiler es beileibe nicht darauf beruhen ließ, das zu verteidigen und zu deuten, wofür er sich einsetzte. Von Anfang an trat neben den Apologeten der heftige Kritiker. Im *Kunstblatt* wendet er sich 1919 scharf gegen die »Merzmalerei« des Dadaismus, und seine Ablehnung des Expressionismus ist fast ebenso stark wie die der ungegenständlichen Kunst. Im übrigen: Auch wenn Kahnweiler in den zwanziger Jahren – und darauf bezieht sich Carl Einstein – nichts mehr veröffentlicht, können wir doch festhalten, daß seine kritische Haltung gegenüber dem Expressionismus eben in der umfassenden Darstellung der Kunst des zwanzigsten Jahrhunderts, die Carl Einstein damals zu schreiben begann, ihren Widerhall findet.) Die frühesten Ausstellungsbesprechungen zeigen, wie diese Bilder von Picasso und Braque als Provokation gegen Geschmack, Institution und Geschichte empfunden werden. Ablehnung und Affirmation dieser Kunst sind gleichermaßen interessant. Beide suchen nach einem übergeordneten Begriff, der diese neue Malerei zu subsumieren vermöchte. Im Grunde bleibt die Auseinandersetzung mit diesen Bildern – ehe sie dem Begriff »cubisme« verfallen (ab 1911) – zunächst noch interessanter. Mit Recht wehrt sich deshalb Kahnweiler auch in dem Gespräch mit der Zeitschrift *Je sais tont* gegen diesen platten – und falschen – Nominalismus.

Platonismus und die Seele des Weinglases

Erste Versuche einer Definition finden wir im Jahre 1909 – und diese gehen über die lyrische Paraphrase Apollinaires, die dieser zur ersten Einzelausstellung Braques bei Kahnweiler (1908) liefert, hinaus. Im Januar 1909 schreibt *Télégramme* (Toulouse, 3.(?) Januar 1909) über eine »Kunst... von höherer Synthese«. Und dies wird als Bruch zwischen dem Impressionismus und der neuesten Kunst beschrieben. »Alle, die bisher unsere Analysen verfolgt haben, werden erkennen, daß künftig zwischen den Impressionisten und den aktuellen Malern unterschieden werden muß.«

1911 häufen sich Vorschläge, einen Begriff für diese Malerei anzubieten. *Sunday Times* (London, 1. Oktober 1911) schlägt den Namen »The Extremists« vor und charakterisiert das Werk Picassos wie folgt: » ...während nun die letzten Werke von Picasso tatsächlich überhaupt keinen Bezug zum Normalen mehr aufweisen; es bedarf einer geistigen Anstrengung unter strengster Konzentration, um zu entdecken, welches seiner Bilder ein Porträt, eine Landschaft oder ein Stilleben darstellt.« Den wichtigsten Beitrag, den die Rezeptionsgeschichte des Kubismus vernachlässigt hat, bildet unseres Erachtens die Diskussion, die in The New Age (London) geführt wurde. Hier wird erstmals der Versuch gemacht, den »Kubismus« als eine konzeptuelle Auseinandersetzung mit der Wirklichkeit zu verstehen. Huntly Carter nimmt in The New Age am 23. November 1911 die Diskussion auf. Er bezieht sich auf einen Brief von John Middleton Murry, in dem ihm dieser die »Plato-Picasso Idea« erläutert. Er zitiert aus Middleton Murrys Brief: »Platon, der ein großer Künstler und Kunstliebhaber war, verstieß die Künstler nicht, weil er ein Philister war, sondern weil er ihre Kunstform als oberflächlich empfand; Photographie würden wir es heute nennen. Es fehlte die innere Beherrschung der tieferen Bedeutung des dargestellten Gegenstandes, so daß der künstlerische Ausdruck lediglich ›die Kopie einer Kopie‹ war. Tatsächlich strebte Platon eine andere Form von Kunst an, und diese Form ist Picassos Kunst des Essentiellen. Herrn Murrays (sic) Argument ist nun, daß Picassoismus der erste intelligente Schritt zum Patonismus hin ist, und zwar in dem Sinne, daß er eine praktische Anwendung der Platonschen Theorie darstellt. Die Studie, die Herr Picasso von der Galerie Kahnweiler zu diesem Zweck ausgewählt hat und die den Lesern unserer Zeitschrift hier vorliegt, beweist somit, daß die Malerei heute den Punkt erreicht hat, wo der Künstler durch äußerste Konzentration eine Abstraktion des Sujets, die für ihn die Seele des Sujets darstellt, erzielt hat, auch wenn dieses Sujet nur aus gewöhnlichen Gegenständen – etwa Mandoline, Weinglas und Tisch, wie im vorliegenden Beispiel – besteht.«

Verhärtungen des Nominalismus

In Paris dagegen kommt es schnell zu grotesken Urteilen und zu einem Versuch, den Kubismus als eigene, orthodoxe Angelegenheit zu besitzen. 1911 schreibt Albert Gleizes in *Revue Indépendante* über Jean Metzinger, daß sich – im Unterschied zur Kunst Metzingers – die Arbeiten von Picasso und von Braque »bei alledem nicht von einem Impressionismus der Form lösten, den sie jedoch dem Impressionismus der Farben entgegensetzten«. Ganz offensichtlich ist diese nominalistische Verhärtung des Begriffs »Kubismus« der Gruppe um Metzinger und Gleizes zuzuschreiben. Sie scheinen diesen Begriff auch gerne zu akzeptieren – als Schlagwort erweist er sich als griffig und er kann, da er auf Bildtektonik schließen läßt, gut der Appellation »Futurismus« entgegengesetzt werden. Sie werden zu Wortführern, sie wollen den Kubismus erklären. So schreibt *Le Figaro* (Herbst 1911): »Bevor die Kubisten nun Maler werden, sind sie zunächst Mathematiker. Sie haben Herrn Jean Metzinger beauftragt, ihr Interpret zu sein, und Herr Jean Metzinger hat die kubistische Doktrin ›erklärt‹.« All dem antworten noch letzte vergebliche Versuche in *The Literary Digest* (New York): »Eine der wenigen Gewißheiten, die wir über die Kubisten besitzen, ist, daß Kubisten eine falsche Bezeichnung für sie ist«, und in *The New Age* (London, 23. November 1911): »Ignorante Federfuchser der Kritiker haben das Werk Picassos und seiner Schüler dergestalt mit dem Kubismus verbunden, daß es sich diese Leute zur ständigen Gewohnheit gemacht haben, alles, was diese Maler schaffen, in Begriffen der Geometrie zu diskutieren.«

All dies erklärt sicher auch Picassos Zurückhaltung gegenüber den theoretischen Auseinandersetzungen der Zeit. In den Briefen an Kahnweiler finden wir Hinweise dafür. Einmal mokiert er sich – in einem Brief, der auf den 12. Juni 1912 datiert ist – über die Erklärungsversuche des Kubismus: »Ich erinnere mich, daß eines Tages, als ich gerade bei einem meiner Erklä-

rungsversuche war, Matisse und Stein zu mir gekommen sind und sich vor mir einfach darüber lustig gemacht haben. Stein sagte mir (ich versuchte ihm gerade etwas zu erklären), ›aber das ist ja die vierte Dimension‹ und fing dann zu lachen an.«[36]
Die *Neue Zürcher Zeitung* berichtet über den Versuch eines Mitarbeiters der *Domenica del Corriere*, Luis de Galvez, Picasso um die Erläuterung seiner »künstlerischen Grundsätze« zu bitten. »Der Künstler wies ihn aber an den Maler Juan Gris: ›Er kann Ihnen darüber bessere Auskunft geben, als ich‹. Juan ist der eigentliche Apostel des Kubismus.«[37] In einem anderen Brief, vom 11. April 1913, schreibt Picasso: »Es ist recht traurig, was Sie mir über die Diskussionen um die Malerei berichten. Ich habe übrigens das Buch von Apollinaire erhalten. Ich bedaure zutiefst all diesen Klatsch.« Kahnweiler hielt offensichtlich mit seiner eigenen Meinung nicht hinterm Berg. Er kritisierte Apollinaires Buch. Dies führt dazu, daß ihm dieser Ende April 1913 einen erregten Brief schrieb:

»Lieber Freund
... andererseits erfahre ich, daß Sie meine Überlegungen zur Kunst uninteressant finden, was mich von Ihnen befremdet. Ich bin der einzige Schriftsteller, der jene Maler verteidigt hat, für die Sie sich erst danach entschieden haben.[38] Glauben Sie denn, daß es richtig ist, jemanden zerstören zu wollen, der im Grunde der einzige ist, der die Grundlagen für ein künftiges künstlerisches Verständnis zu schaffen wußte? Was diese Fragen betrifft, so wird der Zerstörer selbst zerstört werden, denn die Bewegung, die ich unterstütze, lebt noch; sie darf auch noch nicht aufgehalten werden, und alles, was man gegen mich unternimmt, kann nur auf die gesamte Bewegung zurückfallen. Verstehen Sie das als den bescheidenen, aber warnenden Hinweis eines Dichters, der weiß, was gesagt werden muß, der darüber Bescheid weiß, was die anderen in der Kunst bedeuten.
In Freundschaft, Guillaume Apollinaire.«[39]

Präzisierung des Halbbewußten

Gründe genug für Kahnweiler, sich nun selbst an eine Diskussion des Kubismus zu wagen. Seine frühen Schriften haben für uns heute einen unersetzlichen Wert. Nicht nur, weil der Autor aus nächster Nähe eine Darstellung des Kubismus gab, sondern weil er trotz aller Nähe mit geradezu divinatorischem Blick die wesentlichen Künstler des Kubismus zu erkennen vermochte. Und es ist dies der Blick auf »seine« Künstler. Es gibt kaum ein anderes Beispiel für eine Erkenntnis des Gegenstandes, die so voll von der Nachwelt akzeptiert worden wäre. In doppelter Hinsicht erscheint diese Schrift bedeutend: als eine Ästhetik des Kubismus und als eine Darstellung der geschichtlichen Entwicklungsstränge des Kubismus.[40] Hier war Kahnweiler der einzige, der über eine genaue Kenntnis von der Entwicklung der einzelnen Künstler verfügte. 1958 schrieb er im Vorwort zur Neuausgabe von *Der Weg zum Kubismus*: »In dem erschienenen Teile – den ich den ›Weg zum Kubismus‹ nannte und von dem die ›Weißen Blätter‹ (Zürich) 1916 schon alle Kapitel, mit Ausnahme dessen über Léger, gedruckt hatten, sprach ich von Ereignissen, deren Zeuge, oder besser, deren Teilnehmer ich kurz vorher gewesen war. Der ›Weg zum Kubismus‹ ist eine Quellenschrift. Die theoretischen Auseinandersetzungen zeugen noch von kurz vorher geführten Gesprächen mit den Malern.«[41]

Dies bedeutet, Kahnweiler erhebt den Anspruch darauf, das dieses Buch als eine Quellenschrift für die Geschichte und die Interpretation des Kubismus zu gelten hat. Ein privilegierter Augenzeuge war Kahnweiler. Diesen Beweis gilt es nicht zu erbringen. Die Fakten, über die nur er verfügte, sprechen dafür. Die Theorie des Kubismus, die er hier skizziert, erscheint uns dagegen als Antwort auf die Diskussionen der Vorkriegszeit und als Ergebnis der philosophisch-ästhetischen Studien, denen er sich erst nachträglich, in Bern, unterwirft. Zweifellos wäre Kahnweiler ohne diese Studien nicht zu so einem kohärenten

System fähig gewesen. Dem Bezug »auf die kurz zuvor mit den Malern geführten Gespräche« dürfen wir ein besonderes Gewicht geben: An Kahnweilers intellektueller Redlichkeit zu zweifeln, gibt es keinen Grund. Allerdings gilt es, den Hinweis auf »Gespräche« zu interpretieren. Diese beschränkten sich wohl weitgehend auf lakonische Mitteilungen: Allein Juan Gris machte hier eine Ausnahme. Kahnweiler zitierte gerne den Ausspruch Picassos: »Défense de parler au pilote«. Doch auch die weitgehend pragmatischen Briefe Picassos an Kahnweiler enthalten Hinweise darauf, daß Picasso und Braque ihre Werkabsichten angedeutet haben.[42]

Wir können davon ausgehen, daß solche Hinweise Kahnweiler dazu führten, seine philosophisch-ästhetischen Studien derart auszurichten, daß sie das, was ihm gewissermaßen halbbewußt vorschwebte, zu präzisieren halfen. Für die wesentlichsten Elemente seiner Deutung des Kubismus finden wir Belege aus der Zeit vor 1914. Diese Präzisierung ist entscheidend: Es kommt nicht zu einer nachträglichen, aufgesetzten Theoriebildung.

Dem Bericht, den *Je sais tout* 1912 von einem Besuch bei Kahnweiler gegeben hat (Seite 24-26), können wir einen entscheidenden Hinweis entnehmen: »Ja, ich weiß, daß die Lektüre der letzten Werke Picassos und der aktuellen Bilder Braques recht mühsam ist. Ich dagegen bin eingeweiht. Ich habe den Entstehungsprozeß der Bilder verfolgt. Ich weiß, was der Künstler alles hineinlegen wollte. Schauen Sie, das hier stellt ›den Dichter‹ dar.« Hier finden wir einwandfrei – in nuce – das, was Kahnweilers Ästhetik bezeichnet: Der nichtabbildende Charakter des Kubismus wird unterstrichen.

Die Kunstgeschichte kulminiert:
Lesen lernen ohne Anekdoten

Wir dürfen auch nicht übersehen, daß es Kahnweiler von Anfang an darauf ankommt, diese Bedeutung des Gegenstandes immer wieder zu betonen. Wir kennen seine apodiktische Ablehnung der ungegenständlichen Kunst. Er hat eine solche immer einer hedonistischen Dekoration zugerechnet. Bereits die Schilderung in *Je sais tout* weist darauf hin, wie sehr Kahnweiler darum bemüht war, dem Besucher zu helfen, dieses »etwas«, das er sieht, »jedoch nicht klar identifizieren kann«, schließlich gegenständlich zu erkennen.

Das Bild erschließt sich erst einer Lektüre, die der Betrachter – auch darauf verweist dieses Zitat – zu erlernen hat. Das Bild ist Schrift – und damit Ergebnis eines komplexen Assimilationsprozesses, in dem bildautonome Elemente und Realitätszitate zusammentreffen. Und dieser Begriff »Assimilation«, der für Kahnweilers Ästhetik so wichtig erscheint, kann sich zunächst auf die eigene Erfahrung mit den Bildern beziehen. Denn Kahnweiler verfügte wie kein anderer über die Kenntnis von Bildern und von Modellen.

Als Kahnweiler 1914 damit begann, über das zu reflektieren, was er zuvor acht Jahre lang Tag für Tag miterleben durfte, boten sich ihm selbstverständlich eine große Anzahl von Schriften und Äußerungen des Kubismus an, mit denen er sich auseinanderzusetzen hatte. Die Bücher, die vorlagen, Gleizes-Metzingers *Du Cubisme* (1912) und Apollinaires *Les Peintres Cubistes* (1913), dienten ihm als Repoussoir. Von ihnen sollte sich seine geschichtliche und ästhetische Darstellung abheben. Bereits im Aufbau unterscheidet sich seine Studie grundsätzlich von allen vorausgehenden Publikationen über den Kubismus. Wir dürfen nämlich nicht außer acht lassen, daß das ursprüngliche, umfangreiche Manuskript einen wesentlichen ambitionierteren Anspruch erhob: *Der Gegenstand der Ästhetik*[43] war im Grunde nichts anderes als die Skizze einer Universalkunstgeschichte, die es sich zum Ziele gesetzt hatte, diese im Kubismus kulminieren zu lassen. Eindeutig, dem Verfasser geht es nicht darum, sich als Zeitgenosse der Avantgarde zu präsentieren und soziale und biographische Details zu liefern. Wir finden keine Anekdoten. Kahnweilers Anspruch ist groß – er möchte das, was er miterlebt hat, verstehen und der Kunstgeschichte angliedern. In einem Aufsatz, den er 1920 publizierte, »Les limites de l'histoire de l'art«, reicht er gewissermaßen den geschichtsphilosophischen Rahmen für *Der Weg zum Kubismus* nach, der zuvor geschrieben worden war. Er schreibt darin: »Geschichtliche Realität ist das, was sich nur einmal zuträgt. Wenn sie für die Kontinuität der kausalen Verkettung, die die betreffende geschichtliche Analyse darstellen muß, notwendig ist, dann wird sie auch von der Geschichte aufbewahrt; sonst wird sie es nicht.«[44] Und als Fazit dieser Überlegung schließt er: »Die größten Meisterwerke sind jene Werke, die einzig als solche fortbestehen, wenn es einmal darum geht, die Universalgeschichte der Kunst so gedrängt als möglich, aber in ihrer strikten Kontinuität auszustellen. Die Werke, die sich dann zur Bildung konstanter Reihen als unentbehrlich erweisen, werden die größten Kunstwerke der Menschheit sein.«[45]

Kahnweiler reflektiert über die geschichtliche Notwendigkeit von Kunst und für die Relevanz des Kubismus: Dafür, daß Kubismus Ausdruck der Zeit und nicht individuelle Trouvaille bedeuten, spricht für ihn schon die verblüffende Tatsache, daß Picasso und Braque gleichzeitig – ohne daß zwischen Picasso, der in La Rue des Bois, und Braque, der in l'Estaque malte, eine Verbindung herrschte – zu gleichen Resultaten gelangten. In *Der Weg zum Kubismus* schreibt er dazu: »Wenn nicht schon die ganze Geschichte der Kunst den Beweis liefern würde, daß die Erscheinung des ästhetischen Gutes in ihrer Besonderheit durch den Geist der Zeit bedingt ist, als dessen Willensvollstrecker die stärksten Künstler der Zeit unbewußt handeln, so wäre dieser Beweis hier zu finden. Die angestrengteste Arbeit zweier Künstler, die weit voneinander entfernt leben, und ohne Verbindung, tritt in Erscheinung in Werken, die sich außerordentlich ähneln.«[46]

Vom Weltprinzip des Unbewußten in der Kunst

Der historische Exkurs, den Kahnweiler in *Der Gegenstand der Ästhetik* unternimmt, bleibt auf den Gegenstand, den er zu deuten unternimmt – den Kubismus –, in vielfacher Hinsicht bezogen. Deutlich erscheint dabei, daß Kahnweiler in seiner Wertung verschiedener geschichtlicher Entwicklungsstadien sich an den Begriff des »Kunstwollens« von Riegl hält. Er schreibt: »Unterschied im Können verursacht Unterschied des ästhetischen Wertes im einzelnen Kunstwerk, Stilverschiedenheiten aber sind bedingt durch anderes Wollen.«[47] Dies gestattet ihm, sich der Kunst der Jagdvölker ebenso zuzuwenden wie der byzantinischen Kunst oder der Negerplastik. Hier finden wir einen der ersten und klügsten Hinweise auf die ästhetische Eroberung außereuropäischer Kunst durch eine neue ästhetische Sensibilität. Er schreibt dazu: »Diese Kunst entdeckt zu haben, ihr den gebührenden Platz zugewiesen zu haben in der Kunsttätigkeit der Menschheit, halte ich für die kulturelle Großtat unserer Zeit.«[48] Später sollte Kahnweiler in einem bemerkenswerten Aufsatz, »L'art nègre et le cubisme«[49], die Rolle der afrikanischen Skulptur für die Ausarbeitung des Kubismus detaillierter behandeln. Er verzichtet dabei auf die Feststellung genauer Einflüsse – er arbeitet mit dem Begriff der »Bestätigung gewisser Möglichkeiten«[50], die die Kubisten von diesen Arbeiten erhalten hätten.

Zweifellos haben wir in Kahnweilers *Der Gegenstand der Ästhetik* den überaus ambitionierten Versuch zu erkennen, für die Kunst der Gegenwart (das heißt den Kubismus, den Kahnweiler als den Stil der Zeit sieht) das zu tun, was die großen Vorbilder Fiedler, Riegl oder Boas im Bereich ihrer Forschungsgebiete geleistet hatten.[51] Bei diesen ging es um mehr als um positivistische Deskription eines historischen Moments oder um die poetische Paraphrase einer Begegnung mit Bildern: Sie wollten die Erscheinungsform von Stilen begründen und verstehen. Wir glauben, wir gehen nicht zu weit, wenn wir diesen Begriff des Verstehens, der bei Kahnweiler so stark im Vordergrund steht, auf eine andere große aufklärerische Leistung der Zeit beziehen. Auch wenn Kahnweiler nirgends Freud nennt, finden wir doch Übereinstimmungen, die uns auffällig erscheinen. Im Kapitel 15 von *Der Gegenstand der Ästhetik* stoßen wir auf den Hinweis »Erinnerungsbilder«, die »unter die Schwelle des Bewußtseins gedrückt« werden.[52] Und der Autor setzt dem hinzu: »... die Deformation wird dann nicht mehr als solche gesehen.« Im weiteren ist die Rede davon, daß in manchen Bildern diese »Verdrängung« nicht vollständig stattfinde. Es ist nicht auszuschließen, daß sich hier Kahnweiler mit Freuds »Traumarbeit« auseinandersetzt und diese als ein Modell seiner Interpretation, die ja auch zwischen »manifesten« und »latenten« Bildinhalten trennt, heranzieht. Man wollte, gewissermaßen in Analogie zu Freuds »Traumarbeit«, von einer »Kubismusarbeit« Kahnweilers sprechen. Kahnweiler geht von den großen geisteswissenschaftlichen Leistungen seiner Zeit aus – und er sucht diese an den erkenntniskritischen Modellen, die ihm Platon und vor allem Kant liefern, abzusichern.[53] Warum Kant? Dahinter steckt sicherlich die Erfahrung seiner Generation, die – nach den Subjektivismen, die auf den Impressionismus folgen – noch einmal versuchte, in Manifesten und Theoriebildungen ihr Tun zu begründen. »Die ihr von den Zuständen der allmächtigen Zeit aufgedrängte Isolierung wird die Kunst als ihr eigenes, produktives Schicksal ergreifen, und es gibt keine Philosophie, die ihr dabei hilfreicher wäre als die Kantische, die aus der Isolierung des Bewußtseins ein Weltprinzip machte.«[54]

Kahnweiler sucht deshalb den Kubismus einer bestimmten nationalen Tradition zu entziehen – und dies ist ja schließlich der Punkt, der dem Kubismus und den von Kahnweiler vertretenen Künstlern ab 1914 vorgeworfen wird. Kahnweiler selbst war nur dank seiner Auflehnung gegen seine Zeit, gegen seine Herkunft, Klasse, gegen die Nationalismen zu dieser Überzeugung gekommen. Und als er sich nun Klarheit über seine Position zu suchen anschickte, führte ihn seine Reflexion und seine existentielle Situation ganz selbstverständlich zu Feststellungen, die das Kontingente-Zufällige in Leben und Kunst auf etwas Festes zu begründen suchten: auf eine transzendentale Fähigkeit, Kunst als eine Sprache zu erleben, die außer einer Gegenstandserfahrung keinerlei Kenntnis von nationalen oder historischen Idiomen voraussetzte.

Kahnweiler suchte den Kubismus auf eine umfassende Basis zu stellen und dadurch eine Legitimität für diese Kunst nachzuweisen. Damit sollte ein für allemal die Diskussion des Kubismus von der Beschreibung perzeptueller Sensibilität oder Irritabilität – dem Vergleich mit abbildender Kunst – befreit werden. Indem er nachzuweisen suchte, daß der Kubismus an wahrnehmungstheoretische und erkenntniskritische Axiome gebunden blieb, vermochte er für seine Person das zu zensieren, was ihn am stärksten an der Kunst des Impressionismus und des Jugendstils irritierte: der Sensualismus, der sich seines Erachtens zu ausschließlich auf eine Erregung der perzeptuellen Fähigkeiten beschränkte. Damit wollte sich Kahnweiler gegen die Nervenkunst der Zeit stellen, in der er selbst aufgewachsen war.

Assimilationsstrategien der Malerei

Kahnweilers Reaktion gegen den Hedonismus, den er den Impressionisten und Neoimpressionisten vorwarf, war einerseits objektiv an die dialektische Situation gebunden, die der Kubismus herbeigeführt hatte. Subjektiv entsprach diese »cosa mentale«, die er in den Werken der Kubisten unterstrich, seiner eigenen Prädisposition. Sicherlich spielte für Kahnweilers Rigorismus die Erfahrung einer protestantischen Bilderfeindlichkeit, die er — wie er uns immer wieder versicherte — in seinen Stuttgarter Jugendjahren eingesogen hatte, keine unwichtige Rolle: Die Scheu vor Sinnlichkeit, die Priorität von Poesie und Musik haben in Kahnweilers Interpretation des Kubismus, in der Darstellung einer Malerei, die Auge und Geist simultan beanspruchen, stets eine bedeutende Rolle gespielt. Noch in seinem späten Buch über Juan Gris — gewissermaßen der Summe seiner Überlegungen und Erfahrungen — hält er an dieser Überzeugung fest.

Sein Studium in Bern konzentriert sich, wie gesagt, vor allem auf Kant und die Neukantianer. Sein Bedürfnis, die Kunst unabhängig von soziologischen und psychologischen Motiven — die er gleichwohl zur Deutung heranzieht[55] — zu begründen, hat in der erkenntniskritischen und wissenschaftstheoretisch ausgerichteten Philosophie Nahrung gefunden. Der transzendentale Idealismus, beziehungsweise eine »transzendentale Logik«, die bei den Neukantianern an die Stelle der Metaphysik trat, war Basis für ein voraussetzungsloses, apsychologisches Kunstverständnis. Das synthetisch gestaltende Bewußtsein wurde aller subjektiven Erlebnis-Kunst entgegengestellt. Die Kunst wurde welterschließend als Sprache aufgefaßt, Ausdruck für etwas, das sich Bewußtsein schaffen will. Neben dem Einfluß Kants und der neukantianischen Schule steht der Conrad Fiedlers. Seine Lehre von der Kunst, dank der sich dem Menschen die Welt erschließt, war für Kahnweiler von Anfang an eine Grundüberzeugung. Auch bei Fiedler wird Kunst objektiviert, erhält sie eine notwendige, verpflichtende Rolle zugesprochen: Kunst ist Hermeneutik des Seins, Mittel der Bewußtseinsbildung. Die Kunst stiftet das Bleibende, stiftet Kategorien, durch die uns die Welt verständlich wird, dank denen das Additive der Erscheinungen, ihr ständiger Wechsel gestaltet wird. Alles andere bleibt ihm Lethargie, energielose Erfahrung, freiwillige Hinnahme einer zu nichts verpflichtenden, gefälligen Perzeption, Selbstgenuß, der die sinnlichen Fähigkeiten ausnützt, sie jedoch nicht übersteigt. Kahnweiler verbindet dieses *a priori* mit einer geschichtlichen Reflexion: Auf diesem Hintergrund sucht er den Ausdruck seiner eigenen Zeit. Im Verstehen der Kunst der Zeit sieht er eine anthropologische Garantie, ja eine Erfüllung des Lebens, schreibt er doch: »Nur der Mensch, der mit der Malerei seiner Zeit vertraut ist, *sieht* wirklich.«[56]

Vor dem Hintergrund des Jugendstils, des Impressionismus und auch von Matisse konnte die Zensur der Augenfreude (wichtig in Kahnweilers Überlegungen ist der Hinweis auf die Reduktion auf Lokalfarben), die die kubistische Malerei damals ausübte, als Absage an angenehme Mimesis erscheinen. Kahnweiler verstand so – dies sei wiederholt – das Bild nicht als Selbstzweck, sondern als Vorlage einer geistig zu vollendenden Leistung. Bilder vollenden sich im Betrachter als »Assimilationsprodukte«. Und ebendieses »Assimilationsprodukt«, eine von den Darstellungsmöglichkeiten eines Gegenstandes abgezogene Vorstellung, entzieht sich sinnlich direkt greifbarer Erfahrung. Ziel ist der in seinem Sein voll erfaßte Gegenstand, geistige Synthese, die inkommensurabel zur Relativität von Erscheinung steht. Die kubistischen Bilder werden zu Partituren, die es zu »lesen«, im Kopf aufzuführen gilt. Wir sehen, eine solche Interpretation widerspricht fundamental den Klassifikationen, denen der Kubismus – als Nachfolger des Impressionismus – zugewiesen worden ist. Bei Gleizes und Metzinger finden wir dagegen den Versuch, ihren Kubismus als logische Folge des Impressionismus zu deuten – nicht als Überwindung des Impressionismus, allenfalls als dessen höchste Potenzierung: »Übrigens gibt es, wie wir es schon gesagt haben, zwischen den Impressionisten und uns nur einen Unterschied in der Intensität, und wir wünschen auch keineswegs etwas anderes.«[57]

Gewöhnung als Bereicherung – der Gegenstand des Betrachters

Auch Henri Focillon, und in seinem Gefolge eine Reihe von Kritikern, hatte den Kubismus weiter mit impressionistischen Augen beurteilt: »Liegt denn die Aufsplitterung des Gegenstands bei den Kubisten nicht auf derselben Ebene wie die Differenzierung des Farbtons bei den Impressionisten?« Bei Kahnweiler deutet sich das an, was den Kubismus von aller anderen Kunst des Nachimpressionismus unterscheidet: Seine Ikonologie bilden nicht die Gegenstände, zu denen er greift, entscheidend sind Reflexionen, denen diese unterzogen werden. Kahnweiler stellt dem lukullischen Auge des Impressionismus eine innere Schau entgegen. So überraschend dies klingen mag: Kahnweilers theoretische Prämisse, die eine nichtretinale Kunst definiert, wird näher bei den Konsequenzen, die Duchamp zu ziehen beginnt, liegen, als bei den klassizistischen Wiederbelebungen, der »retour à l'ordre«, die sich in den Jahren, da er den *Weg zum Kubismus* niederschreibt, bereits ankündigen.

Die Feststellung, Kunst definiere in ebenso starkem Maße den Zeitgeist wie sie sich auch gleichzeitig dem einfachenspontanen Erkennen der Zeit zunächst widersetze, führte Kahnweiler dazu, Lektüre als ein Äquivalent des Widerstands einzuführen, den diese Bilder hervorriefen. Die Schwierigkeiten, die der Betrachter mit den kubistischen Bildern hatte, erledigte er dabei gerne mit dem Hinweis, daß auch die Kunst der Impressionisten zunächst von den Zeitgenossen nicht »gelesen« werden konnte. Generell behauptet Kahnweiler hier nur ein prinzipielles »Gegenstandssehen«, zu dem der Betrachter tendierte: »Es zeigen ferner diese Feststellungen, wie unwichtig es für das ›Lesen‹ des Bildes ist, ob das Werk naturähnlich oder naturabgewandt ist, da das erkannte, ›gesehene‹ Objekt ja gar nicht auf der Leinwand befindlich, sondern vom Betrachter geliefert ist. Auch warum eine neu auftretende Ausdrucksweise, ein neuer ›Stil‹ den bildenden Künsten oft unlesbar erscheint – wie der Impressionismus seiner Zeit, der Kubismus jetzt –, wird so verständlich: Die ungewohnten optischen Reize lösten bei manchem Beschauer keine Erinnerungsbilder aus, da sich keinerlei Assoziationen bildeten, bis schließlich die anfänglich seltsam scheinende ›Schrift‹ zur Gewohnheit wurde, das heißt, bis sich nach häufigem Wiedersehen derartiger Bilder die Assoziationen endlich einstellten.«[58]

Kahnweiler ging davon aus, daß nach und nach – als Ergebnis des generellen Assimilationsprozesses – die Bilder des Kubismus immer vollständiger und leichter »gelesen« würden. Dieser Punkt seiner Ästhetik ist mißverständlich. Verschiedene Autoren, die sich detailliert mit dem Kubismus beschäftigt haben, wiesen darauf hin.[59] Die überzogene Behauptung Kahnweilers hat unseres Erachtens seinen Grund nicht zuletzt darin, daß er selbst – wie wir bereits andeuteten – wie kein anderer privilegierter Augenzeuge über die Kenntnis der Modelle verfügte, die diesen Bildern zugrundelagen. So war es für ihn selbstverständlich, in einem so hochkomplizierten Bild wie dem Porträt, das Picasso im Herbst 1910 von ihm malte, vom Deduktionsprozeß abzusehen, der die Skulpturen aus Neukaledonien an der Wand und die vestimentären Details des Dargestellten zu »Zeichen« umgeschaffen hatte. Kein Zweifel, eine derartige wörtliche Erkennbarkeit kann auch keine noch so lange Gewöhnung an diese Bilder herstellen. Es gibt hier bei Kahnweiler offensichtlich eine bewußtseinsidealistische Übertreibung. Der Begriff »Schrift« ist zugegebenermaßen auf den ersten Blick mißverständlich, da er für uns zu stark das direkte Erleben eines kubistischen Bildes diskreditiert.

Ontologische Promotion der Gegenstände

Kahnweiler suchte hier nach der Quadratur des Zirkels. Dies ist offensichtlich. Die Gründe liegen – in den Jahren des Ersten Weltkriegs, da er seine Ästhetik des Kubismus notierte – eindeutig darin, die Kritik am Kubismus als einer absurden und beliebigen Darstellungsmanier zum Schweigen zu bringen. Solches mag die Konklusion erklären, die Kahnweiler hier zieht. Spätestens mit Bretons Kubismus-Text, den wir im Rahmen eines generellen Aufstands gegen den Positivismus und das Faktische sehen müssen, kommt es zu der Feststellung, daß eben in der Offenheit der Darstellung im Kubismus sein eigentlicher ikonographischer Mehrwert liegt. Das Doppeldeutige, die Aporie von Sehen und Verstehen, steht nun im Vordergrund. Doch ganz so stark ist der Bruch zwischen der Deutung Kahnweilers und der Bretons nicht. Wir dürfen Kahnweilers »pädagogische Vereinfachung« des Problems, die weitgehend, wie erwähnt, polemische Gründe hat – will sie doch eher ein prinzipielles Nichtverstehen des Kubismus treffen –, nicht verabsolutieren. Kahnweiler etabliert den Kubismus ja keineswegs als einen direkten reproduzierenden Realismus, sondern als eine Bildsprache, die ständig ein »Mischprodukt« aus Wahrnehmung, Assoziation von Erinnerungsbildern und Zeichen bleibt.

Kahnweiler löst sich später von dieser einfachen Äquation Bild = Schrift. Es kommt zu einer stärkeren Trennung von »signifiant« und »signifié«. Spätestens in dem umfassenden Buch über Juan Gris, das noch einmal die biographische und werkimmanente Studie an generelle ästhetische Überlegungen bindet, wird dies deutlich. Kahnweiler ist es bewußt, daß der Kubismus eben in dem, was er an Widerstand dem direkten Erkennen von Gegenständen bietet, im Grunde das leistet, was man eine ontologische Promotion der Gegenstände nennen könnte. Kahnweiler arbeitet die Eigenentwicklung Juan Gris' auf dem Hintergrund des Kubismus von Picasso und Braque heraus. Er expliziert vor allem die für Gris so wichtige synthetische Phase des Kubismus. Denn der synthetische Kubismus, der einen Gegenstand nicht mehr wie der analytische Kubismus so sehr in seiner Totalität (man könnte auch sagen: in seiner Pleonasmus-Form) darstellt, verläßt sich auf die Suggestionskraft weniger Elemente. Versuchte der analytische Kubismus die Realität durch die Addition von getrennten Wahrnehmungsetappen zu verfremden, so könnte man sagen, der synthetische Kubismus versuche es durch Subtraktion, durch Weglassen. Hier gibt Kahnweiler einen Ausblick auf die Poetik Mallarmés, auf das Suggerieren, das die eindeutige Aussage ersetzt. Die Offenheit des Bildangebots wird deutlich. Es kann kein Zweifel bestehen, Kahnweilers Ästhetik trifft sich hier mit neueren ästhetischen Definitionen. Roland Barthes etwa schreibt – völlig im Sinne dieser Kubismus-Interpretationen Kahnweilers: »... nicht die Art des abgebildeten Gegenstandes definiert eine Kunst..., sondern das, was der Mensch hinzufügt, wenn er ihn rekonstruiert...«[60] Barthes spricht aus diesem Grunde nicht von einem »strukturalistischen Œuvre«, sondern von einer »strukturalistischen Aktivität«. Wenn wir nun Kahnweilers Ästhetik eine »kubistische Aktivität« nennen, so können wir auf diese weitere Aussagen Barthes' beziehen: »... Schöpfung und Reflexion sind hier also nicht als ursprünglicher Eindruck der Welt zu verstehen, sondern als tatsächliche Gestaltung einer Welt, die der ersten ähnelt, aber nicht, um diese zu kopieren, sondern um sie verständlich zu machen...«[61], und: »... Die Struktur ist also tatsächlich ein *Simulakrum* des Gegenstandes, aber ein gesteuertes, zielgerichtetes Abbild, denn der nachgebildete Gegenstand läßt etwas erscheinen, was bisher unsichtbar blieb, oder vielmehr etwas, was bisher im ursprünglichen Gegenstand unfaßbar blieb. Der struktural operierende Mensch nimmt das Reale, zerlegt es und setzt es dann wieder zusammen.«[62]

Paris nach der Verschwörung

1920 kehrte Kahnweiler nach Paris zurück. Wir verwiesen bereits darauf: Sein »Lebenswerk« war weitgehend zerstört. Die Wut über einen Kubismus »made in Germany« hatte einen Höhepunkt erreicht. Dank der »Ventes Kahnweiler« sollten diese Machwerke ihre, wie es hieß, künstlich hochgeschraubte Notierung verlieren. Camille Mauclair schrieb: »Und wenn man die Macher dieser Pariser Schule, die nichts Pariserisches oder Französisches an sich hat, anzugreifen wagt, wenn man auf das abgekartete Spiel zwischen dieser Art von Kunst und jenem entsetzlichen Münchner Geschmack, dem Barbaren ›made in Germany‹ aufmerksam macht, wenn man auf die Machenschaften, die einem hinterhältigen Haß auf den romanischen Geist entspringen, hinweist, dann mobilisiert die ganze Sippschaft (der Kunsthändler) augenblicklich ihre Werbetrommler und Neger, um zur Verteidigung der lebendigen Kunst aufzurufen...«[63]

Daß sich Picasso und Braque in der Zeit, da Kahnweiler außer Landes weilte, wieder von ihrer kubistischen Sprache losgesagt hatten, konnte die Vorstellung von einer deutschen Verschwörung nur bekräftigen. Vlaminck, Derain verlassen die Galerie. Braque, Léger, Picasso werden ihr – definitiv oder vorübergehend – untreu. Vlaminck wirft Kahnweiler vor, er habe ihn irregeführt, er habe ihm weismachen wollen, der Kubismus sei etwas wert: »Kahnweiler, wenn ich daran denke, daß Sie mir eines Tages ein weißes Blatt mit Kohlezeichnung und einem aufgeklebten Zeitungsausschnitt zeigten und mir sagten, daß es etwas darstelle! Und das Schlimmste daran ist, daß ich es Ihnen geglaubt habe!«[64] Nur Juan Gris bewahrt ihm absolute Treue. Er war auch der einzige, der gewissermaßen nun die Kontinuität des Kubismus garantierte. Mit Picassos biomorph verzerrten Aktfiguren konnte Kahnweiler, wie er uns zugab, zunächst nicht viel anfangen. Erst nach und nach erkannte er, wie hier Probleme, die bereits in den *Demoiselles d'Avignon* präfiguriert waren, weitergeführt wurden. 1927 äußert er sich in einem Gespräch mit E. Tériade wie folgt: »Picasso ist jener phänomenale Künstler, der die Malerei an jedem Tag neu erfindet, weil er nämlich morgens über sein Werk des Vortages unzufrieden ist. Wie bewundernswert ist diese erhabene Verzweiflung, deren Früchte Meisterwerke sind.«[65]

Neue Künstler kommen in den folgenden Jahren und Jahrzehnten dazu: Masson, Beaudin, Kermadec, Laurens, Lascaux, Borès, Roux, Rouvre, Manolo. Kahnweiler wußte, daß er nun nicht weiterhin Händler der Kubisten sein konnte. In einer Äußerung im Jahre 1927 wird dies deutlich: »Sie werden feststellen, daß ich keine einheitliche Linie verfolge. Unter den jungen Malern wähle ich mir überall diejenigen aus, die mir als wirkliche Vertreter der aktuellen oder künftigen Malerei erscheinen.«[66]

Und wie wir derselben Quelle entnehmen können, hat sich Kahnweiler sehr schnell wieder, von alten und vielen neuen Freunden umgeben, seinen Platz erobert. Seine neue Galerie, die »Galerie Simon«, lebt vom selben Understatement, das von Anfang an zu Kahnweilers Stil gehört: »Die Galerie Simon liegt in einem nichtssagenden Innenhof in der Rue d'Astorg; von außen sieht sie wie eine Stelle des Finanz- oder Fürsorgeamts aus. Die Kunst ist hier eingeschlossen und zeigt nichts von ihrer klangvollen Existenz.«

Evangelist und Inquisitor

Max Jacob führt junge Schriftsteller ein. Die Zusammenarbeit zwischen Malern und Dichtern geht weiter, nimmt einen ungekannten Aufschwung. Zahlreiche Schriftsteller finden in Kahnweiler ihren ersten Verleger. Malraux, Radiguet, Satie, Reverdy, Artaud, Limbour, Salacrou, Leiris, Tzara, Jouhandeau, Desnos, Gertrude Stein, Carl Einstein, Ponge, Queneau: Die Liste ist eindrucksvoll, enthält ein wichtiges Stück Kulturgeschichte des Jahrhunderts. Die Dichter, Maler und Musiker, wie Satie, kommen an den Sonntagen zu Kahnweiler nach Boulogne. Ein kleiner Salon entsteht, der dem »commerce« den Sinn gibt, den ihm Valéry zuwies, als er seiner Zeitschrift den Titel *Commerce* gab.

Kahnweiler, der Apologet und der Verneiner. Beide bedingen sich. Der intellektuelle Einfluß Kahnweilers kann nicht überschätzt werden. Nicht nur als Evangelist, auch als Inquisitor hat er die Zeit geprägt. Man kann über die Ungerechtigkeiten nicht hinwegsehen: Doch die Ablehnung Kandinskys und der gegenstandslosen Kunst hat keine Hintergründe, sie hat ihren Grund in Kahnweilers Ästhetik, die gestreift wurde. Komplizierter sind die Beziehungen zum Surrealismus. Es gibt Briefe an Breton, die anzeigen, daß Kahnweiler wünsche, ihn zu verlegen. Die Reaktion Bretons ist positiv. Kahnweiler interessiert sich für Tanguy – doch die Gründung der »Galérie surréaliste« führt zu einer Entfremdung zwischen Kahnweiler und Breton. Einen Moment lang zögert er, Giacometti in die Galerie aufzunehmen.

Der einzige Künstler der Galerie, der dem Surrealismus angehört, ist André Masson – hier wurde der Zugang Kahnweilers erleichtert: In den ersten Werken ist Masson noch von Juan Gris beeinflußt. Und in dessen »écriture automatique« vermag er schließlich das zu entdecken, was er die »Urlinien« des Kubismus genannt hat. Doch Masson gießt über die kubistische Bildstruktur eine neue, surrealistische Essenz.

1927 äußerte sich Kahnweiler wie folgt in dem Gespräch mit Tériade: »Kommen wir nun auf die jungen Maler zu sprechen. Finden Sie, daß sich bei ihnen neue Tendenzen, ein neuer Geist abzeichnen? – Ich denke, ja. Ich erkenne eine poetische Einstellung, die eine Bereicherung ist. Nun, betrachten Sie in diesem Bild von Masson dies hier (und Kahnweiler zeigt auf die flüchtige Form einer Wolke, die eine Reihe von kleinen runden Formen umhüllt). Diesen Lyrismus werden Sie bei keinem anderen finden. Das poetische Gefühl ist hier vorrangig. In die Formstrenge, die der Kubismus wiedererlangt hat, führen die jungen Maler ein neues Gefühl ein.«[67]

Picasso, dem Kahnweiler die ersten Bilder Massons zeigte, erkannte dies sofort: »...er geht von unseren kubistischen Formen aus, aber er legt in sie Gefühle hinein, an die wir niemals gedacht hätten.« Schließlich darf nicht vergessen werden, daß Kahnweiler in den dreißiger Jahren Paul Klee in die Galerie aufnimmt.

Der Zweite Weltkrieg unterbricht aufs neue die Tätigkeit Kahnweilers. Dem mutigen Eingreifen seiner Schwägerin Louise Leiris, mit der Kahnweiler seit 1920 zusammenarbeitete, war es zu verdanken, daß die Galerie weiterbestehen konnte. Kahnweiler flieht in die sogenannte »freie Zone«. Er schreibt in dieser Zeit sein Werk über Juan Gris.

Nach dem Kriege tritt Kahnweiler stärker als Kunsthändler in Erscheinung. Doch den Prinzipien, die er bereits von Anfang an verfolgte – und wie sie *Je sais tout* beschrieben hatte –, bleibt er treu. Zu den kapitalen Veröffentlichungen dieser Zeit sind, neben *Juan Gris*, *Les sculptures de Picasso* zu zählen. Eine Reihe von Aufsätzen schließen sich diesen Büchern an. Bis in sein hohes Alter hinein blieb er aktiv und streitbar. In einer Zeit, in der alle alles schätzen, war es faszinierend, jemandem zu begegnen, der ausschloß und verwarf. Das Erkannte wog das Versäumte vielfach auf.

Anmerkungen

1. Dies schließt nicht aus, wie er immer wieder darauf hinweist, daß er diese frühen Begegnungen mit Kunst auf geradezu passionelle Weise erlebte. 1903-1904 wohnte er sechzehn Aufführungen von *Pelléas et Mélisande* bei. Wir dürfen nicht vergessen, Kahnweiler wäre zunächst am liebsten Dirigent geworden. Musik war für ihn zeitlebens große Passion. In seinen kunstphilosophischen Schriften bildet Musik die ständige Referenz.
2. Brief an Michel Leiris vom 19. März 1932.
3. Archiv Kahnweiler, Galerie Louise Leiris, Paris, ohne Datum.
4. Archiv Kahnweiler.
5. Daniel-Henry Kahnweiler, *Meine Maler – meine Galerien. Gespräche mit Francis Crémieux*, Köln, DuMont Schauberg, 1961, Seite 34.
6. Archiv Kahnweiler.
7. *Meine Maler – meine Galerien*, a.a.O., Seite 144.
8. Kahnweiler ist diesem Prinzip treu geblieben. 1927 gibt er in einem Gespräch mit E. Tériade folgende Auskunft: »Stimmt es, daß Sie Ihren Malern verbieten, an den Salons teilzunehmen und sich den Gruppen anzuschließen?« – »Nein,

es ist nicht richtig, daß ich es ihnen verbiete. Sie verzichten aus eigenem Antrieb auf die Teilnahme an den Salons und den regelmäßigen Ausstellungen. Das bietet ihnen den Vorteil, sich nicht unter die Menge mischen zu müssen, es gestattete ihnen, sich eine diskrete und aristokratische Haltung zu bewahren. Ich selbst mag diesen exhibitionistischen Geist der Ausstellungen nicht.«
E. Tériade, »Nos enquêtes: entretien avec Henry Kahnweiler«, in: Feuilles Volantes, Supplément Cahiers d'Art, Paris, Nr. 2,1927.
9. Christian Derouet, »Quand le cubisme était un ›bien allemand‹«, in: Ausstellungskatalog Paris-Berlin, Paris, Centre Georges Pompidou, 1978, Seite 46.
10. Meine Maler – meine Galerien, a.a.O., Seite 36.
11. Unveröffentlichtes Manuskript in deutscher Sprache. Archiv Kahnweiler.
12. Unveröffentlichtes Manuskript in deutscher Sprache. Archiv Kahnweiler.
13. Dazu finden wir in den Zeitungen der Zeit Argumente genug. Zitieren wir aus L'Assiette au beurre, Februar 1912: »Das Haus Kahnweiler bietet seinen Besuchern die Lösung einer Reihe von Bilderrätseln an, deren Urheber die Herren Picasso und Braque sind.«
14. Archiv Kahnweiler.
15. Archiv Kahnweiler.
16. Archiv Kahnweiler.
17. Archiv Kahnweiler.
18. Archiv Kahnweiler.
19. Archiv Kahnweiler.
20. Publiziert unter dem Pseudonym Daniel Henry, »Der Kubismus«, in: Die Weißen Blätter, Zürich/Leipzig, Nr. 9,1916, Seite 212.
21. Daniel-Henry Kahnweiler, Confessions esthétiques, Paris, Gallimard, 1963, Seite 64.
22. Félicien Fagus, »L'invasion espagnole: Picasso«, in: Gazette d'Art, Paris, 1901.
23. Ebenda.
24. Meine Maler – meine Galerien, a.a.O., Seite 17.
25. Je sais tout, 15. April 1912, Seite 349-351.
26. Ambroise Vollard, Souvenirs d'un marchand de tableaux, Paris, 1937, Seite 252.
27. Brief vom 16. Dezember 1919.
28. Brief, (Herbst) 1919, Archiv Kahnweiler.
29. Brief vom 17. Dezember 1919, Archiv Kahnweiler.
30. Brief vom 19. September 1919. 31. Brief vom 6. September 1919. 32. Brief vom 11. September 1919. 33. Brief vom 19. September 1919.
34. Meine Maler – meine Galerien, a.a.O., Seite 46.
35. Brief vom 13. Juni 1924.
36. Archiv Kahnweiler.
37. 29. Juli 1913.
38. Dies ist nicht korrekt. Apollinaire hatte die Bekanntschaft Braques Ende 1907 durch Kahnweiler gemacht.
39 Archiv Kahnweiler.
40. Die reich illustrierte Buchausgabe des Aufsatzes, der 1916 unter dem Titel Der Kubismus erschienen war, wurde 1920 – gleichfalls unter dem Pseudonym Da-

niel Henry – in München (Delphin-Verlag) veröffentlicht. Dieser Buchausgabe gab der Autor den Titel *Der Weg zum Kubismus*. Kahnweiler erweiterte die Buchausgabe gegenüber dem Aufsatz aus dem Jahre 1916 um ein Kapitel, das er Léger widmete. Doch ein Hinweis auf Juan Gris fehlt auch hier. In die Neuausgabe, Stuttgart, Gerd Hatje, 1958, nahm Kahnweiler den Text der kleinen Gris-Monographie auf, den er 1928 in der Reihe »Junge Kunst«, Leipzig, veröffentlicht hatte.

41. *Der Weg zum Kubismus*, Stuttgart, Gerd Hatje, 1958, Seite 9.
42. Interessant dazu der Hinweis Kahnweilers: »Man kann eigentlich nicht sagen, daß wir uns über ästhetische Begriffe stritten; denn alles Neue, die Erfindungen und Entdeckungen, oder wie Sie es nennen wollen, wurden nicht in Worten ausgedrückt. Sehr viel später erst fanden die Kubisten Formulierungen, schrieb Apollinaire ›Die Kubisten‹ und versuchte seine Gedanken zu diesem Thema zu fassen, die aber meiner Ansicht nach eher die Vorstellungen der kleineren als der wirklich großen Kubisten sind.« *Meine Maler – meine Galerien*, a.a.O., Seite 33.
43. *Der Gegenstand der Ästhetik* war bis 1971 weitgehend unveröffentlicht. Nur die Kapitel 15 bis 18 waren 1916 in *Die Weißen Blätter* erschienen. Eine Buchausgabe des ganzen Manuskripts liegt bisher nur in deutscher Sprache vor: Daniel-Henry Kahnweiler, *Der Gegenstand der Ästhetik*, herausgegeben und eingeleitet von Wilhelm Weber, München, Heinz Moos, 1971.
44. Der Aufsatz erschien 1920 unter dem Titel »Die Grenzen der Kunstgeschichte« in *Monatshefte für Kunstwissenschaft*. Hier zitiert nach der französischen Ausgabe »Les limites de l'histoire de l'art«, in *Confessions esthétiques, a.a.O.*, Seite 75.
45. Ebenda, Seite 83.
46. *Der Weg zum Kubismus*, a.a.O., Seite 28, 37.
47. *Der Gegenstand der Ästhetik*, a.a.O., Seite 36.
48. Ebenda, Seite 40.
49. »L'art nègre et le cubisme«, in *Présance Africaine*, Paris-Dakar, Nr. 3, 1948, wieder abgedruckt in *Confessions esthétiques*, a.a.O., Seite 222 ff.
50. *Meine Maler – meine Galerien*, a.a.O., Seite 62.
51. Vgl. Jean Cassou, »Le poète et le philosophe«, in: Werner Spies (Herausgeber), *Pour Daniel-Henry Kahnweiler*, Stuttgart, Gerd Hatje, 1965, Seite 75: »Das Auftauchen einer recht energischen Schar deutscher Ästheten, das für das beginnende 20. Jahrhundert so bestimmend sein sollte, hatte ihn auf diese Aufsehen erregende Erklärung vorbereitet; sie beherrschten geschickt die Mechanismen der Dialektik und der Spekulation, verstanden es, schlagkräftige Thesen zu lancieren und weitreichende Perspektiven zu eröffnen; sie waren in der Lage, die Geschichte aller Kunstrichtungen der Welt, bis hin zu den zurückliegendsten Jahrhunderten und den finstersten Kontinenten in eine Dramaturgie von Begriffen, das heißt ein System, einzuschreiben.«
52. *Der Kubismus*, 1916, a.a.O., Seite 213.
53. Hinweise auf Kant finden wir 1912 bereits bei Olivier-Hourcade in »La tendance de la Peinture contemporaine«, *Revue de France et des Pays français*, Paris, Februar 1912, zitiert in Fry, Seite 74-75, und bei Maurice Raynal, »Conception

et Vision«, *Gil Blas*, Paris, 29. August 1912, zitiert in Fry, Seite 93-95. Doch bleibt es hier bei einem oberflächlichen Hinweis. Anders bei Autoren wie Fritz Burger, der in seinem Buch *Cézanne und Hodler – Einführung in die Probleme der Malerei der Gegenwart* (geschrieben 1912, erstmals aus dem Nachlaß publiziert München 1917) die Analogie zwischen dem Denken Kants und der Kunst Hodlers, Cézannes und Picassos herauszuarbeiten versucht.

54. Arnold Gehlen, »D.-H. Kahnweilers Kunstphilosophie«, in: *Pour Daniel-Henry Kahnweiler*, a.a.O., Seite 93.
55. Hinweise auf die Erkenntnisse der »Völkerpsychologie« von Wilhelm Wundt und die soziologischen Erkenntnisse von Hippolythe Taine in *Philosophie de l'Art* bringt bereits *Der Gegenstand der Ästhetik*, a.a.O., Seite 28.
56. Daniel-Henry Kahnweiler, *Juan Gris*, Stuttgart, Gerd Hatje, 1968, Seite 79.
57. Albert Gleizes und Jean Metzinger, *Du Cubisme*, Paris 1912, zitiert nach Edward Fry, *Le Cubisme*, Brüssel 1968, Seite 109.
58. *Der Gegenstand der Ästhetik*, a.a.O., Seite 26.
59. So Maurice Jardot in *Pablo Picasso – Zeichnungen*, Stuttgart, Gerd Hatje, 1959, Seite XI: »Ich gestehe, ich glaube nicht daran. Ich denke vielmehr im Gegenteil, daß diese Werke für künftige Generationen viel von jener erregenden oder beunruhigenden Rätselhaftigkeit behalten werden, die sie für ihre Zeitgenossen hatten. Denn man hat wohl einen großen Unterschied nicht genügend beachtet, keinen Gradunterschied etwa, sondern einen, der das Wesen der Sache trifft: Der Kubismus legt nicht, wie es der Impressionismus gemacht hat, eine *neue Sicht* der Welt vor, sondern geradezu eine neue Welt.«
60. Roland Barthes, »L'activité structuraliste«, in: *Essais critiques*, Paris 1964, S. 216.
61. Ebenda, Seite 215.
62. Ebenda, Seite 214.
63. Zitiert nach Christian Derouet, »Quand le cubisme était un ›bien allemand‹«, a.a.O., Seite 48.
64. Archiv Kahnweiler.
65. E. Tériade, »Nos enquêtes: entretien avec Henry Kahnweiler«, a.a.O.
66. Ebenda.
67. Ebenda.

Die Wirklichkeit der Dinge und die Phantome der Kunst
Cervantes, Duchamp, Beckett, Nauman

Von Marcel Duchamp stammt das Wort: Der »regardeur«, der Betrachter »macht« das Bild. Es gehört zur alltäglichen Praxis, daß wir für das, was wir in Galerien, Ateliers oder Museen sehen, eine Übersetzung suchen. Hinter der Möglichkeit, Werke mit immer neuen Kommentaren zu verändern, steckt eine Erfahrung, die sich bis ins achtzehnte Jahrhundert zurückverfolgen läßt. Hume, Shaftesbury zerbrechen das Regelwerk einer klassizistisch genormten Ästhetik. Gegen eine feststehende Stufenleiter ästhetischer Wertvorstellungen setzt Hume in seinem Essay »Of the standard of taste« den Einspruch: »Schönheit ist keine Eigenschaft in den Dingen selbst: Sie existiert nur in dem sie betrachtenden Bewußtsein, und jedes Bewußtsein nimmt eine andere Schönheit wahr.«

Duchamps Wort faßt eine Praxis zusammen, die, nicht zuletzt dank seinem eigenen Zutun, im zwanzigsten Jahrhundert zu einem generellen Interpretationszwang mutiert. Kombinatorischer Umgang mit Formen und Themen begleicht die Rechnung dafür, daß die liturgische und soziale Funktion von Kunst verlorengegangen ist. Zwei Faktoren spielen mit: die ästhetische Eroberung der Kunstlosigkeit und die Notwendigkeit, ungegenständliche Formen, Gesten und Aktionen vermittelbar, erlebbar zu machen. Nichts kann sich dem mehr oder weniger subjektiven Kommentar entziehen. Denn die Kunst lebt jenseits ikonographischer Gewißheiten. Dies gilt nicht nur für die frühen avantgardistischen Positionen. Die Redundanz des Kunstbetriebs schleift die Bezüge und Vergleichsmöglichkeiten ab. Denn je postmoderner Kunst wird, desto mehr läßt sie die erkennbare Verankerung in einer datierbaren, kritischen

Zeit vermissen. Deshalb stellt sich die Frage, vor welchem intellektuellen Hintergrund Bilder gesehen werden können.

Mit Pinsel und Lanze: Angriff auf den Windmühlensalon

Duchamp selbst hat zu seinen Aktionen Kommentare geliefert. Können wir nun für die grundsätzliche Skepsis, mit der er den Kunstbetrieb verunsichert, Referenzen erwarten, die über den eigenen Kommentar hinausführen? Wenn man mit Duchamp zusammen war, kam unentwegt die Rede auf Literatur. Alphonse Allais und Alfred Jarry gehörten zu den Lieblingsautoren. Sie spielten mit Paradox, Umstellung und Ironie. Dieser Umgang war für ihn existentiell. Vergessen wir nicht, Duchamp starb in seinem Badezimmer an einem Lachanfall, den eine Passage in einem Text von Allais ausgelöst hatte. Duchamps transoptische Aktivitäten im Bereich der Kunst wären ohne das Geflecht von Anspielungen sinnlos.

Marcel Duchamp, 1967. Privatsammlung

Was böte sich als ein akzeptables, archetypisches Paradigma für eine Verwendung des Interpretationszwangs an, in den uns Duchamp versetzt? Man könnte zunächst an Freud denken. Aber Erklärungsmodelle wie die »Traumdeutung« bleiben an gesellschaftlich abgesicherten, historischen Verhältnissen ausgerichtet. Sie haken sich am Subjektiven ein. Sie tun es jedoch, um ebendieses Subjektive abzuhängen. Es geht Freud letztendlich um das Einvernehmen von Individuum und Gesellschaft, um den Abbau von Dissonanz. Verständlichkeit, Aufklärung, nicht Reprivatisierung von Gefühlen und Reaktionen sind das Ziel. So besehen, ist das Resultat der Interpretation eindeutig: Es schafft das Unklare ab, und es schwächt das Persönliche.

Duchamp bringt dagegen zum Ausdruck, daß es ihm nicht um Explikation und Bildanalyse geht. Die unwägbare Aussage von Bildern, Skulpturen und Objekten, die Fabrikation von neuartigen Beziehungen erweisen sich als wichtiger denn eindeutige Bilderklärungen. Wenn wir uns deshalb nach einem Muster für den Interpretationssog umsehen, den Duchamp in Gang gesetzt hat, dann möchte man meinen, nichts biete sich besser an als das Verfahren, das Don Quijote zu einer großartigen, durchgehend funktionierenden Stimmigkeit entwickelt hat. Er meistert eine Technik der Interpretation, die schlagfertig jeden Widerspruch und jede Skepsis abzuwehren vermag. In den Augen des traurigen Helden kann ein beliebiger Gegenstand, kann eine zufällige Begegnung zu einer Bedeutung gezwungen werden. Und wie Duchamp agiert Cervantes an einer Zeitenwende. Jedes Zusammentreffen dient Don Quijote dazu, noch einmal die verlorene, obsolete Welt des Rittertums heraufzubeschwören. Objektiv gibt es für ihn nichts mehr zu erleben. Was dem Helden zustößt, läßt sich fugenlos auf Lektüren beziehen. Dies führt dazu, daß Don Quijote für all die Abenteuer, in die er sich stürzt, jeweils die Quelle und die historische Besetzungsliste anzugeben vermag. In der Tat bleibt auch die Bibliothek die einzige unbezweifelte Realität, die die Freunde und Feinde des Ritters nicht in Frage stellen können.

Wie bei Cervantes gewinnen bei Duchamp Wissen und Kombinatorik größere Bedeutung als eine direkt erfaßbare künstlerische Realität. Geht Don Quijotes Praxis von der genauen Kenntnis der Ritterromane und Traktate aus, dann bezieht sich Duchamp, der kommentierende Stratege der Avantgarde, auf die Kenntnis kunsthistorischer Schriften und ästhetischer Manifeste. Hier gibt es eine Parallelität. Den Angriff auf eine eben erloschene literarische Gattung, auf den in allen Regeln festgelegten Ritterroman, modifiziert Duchamp zu einem Angriff auf ein anderes Erloschenes, den Salonbetrieb und das Museumsbild.

Der Schnurrbart, den der Franzose der Mona Lisa verpaßt, entspricht den grotesken Übermalungen, mit denen Cervantes seine Rittergeschichten ausstattet. Auch die Welt, die Don Quijote aufbaut, hätte ohne die ständige Absicherung in Lektüre und Zitaten nicht ihre unbezweifelbare Logik erreicht. Alles, was Duchamp unternahm, lebte von einem Appell an den Kommentar und an das Kalkül. Eine nur formale, phänomenologische Betrachtung der Ready-mades, deren Gleichsetzung mit Skulpturen, kam aus diesem Grunde für ihn überhaupt nicht in Frage. Der unerschöpfliche »Don Quijote« scheint darüber hinaus auf konkrete Weise das Bildvokabular Marcel Duchamps zu bestimmen. Denn zwischen den selbst gesetzten Situationen, mit denen sich der sinnreiche Junker im Laufe seiner Abenteuer abgibt, und Duchamps Readymades bestehen erstaunliche Parallelen.

Sanitäre Prunkliturgie

Die verblüffendste Begegnung zwischen dem interpretierenden Vorgehen von Duchamp und Cervantes liefert unseres Erachtens die hinreißend komische Szene, die im 21. Kapitel »von dem großartigen Abenteuer mit dem Helme Mambrins handelt«. Don Quijote verehrt ein metallenes Becken, das er einem vorbeireitenden Barbier entreißt, als die Kopfzier des unsterblichen Mambrin. Er projiziert auch in diesem Falle ganz einfach sein Vorwissen, das er von dem mythischen Prunkhelm besitzt, in ein alltägliches Objekt. Das ist beste Interpretation-Interpretation, die uns im Umgang mit einer Ästhetik, die sich dem »objet« zuwendet, absolut verständlich erscheint. Duchamp illustriert diese Szene mit einem seiner Readymades. Die Rede ist von »Fontaine«, von dem Urinoir, das er 1917 unter dem Pseudonym R. Mutt der Jury einsendet, die über die Zulassung zur Ausstellung der New Yorker Independent Group zu befinden hat.

Viele Interpretationen wurden für diese Arbeit vorgeschlagen. Eine will in dem bauchigen porzellanenen Objekt gar die Anspielung auf eine Buddhafigur erkennen. Wie zuvor Cervantes mit seiner Barbierschale, die dazu dient, Schaum zu schlagen oder einen Aderlaß aufzufangen, greift Duchamp nach einem Artikel, der dem sanitären Bereich zugehört. Und wie Don Quijote entzieht er ihn durch eine kleine Manipulation dem Nutzwert. Setzt sich der Ritter von der traurigen Gestalt das Becken als Helm auf den Kopf, so wendet Duchamp das Urinoir. Er stellt es auf den Kopf. Hier und da können wir von Nobilitierung sprechen. Diese fällt deshalb so kraß und überraschend aus, weil die Ausgangsbedeutung der Objekte so niedrig angesiedelt ist.

Die Enfilade disparater Türen steht offen

In beiden Fällen wird die Preisgabe des ursprünglichen Gebrauchs entscheidend. Dieser Verzicht erst öffnet den Gegenstand für die Interpretation. Als ich Duchamp in seinem Atelier in Neuilly auf die verwirrende Nähe zwischen »Fontaine« und »Mambrins Helm« ansprach, winkte er keineswegs ab. Auch zu anderen Arbeiten Duchamps – nehmen wir die Tür in der Rue Larrey, die wechselweise einen Raum öffnete und einen anderen verschloß – kann die Lektüre von Cervantes als Kommentar dienen. Verkündet doch Don Quijote nicht zuletzt im Zusammenhang der Szene, in der vom Barbier und von der Rasierschale die Rede ist: »Wo eine Tür sich schließt, tut sich eine andere auf.« Bei Duchamp handelt es sich um alles andere als um formale Einheitlichkeit und um den Aufbau eines Stilbegriffs. Im Gegenteil, Duchamp möchte sein Denkspiel mit Hilfe möglichst disparater Interpretationsentwürfe in Gang halten. So haben wir seine Mitteilung zu verstehen, es gehe ihm in den Ready-mades darum, dem »look«, der Erkennbarkeit auszuweichen.

Auch Don Quijotes Strategie beruht auf Offenheit. Seine Interpretation greift wechselweise nach Windmühlen, nach einer Schenke, nach Weinschläuchen, nach einem Barbierbekken. Es sind durchwegs banale Dinge, niedere Situationen, mit denen er sich auseinandersetzt. Die interpretierende Methode des Ritters entdeckt notwendigerweise hinter allem eben das, was er entdecken möchte. Er kann mit allem, was ihm begegnet, etwas anfangen. Denn alles paßt in sein System. Zu jedem visuellen Angebot vermag der universale Interpret bedeutende Lesefrüchte vorzulegen. Auch dies läßt an die Definition des Ready-made denken. Der Sprung aus dem Banalen-Wirklichen zum Interpretiert-Mythischen liefert die Energie für das Hineinsehen. Stumpfsinnige Gesten und unbedeutende Dinge bilden die Voraussetzung dafür, daß das Gefälle zwischen Realität und Interpretation so stark ausfällt.

Regardeur des Minnegesangs

Nur eine entwaffnende Banalität kann den heroischen Perspektivismus hervorbringen, von dem sich die Vorstellungskraft des traurigen Ritters nährt. Hinter dem Glanz seines interpretierenden Lebens steckt durchweg etwas Banales. Auch dies läßt an Duchamp denken: Er vermag es, alltägliche Gegenstände, die er aussucht und die er nur minimal verändert oder durch Umstellung verfremdet, in den Fluchtpunkt von Atelier und Museum zu rücken. Immer wieder kehrt Cervantes in seinem Buch zu der Szene mit dem Helm des Mambrin zurück. Sie wird zum Urbild dessen, was der Autor einmal mit dem Wort von den »systematischen Narreteien« umschreibt.

Das klingt für denjenigen, der sich in unserem Jahrhundert umschaut, vertraut. Dalís Definition der »paranoia-kritischen Methode«, die das systematische Verwirrspiel, die Konstruktion von Doppel- und Mehrfachbildern reglementiert, können wir auf Don Quijote beziehen. In dieser Prozedur radikalisiert, mechanisiert der Spanier ein Vorgehen, das er von seinen surrealistischen Freunden übernommen hat. Die Surrealisten bauen gezielt konventionelle Bedeutungen der Realität ab, sie erproben den Aufstand gegen das »peu de réalité«, gegen das »bißchen Realität«. An die Stelle des Nutzwertes tritt der Schein. Interpretation, Halluzination vermögen ein Spannungsfeld aufzubauen, das den Gegenstand in eine Gegenwirklichkeit verwandelt. Auch hier können wir Nähe im Detail verfolgen: Was ist ein Buch wie Bretons »Nadja« anderes als ein anachronistischer, ins Paris der zwanziger Jahre verlegter Minnesang? Breton jagt in seinem Bericht, der Ereignisse an der Grenze der Unwirklichkeit und des Spiritismus notiert, keiner Realität, sondern einem Phantom nach.

Der Begriff des »regardeur«, den er dem »faiseur«, dem Täter, nachbildet, hat bei Duchamp nicht mehr viel mit Blick, mit Optischem zu tun. Dies steht im Zentrum seiner Ästhetik. Entschieden wendet sich diese gegen das Retinale, gegen den Vorrang eines Sehens, das über die Netzhaut verläuft. Sie löste – und auch dafür war der Vergleich »Fontaine« und »Helm des Mambrin« bedeutsam – die Eindeutigkeit der Erscheinung von der Fülle der Interpretation. Wie »macht« nun der Betrachter das Bild, wie erschafft er eine Welt? Welches Vorwissen, welche Erfahrungen assoziiert er mit Bildern? Hier taucht nun die entscheidende Frage auf. Versuchen wir einen Bogen zu schlagen: Vermochte sich Don Quijote mit seiner Interpretationswut auf eine verlorene chevtion chevtion zu beziehen, auf eine grandiose, der Nostalgie verfallene Welt von gestern, so hat unsere Einfühlung im Umgang mit den Künsten nicht immer Golddeckung.

Transzendenz der ersten Lektüre

Man muß die Behauptung Duchamps aus zeitlichem Abstand kritisch betrachten. Sie stellt die Frage nach dem, was der »regardeur« alles in seine spanische Herberge mitbringen darf. Der Diskurs, der sich in der Nachfolge Duchamps mit der Moderne beschäftigt, die Texte, die Bilder umsetzen, geben sich zumeist mit zufälligen Referenzen zufrieden. Biographisches, erste Seherlebnisse, zufällige Begegnungen sollen die Entstehung von Werken begründen. Doch Bilder, Installationen, Videos, die keine Transzendenz einer ersten Lektüre zustande bringen, die ohne Bezüge zu Literatur und Denken auskommen, interessieren uns nicht lange. Es sind die tragenden Referenzen, auf die es ankommt. Sie bilden die gesetzgeberischen Ikonologien unseres Jahrhunderts. Von dieser Erfahrung ausgehend, sollten wir Koordinaten für den Umgang mit Kunst festlegen.

Neben der Beziehung Duchamp-Cervantes drängen sich andere auf: Mallarmé-Cézanne stecken hinter der hermetischen Verknappung von Ausdruck und Bildsprache, Apollinaire und Gertrude Stein verdeutlichen den Kristallisierungsprozeß des Kubismus, Heinrich Mann und Bertolt Brecht illustrieren den physiognomischen Exzeß im Werk von George Grosz oder Dix. Lautréamont, Kafka, Breton, Eluard, Aragon versorgen den Surrealismus mit ihren Bildvorstellungen, und die obsessionelle Bekenntnisliteratur eines Michel Leiris kann die physiologischen Selbstbezichtigungen im Werk der Giacometti und Bacon veranschaulichen. Wie Kraftstationen beliefern diese Hinweise auf ein »Ut pictura poesis« unseren Blick. Die Malerei der fünfziger und frühen sechziger Jahre schließlich, die das Verschwinden des Gegenständlichen mit einem lukullischen Ausschlürfen der Bildmaterialität kompensierte, hatte in Dichtern wie Francis Ponge entscheidende Begleiter gefunden. Auch hier wurde vierhändig gespielt.

In deren Texten ging es keineswegs um die Widerspiegelung der Bilder und Skulpturen. Hier wurden nicht etwa fremde, außerliterarische Bildsprachen beschrieben. Die Prosastükke, die sich an ein Bild von Fautrier, Dubuffet oder von Vulliamy heften, unterscheiden sich im Ton nur unwesentlich von den übrigen Texten Ponges. Das Sprechen von den Minima, die Präsentation des Schrundigen, das sich in den Texten auf Bildmaterialität bezog, betraf die eigene, sprachliche Realität. Dabei ließen sich Brücken zwischen der Gruppe »Tel Quel« und den radikalen Künstlern der Richtung »Support-Surface« schlagen. Sie entwickelten sich vor dem Hintergrund einer zur Weißglut gebrachten freien Interpretation, die sich auf das Informel gestürzt hatte. Was für Sprachvirtuosen wie für Ponge gilt, gilt auch für Tardieu, Paulhan, Michaux und nicht zuletzt für den Beckett, der den Bildern der Brüder van de Velde einige Seiten widmet.

Der hygienische Seufzer der Seife

Diese Texte von Beckett übersteigen alle anderen Kommentare der Zeit. In ihnen stoßen wir auf eine Phänomenologie des Übersehenen und des Unterlebensgroßen. Ponges Schreiben geht es um die Singularität der Dingwelt. Er spricht von der »Rettung der Dinge«. Sein Reden kreist um nicht viel mehr als um den Kiesel, die Garnele, den Pferdeapfel, den Teller. Der Gegenstand tritt dabei im Singular auf. Er verfängt sich im Netz der Beschreibung. Gegenstände tauchen als Prototypen auf, sie werden dem Akzidentellen entrissen. Im Mittelpunkt der Strategie steht die Rettung des »insignifiant«, des Nichtbedeutenden. Im »Insignifiant« tut Ponge seinen, wie er es selbst nennt, »hygienischen Seufzer«. Das anschaulichste Beispiel für dieses Vorgehen liefert der Text »Le savon«. Das Stück Seife, das Ponge nervös-schreibend manipuliert, wird beim Akt des Schreibens zerrieben, symbolisch verbraucht. Eine Art von Waschzwang, der sich an der Unzufriedenheit mit dem Schreiben austobt, führt dazu, daß am Ende das Seifenstück verlorengegangen ist: Es hat sich in hundert Seiten aufgeschäumt. Auch hier treffen wir wie bei Don Quijote, wie bei Duchamp noch einmal auf ein hygienisches Versatzstück. Die Entstehung des Textes entzieht das Ding seiner in Gewohnheit und gesellschaftlichen Usancen vernetzten Nützlichkeit. Insistieren, Wiederholen schleifen den Gebrauchswert ab. Auf solche banalen Gegenstände und »niedrige« Texturen treffen wir auch in den Bildern eines Wols, Fautrier oder Dubuffet.

Gegenmode mit Ablaufdatum

In den späten fünfziger Jahren und dann mehr und mehr in den sechziger Jahren setzt eine Gegenreaktion ein. Neue Aspekte von Dingen sickern in die Welt der Bilder ein. Was sich in den Ateliers abspielt, hat nichts mehr mit der Gigantomachie zu tun, die zwischen gegenständlicher und ungegenständlicher Welt einen Limes zu verlegen suchte. Das Informel, dessen Liturgie die École de Paris definitiv festgeschrieben zu haben glaubte, und die Action Painting der New Yorker Schule werden in Frage gestellt. In Frankreich durch die Neuen Realisten, in den Vereinigten Staaten durch die Generation der Pop-Künstler. Die Gegenreaktion fordert auf, den Nuancen, die von der rhetorischen Differenz leben, zu entkommen. Nichts bezeichnet den Umschwung besser als Roland Barthes' Konzept, das den Mythologien des Alltags auflauert. Anspielungen auf einen Essentialismus sind aus diesen Texten völlig verschwunden. An die Stelle des Singulars und des Prototyps tritt die Massenware. Die Beobachtungen setzen bei datierbaren Objekten und Situationen ein. Das Kaufhaus und die Tageszeitung werden wichtig.

In der Hingabe an das mit schwindelerregender Schärfe in die Zeit montierte Objekt klingen Stimmungen an, die wir von Baudelaire und Benjamin kennen. Es sind alles Erscheinungen und Produkte, die dem Augenblick angehören. Ihre Essenz liegt im Modischen. Sie spielen im nostalgischen Vorgriff mit dem Verfallsdatum. Dieses bildet den einzigen Horizont des Erlebens. Die Neuen Realisten greifen bereitwillig zu dieser Gegenständlichkeit. Wir finden sie in den Assemblagen und Zusammenstellungen von Tinguely und Arman. Denn Akkumulation und Wiederholung sind in diesen Jahren en vogue. Das hat mit dem Warenangebot und mit den neuen Konsumgewohnheiten zu tun. Der Griff nach dem Gegenstand hat sich weit vom Flohmarkt und damit vom pathetischen Erleben der Objektmagie entfernt, die noch die Surréalisten antrieb. Ohne die Möglichkeit, die Kausalität der Dingwelt auf den Kopf zu stellen, gab es für diese keine Begegnung mit der Umwelt. Die Neuen Realisten tun das Gegenteil. Aber auch ihr Tun bleibt weiterhin auf bedeutende Texte der Zeit, auf die von Barthes und auf die der Autoren des Nouveau Roman, bezogen.

Eilen ohne Ziel mit Zeit ohne Ende

Doch die Referenzen, die als Kommentare dienen können, sind ungleich. Ihre Herkunft hat sich verlagert. Wir finden unter ihnen solche, die auf die Erfahrung im Umgang mit neuen Arbeitstechniken, mit Körpersprachen, mit Ballett und Szenographie zurückgehen. Zum Beispiel die New Yorker Schule: Für das Werk Pollocks können wir eigentlich keinen adäquaten literarischen Hintergrund angeben. So beziehen wir unsere Erregung vor den großen Dripping-Bildern auf etwas Szenisches, auf den Anschauungsunterricht, den wir der Kenntnis eines Streifens verdanken, den Hans Namuth in den frühen fünfziger Jahren von dem Maler/Akteur Pollock drehte.

Erstmals wird in diesem Film ein technisches Verfahren, das ein Künstler heranzieht, als ein fremdartiges Ritual spürbar: Die Visualisierung, die Großschreibung der technischen Prozeduren läßt sich als Inhalt lesen. Denn wenn die Zeitgenossen von Pollocks Malerei zu sprechen meinten, sprachen sie letztlich von dem physischen Kraftakt, den der Film spektakulär in den Mittelpunkt rückte. Das hatte Folgen: Die Visualisierung dessen, was sich in dieser Malerei als »action« niederschlägt, gingen Definitionen von Clement Greenberg und von Harold Rosenberg voraus.

Von einem kolossalen Automatismus wollte man reden, von der Vergrößerung der indirekten Verfahrensweisen, die der Surrealismus herangezogen hatte, um Spontaneität gegen die Zensur durch Kunstwollen und Metier zu setzen. Wir begegnen einer Dramaturgie, die in den Nachkriegsjahren mit dem existentialistischen Dekor und mit der Visualisierung von Risiko und Scheitern liebäugelt. Dieses Spiel am Abgrund dient dem Werk Pollocks als Bonus, es wird ihm als Tiefe zugeschlagen.

Viele Filme, die von Künstlern handeln, nicht zuletzt Clouzots überwältigendes »Mystère Picasso«, sollten dieses Drehbuch variieren. Psychogramm im Atelier, Erregungen werden vor der Kamera hochgespielt. Clouzot arbeitet mit Kunstgriffen, die wir aus dem Kriminalfilm kennen. Er simuliert fieberhafte Eile: Er führt vor, wie Picasso unter der Angst, nicht fertig zu werden, in Panik zu geraten scheint. So, als ob das Resultat des Zeichnens und Malens durch mangelnde Zeit gefährdet werden könnte. Dabei führt der Film nichts anderes vor als einen Zeitbegriff, der ohne Finalität auskommt, der, statt ein definitives Meisterwerk zu liefern, flüssige Variationen hervorbringt. Estmals verändert ein Medium auf frappierende Weise ein Werk.

Rückversicherung – die legenda aurea des video

Wie stellt sich dies in jüngerer Zeit dar? Wo sind die grundlegenden Texte, die als legenda aurea für die Malerei, die Objektkunst, den Aktionismus oder die Videoinstallationen herhalten können? Hier treffen wir in erster Linie auf Beckett. In den späten fünfziger und dann in den sechziger Jahren sickern die geradezu dämonischen Spielregeln, die Becketts Figuren in Romanen und Theaterstücken erfinden, in die visuelle Welt ein. Kein Zweifel, Beckett steht unübersehbar am Beginn der Medienkunst. Nehmen wir nur *Krapp's Last Tape, Das letzte Band*. Der Text entstand zu Beginn des Jahres 1958. Eine Erfindung der fünfziger Jahre, das Tonbandgerät, wird zum Mitspieler. Durch das ständige Ein- und Ausschalten des Geräts kommen unvollständige Sätze zustande. Das Stück *Spiel*, das das Ulmer Theater im Juni 1963 zur Uraufführung brachte, bringt die Umsetzung ins Visuelle. Der Scheinwerfer reguliert den Einsatz der Stimme, das Sprechen.

Doch das entscheidende Datum betrifft das Fernsehstück *He, Joe, Dis Joe*. Beckett überließ es mir auf meine Bitten für den Süddeutschen Rundfunk. Er selbst führte im Frühjahr 1966 in Stuttgart Regie. Strenggenommen handelte es sich um eine Videoproduktion. Videos kamen 1965 erstmals auf den Markt. Ab 1967 standen sie allgemein zur Verfügung. Das Stück wurde mit einer elektronischen Kamera aufgenommen. Es gab keine Schnitte. Die Kameraführung wurde von Beckett bis ins letzte Detail festgelegt. So oft wurde die Aufnahme wiederholt, bis schließlich das von Beckett intendierte Ergebnis zustande gekommen war. Es kam zu einer der halluzinierendsten Begegnungen zwischen einem Schriftsteller und einem neuen Medium. Die Kamerabewegung war zentimetergenau programmiert.

Was nun Becketts Arbeiten für das Fernsehen, die mit einer elektronischen Kamera gedreht wurden, auszeichnet, ist letztlich die Erfindung einer Sprache, die wir in fast allen Videoinstallationen der jüngeren Generation antreffen. Wiederholung, Monotonie, pars pro toto, die bei Beckett im Text erscheinen, finden in seiner szenographischen Realisierung großartige Entsprechungen. Dazu kommt jedoch, daß jedes dieser szenographischen Elemente bei Beckett in vorausgehenden Texten abgesichert ist. Von diesem Bedeutungsspektrum dürfen die frühen Videoarbeiten von Bruce Nauman profitieren: Es gibt kaum etwas bei Nauman, das sich der Aura Bekketts entzieht. Das »Get out of my mind« (»Geht mir aus dem Sinn«), »Get out of this room« (»Geht aus diesem Raum«) reimt sich auf *Krapp's Last Tape*, auf *He Joe*, auf *Atem*, auf *Geistersonate*, *Nicht Ich*. Wiederholung, der Narzißmus, das Spiel mit Körperteilen, abstruses Exerzitium, danteskes Pensum, all dies finden wir in *Watt*, in *Molloy*, *Malone stirbt*, in *Texten um Nichts* oder in *Der Verwaiser*.

Auch einige der beeindruckendsten formalen Konstanten bei Nauman finden wir schon bei Beckett. Überhaupt liegt vieles von dem, was der Minimalismus umsetzt, in Becketts visueller Abstinenz begründet. Doch was uns hier letztlich interessiert, ist nicht eine mehr oder weniger auffällige Nähe zwischen Beckett und Nauman. Wir wissen, daß Nauman ausdrücklich auf seine tiefe Bewunderung für Beckett hingewiesen hat. Der »Slow Angle Walk« aus dem Jahre 1968 ist auch unter dem Namen »Beckett Walk« bekannt geworden. Es geht um etwas Prinzipielleres. Interessant für die Kunst, für die neuen Medien ist die Feststellung, daß wir für Nauman, Hill, Rebecca Horn, Serra und andere in Beckett eine grandiose Rückversicherung besitzen. Wo wir auch hinschauen: Es sind immer wieder Szenen und Konstellationen, zu denen Beckett – vielen unbewußt – die poetische und intellektuelle Synchronisierung bereitstellt.

Herzschrittmacher des Surrealismus
André Breton

Wohl nichts vermag André Breton besser zu charakterisieren als die erscheinungshaft fremden, gesetzgeberischen Sätze, mit denen seine Bücher beginnen. Ob wir La confession dédaigneuse, das Manifest des Surrealismus, Nadja oder die großartigste aller Schriften, L'amour fou, aufschlagen, stets treffen wir auf das auffällig jähe Incipit. Alles scheint daraufhin angelegt, den Leser eingangs dank einem sprachlichen Solitär, zu dem Gefühl oder Reflexion umgeschliffen werden, zu überwältigen und auf eine initiatorische Reise zu schicken, von der es keine Rückkehr gibt. Ein poetisches Über-Ich verlegt die Schwelle zum Schreiben in atemlose Höhe. Wie Wachposten flankieren diese Eröffnungszüge den Mehrwert an Intensität und Erleben, auf den es Breton ankommt. Der unverwechselbare Stil hat mit dem Sprachmaterial zu tun, das der Autor verwendet. Die sich schlangenhaft windenden Sätze leben von der Dissonanz einer Poesie, die fast nur mit den schwarzen Tasten der Klaviatur spielt, und dem Nachklang wissenschaftlicher und philosophischer Sachlichkeit, die auf den unermüdlichen Leser Breton verweist. Denn bei aller Spontaneität, die das Werk kultivierte, bei aller Faszination durch écriture automatique läßt sich nicht übersehen, daß Breton letztlich seinen Surrealismus mit aufklärerischen Argumenten durchzusetzen versuchte. Das Ergebnis oszilliert ununterbrochen zwischen Tonlagen wie Exaltation und bürgerlichem Gesetzbuch. Alles führt bei Breton zu einem einzigen Fluchtpunkt, zu der Unruhe, in die ihn die Erkenntnis der peu de réalité, der Geringfügigkeit des Wirklichen, stürzte. Hier äußert sich der Vertreter einer Generation, die sich dem Positivismus des neunzehnten

Jahrhundert ebenso zu entziehen vermochte wie dem Geschmackskanon und den Sicherheiten der Zeit, in der er aufwuchs. Er präsentiert den archimedischen Punkt, von dem aus er das Verhältnis zwischen Subjekt und Objekt neu zu regulieren sucht. Nicht von ungefähr häufen sich in all diesen Texten die wissenschaftlichen Anstrengungen, für den Surrealismus eine Verschmelzung erkenntniskritischer Positionen zu finden.

Beweissuche und Wunscherfüllung

André Breton und der Surrealismus sind unzertrennbar ineinander verwoben. Und diese Erfahrung, daß wir beide, den Wortführer und die Bewegung, weiterhin in einem Atemzug nennen, erscheint in einer Zeit, in der Ideologien und Konzepte pragmatischen Handlungsbedürfnissen Platz gemacht haben, bemerkenswert. Der Freundschaftsbund, für den sich Breton zeitlebens einsetzte, hatte für ihn weniger eine Ästhetik zum Ziel, die sich in Buchhandlungen und Museen zu bewähren hatte, als eine Lebensform, eine Ethik. Titel wie *Die surrealistische Revolution* zeigen dies an. Vergessen wir nicht Bretons plötzlichen Ausruf, er wisse nun, daß der Surrealismus zu etwas führen müsse. An Strahlkraft hat der Surrealismus nichts eingebüßt. Das zeigen all die Bilder, Installationen, Inszenierungen, Bücher, Filme, die heute, bewußt oder unbewußt, die Epiphanien surrealistischer Schocks fortführen. So gesehen, gehören Wilson, Rebecca Horn oder Tarkovsky sogar in einem höheren Sinne immer noch zum Surrealismus als manches von dem, was Breton in seinen späten Tagen inmitten der damaligen Abstinenz gegenüber Themen und Faszinationen herausklauben konnte. Gewiß, die Enzykliken, mit denen er den Surrealismus zu festigen suchte, forderten zu Spott und Schismen auf. Doch Bretons Beharren auf der straffen, inquisitorischen Organisation der Gruppe hatte mit der Notwendigkeit zu tun, unaufhörlich neue Verkörperungen des surrealistischen Effekts aufzuspüren. Um Spannung und Autorität aufrechtzuerhalten, blieb Breton auf Surrealismusbeweise angewiesen. Denn der Surrealismus schlug weder einen verbindlichen Stil vor, noch verfügte er über die Dauer eines surrealistischen Effekts. Er hing an der Erwartung.

Keiner formulierte diese Haltung, von der die Bewegung lebte, eindringlicher als Breton. Nehmen wir ein Zitat aus dem autobiographischen Buch *Nadja*. Die Protagonistin wendet sich an ihren Begleiter: »Siehst du das Fenster dort hinten? Es ist dunkel, wie alle anderen. In einer Minute wird es hell werden. Es wird rot sein.« Breton beschreibt, wie die Minute vergeht und wie hinter den – roten – Vorhängen eine Lampe eingeschaltet wird. Derartige Vorfälle skandieren die Texte. Sie umkreisen Momente, in denen sich die überempfindliche Fähigkeit zur Antizipation entlädt. Die Poesie des Surrealismus ist ununterbrochenes Spiel mit der Wunscherfüllung. Sie beruht auf Begebenheiten und Bildern, die blitzartig einfallen. Die Inhalte und Botschaften, die sie ankündigen, sind nicht unbedingt spektakulär. Doch innerhalb des Beschreibungsmodus, in den sie Breton zwingt, gewinnen sie ihre Sprengkraft. Je stärker sie sich der Kausalität verweigern, desto wirksamer sind sie. Dies steckt hinter dem Prinzip der Révélation, der Erleuchtung, das der Surrealismus in Szene setzen möchte.

Selbstbezichtigung ohne Zensur

Entscheidend ist dabei der Hinweis, daß all das, wovon in den Texten die Rede ist, der Wirklichkeit entnommen wurde. Man kann das Unerklärliche verifizieren. Von dieser Dialektik lebt die surrealistische Vorstellung vom Wunderbaren. Das gilt für alle Bücher des Surrealismus. Dann und wann warf man Bretons Texten vor, sie seien egozentrisch. Im Umkreis Freuds war es Marie Bonaparte, die von *Nadja* sagte, das Buch sei das Ergebnis einer narzißtischen Überschätzung des Ichs. Dabei hatte Breton bewußt alles auf den schonungslosen Selbstversuch gesetzt. Das Exzessiv-Persönliche, das daran getadelt wurde, beruht nicht zuletzt in der Absage an die Zensur, die Freud in der *Traumdeutung* sich selbst gegenüber auferlegte. Den Surrealisten ging es im Unterschied dazu nicht mehr darum, die Konvention des Anständigen zu wahren. Ja, die Suche nach Authentizität fiel mit der Verfeinerung der Selbstbezichtigung zusammen. Das zeigen schließlich im Anschluß an Breton die Bekenntnisschriften von Michel Leiris und Georges Bataille.

Wir wissen nicht viel über die Herkunft des Mannes, der vor hundert Jahren in Tinchebray in der Normandie geboren wurde. Das Verschweigen aller Hinweise auf eine individuelle Prägung, die vor den Freundschaften liegt, ist keineswegs zufällig. Bekämpft doch Breton jeden Determinismus, der die surrealistische Freiheit beengen könnte. Zu solchen verhaßten Konstanten gehören in erster Linie das Biologische, das Nationale und die Familie. In der Ablehnung sprechen sich zwei Überzeugungen aus. Die erste, von einer nietzscheanisch geprägten Auflehnung bestimmt, geht davon aus, daß ein Mensch möglichst keine Spur hinterlassen möge. Es ist die Einsamkeit dieses Stolzes, in der sich Breton am wohlsten fühlt. Dazu gehört im Umgang mit den Freunden auch der Verzicht auf jede Intimität. Das Zusammentreffen mit Jacques Vaché während der Kriegsjahre wurde entscheidend. Breton blieb von diesem Mann ohne Werk, der Literatur als eine »réussite dans l'épicerie«, als einen »Erfolg von Krämern«, abtat und sich im übrigen formlos, »ohne zu grüßen«, aus dem Leben verabschiedete, zeitlebens beeindruckt. Wir können davon ausgehen, daß die Gleichsetzung von Schweigen und Werk bei Duchamp, die Breton mit epistemologischer Genauigkeit bereits zu Beginn der zwanziger Jahre vorschlug, auf das Modell vom Dandy Jacques Vaché zurückgeht.

Dazu tritt die zweite Überzeugung, die mit Freiheit zu tun hat. Breton bringt sie erstmals 1922 auf die prägnante Formel von der »personnalité du choix«, der »Persönlichkeit, die die Auswahl trifft«. Er prägt dieses Wort, das den Dezisionismus aller surrealistischen Verfahrensweisen begründet, in den Monaten, da er, wie die anderen Mitglieder der Gruppe um *Littérature* betroffen und erregt, die neuartige Bildpoesie der Collagen Max Ernsts entdeckt hatte. Denn diese waren das Ergebnis einer Kombinatorik von einander fremden Inhalten. Die »Persönlichkeit, die die Auswahl trifft« – hinter diesem Ausspruch eröffnet sich eine Ästhetik, die dem kalkulierten Zufall und dem Wahlmodus einen Vorrang einräumt. Diese Methode erreicht ihren Höhepunkt in der Perfektionierung der Fähigkeit, Menschen und Dinge zu Allianzen zu führen. In Max Ernsts Darstellungen fand Breton, ins Anschauliche übertragen, Beispiele dieser semantischen Sprünge, die ihn zuvor schon bei seiner Hinwendung zu den Gedichten Reverdys beschäftigt hatten. Er projiziert sich, auch nach dem Verschwinden Vachés, mehr und mehr in ein Alter ego.

Im Magnetfeld intersubjektiver Allianzen

Die erste, folgenreiche Zusammenführung von zwei Köpfen hatte bereits das Buch *Les champs magnétiques* gebracht, das Breton 1919 zusammen mit Soupault schrieb. Er kam zu einer Art Seilschaft, für die uns am ehesten das Zusammengehen Picassos und Braques in den ersten Jahren des Kubismus ein Modell anbieten kann. Die Einheit, die bei diesem gemeinsamen Schreiben zustande kam, mußte Breton dazu bewegen, mehr und mehr auf intersubjektive Allianzen zu setzen. Mit diesem janusköpfigen Verfahren findet er darüber hinaus eine Möglichkeit, den dadaistischen Angriff auf die Literatur erstmals zu stoppen. Auch für das Dilemma, auf das Erzählerische verzichten zu müssen, bieten diese Texte eine Lösung an. Sie haben nichts mehr mit dem Erzählfluß zu tun, den Valéry angeprangert hatte. Denn das zweipolige Schreiben, das zu diesen ›Magnetfeldern‹ führt, schafft notgedrungen die erzählerische Kontinuität und die allwissende Pose des Schreibenden ab. Im Bereich einer solchen Auseinandersetzung mit Sprachmaterial und Stereotypen der Inspiration kann nun gerade das Banale zur höchsten Steigerung gebracht werden. Das bringt einen völlig neuen Ton in die Texte. Der Abstieg in die Beschreibung interessiert ihn nun mehr als die symbolistische Überhöhung. Derartig provokante Einschübe von Banalität und Schmutz machen auch den manchmal pedantischen Angelismus, in dem der Autor bei seinen Wanderungen über die erotisierten Boulevards verharrt, erträglich.

Auf verschiedene Weise durchbricht Breton den Text. Immer wieder montiert der Autor Bilder ein. Und diese Bilder sind etwas anderes als Illustrationen des Textes. Die Photographien von Schauplätzen der Faszination, die Wiedergaben von Gemälden und Objekten in *Nadja, Les vases communicants* oder *L'amour fou* besitzen eine Funktion. Sie treten dort auf, wo der Text abbricht. Etwas Inchoatives zeichnet das wechselseitige Verhältnis zwischen Bild und Prosa aus. In keinen anderen Büchern unseres Jahrhunderts sind Reproduktionen so stark der Aura des Geschriebenen ausgeliefert worden. Dieses strahlt auf die Bilder, auf alle Objekte des Surrealismus aus. Der dumme Vorwurf, surrealistische Kunst sei literarisch, übersieht diese magische Erfahrung, zu der die Mischung von Schrift und Bild führt. »Die Schönheit wird konvulsiv sein, oder sie wird nicht sein«, lesen wir bei Breton. Ständig stoßen wir auf diese Redewendung »oder wird nicht sein«. Das ist ein entscheidender Satz. In ihm kündet sich die schwindelerregende Verdichtung an, die hinter allen Erscheinungen aufgefunden werden soll.

Wir können das Wort Verdichtung im Sinne Freuds verwenden. Breton setzt bei einem ebenso folgenreichen wie folgerichtigen Mißverständnis der Lektüre Freuds ein. Lange Zeit kennt er die psychoanalytischen Schriften nur dank der französischen Sekundärliteratur. Der junge Breton, der in seinen ersten Texten einen symbolistischen Ausdruck sucht, meint in

Freud einen Garanten für den Hermetismus zu finden. Denn in gewissem Sinne scheint der Verdichtung, die der Traum leistet, das Gedicht der Symbolisten zu entsprechen. Vergessen wir nicht, Freud tritt mitten im Symbolismus auf. Breton suchte zunächst, im Gegensatz zu den französischen Vertretern des Fachs wie Janet, die auf der Inferiorität des Traums bestanden, bei Freud etwas, was es bei Freud nicht gab: den Mehrwert von Traum und Unbewußtem. In *Les vases communicants* liefert Breton Jahre später den Nachweis, daß er inzwischen Freud gelesen hatte. Es kommt zu einer folgenreichen Korrektur. Sie ist so folgenreich wie das frühe Mißverständnis. Denn die Analysen, die Breton von den eigenen Träumen liefert, führen zu einer neuartigen Verbindung von Wirklichkeit und Traum. Manifester Inhalt und Traumgedanken werden nicht getrennt. Sie halten sich wechselseitig in einem so labilen Schwebezustand, daß man sie spielerisch austauschen könnte: das Latente wird manifest und umgekehrt. Wir kennen diese irritierende Form-Grund-Verkehrung aus den Büchern Bretons und den Bildern seiner Freunde. Er steht jedoch schließlich vor der Frage, die Horkheimer an das Werk Freuds gerichtet hat: »Ist Arbeit- und Genußfähigkeit ein genügendes oder allzu positivistisches, allzu realitätsgerechtes Kriterium?« Die Antwort des Surrealismus fällt eindeutig aus. Er entschied sich gegen eine Psychoanalyse, die sich mit der Anpassung an das Wirklichkeitsverständnis einer gut funktionierenden bürgerlichen Welt begnügte.

André Breton, Rue Fontaine
Die Kunst- und Wunderkammer des Surrealismus

In den frühen neunziger Jahren des neunzehnten Jahrhunderts wurde in André Bretons Atelier in der Rue Fontaine ein außerordentlicher Film gedreht: er hält ein Ambiente fest, das als Herzkammer des Surrealismus gelten kann. Die behutsame Bewegung der Kamera läßt das Auge langsam in die Räume eindringen. Niemand spricht, niemand kommentiert oder belehrt uns. Wir sehen nur Gegenstände. Doch die Sachen, auf die wir stoßen, definieren André Breton und die Überzeugungen der Menschen, die an diesem Platz verkehrten, in Abwesenheit, auf genaue Weise. Dem Cineasten gelingt es, beim Gang durch das Labyrinth der Dinge eine Spannung aufzubauen. Die Vorstellung von Zeit spielt herein: Auf die klar ausgeleuchteten Tagbilder folgt eine zweite Reise, die die Nacht in den Schauplatz eindringen läßt. Die optische Magie erscheint, auf die Breton in seinem Text »Picasso dans son élément« (Minotaure, Nr. 1, 1933) dank der Fotografien Brassaïs hinweisen konnte: »Dans l'interieur de cet atelier photographié de jour et de nuit ...« Mit einem Schlag verändert sich die Stimmung in der Rue Fontaine. Schreiendes Pigalle-Licht blinkt kurz hinterm nachtdunklen Fenster auf. Der Wechsel geschieht unerwartet, wie sich unerwartet, überraschend die Prophetie Nadjas auf der Place Dauphine erfüllt: »Le regard de Nadja fait maintenant le tour des maisons. ›Vois-tu, là-bas, cette fenêtre?‹ Elle est noire, comme toutes autres. Regarde bien. Dans une minute elle va s'éclairer. Elle sera rouge.« Es ist eine kaum spürbare, aber ausreichende Anspielung auf den Umstand, daß der Surrealismus wie keine andere Bewegung im zwanzigsten Jahrhundert in Paris lebte, von Paris lebte, im Baudelaireschen

Sinne auf die Stadt bezogen war. Wir entdecken im Film das Ergebnis eines jahrelangen Sammelns, Prüfens, Veränderns. Immer wieder hat Breton die Wände neu komponiert. An dieser Stätte verweilte er von 1922 bis zu seinem Tode 1966. Das Leben in der Rue Fontaine wurde allein durch die Jahre des Exils unterbrochen. Breton selbst hat sich kaum über die Präsentationsform seiner Sammlung geäußert. Erst im Todesjahr, im Februar 1966, arbeitet er nachweislich an einem Buch, das bei Skira in der Reihe »Les Sentiers de l'art« – später hieß die Reihe »Les Sentiers de la création« – erscheinen sollte. Im Februar war es zu einem Vertragsabschluß mit dem Verlag gekommen. Unter dem Titel *Quelle ma chambre au bout du voyage* wollte der Autor offenbar einen Einblick in die Sammlung und ihre Präsentation gestatten. Er spielte mit diesem Titel, den er auf den Umschlag eines Cahiers notiert, auf einen anderen Titel an, auf Xavier de Maistres *Voyage autour de ma chambre*. Die wenigen Eintragungen in dem Arbeitsheft erinnern an de Maistres genaue Vermessung und flânerie in vier Wänden, erwähnen einige Stücke der Sammlung, darunter »deux objets d'aliénés«, »zwei Objekte von Geisteskranken«, Arbeiten, die bereits 1929 erstanden worden waren. Außerdem rekapituliert Breton in seinen handschriftlichen Notizen Hauptstücke, von denen er sich zu seinem Bedauern hatte trennen müssen. Er wollte sie in der Publikation wenigstens der Erinnerung an die Sammlung eingliedern: *Le Cerveau de l'enfant* (de Chirico), *La Mariée* (Duchamp), *Mademoiselle Léonie* (Picasso) et *Terre labourée* (Miró). Im Atelier treffen wir auf Bilder, Masken, Objekte aus Ozeanien, präkolumbische Objekte, Indianerpuppen Nordamerikas. Fundstükke, Wurzeln, Steine, ausgestopfte Vögel in einem Vogelbauer, eine Schmetterlingssammlung, die Kugel einer Wahrsagerin, den berühmten Handschuh aus Bronze, den wir mit der Bildlegende »gant de femme aussi...« aus den Tafeln kennen, die *Nadja* begleiten, Kristalle, Agate. Daneben stoßen wir auf Artikel aus dem Bereich der psychopathologischen Bastelei oder auf Produkte der Volkskunst. Das Interesse am Außereuropäischen

Das Atelier André Bretons in der Rue Fontaine Nr. 42, Paris, 1960. Privatsammlung

und Fremden, die als antizivilisatorische Energien gegen den Geschmack eingesetzt werden, taucht von Anfang an auf. Diese Kulturkritik, die Kritik an dem Geschmack, der von europäischen Kategorien bestimmt wird, gewinnt eine konstituierende Rolle für den gesamten Surrealismus. Sie liegt dessen Hinwendung zum Fremden, Marginalen und Übersehenen zugrunde. Der Hinweis auf das Barbarentum und auf den Orient, die Artaud in seinen Aufrufen in La Revolution surréaliste gezielt dem Eurozentrismus entgegenhält, verbindet sich bei Breton mit dem, was er der Lektüre Freuds entnehmen zu können glaubt, nämlich Kampfbereitschaft gegenüber einer Kultur, die er von einem zensierenden Über-Ich bedroht sieht. Das Ausschweifende, das sich im Begriff des Barbarischen äußert und das sich symbolisch in der aggressiven Formensprache der »écriture automatique« offenbart, trifft sich mit der Ablehnung klassisch reglementierter Kunst. Freud hat das Opfer benannt, das die Fähigkeit zur Sublimierung jeweils für den Aufbau der Kultur zu entrichten hat: »Unsere Kultur ist ganz allgemein auf der Unterdrückung von Trieben aufgebaut. Jeder einzelne hat ein Stück seines Besitzes, seiner Machtvollkommenheit, der aggressiven und vindikativen Neigungen seiner Persönlichkeit abgetreten [...].« Der Automatismus sucht etwas von diesem Triebverzicht rückgängig zu machen. Im Umkreis des frühen Surrealismus steht dieser als einer von zwei Ausdrucksmodi zur Verfügung. Parallel zu den »Traumbildern«, die mit für sich erkennbaren, konturierten Bildassonanzen spielen, rücken Bildtechniken in den Vordergrund, die das spontane Vorgehen privilegieren.

Auge ohne Geographie:
Die Gleichrangigkeit ferner Dinge

Bereits in den zwanziger Jahren hat Breton mit seiner Sammlung begonnen. Wir finden sofort Bilder seiner Freunde Max Ernst, Masson, Tanguy, Dalí, Man Ray, Giacometti, Miró, Picabia. Wie in den ersten surrealistischen Ausstellungen, wie in der Zeitschrift *La Revolution surréaliste*, wie in Bretons entscheidendem Text »Le Surréalisme et la peinture« stehen Gemälde von Giorgio de Chirico neben kubistischen Bildern Picassos und Braques. Breton entdeckt Analogien zwischen Formen, die völlig verschiedenem Kontext entstammen. Bei der Zusammenstellung der Wände im Atelier bezieht er sich darauf. Er stellt ein Bild von Tanguy neben ein Totem aus Neu-Britannien. Ein derartiges Sehen, das mit formalen oder ikonographischen Assoziationen arbeitet, ein Sehen, das Chronologie und Geographie außer acht läßt, reagiert gegen den konventionellen Geschmack. Breton beginnt diese Überzeugung zu jener Zeit visuell in Szene zu setzen, da auch Aby Warburg seinen berühmten Bilderatlas, dem er den Titel *Mnemosyne* gibt, systematisch auf großen simultanen Tafeln ausarbeitet und als hermeneutisches Mittel eines Sehens bereitstellt, das sich von Rangordnungen und Zeiten frei macht. Wie bei Warburg kommt es weniger auf die losgelöste Form als auf die suggestive Erfahrung von Inhalten an. Sie tritt im Atelier in den Vordergrund, da in dieser Mischung von Werken verschiedenster Funktion und verschiedenster Herkunft der Gedanke der Autonomie von Kunst obsolet wird. Zu stark empfinden wir den kultischen Ursprung vieler dieser Arbeiten oder zumindest ihre Rolle innerhalb einer Gemeinschaft, die diese Arbeiten zu ihren Liturgien heranzieht. Dieses Primat des Inhaltlichen erscheint im übrigen als ein spannender Einwurf gegen das Jahrhundert, dessen Avantgarde vorzugsweise die Liquidation von Narrativem und von Iconologia betrieb. Der Film unterstreicht den kultischen Wert. Er führt uns Fremdartigkeit und Ferne vor. Durchgehend bleibt die Kamera auf das konzentriert, was die Grundlage dieses Sammelns, Sehens und Erkennens bestimmt: man kann es das nichthierarchische Erfassen von Dingen nennen. Die Welt der Formen wird vor unseren Augen in ihrer Gleichrangigkeit ausgebreitet.

Hier bietet es sich an, erneut einen Blick auf die Notizen aus dem Jahr 1966 zu werfen, in denen Breton den Band bei Skira vorbereitete. Er notiert die Titel von Arbeiten, die er abbilden, zusammenstellen möchte: »*Notre avenir est dans l'air*« (Picasso), *La palette de Braque*, *Les plombs de Seine*, *La vitrine d'oiseaux*, *Le fourneau de pipe en bois et en os* (objet populaire) et *La hache pétaloïde*« (Haïti). In dieser auf wenige Beispiele verkürzten Zusammenfassung legt Breton das Entscheidende der Sammlung und ihrer Präsentation an den Tag: es geht ihm um eine kontrastreiche, die Wertvorstellung eliminierende Mischung. Diese schafft das einseitig ästhetische Urteil ab. Von dieser Mischung, die dem einzelnen Werk seinen Sonderstatus entzieht, lebt der Eindruck im Atelier. Die Kameraführung unterstreicht es. Wir isolieren so gut wie nie das einzelne, rare Objekt, nur ganz selten gewinnt ein Gegenstand die Übermacht, jedes Objekt soll in eine umfassende, subtile Syntax eingegliedert werden. Darauf läßt sich eine Äußerung Bretons aus dem Jahr 1937 beziehen. Im Programm für die Galerie Gradiva sprach er »d'un lieu minuscule mais illimité d'où l'on puisse jouir d'un regard panoramique sur tout ce qui se découvre«.

Geflutete Welt: Picassos Panorama-Atelier

Dieser umfassende, Beziehungen schaffende Blick unterscheidet das Sehen, das im Atelier vorherrscht, vom besitzergreifenden Sehen des Antiquars und des Kenners, denen es um das einzelne, ausgeschilderte Ding geht. Tausende Objekte dringen gewissermaßen gleichzeitig an einem solchen »lieu sans âge« (Breton) auf uns ein. Es ist diese anbrausende, verblüffende Flut, die Breton bei seinem Eintritt in das Atelier Picassos fasziniert. Wir können das, was er in seinem berühmten Text über Picassos Ateliers in der Rue de la Boétie und vor allem über das Skulpturen-Atelier in Boisgeloup in der ersten Nummer der Zeitschrift *Minotaure* notiert, als Anweisung für das Erleben nehmen, das er selbst in der Rue Fontaine in Szene setzt: »Le critérium du goût se montrerait, d'ailleurs, d'un secours dérisoire s'il fallait l'appliquer à la production de Picasso ... Autrement appréciable ... m'apparaît, dans cette production, la tentation ininterrompue de confronter tout ce qui existe à tout ce qui peut exister, de faire surgir du jamais vu tout ce qui peut exhorter le déjà vu à se faire moins étourdiment voir. Les rapports spatiaux les plus élémentaires sont saisis, par quiconque est familier de l'appartement de Picasso et l'accompagne à nouveau de pièce en pièce, avec une acuité, une avidité dont je ne connais pas d'autre exemple.« Etwas Narkotisierendes geht von der Reise aus, auf die uns die Kamera im Film mitnimmt. Eine Welt der Tropismen, in der sich alles mit allem mischt, entsteht vor uns. Das Erlebnis ist an den Inhalt gebunden, der an diesem Ort zu finden ist. Er ist, in den Worten Bretons, »situé n'importe où hors du monde de la raison«. Die insistierende, langsame Bewegung unterstreicht diese verwirrende, halluzinierende Präsenz von Dingen, die für die Surrealisten den Ausgangspunkt für ihren unerhörten Interpretationsdrang abgab. Der Film rekonstruiert das panoramaartige Sehen, das das Atelier etablierte, ein totales, nicht ausgrenzendes Sehen, das unaufhörlich in Kontakt zu anderen Formen und Inhalten bleiben möchte. Es ist genaugenommen das Gegenteil des Sehens, das das moderne Museum durchzusetzen versucht. Dieses trennt die Werke, stellt sie jeweils auf einen eigenen Sockel.

Deshalb braucht das Musee National d'Art Moderne, brauchen wir alle *Le mur* aus der Rue Fontaine. Daß diese Wand in ihrer Vollständigkeit ins Museum eingetreten ist, ist ein Glücksfall, weil es uns das andere Sehen auf exemplarische Weise präsentiert. Das hat nichts mit Reliquienkult oder biographischem Voyeurismus zu tun. *Le mur* können wir heute als ein unabhängiges, objektives Beispiel für den Blick betrachten, der die entscheidende Umwertung im zwanzigsten Jahrhundert hervorbrachte. Es ist entscheidend, daß diese Wand erhalten bleibt, daß sie nicht in ihre einzelnen besitzbaren und vorzeigbaren Elemente zerfallen kann. Als Zitat aus dem Atelier kann *Le mur* in Zukunft die unerhörten Eröffnungssätze von »Le Surréalisme et la peinture« illustrieren. Breton notierte sie 1924 in *La Révolution surréaliste*. »L'œil existe à l'état sauvage.« Hier gilt es, einen kleinen Exkurs anzubringen. Er unterstreicht, daß *Le mur* auch innerhalb des Kunstmuseums nicht eigentlich mit einem Werk, mit einer Installation des zwanzigsten Jahrhunderts gleichgesetzt werden kann. Sein Bedeutungsradius greift weiter. Bretons Sammlung geht auf eine historische Präsentationsform zurück, die bereits vor der Entstehung des Kunstmuseums einmal universelle Geltung hatte. Es ist die Rede von den Kunstkammern und Kuriositätenkabinetten. Der offene Kunstbegriff Dadas und des Surrealismus mit der Hinwendung zu Ready-mades und Objekten stand den Kunstkammern, die der Manierismus anlegte, näher als dem Museum. Eine interessante geistesgeschichtliche Parallele gilt es in diesem Zusammenhang zu erwähnen. Im Jahre 1908 publizierte der Kunsthistoriker Julius von Schlosser im Leipziger Verlag Klinkhardt & Biermann unter dem Titel *Die Kunst- und Wunderkammern der Spätrenaissance* ein denkwürdiges Buch. Im Untertitel nannte es der Autor »Ein Beitrag zur Geschichte des Sammelwesens«. Es war mehr als nur die akribische Erkundung einer verschwundenen Präsentationsform. Dahinter steckte, wie immer wenn sich Schlosser einem marginalen Sujet zuwandte, der Wunsch nach Abschaffung einer Marginalität, die auf einem scheinbar avancierteren Geschmacksurteil beruhte. Denn Schlosser geht es um die Rehabilitation der die Grenzen des Geschmacks verwischenden, übergreifenden Gattung »Kunstkammer«. Die verschiedenen Elemente, die früher in Ambras oder in Prag zusammen ein formales und inhaltliches Konzept bildeten, waren zu der Zeit, da er das Buch schrieb, längst von einem wissenschaftlichen, aufgeklärten Zeitalter herausgenommen, isoliert und, einer neuen Systematik folgend, über Spezialsammlungen verstreut worden. So wanderte zum Beispiel der indianische Federschmuck aus der Kunstkammer Ambras in die ethnographische Sammlung des Naturhistorischen Museums in Wien. Dabei wurden spannende inhaltliche und materielle Beziehungen zwischen Artefakten und Dingen auseinandergerissen. Schlosser reagiert gegen diese Neuordnung der Sammlung als Historiker und als Mann der Zeit. Deshalb hat uns auch das Erscheinungsjahr zu interessieren: die Schrift erschien ein Jahr nachdem Picasso im Bateau Lavoir die *Demoiselles d'Avignon* gemalt hatte. Ein kapitales Jahr. Es ist nicht von ungefähr das Jahr, in dem Picasso erstmals das Musée du Trocadéro besuchte und dort die stupende, magische Verschmelzung außereuropäischer Formen und Inhalte entdeckte. Picasso hat darauf bestanden, diese Objekte nicht vor der Vollendung der *Demoiselles d'Avignon* im Frühsommer 1907 gesehen zu haben. Kahnweiler verdanken wir den prinzipiellen Hinweis: »Erst als Picassos Arbeiten vom Herbst 1906, die den Demoiselles d'Avignon vorausgingen, unseren ästhetischen Horizont erweitert und damit günstige Voraussetzungen geschaffen hatten, wurde die wirkliche Entdeckung der afrikanischen und ozeanischen Kunst möglich.« Diese Feststellung, die sich auf erkenntniskritische Prämissen stützt, unterstreicht etwas Grundlegendes: Seine Eroberung der Stammeskunst ist an einen generellen ästhetischen Erkenntnisakt, nicht an die Begegnung mit einem zufällig entdeckten, präzisen Objekt gebunden. Die eigene Arbeit machte Picasso für die Entdeckung der überwältigenden Sammlung im Trocadéro empfänglich. Picasso spricht von dem Schock, den er nach der Fertigstellung der *Demoiselles d'Avignon* beim Anblick der Skulpturen im Musée d'Ethnographie im Trocadéro erlebte. Und zweifellos waren es – wenn wir einen Blick auf die *Demoiselles d'Avignon* werfen – weniger die Beispiele aus Schwarzafrika als die stark kolorierten, tief eingekerbten, aus Baumfarn geschnitzten Rangstatuen der Neuen Hebriden. Nur die ozeanische Kunst bietet einen derart vehementen Kolorismus. Wie Kahnweiler in seinem Bericht hinzufügt, herrschte in der Terminologie eine heillose Konfusion: »als ›Neger‹ bezeichneten wir damals unterschiedslos afrikanische wie ozeanische Kunstwerke.« Die Daten, die der Systematik einer verlorenen Sammlungsform und der Entdeckung der primitiven Kunst – und damit dem Ausbruch aus dem eurozentrischen Museum gelten –, fallen zusammen. Auf die Kenntnis des Buches von Schlosser, auf dessen Systematik, wie auch auf dessen melancholische Bilanz könnte sich das beziehen, was man generell, wenn man an den Rang denkt, den Skulpturen und Objekte im Kreis von Breton übernehmen, den Tempelschatz des Surrealismus nennen möchte. Zumindest finden wir für vieles von dem, was aus dem Umkreis surrealistischer Objektfaszination aufzuführen ist, die Kategorien nicht in der Ästhetik der Avantgarde, sondern bei Schlosser.

Das Maximum kontroverser Sichtbarkeit – Pommerscher Schrank

Ich glaube, es handelt sich hier um eine bedeutende Parallele zwischen Geistesgeschichte und künstlerisch-literarischer Aktivität, eine, die sich als ebenso spannend erweist wie die zwischen Prinzhorns Buch *Die Bildnerei der Geisteskranken* und der bewußten, strategischen Regression dadaistischer Verhaltensweisen, die sich nicht zuletzt in einem antiklassischen Griff nach Techniken des Bastelns und nach privaten, ja autistisch begründeten Inhalten ausspricht. Von vornherein steht der Fetischcharakter der Objekte im Vordergrund. Hinter diesem Interesse verschwinden formale Überlegungen. Die Surrealisten beginnen früh, Objekte zu sammeln. So manches in ihrem Umkreis – ebenso in den Werken wie im Objektfetischismus, den Bücher wie *Le Paysan de Paris*, *Nadja* oder *Femme 100 têtes* begründen – erinnert an die *lusus naturae* und *artificialia* der Kunstkammern. Eine Ausstellung wie diejenige, die 1936 in der Galerie Ratton stattfand, erscheint geradezu nach dem Vorbild der Ambraser Sammlung, der Rudolfinischen Kunstkammer in Prag oder dem Museum Wormianum organisiert worden zu sein. In diesen Kunstkammern stieß man auf geschnittene Steine, Natternzungen, Alraunen, Schriftmusterbücher. Die Vorstellung von Zeit war hier abgeschafft. Datierbare Dinge und Naturgegenstände verbanden sich. Hier entstand dieser »lieu sans âge«, den Breton in seinem Programm für »Gradiva« anfordert. Diese Art der Präsentation, die verschiedenste Elemente addiert, die immer wieder auch das Miniaturhafte privilegiert, läßt sich über Bretons Atelier bis zu Duchamps *La Boîte-en-Valise* und Max Ernsts *Vox Angelica* weiterverfolgen. Hier pflanzt sich das Spiel mit dem Einsammeln möglichst vieler und disparater Elemente, der Umgang mit dem *un peu de tout* (Breton) fort. Das Inventar des eigenen Lebens wird als Kunstkammer vorgeführt. Die Rolle, die im Surrealismus Vitrinen und Schachteln spielen, läßt sich kaum übersehen. Duchamp geht hier am weitesten. Mit seiner Boîte-en-Valise, die im übrigen unausgepackt in Bretons Mur Platz fand, schafft er wohl bewußt ein Äquivalent zu den Kunstschränken des siebzehnten Jahrhunderts. Passen nicht einige wichtige Bestimmungen, die Schlosser notiert, auf diese Arbeit Duchamps? Führen wir ein Zitat an: »Nicht weniger bunt ist, was der Pommersche Schrank in seinem Innern barg. Da sind astronomische, optische und mathematische Instrumente, Toilette-, Schreib- und Tischgeräte, Handwerksutensilien, Jagd- und Fischereizeug. Spiele aller Art, endlich auch eine vollständige Hausapotheke ... alles beziehungsreich und künstlich verziert, in hundert Laden und Lädchen verpackt und verborgen, so daß Herausnehmen und Einlegen allein eine Beschäftigung von Stunden war, die nach eigener beigefügter Anleitung geschehen sollte, ferner mit Geheimfächern wohl ausstaffiert, wie denn diese Zeit am Hineingeheimnissen, am abenteuerlich Mysteriösen, an Versteck- und Vexierspiel ihre besondere Lust gehabt hat. Dabei ist alles Gerät modellartig klein ...« In den Darstellungen der Meraviglia und der Monstren der Welt geht es nicht nur um ein Registrieren der Erscheinungswelt. Kontrastierende Koppelung, der Versuch, Ungeschautes zu präsentieren, suchen frappante Wirkungen zu erreichen. In manchen dieser Bilder werden die Personen, die auftauchen, von einem Maximum kontroverser Sichtbarkeit umgeben. Die Hierarchie der Bildgattungen – vom Stilleben bis zum Historienbild – wird ausgebreitet. Und die Darstellung der Naturalien, der Elemente, Temperamente, der Sinne zielt auf ein möglichst vollständiges Erfassen der Welt. Naturnähe, Naturwiedergabe sind hier nicht, wie später für die Kunst im neunzehnten Jahrhundert, die sich mehr und mehr in einen von der Natur abgespaltenen Eigenbereich flüchtet, Frage einer realistischen Einstellung. Ehe sich die reproduzierenden Techniken (Vermessung, Fotografie) verselbständigen, nimmt die Kunst aktiv an einem Erkenntnisprozeß, am Beschreiben, teil. Erst im Umkreis der revolutionären, umfassenden Visualisierung von Welt, die die Encyclopédie in ihrem

Tafelteil erreicht, kommt es zu einem definitiven Bruch. Wissenschaftliches Sehen und ästhetisches Sehen treten auseinander. Chardin, der Zeitgenosse der *Encyclopédie*, zeigt, wie sich die Stillebenmalerei damals aus der Darstellung der Fülle, des Besitzes, in die Wesensschau zurückzieht. Und eine solche vermag das unscheinbare, banale Objekt auszulösen. Die Gegenwelten, die die Romantik, die Lautréamont, Rimbaud, Baudelaire skizzieren und die für die Surrealisten als Ausgangspunkt dienen, sind allesamt Aufstände gegen die Erklärbarkeit.

Die Bildblasphemie des wilden Sehens

Bei de Chirico wird diese Flucht aus dem Positivismus mit der kritischen Melancholie spürbar, die im Surrealismus als Klage über das »peu de réalité« weitergeführt wird. Kein Zweifel, daß de Chirico in seinen Bildern, die zur Pittura metafisica zählen, deshalb auf die harte, klar konturierte Malweise des Quattrocento zurückgreift, da diese dank der Erfindung der Zentralperspektive und der Vermessung die anthropozentrische Welt begründete. Und deren Gültigkeit wird in diesen metaphysischen Bildern eben bezweifelt. Es fällt auf, daß de Chirico in seinen »metaphysischen Interieurs« vorzugsweise die Elemente zitiert, die als die wichtigsten Vehikel einer anthropozentrisch erfaßten, scheinbar auslotbaren Welt gelten konnten: die Vermessungsinstrumente, die Staffelei, die Landkarte, die anatomische Tafel, die architektonischen Aufrisse. Man könnte auf eine Parallele bei Blake verweisen, auf dessen versklavenden Urizen. Auch de Chiricos Nostalgie wendet sich gegen die materialistische, vom Zirkel, von der Wissenschaft erfaßbare Welt, die Blake in der Darstellung des gepeinigten Newton präsentiert. Unserem Auge, das auf die Wände trifft, die Breton gestaltet hat, begegnet ein anderes, ein wildes Sehen. Auch aus diesem Grunde kommt der Rue Fontaine eine entscheidende dialektische Funktion zu. Denn alles hier ruft nach einem Sehen, das nicht nur die perzeptionellen Fähigkeiten und das Unterscheidungsvermögen im Umgang mit der Fülle strapaziert. Der vielperspektivische Aspekt, der sich eröffnet, erinnert daran, daß sich der Surrealismus auf eine vielfältige, kontroverse Gemeinschaft stützen konnte, der es auf ständigen Austausch und auf intersubjektive Reaktion ankam. Es ist ein Sehen und Denken, das sich gegen etablierte Hierarchie erhebt. In der Tat verschmelzen die verschiedenen Wertskalen, auf die wir uns in der Regel stützen, zu einer untrennbaren Einheit. Pragmatische Funktionen und geographische Trennlinien existieren nicht. Erinnerungsstücke, die an den privaten, affektiven Kommentar gebunden bleiben, verbinden sich mit Kuriosem, mit Mythologischem und mit Kunstwerken. Eine unerhörte Bildblasphemie kommt zustande. Neben Werken, die man erkennbar Künstlern zuschreiben kann, stehen Erzeugnisse, die den verschiedensten Bereichen des Bastelns und des Gebrauchs entstammen. Der simultane Blick, den der Film in Szene setzt, entspricht dem Umgang mit der Dingwelt, der im Surrealismus im Vordergrund steht. Diesem geht es nicht um Wertung, sondern um das Erfassen der Totalität von Formen und Inhalten. Nicht zuletzt unterscheidet sich der Surrealismus in diesem Punkt vom Vorgehen der Symbolisten, die um das perfekte, hermetisch vereinzelte Ding einen undurchschreitbaren Radius aus Aura und Unberührbarkeit verlegen.

Dieser Blick auf die Welt, den die Wände in Bretons Atelier wie ein Manifest vorführen, steht nicht zuletzt im Gegensatz zu dem ausschließenden, trennenden Sehen, das die Avantgarde anfordert. Denn diese ist auf den Machtanspruch angewiesen, den allein die Konzentration auf ein akutes, unverwechselbares Ding, auf ein exklusives Werk gewährt. Wir erleben so besehen Bretons Atelier als Ausdruck einer bereits postmodernen Situation, in der die Vorstellung von ästhetischen Zielen und von einer Teleologie künstlerischer Tätigkeit ausgeblendet ist. Der Surrealismus ist kein künstlerischer Stil, er lebt von einer Strategie der Überraschung, die auf Gegensätze und ständige Neuanfänge angewiesen ist. Ein gemeinsamer Stil kann bei dieser subjektiven Recherche nicht zustande kommen, ja, weiter können die Recherchen von Künstlerfreunden nicht auseinanderliegen. Kein anderer Zusammenschluß von Künstlern im zwanzigsten Jahrhundert hat mit solcher Berechnung die stilistische Gegensätzlichkeit eingesetzt. Das ist ein Phänomen, das in seiner dialektischen Funktion noch kaum erfaßt worden ist. Gegenständliches tritt auf aggressive Weise in den Vordergrund. Es nimmt die Aufmerksamkeit mit derselben Exklusivität in Beschlag, mit der zuvor die individuelle Handschrift der Stilkunst, die Variation und das Serielle die Beschäftigung mit Kunst dominiert hatten. Es genügt, einen Blick auf einen Raum zu werfen, in dem surrealistische Arbeiten der zwanziger und dreißiger Jahre zusammengebracht worden sind. Was wir sehen, wirkt disparat. Von einer derartigen Versammlung von Bildern und Objekten läßt sich kein durchgehender Stilbegriff ablesen. Die schroffen Gegensätze fordern den Betrachter stärker heraus als die Produkte der Avantgarde: sie verzichten auf die Logik formaler Entwicklungslinien, sie verbrauchen in ihrem Appell an Wissen und Assoziationsfähigkeit mehr Bewußtsein. Der Eindruck, es mit konträren Handschriften zu tun zu haben, rührt in erster Linie daher, daß einige dieser Künstler polemisch zu Darstellungsweisen greifen, die die Avantgarde verpönt hatte. In gewisser Weise könnten wir sagen: das Atelier Bretons mit seinem vielperspektivischen Blick auf Werke symbolisiert die intersubjektive Diskrepanz und Vielseitigkeit, von der surrealistische Kunst lebt.

Schönheit aus Mangel an Ordnung

Dieses Prinzip des Inchoativen, auf das wir pausenlos treffen, ist entscheidend, denn es begründet die Ästhetik der Distanz, die die einzelnen Werke erkennbar von anderen abhebt. Zwischen den Künstlern und innerhalb ihrer Werke klaffen stilistische Abgründe. Simultanes Sehen, Sehen in Fülle, so könnte man formal den Ausgangspunkt bezeichnen. Bretons Atelier läßt uns dies erleben. Es gibt für die Umsetzung eines derartigen Sehens Modelle. Zwei Paradigmen bieten sich an. Lautréamonts Definition, der das Schöne auf die Formel des Rätselhaften bringt, das das Inkongruente ausspricht, die berühmte akausale Begegnung von Regenschirm und Nähmaschine auf einem Seziertisch, ist die eine. Das andere Vorbild liefern die Bilder von Giorgio de Chirico, die der metaphysischen Periode seines Werks entstammen. Auch in ihnen untergräbt die paradoxe Koppelung von Dingen jede Vorstellung von Kausalität und Nützlichkeit. Bei diesen Begegnungen, die weitgehend von Dingen zustande gebracht werden, bei Lautréamont und bei de Chirico, knüpfen die surrealistischen Texte und Bilder an. Sie arbeiten mit kulturellen und zivilisatorischen Zusammenstößen. Die Ingredienzien, die sie heranziehen, bleiben für sich im Detail erkennbar. Doch ihr Zusammentreten bringt eine verwirrende inhaltliche Mehrperspektivität zustande. Auf alle Fälle kommt es in diesem Umkreis zum Appell, das Heteroklite nicht als Mangel an Ordnung und Logik, sondern als Erweiterung des Realitätsverständnisses zu erleben. Auf Inventare verwirrender Fülle, auf Inventare, in denen die Dinge ausgebreitet werden, stoßen wir immer wieder bereits zu Beginn des Surrealismus. Sie stehen im Gegensatz zur ikonographischen Konzentration, auf die sich Expressionismus, Fauvismus oder Kubismus beziehen. Die Genese der surrealistischen Bilder beruft sich auf diese geradezu maßlose Erweiterung und Ausweitung des Thematischen. Sie war möglich, weil die Erfahrung des Ersten Weltkrieges jede Vorstellung von logischer Begrenzung ad absurdum geführt hatte. In Max Ernsts Traktat *Au-delà de la peinture* der surrealistischen Kunst treffen wir auf das Ausgangserlebnis, das zu den berühmten Collagen der Ausstellung »Au-delà de la peinture« (1921) in der Galerie au Sans Pareil führt, die von Breton zur Geburtsstunde der surrealistischen Imagination ausgerufen wurde. Notiert dieser doch in

Genèse et perspective artistique du surréalisme (1941): »En effet, le surréalisme a d'emblée trouvé son compte dans les collages de 1920, dans lesquels se traduit une proposition d'Organisation visuelle absolument vierge.« Max Ernst liefert den existentiellen Grund für die Entstehung der Collage. Sie ist an die Erfahrung der Entrealisierung gebunden, zu dem die Melancholie der Nachkriegszeit aufrief: »Eines Tages im Jahre 1919, als ich mich an einem Regentag in einer Stadt am Rhein befand, wurde ich von der Faszination erfaßt, die die Seiten eines Kataloges, in dem Gegenstände für anthropologische, mikroskopische, psychologische, mineralogische und paläontologische Demonstrationen abgebildet waren, auf meinen irritierten Blick ausübten. Ich fand dort so weit voneinander entfernte Figurenelemente vereint, daß die Absurdität dieser Ansammlung eine plötzliche Intensivierung der visionären Fähigkeiten in mir verursachte und eine halluzinierende Folge von widersprüchlichen Bildern hervorrief, doppelte, dreifache, vielfache Bilder, die sich mit der Eindringlichkeit und Schnelligkeit, die Liebeserinnerungen und Visionen des Halbschlafs eigen sind, übereinanderlagerten. Diese Bilder forderten für ihre Begegnungen in einem neuen Unbekannten wiederum neue Ebenen (die Ebene des Nicht-Zusammengehörigen). Es genügte also, diesen Katalogseiten malend oder zeichnend, und damit nichts anderes machend als genau das wiederzugeben, was in mir gesehen wurde, eine Farbe hinzuzufügen, eine Bleistiftszeichnung, eine den dargestellten Gegenständen fremde Landschaft, die Wüste, einen Himmel, einen geologischen Schnitt, eine Diele, ob eine einzige gerade Linie den Horizont darstellte, um ein getreues und festes Bild meiner Halluzination zu erhalten, um das, was vorher nur banale Reklameseiten waren, in Dramen zu verwandeln, die meine geheimsten Begierden enthüllten.« Manche der Präsentationsformen, die in den Collagen erscheinen, erinnern an die in wissenschaftlichen Publikationen oder in Musterbüchern, die Bildvorschriften sammeln. Dies verweist auf einen Umkreis, in dem sich Max Ernst ständig bewegte: auf die Warenkataloge, auf die enzyklopädische Registrierung von Formen, Objekten und Kenntnissen. Aus diesen bezog er sein Material. Er hat selbst die schockartige Begegnung mit dieser disparaten Fülle geschildert. Sie wurde für ihn zu einem Ausgangserlebnis, das ihn auf die Möglichkeit verwies, diese inkongruente Welt als Mittel eigener Wunscherfüllung heranzuziehen, »de transformer en un drame révélant nos plus secrets désirs«. Collage wird als Hermeneutik, als subjektiv-anarchische Antwort auf die Reglementierung gesellschaftlicher und kultureller Stereotypien und Machtansprüche definiert.

Statusverlust der Realität und Identitätskrise der Wahrnehmung

Der Revolution der Collage geht es darum, sich der pragmatischen Verwendung der Dingwelt zu entziehen. Wir treffen hier auf die entscheidenden Definitionen des surrealistischen Manifests. Der Text beschreibt die Prädisposition, die die surrealistischen Bilder ermöglicht: es ist eine subjektive Veranlagung auf der Subjektseite, die auch die initiatorischen Erlebnisse Joyce', de Chiricos, Aragons und Bretons bestimmen. Der als intuitives Erfassen dargestellte Blick in einen Katalog an einem Regentag im Jahre 1919 hat eine große Tragweite. Es ist von der Überlagerung von Bildern die Rede. In diesem Zusammenhang taucht der Begriff der Halluzination auf. Geschildert wird eine entrealisierende Ausweitung des Sehens. Denn bei diesem Blick auf die Totalität verliert das ursprünglich Dargestellte seine Identität. Und ebendieser Identitätsverlust wird zur Voraussetzung eines Sehens, das blitzschnell mögliche Allianzen von Form und Inhalt erreicht. In dem Ausgangserlebnis wird eine Identitätskrise geschildert, vergleichbar derjenigen, die Halluzinationen zustande bringen. In den Worten von Merleau-Pontys *Phänomenologie der Wahrnehmung*: »L'hallucination désintègre le réel sous nos yeux, elle lui substitue une quasi-réalité.« Alles ist fremd und erneut unbekannt, der Blick erschließt dem Betrachter keinen definitiven, brauchbaren Sinn. Ein Magma von Formen ersetzt die semantisch mögliche Trennung in einzelnes. Der Text zeigt: Einzelbilder, für sich stehende Sinneinheiten treten bei der Betrachtung nicht additiv, logisch getrennt nebeneinander. Sie überlagern sich. Das läßt an den Joyce der *Epiphanien* denken. Zitieren wir aus den *Dubliners*: »Er überraschte sich dabei, wie er zufällig, eins nach dem anderen die Wörter examinierte. Er war völlig gelähmt, sie plötzlich ohne ihren unmittelbaren Sinn zu erfahren, bis auf einmal ein unscheinbares Ladenschild sein Denken wie eine magische Formel verknüpfte...«. Der Film, der uns in das Atelier André Bretons eintreten läßt, enthält, wir wir sehen, eine Fülle von Aspekten, die zu erörtern wären. Denn die Rolle des Ateliers und die Rolle der Wand aus dem Atelier, die wir bei der Wiedereröffnung des Centre Pompidou ins Musée d'Art Moderne und jetzt in die Ausstellung transferieren konnten, übersteigt sicherlich das, was bis heute dazu angemerkt worden ist. Ich habe mich auf einige Beobachtungen beschränkt. Das betrifft nicht zuletzt die Beobachtung, daß im Rahmen der surrealistischen Gruppe das »objet«, die Skulptur, der Gegenstand einen Status gewinnen, der diesen innerhalb der Ästhetik der Avantgarde nicht zuerkannt worden war. Daneben galt es auf einen anderen Aspekt hinzuweisen: das Atelier André Bretons und als pars pro toto die Wand können auf dem Hintergrund unseres Wissens um die Kunst- und Wunderkammern gesehen werden, die bis zum Beginn einer rationalistischen Aufteilung und Systematik derartiger Artefakte Sichtbarkeit von Welt in toto vorgeführt haben. Es ist ein historisches, scheinbar überlebtes Prinzip von Neugierde, Erkennen, eines Sehens, das hier als Modell genommen worden ist: die tiefe Wirkung die das Atelier und die Wand ausüben, zeigt, daß dieses Prinzip nur scheinbar überholt ist.

Sintflutretabel

Die Wand ist für die Dauer der Ausstellung aus dem Museum ein Stockwerk höher transportiert worden. Ich habe die Wand, die dem Atelier entstammt, in die Ausstellung »La Revolution surréaliste« so integriert, daß sie als Barriere, als Grenzstation erscheint. Sie trennt die Pariser Zeit des Surrealismus von den Jahren der Emigration in die USA. Den Anspruch des Ateliers und damit auch der Wand hat Werner Hofmann wie folgt charakterisiert: »Face à l'autodestruction de l'Europe qui s'annonce, Breton pense de manière universelle. Dès lors, il ne pense pas en termes eurocentristes, au contraire: la tradition occidentale lui offre l'image d'une créativité mutileé, sans liberté.« Nun, 1939-1940, wird das, was die Surrealisten bekämpften, in seinem ganzen dramatischen, tödlichen Ausmaß spürbar. Zwischen der Wand und zwischen dem Blick auf Arbeiten von Max Ernst, Masson, Matta oder Lam, die in den frühen vierziger Jahren in Amerika entstanden sind, sehen wir auf einer durchsichtigen Folie die Fotografie der Präsentation der Ausstellung »First Papers of Surrealism«, die André Breton und Marcel Duchamp 1942 in New York organisiert haben. Ein riesiges Spinnennetz, das Duchamp durch den Raum verlegt hat, hält die Bilder, hält die entschwundene, vernichtete Zeit gefangen. Es ist ein pathetischer Blick auf das Vergangene. Auf *Le mur*, auf Bretons Definition von Sammlung und Rettung antwortet ein Bild von Max Ernst, *Vox Angelica*. Zwischen beiden steht Duchamps *Boîte-en-Valise*, nicht geöffnet und ausgebreitet, sondern als geschlossener Koffer, als Symbol für den Auszug aus Europa. *Vox Angelica* wurde 1942 in Amerika gemalt, es packt dort europäische Erinnerungen aus. Wieder begegnen wir, wie im Atelier Bretons, einer Sammlung. Es handelt sich um eine gemalte Bildergalerie, einen Lebensbericht, auf einen Griff transportierbar. Auch für diese Präsentationsform kennen wir die historischen Vorbilder. Doch auf dem Hintergrund der Zeit wollten wir weniger von einer gemalten Wunderkammer oder von einem besitzanzeigenden Galeriebild sprechen als von einer gemalten Arche Noahs. Ein »Sintflut-Retabel« kann man das Bild nennen. In die Kästen des Containers, der zu einem Mondrianschen Raster greift, »verlädt« Max Ernst seine Themen und Techniken. Deshalb erscheint auch hier der Hinweis auf die Totalität, die vorgeführt werden soll, ebenso auf die Naturgeschichte wie auf die eigenen Lebensstationen (Paris, New York, Asien) wichtig. Eine derartige Deutung als Arche Noah kann sich auf die Schriften und Äußerungen der Surrealisten im New Yorker Exil beziehen. Hier tritt dieses Thema mehr und mehr in den Vordergrund.

Bereits 1935 hatte Max Ernst auf eine Umfrage, »Wohin geht die Malerei«, eine Antwort, die dies präzisiert: »Le surréalisme est né en plein déluge dada, quand l'arche eut buté contre un pic. Les navigateurs n'avaient pas la moindre envie de réparer leur bateau, de s'installer dans l'Ile. Ils ont préféré piquer une tête ...« (Écritures, S. 401). Die Arche bot sich als existentielles Vorbild für Bild und Zeit an. Denn mit der Arche taucht eigentlich erstmals in der schriftlichen Überlieferung ein enzyklopädisches Denken auf: der Auftrag, das Seiende zu registrieren und zu verladen, erfordert Klassifikation. Sie wird zur Voraussetzung der Vollständigkeit und auch Voraussetzung dafür, daß die Arche – wie Duchamps Atelier – nichts wertend ausgrenze. Alles Existierende soll gerettet werden. Ein enzyklopädisches Denken, können wir sagen. Denn wir finden nicht von ungefähr in den Tafelbänden zur Encyclopédie, im Supplementband, als einzige Darstellung eines »sachlichen« biblischen Sujets die Darstellung der Arche Noahs. (»Antiquités Judaiques, Contenant une Planche double équivalente à deux. L'Arche de Noé.«) Offensichtlich ging diese Darstellung, auf die Diderot zurückgreift, ihrerseits auf die Rekonstruktion der Arche Noahs zurück, die Athanasius Kircher unter Bezug auf zeitgenössische Technik, Systematik und Hygiene 1675 in Amsterdam in einer Publikation vorgelegt hatte. Kircher, auch er ein Mann der Wunderkammer – ihm verdankte man das gleichfalls aufgelöste Museum Kircherianum —, führte eine nach Gattungen getrennte Verpackung und Verladung der Tierwelt vor. Und eben eine Abbildung der Kircherschen »Arca Noe« hatte Max Ernst, einige Monate ehe er *Vox Angelica* malte, in der ersten Nummer der Zeitschrift *VVV* die er in New York zusammen mit David Hare und André Breton herausgab, reproduziert. Sintflut, die Vorstellung von Kataklysmen — solche Hinweise häufen sich in der Zeitschrift der Surrealisten im amerikanischen Exil. Nehmen wir den Hinweis von Georges Henein, der in *VVV* unter seine »Prescriptions hygiéniques« den Satz einfließen läßt: »...c'est L'APRES NOUS qui vient nous délivrer du DELUGE.« Auch Harold Rosenberg und Claude Lévi-Strauss gehen in der Zeitschrift auf die Überflutung ein. Die Beziehung zwischen dem Bild *Vox Angelica* und »Sintflut«, Arche Noah übersteigt die einfache Assoziation und Spekulation. Kein Wunder, daß die vierte und letzte Nummer der Zeitschrift VVV dieses Bild groß, als Arche Noah, in einer Ausklapptafel reproduziert. Sie konnte zur zweiten »Mur«, zur Ikonostase des Surrealismus im Exil werden. Auch diese Bilderwand weist, wie das Atelier, wie *Le mur*, auf das »précipité de notre désir« hin, das Breton 1936 anläßlich der »Exposition surréaliste d'objets« bei Ratton als Wunscherfüllung der Gruppe ausgerufen hat.

Ein Leben, aber welches?
Louis Aragon

Dem Anschein nach überaus selbstzufrieden, wohlig in Erinnerung und Fabulierlust eingebettet, erzählt Louis Aragon, der unermüdliche Causeur der Rue de Varenne. Dort lebt er im Faubourg Saint-Germain, im Hôtel de Gouffier, einem Louis-Quinze-Domizil, das dem französischen Staat gehört: »Stellen sie sich vor, eine Zeitlang kam Chirac jeden Morgen in den Hof herein und parlierte mit der Concierge. Er hatte es auf meine Wohnung abgesehen. Doch Pompidou hat testamentarisch verfügt, daß mich hier niemand hinaussetzen darf.«

Dort, wo es aus der Beletage die Stiege zum Mansardengeschoß hinaufgeht, in dem Aragon wohnt, hockt ein fleischfarbener Gipsguß des *Jungen Fischers* von Jean-Baptiste Carpeaux, der staunend-lächelnd eine große Muschel ans Ohr preßt. Ein Ladenschild für den Redner im Stock darüber? Denn bei ihm verschlägt es einem jedesmal erneut die Stimme. Es ist kaum möglich, gegen diesen Redeschwall anzukommen. Hier oben hält sich Aragon in seinen Erinnerungen auf. Seit dem Tode seiner Frau, der Russin Elsa Triolet, hat er – das ist ein offenes und in Paris allzu hämisch kolportiertes Geheimnis – zum Kult alles Seltenen zurückgefunden. Von einem Tag zum anderen sei er wieder zum Nachtwandler, zum *Paysan de Paris* geworden. Man kann ihm zu später Stunde im flatternden Cape in Saint-Germain-des-Prés begegnen. Auch sein Biograph Pierre Daix führt diese erneute Lebensgier vor: der vestimentäre Snobismus, von Elsa völlig zensiert, greife nun auf all die Exzentrik zurück, die Yves Saint-Laurent seit 1970 für die Herrenmode entwickelt habe.

Als graue Perle hat er sich heute früh gekleidet, vom weißen Haar bis zu den grauen Lackschuhen, alles ist gestufte Grisaille. Um den Hals baumelt an goldener Kette eine goldene Remontoiruhr. Er verabschiedet im Salon nebenan einen Mann vom französischen Fernsehen, der ihm vergeblich beteuert, er habe schon so manches Risiko mit seinen Sendungen auf sich genommen, der ihm schmeichelt, das erste, was er in seinem Leben an poetischem Erlebnis in sich trüge, gehöre in die Zeit der Résistance. Damals sei ihm Aragons *Le Crève-Cœur* in die Hände gefallen. Aragon komplimentiert ihn hinaus: »Cher ami, ich kann mir selbst wirklich nicht untreu werden. Mit den Toten kann man machen, was man will. Nicht mit den Lebenden.«

Gourmet seltener Situationen

Der Besucher macht einen Schritt auf die vermeintliche Wohnungstür zu. Diese Reaktion zu überwachen, gehört zu Aragons Gags: »Mon Dieu, nicht diese Tür. Alle irren sich. Schauen Sie, wohin Sie wollen!« Hier potenziert sich all das, was in dieser Etage von der hellen Herbstsonne an den Tag gebracht

Louis Aragon, 1977.
Privatsammlung

wird, zu einer fast düsteren Dichte: Eine Türe verglast, passagenhaft auf weitere Räume weisend, angefüllt mit Bildern, Büchern, Gegenständen, Möbeln; die andere Tür eingemummt, mit hellem Stoff übersteppt. Daneben Spiegel, dahinter ein überlebensgroßes, die Wand ausfüllendes Schwarzweißphoto von Elsa. Wie ein Hausaltar erwartet das von Vorhängen umsäumte Bild den Besucher.

Alles, was Aragon hier umgibt, lebt vom Kontrast, koppelt absolut unvereinbare Wirklichkeitsebenen. Jeder Winkel der Wohnung ist von Erinnerung ausgebucht. Bücher, Bilder und Zeichnungen zu Hunderten, von Picasso, Max Ernst, Matisse, Masson, Magritte, Duchamp, Man Ray – und dann und wann ein russischer Künstler, von dem Aragon sagt, er sei ständig verfolgt worden. Das strenge, prüfende Gesicht Elsas – überall zuckt es in der Wohnung auf. Überall Photos von ihr, Zeichnungen von Matisse nach ihr. Ist sie Aragons *Belle Dame sans Merci*? Unter jeder Zeile, die er seit der Begegnung mit ihr geschrieben hat, tickt diese unerbittliche Allgegenwart. Sie führte ihn erstmals in die Sowjetunion. Kein Zweifel, daß die Hinwendung zu einer Literatur, die Agitation und Wirkung erreichen wollte, am sowjetischen Modell ausgerichtet ist.

Majakowski, nicht so sehr das Werk als die Wirkung auf die Massen, muß auf ihn wie eine Offenbarung eingedrungen sein. *Hourra l'Oural* aus dem Jahre 1934 zeigt die Faszination. Heute berichtet er davon in den Kategorien des Entdeckens einer exotischen Welt. Der visuelle Anreiz bricht überall hervor: »Man macht sich keine Vorstellung von diesem phantastischen Leben von dieser phantastischen Armut. Der Aufbruch in den Ural, das war die russische Version des amerikanischen Go West. Der Bürgermeister einer kleinen Stadt überbrachte uns als Geschenk ein Huhn. Seit Jahren hatte man in diesem Ort kein Huhn mehr gegessen.« Vom Realisten löst sich der Gourmet seltener und seltsamer Situationen. »Unvorstellbar die Armut der Leute, die im Kaufhaus GUM in Moskau die Objekte in den verschlossenen Vitrinen umlagerten. Für sie ungreifbare, ungesehene Dinge. Man konnte sie nur mit ausländischer Valuta kaufen.« Typisch für Aragon die parataktische Konstruktion beim Erzählen, das Nebeneinanderstellen, collagenhaft. An den Nahtstellen der Sätze taucht das Groteske, Sarkastische, Verblüffende auf.

Das erinnert an die Streifzüge aus der Frühzeit, an jenen Aragon, der zu den einzigartigen Designern einer zeitgenössischen Sensibilität gehört. Von daher stammt die Fähigkeit, Welt anzusaugen, die Simultaneität und Gleichrangigkeit aller Empfindungen, die sich an Menschen und mehr noch an Dinge ketten, auf eine völlig neue Weise zu feiern. Dies gelang ihm, indem er an die Stelle der Psychologisierung von Welt deren Objekthaftigkeit setzte. Damit umgab er das Banalste mit einem Radius von verwirrender Fremdheit. Die Doppelbödigkeit tut sich auf, die er später in seinen mit mehr schulmeisterlichem Brio geschriebenen Romanen nicht mehr erreichen sollte. Erst der Nouveau Roman nimmt die surrealistische Ablehnung der ungebrochenen Erzählung wieder auf – zu einer Zeit, da Aragon selbst erst nach und nach, noch halbbetäubt, seine Maximen der beschreibenden Allwissenheit des wissenschaftlichem Schriftstellers abzuschütteln versuchte.

Unter den Briefen Walter Benjamins findet sich, auf den 31. Mai 1935 datiert, einer, den jeder, der sich vom Surrealismus die profane Erleuchtung erhofft, zu zitieren pflegt: »Da steht an ihrem Beginn Aragon – der *Paysan de Paris*, von dem ich des Abends im Bett nie mehr als zwei bis drei Seiten lesen konnte, weil mein Herzklopfen dann so stark wurde, daß ich das Buch aus der Hand legen mußte.« Es gibt wohl keine andere Schrift Aragons und des Surrealismus überhaupt, die in einer Nachblüte einen derartig starken Gefühlsschwall freizusetzen vermochte. Diesem Buch, seiner Montagetechnik, seinen Themen, der hochgradig enervierenden Mischung aus zufälligen, banalen, übersehenen Fakten, entwendet man heute weitgehend all die Elemente einer Poetik des Widersprüchlichen, ohne die keine bewußte ästhetische Position mehr vorstellbar erscheint. Es ist sattsam bekannt, wie im Umkreis Bretons und Aragons, von Valéry und Apollinaire ermuntert, die Krise des Romans und des Erzählendürfens geradezu zu einer geschichtlich, ja anthropologisch neuen Situation erklärt wurde.

Man sollte erwarten, daß Aragon, der diese Evokation einer unendlich zerbrechlichen Momentaufnahme so bestechend vorgetragen hat, jetzt im Alter diese ekstatische Phase seines Lebens in den Vordergrund zöge. Und doch begegnet er dieser ersten Frage mit einer Kälte, mit einem Argwohn, die zunächst unnatürlich erscheinen: »Ein Buch wie jedes andere. Es gibt keinen grundsätzlichen Unterschied zwischen ihm und den späteren. Es widersprach auf dieselbe Weise seiner Zeit wie die Bücher, die im Laufe der Jahre hinzukamen.«

Abrechnung mit der Zeitenklage

Aragon kann so etwas wie einen Bruch in seinem Werk nicht zugeben. »Nostalgie nach dem *Paysan de Paris?* Davon kann keine Rede sein. Ich kenne derartige Gefühle nicht. Das Leben ist für mich das, was es jetzt und hier ist. Ich spiele nicht mit verlorenen Paradiesen. Das einzige, was ich akzeptiere, ist das Gegenteil von Nostalgie, die ständige Abrechnung.« Und mit einiger Süffisanz fügt er hinzu: »Mir kann niemand mehr weh tun. Ich bin daran gewöhnt. Bei der Beerdigung Bretons verteilte man auf dem Friedhof Zettel mit der Aufschrift: ›Ein doppelter Skandal – Breton ist tot und Aragon lebt weiter.‹ Ob ich etwas bedauere? Nein, dazu fehlt mir die Naivität.«

Die Schärfe, mit der er diese Sätze an sich adressiert, wehrt sich gegen eine denkbare Verwundbarkeit der eigenen Person und, wer wüßte es nicht, der sich nur ein wenig mit diesem breit angelegten, im Laufe von sechs Jahrzehnten oft ins Barbarische und in lallende Reimerei ausufernden Werk auseinandergesetzt hat, gegen die Kritik, die sein erschreckend promptes Einlassen auf Überzeugungen und Sprachregelungen ständig provoziert hat. »Ich verstehe retrospektive Sentimentalitäten nicht. Da rief mich neulich, kurz bevor ich in Ferien nach Toulon fuhr, Cohn-Bendit an. Glauben Sie mir, wenn sich da einer in Nostalgie und Zeitenklage verzehrte, dann war er es und nicht ich.«

Aragon schafft sich ständig neue Sockel, auf die er sein chamäleonhaftes Schillern plaziert. Eine Ein-Ereignis-Figur wie Cohn-Bendit, die von den Zinsen einer unwiederholbaren Investition lebt, geht nicht in sein Geschichtsbild ein. Larmoyanz griffe an die Substanz seiner höheren Ambition: die Kontinuität und Gleichwertigkeit des Schriftstellers und Dichters und dazu noch Menschen Aragon darzustellen.

Schauen wir uns den *Paysan de Paris* einmal daraufhin an. Was die Exegese nun in diesem verblüffend assoziativen, mit allen damals entdeckten Möglichkeiten des Zitierens und Montierens geschaffenen Text finden möchte, nämlich die Erleuchtung durch das Vergangene, Außer-Kurs-Gesetzte, ein nekrophiles Herumstochern in der abgehangenen Vergangenheit anonymer Banalität, dies alles trifft ja keineswegs zu. Aragon stand zu seinem Stoff nicht in einem zeitlichen Abstand; die Perspektive war eine geistige, eine, die sich gegen die Ungebrochenheit des Erzählens und gegen die Hierarchie des erzählbaren Stoffes richtete. Nicht die Aura des Veralteten zog ihn an (in diesem Punkt ist er, wie es sich im Gespräch ergibt, auch keineswegs mit Benjamins oder Adornos Deutung des Surrealismus einverstanden), sondern das, was seine Zeitgenossen zuvor einfach übersahen: »Als ich den *Paysan de Paris* schrieb, gehörte die Welt, die ich darstellte, die Halbwelt der Passagen, der Park auf den Buttes Chaumont zum Banalsten. Keine große Literatur setzte diese Plätze ein, um einen ästhetischen Kitzel hervorzubringen. Ich habe dies Buch im durchgehenden Präsens notiert. Im Grunde schrieb ich es nach der Natur. Die Beschreibung ist die einer Wirklichkeit, die ich registrierte, ehe sie verschwand. Mit topographischer Exaktheit.«

Die Selbstsetzung des Libertins im trivialen Roman

Louis Aragon wird am 3. Oktober 1977 achtzig Jahre alt. Welchen Aragon soll oder darf man sich da herausgreifen? Den unvergleichlichen, zornigen jungen Mann der frühen zwanziger Jahre, der das Wort des später an der Aporie des Parteikommunismus zerbrochenen Paul Nizan aus *Aden, Arabie* wie ein Trikot überzustreifen vermag. »Ich war zwanzig Jahre alt, ich erlaube niemandem zu sagen, daß dies die schönste Zeit des Lebens ist«, oder den Aragon, der in der Freundschaft zu Breton den stärksten Impuls empfing und weitergab. Oder den Durchhalte-Kommunisten, der die Moskauer Prozesse und die Ent- und Restalinisierungen mit verblüffender Kasuistik ertrug?

Wäre Aragon, der Kommunist, vor allem – wie es Pierre Daix, einer seiner informiertesten Biographen, erläutert – mit einem psychoanalytischen Allerweltsmittel zu erfassen: als der Mann, der auf ständiger Suche nach Familie den surrealistischen Feundeskreis und dann die ›Mutter‹ Partei fand? Die detaillierten Hinweise auf das uneheliche Kind, das in einer kleinbürgerlichen Familie auf lange Jahre hin als Bruder der eigenen Mutter zu leben hatte, können dem Freudianer ein gefundenes Fressen sein. Aragon wehrt sich dagegen, denn er sieht, wie hier die Freiheit der dadaistisch-surrealistischen Selbstsetzung eingeschränkt wird. Und auf Dezisionismus, auf die Realisierung eines eigenen Entschlusses kommt es ihm an. Das ist einer der wenigen Punkte, die ihn heute, da er längst alle Positionen des Denkens und Argumentierens durchgespielt hat, in Harnisch bringen können: »Dieses Psychologisieren meiner Kindheit entspringt einzig und allein dem Hirn des armen Pierre Daix.« Und er fügt hinzu: »Ich war kein unglückliches Kind. Ich durchschaute das Spiel und wußte, daß der Vormund, übrigens ein zynischer Voltairianer, den ich mit meiner Mutter-Schwester an schulfreien Donnerstagen im Bois de Boulogne traf, mein Erzeuger war. Ich wollte dieses Spiel.

Es paßte in meine frühe Ahnung von Mythos und von Mystifikation. Ich las ja nicht umsonst mit Begeisterung Dickens und etwas später *Fantômas*. Ich durchlebte selbst einen trivialen Roman.«

Welche Irritation geht von ihm aus! Da paradiert er stundenlang, die Beine über die Armlehne einer Ottomane geworfen. Im Takt der Rede setzt er sich auf und läßt sich dann wieder auf den Rücken fallen, über Bonmots lachend. Man kann manchmal nur halb hinhören, zu stark sind die Kommentare, die man zu Aragon im Kopf trägt, etwa Bretons: »Aragon hat wirklich alles gelesen«, oder Limbours, in dem von Aragons diabolischem Gedächtnis die Rede ist. Ein Erzählen, das ins letzte Detail geht und dann wieder umspringt. Und doch scheint alles, was er heute erzählt, irgendwie das Sakrileg zu suchen. Er kehrt in die Jahre vor Elsa zurück, kredenzt Details, die ihn zu dem machen sollen, was er mit jeder Faser seiner Sinnlichkeit und seiner verführbaren Intelligenz auch darzustellen vermag, zum Libertin. Wo er kann, datiert er die Frühzeit an Ausschweifungen. Hier entdeckt man den Aragon der ersten Schriften, denjenigen, der den Bericht ständig verwirft und sich weniger um die durchgehende Erzählung als um das Detail in Großaufnahme schert. Und all dies legt er unter die Lupe seiner Zungenfertigkeit.

Metamorphosen eines Wahrlügners

Erschreckend, wenn man die Metamorphosen dieses Mannes rekapituliert, eines Mannes, der wie Malraux und Sartre zu institutionellen Figuren eines Landes geworden ist. Was fände sich in diesem Dickicht der Aussagen und Parteinahmen nicht, was die letzten sechs Jahrzehnte an kategorischen Meinungen, Verurteilungen, an Doktrin und Liberalität zustande gebracht haben? Unter den Briefen und Manuskripten, die auf seine Weisung hin zu seinen Lebzeiten unter Verschluß bleiben sollen, findet sich – anfangs der zwanziger Jahre notiert – der Satz: »Die Lust zu verführen hat mich verdorben. Stündlich packt sie mich von neuem. Ich muß meine Grenzen auskundschaften. Alles treibt mich zu neuen Abenteuern.«

Vielleicht rührt daher die lähmende Resignation, die derjenige spürt, der sich auf den ganzen Aragon stürzt und schon deshalb all die Einlassungen nicht unterschlagen kann, in denen dieser mit geradezu masochistischer Gier sein Genie dem sozialistischen Realismus unter die Räder wirft. Auch seine Selbstkritik stilisiert er, indem er seine Jugendfaszination Lautréamont zum Kopfstand zwingt: »Ich war ein seltsam nichtadaptiertes Wesen. Die Exzesse der Formulierungen rissen mich hin. Und wie alle meine Freunde goutierte ich das, was schlecht ausging und monströs war.«

Nicht wegzuschieben die Schriften, in denen er den Stalinismus anhimmelt oder in denen er den sinistren Lyssenko zum Galilei unserer Zeit ausruft. Ermißt man Aragons Sprung aus der Subjektivität in die Bezirke tribunhafter politischer Wirkung, so möchte man geradezu vor der Kompetenzlosigkeit des Geistigen erschrecken. In diesem Heldenleben gibt es offensichtlich kein Dilemma, nichts, was sich mit der Ethik eines Sartre vergleichen ließe. Der abstrakte Glaube an die Revolution – und dieser ist apriorisch mit den Hoffnungen des Surrealismus vereinbar – zieht sich nicht, wie bei Sartre und bei all denen, die die Möglichkeit einer Veränderung der Welt stets in Beziehung zur Konstanz des existentiellen Elends von Menschen setzten, auf einen Zweifel oder wenigstens Verzweiflung zurück.

Es käme einem wie eine Lüge vor, für dieses Leben, das in unentwegter Kurskorrektur all das berührt hat, was man im Leben preisen und verabscheuen kann, einen hochtönenden Nenner anzubieten. Dem atemberaubenden Individualismus der frühen, zwischen der Revolte und Absage Dadas und der surrealistischen Epiphanie des Diesseitigen brillierenden Bücher *Anicet ou le Panorama, Le Paysan de Paris* oder *Traité du style* macht der Parteigänger Andrej Schdanows Platz, der nach einem Auftritt als historisierender Troubadour weiterhin im Rahmen engstirniger Kaderhörigkeit Literatur als Macht ausübt. Dafür hat er auch seinen höchsten Preis entrichtet: im Eingehen auf die Forderungen nach einem sozialistischen Realismus, die auf dem 1. Sowjetischen Schriftstellerkongreß 1934 in Moskau von Schdanow vorgetragen wurden. Die Aneignung des klassischen Erbes, die Definition des modernen Helden, all dies entwurzelte Aragon. Nichts kann darüber hinwegtäuschen, daß seine stilistisch brillanten Romane, die er damals schreibt und die ihn schließlich mit dem sechsbändigen Zyklus *Les Communistes* zum Historienmaler der Zeit machen, nur im Abfall gegenüber dem zustande kommen, was seine Einzigartigkeit ausmacht: das radikal persönliche Eindringen in die Rätselhaftigkeit dessen, was nach außen ohne Dramatik bleibt.

Zu welcher Akrobatik und Selbsterniedrigung dieser kritisch doch genial ausstaffierte Mann bereit sein mußte, läßt sich in den stolzen Selbstdarstellungen der französischen Kommunistischen Partei, die oft mit Aragon Katz und Maus spielte, weit besser ablesen als in den zahllosen Abrechnungen, die seit dem Hitler-Stalin-Pakt und, fünfzehn Jahre später, seit dem XX. Parteitag von französischen Dissidenten vorgelegt wurden. Gewiß, Aragon hat 1968 mit Vehemenz den Einmarsch in Prag verurteilt. Doch hat damals die französische KP als ganze nicht anders reagiert. Fand diese vom Lippenbekenntnis für den Prager Frühling ziemlich rasch zum Modus vivendi mit Moskau zurück, so mußte Aragon die ›Normalisierung‹, die im Juni 1969 auf der Moskauer Konferenz der kommunistischen Parteien beginnt, bezahlen: niemand ist bereit, die *Lettres Françaises* des Herausgebers Aragon weiterhin zu unterstützen. Seines Sprachrohrs entledigt, irritiert er heute niemanden mehr, wenn er jetzt Einladungen in die UdSSR an die Bedingung knüpft: »Ja, ich komme, wenn der letzte russische Soldat aus der Tschechoslowakei abgezogen ist.«

Rechtfertigt er sich? Aus dem Gesicht ist nichts herauszulesen. Dem großen Kultbild der Elsa gegenüber, neben der Wohnungstür, hängt ein Porträt von Byron. Seit seiner Kindheit liebe er Byron, und er mache sich jetzt immer wieder ein Vergnügen daraus, auf öffentlichen Auftritten aus dem Buch Lord B seines Freundes Jean Ristat zu lesen, und zwar mit englischem Akzent. Offenbart sich hier Aragon über das hinaus, was er in seinem Gespinst des »mentirvrai«, seines, wie er es nennt, »Wahrlügens« verschweigt? Findet er nun in Byron, so wie früher in Rimbaud – man denke an das kapitale Zwiegespräch, das er mit diesem zu Beginn von *Anicet* führt –, ein Porträt, das er usurpieren möchte? Byrons von Milton gespeister Satanismus? Wäre das gar ein Fingerzeig? Doch lenkt er in dem Augenblick ab, als er spürt, wie das »Wahrlügen« zu einem Bekenntnis umkippt.

Er fügt hinzu: »Die Dinge, für die ich lebe und für die ich mich geschlagen habe, sind dieselben geblieben. Einundfünfzig Jahre lang bin ich nun ein Kommunist. Ich habe es nie bereut, selbst wenn ich das eine oder andere entsetzlich fand. Ich hoffte, es ließe sich ändern.« Doch dann setzt er hinzu: »In einem gewissen Sinne habe ich einen zu hohen Einsatz gewagt.«

Absage an die Gewißheit
Henri Michaux' Fluchtgebärden

André Gide, einer der vielen, die von Henri Michaux' irritierender Verweigerung provoziert wurden, hatte angemerkt: »Er versteht, uns auf meisterhafte Weise die Fremdartigkeit der natürlichen Dinge wie auch die Natürlichkeit fremdartiger Dinge fühlbar zu machen.« Der Satz bezieht sich auf den Schriftsteller Michaux, der in unablässig neuen Variationen dem Bruch mit einer möglichen, sicheren Erfahrung von Welt den Vorzug gibt.

Die Schriften Henri Michaux' stehen, in Frankreich, in einer Tradition gewollter Unfähigkeit, das eigene Ich als Subjekt irgendeiner sicheren Erkenntnis zu nehmen. Rimbaud, Lautréamont, alle Versuche, das immer wieder banal gewordene Ich als das Fremde zu erleben, setzen sich in diesen Büchern des Beiseitesprechens fort. Ein totaler Mangel an Evidenz, eine gewollte taktische Unfähigkeit zur Evidenz zeichnen Werk und Verhalten dieses großen, eindrucksvollen Mannes gleichermaßen aus. Es gibt kaum jemanden, der ein privateres Leben führt und der dabei doch gleichzeitig auf so exemplarische Weise mehr ist als ein Offiziant exzentrischer Lüste.

Nun hat auch ihn der Ruhm eingeholt. Michaux' ›Parallelaktion‹, seine Bilder, Aquarelle, Gouachen, Tuschen werden vom Betrieb des Pariser Centre Georges Pompidou in die Klauen genommen. Eine umfangreiche Retrospektive – zweihundertfünfzig Nummern zählt der Katalog zur Ausstellung auf – führt all das vor, was Michaux' dichterisches Werk mit Unterbrechungen seit 1927 begleitet. Die Werkgruppen stehen nebeneinander, die früheren Arbeiten, die um das Thema ›Kopf‹ kreisen, die Aquarelle der frühen vierziger Jahre, die

Henri Michaux:
Post-Meskalin-Zeichnung,
1962. Privatsammlung

Frottagen, die sich diesen anschließen, die Bewegungsskizzen, die die Schnelligkeit des Tuschpinsels benützen, die Gouachen der fünfziger Jahre, die Serie der kleinteiligen, vom Horror vacui beherrschten Meskalinzeichnungen, die das ›Misérable miracle‹, das triste Mirakel eines physisch provozierten Ausbruchs aus der Normalität festhalten, und schließlich die großformatigen Tuschen und Aquarelle der letzten Zeit, die der nun bereits eingeführte und akzeptierte Künstler Michaux dem Kunstbetrieb zuführt.

Innerhalb des Mediums Malerei/Zeichnung entwickelt Michaux seine Techniken. Der Übergang von den stark farbigen Gouachen zum flüssigen, verwischten Aquarell im Laufe der vierziger Jahre zeigt, wie sehr Michaux' Aussage von einer genauen Reflexion über die bildnerischen Möglichkeiten bestimmt wird. Die Mittel des Malers und Zeichners dienen rasch der Darstellung einer Welt, die von der Sprache nicht mehr erfaßt werden kann.

Die Tempi von Text und Bild

Vielleicht treibt die Pariser Ausstellung, die anschließend ins Guggenheim-Museum in New York und ins Museum zeitgenössischer Kunst in Montreal weiterwandern soll, den Wunsch Michaux', den Dichter vom Maler zu trennen, nun doch zu weit. Michaux hat sich immer dagegen gewehrt, wenn seine Zeichnungen in allzu große Nähe zu den Schriften gebracht wurden. Kein Januskopf aus der Sparte der Dichter-Maler ist hier am Werk, wohl aber offenbaren sich die Modalitäten einer intimen Fremderfahrung, der Möglichkeit, sich selbst ständig erneut von außen zu erleben.

Es gibt zwischen beiden Bereichen, dem der Literatur und dem der Bilder, zahlreiche Brüche. Sie hängen nicht allein mit der Verschiedenartigkeit der Medien zusammen. So ging kaum etwas von der präzisen Beschreibung imaginärer Tatsächlichkeiten, die Bücher wie *Monsieur Plume* auszeichnen, in die Welt der Bilder über. Es gibt nur wenige Darstellungen, in denen – wie in den im Phosphor der Verwesung schillernden Gouachen auf schwarzem Grund, die Ende der dreißiger Jahre auftauchen – eine theatralische, figurative Fabelwelt erscheint. Meistens dominiert in den Zeichnungen und Bildern eine gestische Ausdrucksweise, die, sicherlich von den Rezepten der automatischen Schrift der Surrealisten angeregt, alles auf Tempo und damit auf Selbstüberlistung abstellt.

Alles im Werk, das die Ausstellung ausbreitet, kreist um das Thema Geschwindigkeit. Sie beherrscht alles: die Techniken (Tuschpinsel, Aquarell, schnelltrocknende Acrylfarben in den letzten Jahren), die Ideologie ständiger Angst, das, was Erfahrung sein und bleiben soll, zum Stil zu fixieren: »Ich machte an mir selbst die erschreckende, aufregende Erfahrung, die darin besteht, das Tempo zu wechseln, es plötzlich aufzugeben und dafür ein anderes, unbekanntes, rascher zu erreichen.«

Das Werk Michaux' ist ein Beweis dafür, daß das Unterbewußtsein nur dann künstlerisch relevant sein kann, wenn die bewußte Schicht der Persönlichkeit Einzigartigkeit besitzt. Das Unterbewußte an sich existiert nicht als künstlerisch evidenter Allgemeinbesitz. Im Grunde ist es ebendieses Wissen um die Schriften, die diese Blätter zu decken, ihre Aussage zu garantieren vermag. Was Michaux vorführt, hat nichts mit dem Ausdrucksrausch der Maler einer ›Unsagbarkeit‹ wie beispielsweise den Nachkriegsjahren zu tun.

Haßliebe zum Surrealismus

Wie sehr die surrealistischen Versuche, durch ein rasches und damit unkontrolliert-spontanes Diktat Bilder zu schaffen, die selbst der Sichtbarkeit von Welt widersprechen, Pate gestanden haben mögen, zeigt ein Blick auf eine Zeichnung, die bereits 1927 in einer Hommage an Léon-Paul Fargue publiziert worden ist. Ohne einmal abzusetzen, bringt die Feder Formen aufs Blatt, die den Zustand innerer Erregung an landschaftlich orientierte Assoziationen bindet. Damit schlägt Michaux früh eines der Hauptthemen an, das andere ist das menschliche Gesicht.

Die Nähe zu André Massons automatischen Zeichnungen, die damals die Seiten der Zeitschrift *La Révolution Surréaliste* füllten, ist offenkundig. Im übrigen hat ja Michaux immer wieder notiert, daß es Max Ernst und Paul Klee waren, die ihm eine neue Möglichkeit für Malerei aufzeigten.

Die ersten Arbeiten in den zwanziger Jahren kreisen zumeist um das Thema Schrift. Michaux entwirft imaginäre Alphabete – dem Schreiben bleibt er dabei in der Anordnung der Zeichen nahe, auch der Notenschrift. Von dieser Strukturierung des Blattes ist er auch später kaum abgewichen. Man tut sicher gut daran, diese offenkundige und wichtige Nähe zum Surrealismus zu betonen. Allzulange haben sich die Exegeten Michaux' darum bemüht, ihren Mann vom Surrealismus abzusetzen. Auch im Katalog der Pariser Ausstellung wird erneut der unsinnige Versuch gemacht, diese Evidenz zu zerreden.

Zum Surrealismus lassen sich zahlreiche Beziehungen knüpfen. Die stärkste besteht sicherlich in Michaux' Attitüde dem Leben gegenüber. Wie für Breton, Aragon, Michel Leiris steht am Anfang die Weigerung, Geschichten zu erzählen. Alle diskursive Literatur wird abgelehnt, weil sie doch nur, um bei der Formulierung des surrealistischen Manifests zu bleiben, die Geringfügigkeit des Wirklichen widerspiegele. Michaux gehörte zunächst zu einer Gruppe von Schriftstellern, die die ›andere Seite‹ kennenlernen wollten und die – in Haßliebe – dem Surrealismus nahestanden. Er bildete mit Daumal und Reneville so etwas wie den okkulten Fügel des Surrealismus.

Nicht von ungefähr greift Michaux sehr früh zur stärksten Droge der Surrealisten, zur Verfremdung und Verrätselung der greifbaren Welt. Den Exkursionen in die Stadt der Aragon und Breton folgen die Odysseen in ethnologisch fremde Welten. Paul Eluard, Max Ernst, Raymond Queneau, Michel Leiris – sie alle treten ihre initiatorischen Reisen in den Fernen Osten oder nach Schwarzafrika an. Sie gehören sicherlich zu denen, die – parallel zu Marcel Mauss, zu Lévi-Strauss – aus der Ethnologie mehr als ein Fach, eine Möglichkeit ekstatischer Selbstaufgabe machten.

Bei Michaux zielt alles, von Kindheit an, auf die Absage von Gewißheiten. Alles, was Henri Michaux aus dieser Zeit zu berichten bereit ist, führt vor, wie auf immer neue Weise versucht wurde, Verwurzelungen zu verhindern. Michaux inszeniert ständig neue Fluchtgebärden. Nicht nur die großen Reisen in den zwanziger und dreißiger Jahren, von denen die unvergleichlichen Logbücher *Ecuador, Un barbare en Asie* oder *Voyage en Grande Garabagne* zeugen, nicht nur die spektakuläre Flucht in den Meskalinrausch, in den Zustand einer experimentellen Schizophrenie, die Michaux in den fünfziger Jahren vor einem begierigen Publikum vollzog – von früh an rüttelt der Belgier an der Tatsache oder Möglichkeit einer Identität. Identität erscheint ihm unbewiesen und – was vielleicht als Triebkraft für seine Experimente besonderes Gewicht hat –

einfach nicht akzeptabel. Ekel vor der eigenen Person, ständige Selbstkritik, die zur Überschreitung treibt, wir finden dies bereits in den Erinnerungen, die sich mit den frühen Lebensjahren einlassen: »Voll Scham über all das, was ihn umgibt. Voll Scham über sich selbst, darüber, nur das zu sein, was er ist. Er ist voller Abscheu für Nahrung. Er wickelt sie ein und vergräbt sie draußen.«

Aus solcher Gestörtheit, aus solchem Debüt im Ekel, entwickelt Michaux sein System, die Welt durch ein ›anderes Fenster‹ zu betrachten. Seine Zeichnungen, Bilder, Tuschen vermögen weitgehend umzusetzen, was wir seinen Schriften zu entnehmen haben. Doch sie setzen die Kenntnis dieser Schriften voraus. Für sie eine Autonomie zu beanspruchen hieße ihre Wirkung abzuschwächen. Wenn auch die Technik Michaux' vielfach mit dem zu vergleichen ist, mel vorführen, so haben wir hier doch eine unendlich weitreichendere Möglichkeit, die Topographie einer von Wahrheitssuche besessenen Natur zu erkennen.

Michaux gibt sicherlich einen der erregendsten Beiträge zur Interpretationsbedürftigkeit und Interpretationsmöglichkeit solcher psychischer Niederschriften. Die Stärke seines doppelspännigen Vorgehens liegt nun eben darin, daß es nicht an die Sprachlosigkeit zu appellieren hat, die im großen und ganzen die Wirkungsgeschichte des Nachkriegs-Informel auszeichnete. Die Fremdheit, die er vorführt, ist im Grunde eine aufgeklärte, interpretierbare Fremdheit – sie läßt sich motivisch bestimmen und deuten. Hierin liegt die Bedeutung des Werks: hinter diesen Blättern steht nicht einfach ein Anspruch an Ausdruck – Anspruch, den Legionen von Malern in diesem Jahrhundert erhoben haben –, hinter ihnen steht die klare, wenn auch schwierig artikulierte Überzeugung, daß das wirkliche Leben in haarfeinen Spalten versickert, die sich im Normalen auftun.

Eine Parallelaktion
Der Dichter und Maler Henri Michaux

Der Dichter und Maler Henri Michaux wurde 1899 im belgischen Naraur geboren. In seinem Buch *Passagen* prägte er das grausame Wort: »Es gibt in einem Jahrhundert kaum Platz für mehr als zwanzig. Daher rührt der große Disput um die Berühmtheit.« Er war ein Mann, der seinen Platz außerhalb suchte. Eine Ich-Literatur, eine Ich-Malerei, der es um das Überleben von Fremdheit ging – auf diese Formel wollte man die Begegnung mit den Büchern und Bildern bringen. Die zoologischen Liturgien, die geometrische Genauigkeit der Angstzustände, die aus diesen Büchern dringen, leben in der Nähe von Kafka, Bataille, Borges oder Beckett. Das Werk findet seinen sicheren Unterschlupf in dem berühmten Wort Rimbauds »Das Ich ist ein anderer«. Michaux wird denn auch allen Versuchen widerstehen, den Umgang mit sich selbst zu domestizieren.

Die penible, häufig schmerzhafte Suche nach Distanz zum eigenen Ich faszinierte die ersten Leser. André Gide urteilte über den Subjektivismus, den der Autor durch einen immer neuen Einstieg in das Innere wie ein Messer schliff: »Er versteht, uns auf meisterhafte Weise die Fremdartigkeit der natürlichen Dinge wie auch die Natürlichkeit fremdartiger Dinge fühlbar zu machen.« So gut es nur ging, solange es nur ging verwehrte sich Henri Michaux dem Blick von außen. Vor der Neugierde der Fotografen versteckte er sich mit einigem Erfolg. Deshalb gibt es nur wenige Aufnahmen, die eine Vorstellung von dem eindrucksvollen, mit tiefblauen Pupillen inkrustierten Kopf vermitteln. Was einem beim Zusammensein mit ihm in erster Linie auffiel, war die Verwendung, besser: die

Verweigerung des Körpers. Etwas Ängstlich-Reserviertes sprach sich aus. Über sich selbst erteilte er nicht gerne Auskunft. Was ihn betraf, verkleidete er in Bilder und Gedanken, die daneben lagen. Einmal meinte er im Gespräch, große Porzellane seien selten: sie seien zerbrechlich. Man spürte, daß ihn Vitalität geradezu abstieß. Wenn die Rede auf Picasso kam, brach die eigene Unfähigkeit zu leben aus ihm heraus. In dem Spanier sah er einen »mauvais garçon«, so etwas wie einen Apachen aus Barcelona. Nicht von gängigen Bewegungen, von einem Aufklappen und Zuklappen der Gliedmaßen wollte man bei Michaux reden. Dahinter steckte etwas Lauerndes. Denn die physische Zurückhaltung wartete auf ihren Moment.

Der konnte plötzlich ausbrechen. Er war in erster Linie an die Vorstellung eines Desasters gebunden, an das, was der Dichter in dem frühen Buch *Passagen* als ein mikroskopisches Erdbeben beschrieb, das sich an einem schwierigen Nachmittag als Antwort auf eine mißratene Minute zu ereignen pflege. Die abgezirkelten Gesten schienen einer Selbstzensur unterworfen, so als begnüge sich der Explorateur extremer Zustände mit einem reduzierten Leib, darauf paßt ein Wort eines seiner Biographen. Belaval notiert: »Das Gefühl, das Michaux bestimmt, ist das Gefühl zu ersticken.« Die Vorstellung vom Zerbrechlichen, die Michaux umgab und die er kultivierte, gehört in den Mittelpunkt des Biographischen. Metaphern sind selten in seiner Sprache. Aber auf ihn bezogen, könnte man metaphorisch sagen: Auf Fußspitzen balancierte dieser Explorateur durch die Welt, und auf Wortspitzen – wollte man diese Suche nach dem Unauffälligen und nach dem Verschwinden umschreiben – notierte er all das, was ihn herausforderte. Kann man dem Antihéros abnehmen, daß er zeitraubende, beängstigende und unerwartete Abenteuer auf sich nahm? Sie scheinen zu ihm ebensowenig zu passen wie zu einem anderen kapitalen Zeitgenossen, Michel Leiris. Diesem konnte man auch kaum die Strapazen glauben, die er in *Phantom Afrika* protokollierte.

Doppelportrait von
Henri Michaux, 1928.
Privatsammlung

Zum Hintergrund des Werks von Michaux gehören in den zwanziger Jahren ganz konkrete, gut dokumentierte Reisen. Sie bilden den Anlaß seiner Meditationen in den Logbüchern *Ecuador* oder *Ein Barbar in Asien*.

Bereits in den frühen Texten fällt auf, wie wenig es dem Autor auf den kontinuierlichen narrativen Ablauf ankommt. In einer Mischung aus Bekenntnisliteratur und Reflexion solidarisiert er sich mit dem moralischen Anspruch, den die Surrealisten an die Literatur und die Kunst stellen. Die Zurückweisung des Faktischen und Beschreibbaren beginnt dort, wo diese nicht mehr als Lebenspraxis herangezogen werden können, wo sie zu Stilfragen werden. Wie *Phantom Afrika*, der minutiöse Bericht über die ethnographische Exkursion Dakar-Djibouti, stehen die Texte von Michaux, die zur Tradition der »contes philosophiques« des achtzehnten Jahrhunderts gehören, am

Beginn eines Werkes, in dem es um ein unter der Folter der gespannten Formulierung erpreßtes Geständnis geht. Es gibt eine Äußerung von Michaux – mit ihr kennzeichnet er das Buch *La nuit remue* –, die für so gut wie alles, was er beschreibt und schreibend umkreist, zuzutreffen scheint. Er spricht davon, er habe die Worte, die Tiere, die in diesem Buche auftauchten, auf »nervöse«, nicht auf konstruktive Weise erfunden. Der Begriff der Nervosität könnte die Poetik Michaux' bezeichnen; sie charakterisiert jedenfalls den Zeichner und Maler Michaux, der auf unübersehbare Weise seinen Umgang mit Feder und Farbe als galvanisches Zucken vorführt.

Bereits die ersten Seiten von *Ecuador* offenbaren die entscheidende, die definitive Faszination durch Lautréamonts *Die Gesänge der Maldoror*. Immer wieder taucht die Evokation des Ozeans auf. Dieser erscheint als personifizierte Darstellung eines unerklärlichen, terrorisierenden Animismus. Der sublimen, zur Metaphysik erklärten Natur wird mit der Lautréamontschen Lust der Auflehnung die eigene Fragilität entgegengesetzt. Wir spüren bereits auf den ersten Seiten, daß es Michaux bei diesen Reisen nicht um die Begegnung mit exotischen Zuständen ging, allenfalls um ein Eindringen in Grausamkeit. Nur wenig von dem, was er schildert, erfaßt er aus dem Blickwinkel des Voyeurs. Schnell geht er dazu über, aus dem Fundus des Exotischen und Unerhörten die Elemente herauszuziehen, die zu der selbstkonstruierten Ikonographie der Mischwesen und zu dem Magma seiner halluzinatorischen Bilder passen. Was und wie er schildert und kommentiert, läßt darauf schließen, daß er die Klischees, die die Reiseliteratur anbietet, verachtet. Sein Erleben bleibt – denken wir an die phantastisch scharf konturierten Begegnungen in Calcutta oder Puri – an die Absage touristischer, eurozentristischer Sicherheiten gekettet.

Deshalb definiert er sich im Titel des Buches als der »Barbar«, der in Asien unterwegs ist. Aus diesem Grunde kann er schnell sein vernichtendes Urteil über das Reisen fällen. Es harmoniert mit dem Verdikt, das Lévi-Strauss an den Beginn von *Traurige Tropen* stellen sollte. Zwei Jahrzehnte ehe der Ethnologe den Entdeckern seine Verachtung entgegenschleudern wird, schreibt Michaux: »Mir gefällt keine Weltgegend: So ein Reisender bin ich.« Es führt zu der Entdeckung, daß alles Reisen notwendigerweise zu einer Enttäuschung führen muß. Das Fazit hat Folgen. Von einer »enttäuschenden Realität« an sich ist die Rede. Er sieht dies als positive Erfahrung. Ihr wird die »Erschaffung imaginärer Welten« entgegengesetzt. Sie allein vermag zustande zu bringen, worauf Michaux abzielt: eine »Kompensation der Leere«, die auf die »Evidenz einer verschiedenen Welt« angewiesen ist. Eine Pascalsche Ernüchterung fordert den Rückzug auf das, was allein Bestand hat, das innere Ausland.

Wenn wir uns ein wenig in *Ecuador* umschauen, entdecken wir, daß sich in diesem Buch die entscheidenden Themen ankündigen. Der Reisebericht macht schnell der Beschreibung von Müdigkeiten und von Reizzuständen Platz. Das Enervierende ersetzt den breiten, zusammenhängenden narrativen Fond. Dabei stößt Michaux streckenweise in überaus detaillierte Zonen vor. Schilderungen von Gebräuchen, Eindringen ins Zeremonielle und ins Atavistische, Hinweise auf Spiritismus und linguistische Beobachtungen gehen über das hinaus, was ein spontan verfaßtes Tagebuch festzuhalten pflegt. Mit naturwissenschaftlicher Prägnanz nähert er sich dem, was ihn umgibt. Unübersehbar steckt hinter den Genauigkeiten, die Michaux ausbreitet, eine umfangreiche Recherche. Die Begegnungen in Südamerika und in Asien münden in eine poetische Erfahrung, die nach und nach zur Überwindung des Kausalitätsprinzips führt. Michaux macht diese Erfahrung mit einer Passion, die sich mit Vorliebe am Unscheinbaren und Unerwarteten festhakt. Er sucht seltene Gefühle und Stimmungen. Er monumentalisiert Minima. Darin spiegelt sich, wie bei Breton und Aragon, weiterhin die Auseinandersetzung mit Mallarmé und dem Symbolismus wider.

Beim Lesen in diesen ersten Büchern von Michaux kommt man nicht darum herum, sich vorzustellen, was einem André Breton zugestoßen wäre, hätte auch er den Begriff des Fremden und Unerklärlichen in einem breiteren, topographischeren Sinne praktiziert. Nur wenige Passagen im Werk von Breton – die ins Innere verlegte Schilderung der Besteigung des Berges Teide auf Teneriffa, die aus L'amour fou ein anagogisches Brevier machen – nähern sich den realen oder fiktiven Reiseberichten von Michaux an. Denn es gilt festzuhalten, daß Michaux sehr schnell dazu überging, die Introspektion von der Beobachtung seiner Reisen nach Manaus, zum Taj Mahal, nach Peking, nach Tokyo oder Seoul zu lösen. Dabei wird, das spürt man auf jeder Seite, das Reisen selbst nebensächlich. Es kommt ihm auf etwas anderes an: im Umkreis dieser wirklichen Reisen ließe sich von Selbstversuchen und von einem kalten experimentellen Umgang mit der eigenen Existenz sprechen.

Dies wird in der Folgezeit in den Mittelpunkt der Schriften und der Zeichnungen rücken. Hier schafft Michaux, der Dichter, Platz für Michaux, den Maler. Was er bereits in den späteren zwanziger Jahren vorführt, bedeutet gattungsspezifisch etwas Entscheidendes. Vor allem wenn man den Beginn des Zeichners auf dem Hintergrund der Zeit zu verankern sucht, in der dieser auftritt. Mag Michaux selbst dem literarischen Surrealismus gegenüber eine kritische Unabhängigkeit behauptet haben – er fühlte sich allenfalls dem mystischen Flügel um Daumal und Renéville nahe –, so kann man doch sagen, daß die Trennung, die er in seinem Werk zwischen dem Dichter und dem Zeichner vollzieht, erst im Hinblick auf die Diskussionen, die um die Gruppe »Littérature« von Breton ausgetragen wurden, ihre große Bedeutung erhält. Es ging um das Primat der Literatur. Der bildenden Kunst wurde die Möglichkeit abgesprochen, als bildliche, plastische Entsprechung der surrealistischen Imagination aufzutreten. Doch eben zu dem Zeitpunkt, da Michaux für sich eine Äquivalenz literarischer Bildlichkeit und einer zeichnerischen Wiedergabe innerer Bilder entschieden hatte, gab Breton mit der Publikation des ersten surrealistischen Manifests für die Maler den Weg frei. Die zwei Modi des Ausdrucks gehörten nun zur surrealistischen Sprache. Vergessen wir nicht, daß die »écriture automatique« André Massons und die Erfindung der Frottage, die Max Ernst mit der »Histoire Naturelle« auf spektakuläre Weise vor aller Augen führte, der surrealistischen Kunst die Tore geöffnet hatten. Und wie Michaux zeitlebens unterstrich, war es die Begegnung mit Max Ernst, die ihn zum Malen und Zeichnen brachte.

Von nun an spielt er mit der Parallelaktion. Er bietet alles andere als eine literarische Malerei. Malen bedeutet ihm den Weg in die Zweisprachigkeit. Am ehesten ließe sich das als Äquivalent dessen betrachten, was Beckett in Gang brachte: das Schreiben in der Gegensprache Französisch, um dem barocken Englisch, den Gongorismen des Mentors Joyce, zu entkommen. Alles, was man aus der Kenntnis synästhetischer Gebräuche anführen könnte, setzt bei Michaux aus. Für ihn sind Stift und Feder nicht einfach Prothesen, mit denen er sich auf dem Terrain des Unsagbaren fortbewegte. Immer spielt er mit der Möglichkeit, durch einen Transfer zwischen den Ausdrucksweisen zusätzliche Schocks hervorzurufen. Wir treffen auf eine Hermeneutik, der es nicht um Verstehen, sondern um Fremdheit geht. Dabei besteht er auf einer scharfen Trennung der semantischen Mittel. Deshalb findet man auch keine Analogien im zeichnerisch-malerischen Bereich von all den Motiven, die die Texte bevölkern. Die Illustration des Gesagten interessiert ihn überhaupt nicht. Für die skurrilen Tatsächlichkeiten, auf die wir in *Ein Monsieur Plume* stoßen – es handelt sich um Szenen, die mit einer geradezu Swiftschen Bösartigkeit den Menschen zum Versuchstier degradieren –, fallen Zeichnungen und Gouachen von vornehrein aus. Ja, Plume, der in die Genealogie des Flaubertschen Pécuchet, des »Monsieur Teste« von Valéry oder auch des »Monsieur-Monsieur« von Tardieu gehört, entzieht sich geradezu jeder Visualisierung durch den Maler/Zeichner Michaux. Die grotesken, narrativen Elemente würden nach den Mitteln einer karikierenden, chargierenden Darstellung rufen. Diese versagt sich Michaux. Ihm geht es um etwas anderes: »Ich wollte das Daseinsgefühl und das Verfließen der Zeit zeichnen: Wie man sich den Puls fühlt.«

Er liefert damit das wesentliche Argument gegen das Gerede der Nachkriegszeit, das sich aporetisch auf Informel und Gegenstandslosigkeit festgefahren hatte. Allenfalls Wols oder Dubuffet bieten noch eine vergleichbar starke Legitimität für den Umgang mit halbgegenständlichen Motiven und Strukturen an, weil bei ihnen die scheinbar freie Form ständig in gegenständlichen Erinnerungen ihre Golddeckung besitzt. Michaux bietet den schlierenhaften, zwischen Homunculus und Verschwinden spielenden Emanationen eine psychisch-intellektuelle Rückendeckung, über die keiner der lauten Abstrakten verfügt. Ein Hauptbegriff fürs Werk taucht auf. Michaux spricht vom Tempowechsel. Wir entdecken ihn zunächst in der Sprache. Denn in den frühen Büchern kommt es zu dieser Diskrepanz zwischen protokollierender, aus der Reiter-Perspektive gezogener Beschreibung und dem Auffinden infinitesimaler Zwischentöne. Das hat sicherlich mit einer Nähe zum Surrealismus zu tun. Die Beschleunigung des Tempos soll die Kontrolle verringern. Systole-Diastole in den Texten führt dazu, Schocks und Epiphanien zu provozieren: der Erzählfluß wird von einem gefährlichen Stocken unterbrochen.

Doch, so genau wie die Freunde um Breton weiß er, daß das Unterbewußte kein objektives Arsenal für poetische Bilder darstellt. Die Fischzüge zeigen es. Man bringt nur das aus der Tiefe mit, was man zuvor in diese Tiefe ausgesetzt hat. Um in diesen Zustand vorzudringen, greift Michaux zu Hilfsmitteln. Sie sollen ihm die Tore zu den künstlichen Paradiesen auftun. Dabei helfen ihm zunächst die Verwendung von Äther, Meskalinrausch und experimentelle Schizophrenie. Sie ersetzen die Reisen in die Fremde. Die ersten Erfahrungen kleidet er noch in eine spiritualistische Botschaft: »Wenn man Meskalin hinter sich hat, weiß man besser als jeder Buddhist, daß alles nur Schein ist. Was vorher war, war nur Illusion der Gesundheit.«

Die berühmten Texte, die er diesen Erfahrungen widmet, Erfahrungen, die er nicht zuletzt in einer Serie seismographisch zarter Federzeichnungen präsentiert, bringen keine Befreiung, sie führen zum Ekel vor der eigenen Person. Von »misérable miracle« ist die Rede. Denn in was übersetzt er sich hier? In eine Welt der Geißeltierchen, in ein getriebenes, von Horror vacui erfülltes automatisches Zucken. Über die Abhängigkeit vom Körper, über das Eintauchen in Zonen, in denen Kontrolle und Spiel mit der Geschwindigkeit automatischer Kunst aussetzt, schreibt er einmal: »Voll Scham über all das, was ihn umgibt. Voll Scham über sich selbst, darüber, nur das zu sein, was er ist. Er ist voller Abscheu für Nahrung. Er wickelt sie ein und vergräbt sie draußen.« Die Abwendung von den Erfahrungen mit Meskalin hat mit Selbstkritik zu tun. Denn überblicken wir

Henri Michaux: Visage, 1948. Köln, Museum Ludwig

diese Arbeiten, so zeigt sich, daß sie die Imagination reduzieren. Die Formlosigkeit und Redundanz, auf die wir treffen, haben nichts mit dem zu tun, was Michaux in seinen freien Blättern und Texten entwirft. Man kann dies mit einer Feststellung von Havelock Ellis erklären, die darauf verweist, daß Meskalin jeder Vorstellung von Form aus dem Wege geht. Das Unbekannte, das Michaux in dem Text *Ein Barbar in Asien* notiert, hat für den Leser denselben Stellenwert wie die Schilderung der virtuellen Lebewesen und Lebensformen. Appetit auf Welt und Erweiterung des Bewußten, Interesse an schöpferischer Ethnologie, einzigartige Kämpfe, Traum, Malerei, Halluzination und Wortbildungen. Körper-Auge: Literatur, die auf Wahrheit aus ist, muß das Tabu überwinden, Körperlichkeit unserer Erfahrung. Beschäftigung mit Drogen, unter deren Wirkung der Körper völlig sich selbst überlassen ist, das treffendste Beispiel. Scham über Abhängigkeit des Geistes von Drogen. Zügellosigkeit. Bilder voller anatomischer, organischer Anspielungen. Erfindet seine Bilder, vergleicht nicht – zieht der Metapher die Analogie vor. Etymologie – Unterschied zu Ponge – so gut wie keine Rolle.

Man weiß, wie stark die automatische Niederschrift von verschiedenen Vektoren der Geschwindigkeit abhängig war, wie stark sich dank einem Wechsel der Tempi Vorstellungen, Syntax und Formen verschoben. In *Wind und Staub* erleben wir mit, wie neue Wesen, neue Sprachen entstehen. Er wollte das Tempo wechseln: »Ich machte an mir die entsetzliche, aufregende Erfahrung, die darin besteht, das Tempo zu wechseln, es plötzlich zu verlieren und dafür ein anderes, unbekanntes und zu schnelles zu finden ...« Hier findet Michaux auch die Erklärung für das beidhändige Vorgehen, für das Schreiben und das Malen. Er setzt sie dialektisch ein. In manchen Stunden meint er, Bücher zu lesen sei langweilig. Denn es gebe hier keine freie Zirkulation: »Ganz anders das Bild: unmittelbar, total. Kein gerader Weg, tausend Wege.«

Der Leib wird zum Lapsus
Max Ernst und Kafka

Den Anstoß, Kafka und Max Ernst in einem Atemzug zu nennen, liefert Max Ernsts Illustration der Geschichte *Die Sorge des Hausvaters*. Diese gehört, das wurde genügend wiederholt, zu den dunkelsten im Werk Kafkas. Die Beschäftigung mit dem abgründigen Objekt-Wesen ›Odradek‹, das Treppenhaus und Dachboden durchgeistert – erinnern wir nur an die Beiträge Benjamins, Anders', Emrichs und Pasleys – hat die Auslegung, die wir Max Ernst verdanken, übersehen. Diese erhellt, warum sein Werk und das Kafkas in Rufweite bleiben. Hier und dort geht es um unerbittliche Fremdheit. Beide armieren ihre Botschaft in derselben Rüstkammer. Bereits die ersten rätselhaften Darstellungen Max Ernsts – *Elefant Celebes, Leimbereitung aus Knochen, Die schwankende Frau* – verweigern sich der Ausdeutung. Wir können zwar angesichts dieser Bilder nie aufhören, nach einem Schlüssel zu suchen – aber wir werden ebenso wenig ins Bild vordringen wie der Bote mit der *Kaiserlichen Botschaft* je den Leser erreichen wird.

Das Entscheidende der Bildmagie in den frühen Arbeiten Max Ernsts kann man nicht mit der dadaistischen Grundstimmung der Zeit erklären. Dazu sind diese Werke zu bodenlos und zu scharf umrissen. Von diesem Paradox leben sie. Es ist das Paradox, das nun eben ›Odradek‹ charakterisiert. Schreibt doch Kafka über dieses verflixte Ding: »das Ganze erscheint zwar sinnlos, aber in seiner Art abgeschlossen.« Was bei Max Ernst auftritt, reicht wie bei Kafka über eine Reaktion auf die soziologisch-politische Aktualität hinaus. Auch der Hinweis auf de Chirico genügt nicht, den Schock begreiflich zu machen, der sich vor diesen Bildern einstellt. Wir haben es mit einem ebenso kapitalen wie übersehenen *ut pictura poesis* und *ut poesis pictura* zu tun: die Irritation durch das Übergenau-Unfaßbare im Werk Max Ernsts steht der unheimlichen Logik nicht nach, die Texte wie In der Strafkolonie, Brief an den Vater oder Das Urteil durchzieht. Es ist eine Gereiztheit, die den Betrachter physisch erfaßt. Dazu treten die zahlreichen Collagen. Welch jähe Bilderflucht tut sich in diesen auf. Rumpf und Gliedmaßen der Figuren, Objekte scheinen einer exzentrischen Agitation unterworfen zu sein. Vielen Blättern Max Ernsts könnte man Zitate aus dem Werk Kafkas als Legenden zuordnen. Erwähnen wir als Beispiel die ersten Seiten der Erzählung Blumfeld, ein älterer Junggeselle, in der die Angestelltenwelt, über die wir erst im Anschluß Näheres erfahren, zunächst in Form eines enervierenden mechanischen Balletts auftritt. Objekte drangsalieren den Junggesellen zu Hause auf zweideutige Weise. »Das ist ja Zauberei, zwei kleine, weiße blaugestreifte Zelluloidbälle springen auf dem Parkett nebeneinander auf und ab: schlägt der eine auf den Boden, ist der andere in der Höhe, und unermüdlich führen sie ihr Spiel aus.« Und übersehen wir daneben nicht das »unglaubwürdige« (Kafka) tödliche Arrangement aus Zylinderhüten, Kopf, Stein und Messer, mit dem Der Prozeß endet. Alle Komponenten des Dramas werden als Einzelteile vorgeführt. Dadurch wird die isolierende Leere auf monströse Weise spürbar. Diese visuellen Kompositionen stehen den Anatomien Max Ernsts nahe.

Amputationen mit Gewinn

Die Ursache für die verwirrende Mechanisierung liegt weitgehend in der materiellen Herkunft der Collage: Max Ernst zieht zu dieser Abbildungen heran, die er in Traktaten und Lexika findet. Im Bereich von nichtkünstlerischen Bildern stößt er auf Gesten, die an spezifische Verrichtungen gebunden sind. Es handelt sich dabei in erster Linie um Szenen, die allein im Kontext nötige und verständliche Gebärden festhalten. Es sind jedoch Gebärden, die in der Kunst ›fehlen‹. Ihnen jagt er vorzugsweise nach, sie transplantiert er als Neologismen in seine Werke, in die Kunst. Den Körpern, die pragmatische Verrichtungen ausführen, schneidet dieser Transfer in die Collagen die Legitimation für die Bewegungen ab. Ursache und Ziel der Geste fallen den Körpern regelrecht aus den Händen.

Eine solche Umwidmung von Gebärden erscheint dem nicht ungewöhnlich, der einen Blick auf jene akkurat abgefaßten Texte wirft, die hinter den eigentlichen Texten Kafkas stehen. Nehmen wir nur die »Unfallverhütungsmaßregel bei Holzhobelmaschinen«, die der Beamte Kafka für die Arbeiter-Unfall-Versicherungs-Anstalt aufsetzt. Der Report hinterfängt die eisige Sachlichkeit vieler Szenen im Werk. Interessant, daß Kafka diese Berichte mit Zeichnungen begleitet. Was in diesen Ausführungen zum Beispiel über die »Hauptgefahr für die Hand« zu lesen und zu sehen ist, erhält angesichts vieler Collagen und Bilder Max Ernsts eine eigenartige Akzentuierung. Das Musterbeispiel für eine mögliche Annäherung zwischen diesen Seiten und der Collage liefert der berühmte *Oedipus Rex* aus dem Jahre 1921. Das grandiose Bild mit der bewußten oder unbewußten Anspielung auf Nietzsches »Nußknacker der Seele« und Kafkas Beschreibungen kündet die *objets désagréables*, die unangenehmen Gegenstände des Surrealismus an. Diese, wie Giacomettis *Gefährdete Hand* und andere psychotrope Zusammenstellungen der dreißiger Jahre gewinnen an Tiefe wenn wir ihnen die Kommentare Kafkas und des frühen Max Ernsts voranstellen.

Auf die Amputation der Dingwelt, mit der wir konfrontiert werden, paßt die Formel, mit der Breton Max Ernsts *La femme 100 têtes* charakterisierte: »Man kann eine Hand verfremden, indem man sie vom Arm trennt. Sie gewinnt dabei ›als Hand‹«. Max Ernst berichtete mir, bei seiner Lektüre Kafkas habe ihn immer das Kapitel ›Das Naturtheater in Oklahoma‹ stark berührt. Es sind nun diese Seiten aus *Amerika*, die Benjamin anführt, um Kafkas Werk als einen Kodex von Gesten zu definieren. Zu den Funktionen dieses Naturtheaters zählt die Auflösung des Geschehens in Bewegungselemente. Es erscheint als der gegebene Ort solcher Versuchsanordnungen. Mit Expressionismus haben die Übertreibungen nichts zu tun. Dafür bleiben die Situationen, die geschildert werden, zu sehr dem affektiven Zusammenhang und der normativen Psychologie entzogen. Eine überschüssige, unbegründete Körperlichkeit dringt auf diese Weise in die Texte und in die Collagen ein. Der Leib wird zum Lapsus, zum Versprecher des Kopfes. Es kommt einem vor, als sei der Körper immer wieder besser bei einem stumpfen repetitiven Turnen als bei der Psychologie aufgehoben. Diese Präferenz für die Charakterisierung durch das Somatische mündet in Slapstick und in das Entsetzen, das ausrastende Glieder hervorrufen.

Erwähnen wir in diesem Zusammenhang die Illustrationen für *Répétitons* und aus dem *Schloß* die Figur des Referenten Sordini, der »mit den von der Schreibtischarbeit steifen Beinen« über die Deichsel springt. Daneben wären weitere Invarianten zu nennen, die von einem Werk zum anderen führen: das unerhörte, zu Übergröße anwachsende Bestiarium, die instrumentale Verwendung des Vater-Sohn-Zerwürfnisses und dessen Projektion ins Metaphysische, die Vorhebe für wühlende Blindheit im Labyrinth, die Einschnürung der Körper und schließlich und endlich das Spiel mit dem unstillbaren Rechtfertigungsdrang, der sich in der *Traumdeutung* manifesthaft äußert.

Wie sehr die aufs Forensisch-Aufklärerische zugespitzte Hermeneutik Freuds Kafka und Max Ernst herausforderten, belegen zahlreiche Stellen. Beide stellen Freud auf den Kopf. Manifester und latenter Trauminhalt werden einander nicht entgegengesetzt: Innen und Außen sind abgeschafft zugunsten eines fortlaufenden Diskurses. Es sind die »Vases communicants« (Breton), die »kommunizierenden Röhren« der Poesie, die die Abwertung des Traumes verhindern. Dieses Vorgehen begründet die Makellosigkeit und die stupende Genauigkeit der Bildsprache der Collage. Sowenig wie bei Kafka gibt es im Werk Max Ernsts eine Schnittstelle, die das Reale von den libidinösen Projektionen trennte. Der Gedanke an die Unwirklichkeit, die der Traum garantiert, wird ebenso getilgt wie das Bewußtsein, es mit Collage zu tun zu haben. Der Künstler amalgamiert das Antinomische seines Materials auf eine derart präzise Weise, daß der Betrachter nicht mehr feststellen kann, wo in den Klebebildern die Schere angesetzt worden ist. Die Verarbeitung verschleiert die unterschiedliche Herkunft der bildlichen Elemente. Repetition, Verknüpfung, Verwendung ähnlicher Formen, verfolgbare Verarbeitungsmodi, alle diese Mittel dienen dazu, das Unwahrscheinliche als genuin hervortreten zu lassen. Das Auge gerät auf diese Weise nach und nach in den unaufhaltsamen Sog der Probabilität des Unheimlichen und Unerklärlichen, in den uns auch Kafkas Texte versetzen.

Traditionskonstrukte und Staffagen der Surrealistischen Geisterstunde

Wenn wir nun aus dieser Frühzeit keine Zeugnisse für eine nachweisbare Beziehung zu Kafka besitzen, so ändert sich dies in den dreißiger Jahren. Damals tritt der Surrealismus in eine neue Phase ein. Zuvor hatte sich dieser mit Vorliebe in ein System eingeschlossen, das sich auf sich selbst beschränkte. Den Anspruch auf Autarkie unterstreicht das erste surrealistische Manifest, in dem in äußerst dosierter Form von historischen Einflüssen auf die surrealistische Haltung die Rede ist. Zögernd nur wagt sich Breton über den eigenen Sprachraum hinaus. Allein Swift und Young finden neben den Kronzeugen Lautréamont, Rimbaud und Jarry Erwähnung.

Erst in den dreißiger Jahren öffnet sich der Surrealismus. Nicht zuletzt auch, weil er eine breitere Basis braucht, um sich der Gängelei durch die kommunistischen Freunde zu entziehen. Zwischen den Angriffen des Faschismus und dem Diktat Moskaus war der Bewegung keine größere Autonomie mehr geblieben. Sie muß sich eine solche durch die Konstruktion einer kulturellen Tradition erobern. Breton ist bereit, nun auch stärker den Eigenbesitz der surrealistischen Diaspora zu berücksichtigen. Die Reise nach Prag, »la capitale magique pour toute l'Europe«, die er auf Einladung der Gruppe um Nezval und Teige im März 1935 zusammen mit Eluard und dem Maler Sima antritt, bringt ihn ausschließlich mit tschechischen Künstlern und Schriftstellern zusammen.

Von Kafka ist in Bretons Vorträgen nirgends die Rede. Doch Max Ernst, der an dieser Tour nicht teilnehmen konnte, hat nachträglich Kafka ins Spiel gebracht. Er war der einzige im Pariser surrealistischen Zirkel, der den Band *Beim Bau der Chinesischen Mauer* (1931) in der Originalsprache las. Auf ihn geht wohl auch die Auswahl der zwei schmalen Textbändchen zurück, die der Verlag GLM zwei Jahre nach der Prager Exkursion auf französisch herausbrachte. Max Ernst stattete diese mit einer Frottage und einer Collage aus. Die eine spielt auf *Das Stadtwappen*, die andere auf *Eine Kreuzung* an. Kein Zweifel, daß die Geschichte vom Katzenlamm ihn besonders ansprechen mußte. Lieferte doch dieser apokalyptische Hybride eine Definition der surrealistischen Bildalchemie, die das Nichtzusammengehörige in einen Schwebezustand versetzt.

Max Ernst war in diesen Jahren damit beschäftigt, seine eigene theoretische Position zu formulieren. Die Definition der Collage und der Frottage, die er 1936 erstmals in den *Cahiers d'Art* in dem berühmten Text *Au-delà de la peinture* vorlegte, gewinnt auf dem Hintergrund der Lektüre Kafkas eine zusätzliche Prägnanz. Und in diese Zeit fällt nun die Veröffentlichung von *Die Sorge des Hausvaters* in der Zeitschrift *Minotaure*. Max Ernst begleitete die französische Erstausgabe mit einer Frottage. In ihr legt er, so erscheint es uns, seine reiche, faszinierende Beschäftigung mit Kafka offen.

Mehreres tritt hier zusammen. Kurz zuvor hatte er, gleichfalls in *Minotaure*, Bretons *Le château étoilé* illustriert. Das Manuskript war im Anschluß an die Reise nach Prag und nach einem Aufenthalt in Teneriffa entstanden. Bretons Seiten zeichnen ein ekstatisches Naturerlebnis auf der vulkanischen Insel nach, die ins Mythische und Anagogische gesteigerte Besteigung des Berges Teide. Eine kristalline nächtliche Inszenierung tut sich vor uns auf. Initiation in eine nie gesehene Natur, erotischer Animismus, all dies führt dazu, daß diese Exkursion Breton mit einer völlig neuen, trancehaften Stimmung erfüllt: plötzlich seien die »überempfindlichen Zonen der Erde« in seine Vorstellung eingedrungen. Wie immer geht es Breton um ein kulturelles, vermitteltes Sehen. Er beschreibt nicht nur das, was er sieht, sondern auch die Zonen der Wälder, Wüsten und prähistorischen Tierwelten, die in diesen Monaten im Mittelpunkt der Bilder Max Ernsts stehen. Breton verbindet denn auch den Sinnestaumel angesichts einer in schwarze Lava gefaßten Natur, angesichts giftiger Datura und der Pflanze Sempervivum, die nur durch Abkochen getötet werden könne, mit der Erinnerung an Max Ernsts ›flugzeugfressende Gärten‹. Der Text mündet in den schwebenden Schlußsatz »à flanc d'abîme, construit en pierre philosophale, s'ouvre le château étoilé.« Diese abrupte Anspielung auf das gestirnte Schloß an der Flanke zum Abgrund, aus Stein der Weisen errichtet, beschwört noch einmal den Aufenthalt in Prag. Denn nichts vermochte in den Augen Bretons den Ertrag dieser Reise greifbarer zu symbolisieren als die Begegnung mit dem sechseckigen Lustschloß Stern gegenüber dem Weißen Berg. Breton war für die magische Architektur des Ferdinand von Tirol, für den seltenen kristallinen Grundriß empfindlich. Die Begegnung mit diesem abrupten Bau, der einer Wunderkammer zu entstammen scheint, paßte zur surrealistischen Aktualität. Die Entdeckung des Schlosses reiht sich der Beschäftigung mit magischen Stätten ein. Es gehört wie ›La Tour Saint-Jacques‹ in Paris und das Taubenhaus des Manoir d'Ango in der Normandie zu den Staffagen der surrealistischen Geisterstunde.

Vergessen wir nicht, daß das Schloß darüber hinaus zu den ständigen Topoi der Surrealisten zählt. Denken wir nur an die Besitznahme von Walpoles *Le château d'Otrante*. Dies kündet sich auch in einer Bemerkung im *Manifest* an. Breton charakterisiert in ihr die Maler der Gruppe als Besucher des surrealistischen Schlosses. Die Frottagen, die Max Ernst dem Text Bretons beigibt, akzentuieren den Hinweis auf Architektur, auf Stein der Weisen und auf surrealistische *amour fou*. Eine Zeichnung katapultiert schließlich den zum Fünfeck veränderten Grundriß des Gebäudes in den Himmel, macht aus ihm einen Stern, in dem ein Liebespaar lebt.

Unübersehbar spielen das Unzugängliche des Bauwerks, das Entrücktsein in Nacht und Himmel in dieser Illustration auf Kafka an. Dafür spricht nicht zuletzt, daß Max Ernst in der Zeichnung für *Die Sorge des Hausvaters* die Verbindung von Schloß, Stern und Stein der Weisen noch einmal anklingen läßt. Elemente des Sternes, die für die Frottagen zu *Le château étoilé* herangezogen worden waren, tauchen erneut auf. Diese Doppelverwendung hat ihre Bedeutung. Sie spielt mit Erinnerung und soll in diesem Zusammenhang die Frage nach einer nachweisbaren Topographie des *Schlosses* von Kafka beantworten. Max Ernst verlegt den Bau ins Imaginäre. Kafkas Beschreibung des ›Odradek‹ ist genau: »Es sieht zunächst aus wie eine flache sternartige Zwirnspule, und tatsächlich scheint es auch mit Zwirn bezogen; allerdings dürften es nur abgerissene, alte, aneinandergeknotete, aber auch ineinander-verfilzte Zwirnstücke von verschiedenster Art und Farbe sein. Es ist aber nicht nur eine Spule, sondern aus der Mitte des Sternes kommt ein kleines Querstäbchen hervor und an dieses Stäbchen fügt sich dann im rechten Winkel noch eines. Mit Hilfe dieses letzteren Stäbchens auf der einen Seite, und einer der Ausstrahlungen des Sternes auf der anderen Seite, kann das Ganze wie auf zwei Beinen aufrecht stehen.« Mehrere Elemente lassen sich in der Zeichnung Max Ernsts auffinden. Dies gilt für die flache sternartige Zwirnspule und für den Faden. Die »Zwirnstücke von verschiedenster Art und Farbe« dagegen entdecken wir in der bunten Frottage, die das Frontispiz der Buchausgabe von *Château étoilé* ziert: in ihr sind die Farben auf unübersehbare Weise ›ineinander verfilzte‹. Der Strich ist nicht einfarbig, jeder Strich wandert durch mehrere Farben.

Der in die Luft schreibende Bleistift

Zweifellos haben wir es hier nicht nur mit einem der schwierigsten, sondern auch mit einem der ›plastischsten‹ Texte Kafkas zu tun. An die Stelle des Bestiariums tritt eine Kunstfigur. Deren Rätselhaftigkeit provozierte. Günther Anders verwies darauf, daß das Objekt die Idee einer ontologisch unklassifizierbaren Gegenständlichkeit vorweggenommen habe. Es sei diese Thematik des Unbegreifbaren, an der sich die gegenstandslose Kunst versucht habe.

Doch stärker und präziser kommt einem die Beziehung vor, die man zu den Ready-mades Duchamps und zum surrealistischen *objet* erkennen kann. Es ist spannend zu sehen, wie die zeichnerische Umsetzung, die Max Ernst gibt, die Beschäftigung mit dem ›Odradek‹ auf den surrealistischen Fetischismus dieser Jahre, den Umgang mit dem Objekt, ausweitete. Auch dies paßt strenggenommen zur Pragreise. Denn es ist daran zu erinnern, daß Breton während seines Aufenthaltes dort seinen folgenreichen Vortrag *Situation surréaliste de l'objet, Situation de l'objet surréaliste* gehalten hat. Bei dieser Gelegenheit war erstmals der Begriff des »poème-objet« gefallen. Und ›Odradek‹ hat auf zwingende Weise mit den *objets* zu tun, die Breton in einer Sondernummer der *Cahiers d'Art* publizierte. Hier können wir eine Entdeckung machen. Max Ernst, der im übrigen nur wenige surrealistische Objekte erstellt hat, präsentiert in dieser Publikation eine Arbeit aus Fundstücken, die eine verblüffende Nähe zu der Charakteristik des ›Odradek‹ aufweist. Ja, das *Objet mobile recommandé aux familles* scheint geradezu der Schilderung Kafkas nachgebaut zu sein. Auch der Titel, den Max Ernst für sein ›Objekt‹ wählt, unterstreicht dies. Er nennt es *Bewegliches Objekt zum Gebrauch der Familien bestimmt.* Gebrauch, Familie, das läßt sich auf den Hausvater beziehen. Das sternförmige Element – wieder sind wir beim Grundriß des *Schlosses* – das den Körper der Skulptur bildet, übernimmt eine doppelte Funktion. Preßt man die Garnhaspel zusammen, erscheint eine erigierte Form, öffnet man sie, entdecken wir eine schwangere weibliche Rundung. Und diesen Hinweis auf die ›Beweglichkeit‹ der Figur, die die Skulptur in ein sexuelles Grund- und Folgeverhältnis versetzt, finden wir im Text Kafkas.

Doch kehren wir noch einmal zur Frottage für *Die Sorge des Hausvaters* zurück. Es zeigt sich, daß Max Ernst nicht nur illustriert, nicht nur in scharfsinniger Interpretation einen Text Kafkas auf die Aktualität des Surrealismus, die neue Praxis einer Objektkunst, bezieht. Die Auseinandersetzung geht darüber hinaus. Der Künstler trifft in dem Text auf ikonographische Elemente und Verhaltensweisen, die das eigene Werk bestimmen: sie sind seine eigene ›Sorge‹. Er verbindet diese Reflexion mit einer umfassenderen Lektüre Kafkas. Auffällig ist die Flammenschrift, die im Himmel erscheint. Sie beruft sich nicht auf den kleinen Text. Der Bindfaden, der sich vom ›Odradek‹ abspult, zeichnet dessen Namen in die Luft. Die ›Beweglichkeit‹ und Rastlosigkeit der Spule ist mehr als ein Motiv, das Max Ernst einfach in der Frottage wiedergibt.

Faden, Lebensfaden der Parze – früh erscheinen Arbeiten im Werk, die mit dieser Vorstellung spielen. Eines der dionysischen Bilder trägt den Titel *Vision hervorgerufen durch einen Bindfaden, den ich auf meinem Tisch gefunden habe.*

Immer wieder werden Bindfaden und Schnüre in Frottagen und Grattagen durchgerieben. Auf diesem Hintergrund gewinnt die Beschäftigung mit der *Sorge des Hausvaters* ein zusätzliches Gewicht. Der Bindfaden, der sich abspult, symbolisiert den Bewußtseinsstrom, er meint die fließende surrealistische *écriture automatique*. Sie erscheint als das bedeutendste Bildmittel dieser Jahre. Denn der Automatismus verdrängt damals die veristische Wiedergabe. Mit dieser Neuorientierung löst sich der Surrealismus nicht zuletzt von Dalí. Denn dessen Haltung gegenüber dem Faschismus hatte in den Augen Bretons den Verismus der Traumbilder kompromittiert. Max Ernsts Interpretation des ›Odradek‹ verweist auf den Automatismus, sie legitimiert all die passiv-aktiven Prozeduren, die wenige Jahre

Max Ernst: Odradek, 1936. Privatsammlung

später im Dripping ihren Höhepunkt finden sollten. Doch gleichzeitig setzt Max Ernst der motorisch-rauschhaften Selbstbeschränkung des Automatismus eine unerhört tiefe Provenienz entgegen, die Verankerung im Werke Kafkas. Das zeigen Bilder wie *Der verwirrte Planet*, die nach dem Ausbruch des Zweiten Weltkriegs entstehen.

Es gibt zahlreiche Textstellen, in denen sich Kafka mit bildender Kunst auseinandersetzt. Viele Seiten sind gestellte Tableaus. Einmal begegnen wir auch einem scheinbar abstrakten Künstler. In der Erzählung *Ein Traum* heißt es von ihm: »In der Hand hielt er einen gewöhnlichen Bleistift, mit dem er schon beim Näherkommen Figuren in der Luft beschrieb.« Es ist ein Satz, den wir fast wörtlich in den Schriften Max Ernsts wiederfinden. Die Luftfigur ›Odradek‹, die er seiner Zeichnung hinzusetzt, scheint auf ein Menetekel anzuspielen: auf die verhängnisvolle, tödliche Aussage einer ornamentalen Schrift. Wir kennen sie aus der *Strafkolonie*. Dort schreibt die Egge das Urteil dem Körper in diabolischer Kalligraphie ein. Diese ist, wieder in den Worten Kafkas, »keine Schönschrift für Schulkinder«.

Steine aus dem Himmel unseres Kindes
Die Erinnerungsspiele des Salvador Dalí

Von Anfang an sei es für ihn unmöglich gewesen, zwischen dem Wahren und dem Falschen zu unterscheiden. Und in der Tat, sein Leben beginnt mit einem stupenden Arrangement, das zu Verwechslung und Zweifel an Identität aufruft. Das Brüderchen Dalís stirbt mit sieben Jahren, drei Jahre vor der Geburt Salvadors. Und dieses Brüderchen hieß bereits Salvador.

»Mein Bruder und ich ähnelten einander wie ein Ei dem anderen.« Kein Wunder, daß die definitive Version sich in der ersten, die ihm die Eltern stets vorhielten, wenn nicht gar vorwarfen, zu spiegeln begann. Der junge Dalí rettet sich in die Überzeugung, sein Bruder sei nur ein vorläufiger, in lebensunfähiger Absolutheit angelegter Versuch seines eigenen Ich gewesen.

Ein ungeheures Buch, dessen Mischung aus Erzählfreude, stilistischem Glanz, dokumentarischer Fülle den Leser von der ersten Zeile an in Beschlag nimmt. Dalí skizzierte seine Erinnerungen in großen Zügen 1939 und schrieb sie dann nach seiner Ankunft in den Vereinigten Staaten in wenigen Monaten nieder. *The Secret Life of Salvador Dalí* setzt auf brillante Weise die Techniken und Motive ein, mit denen Dalí Ende der zwanziger Jahre die surrealistische Gruppe in Paris überrascht hatte. Auch wenn er noch so oft seine Unabhängigkeit erklärt, seine anarchistische Absage an jedes System behauptet, so wendet er sich doch unübersehbar an diejenigen, die allein dieses Buch verstehen sollten: eben die früheren surrealistischen Freunde.

Aber als das Buch erschien, war es bereits zu spät. Weder Selbstkritik noch Rechtfertigung konnte die Surrealisten, die Dalí aus ihrer Gruppe verstoßen hatten, interessieren. Und für die mondänen Verehrer des Avida Dollars, wie ihn nun André Breton anagrammatisch apostrophierte, blieb dieses Buch zu intellektuell. Es vermochte die trostlose Wirkungsgeschichte der letzten vierzig Jahre Dalí nicht mehr aufzuhalten.

Die geradezu kartesianische Seite der Ausschweifung entging dem Publikum, das den Gag oder die Monstrosität hervorhob und dem Clown Dalí zulief. Doch dieses Buch zeigt, daß die Verrücktheiten Dalís nur dort als Verrücktheiten erscheinen, wo sie die Bahn ihres Systems verlassen. Isoliert man sie, so werden die blasphemischen, ordinären Exzesse seines Lebens unerträglich. Doch in diesem Buch bindet Dalí die Gemeinheiten, das Abstoßende, den Größenwahn so stark an Reflexion, daß daraus das Protokoll einer Selbsterfahrung entsteht, das die Künstlerschriften neuerer Zeit fast alle überragt.

Die Inszenierung des Narziß: Dalí werden

Diese geniale Konfession des Wahrlügners liegt nun endlich zum achtzigsten Geburtstag in deutscher Sprache vor, nachdem die Zeit Dalí einen seiner Hauptwünsche erfüllt hat: antimodern, alt zu sein.

Auf vielen Seiten erfreut sich der Autor an der Hoffnung auf das Verlebte, auf eine glückliche Senilität. Er bemitleidet Faust, der dem Teufel seine Falten abtrat. Dalí möchte ein Anti-Faust sein, ein Mann, der alles erlebt hat, der mit Erinnerungen spielt. Hinter dieser Paradoxie steckte, als Dalí das Buch schrieb, sein Haß auf Modernität, auf Avantgarde, auf den Kult des Neuen. »Den Surrealisten«, so präsentiert er seinen Beitrag, »hielt ich eine andere verbotene Frucht vor Augen, die der Tradition«.

Existentiell tritt hier der Dandy in den Vordergrund, der weiß, daß seine Manien und Extravaganzen am besten bei der Aristokratie ankommen: »Den Leuten aus der Gesellschaft haftete wirklich noch immer jene atavistische Dosis von Kulti-

Salvador Dalí, Oktober 1979. Privatsammlung

viertheit und Raffinement an, welche die Angehörigen der Mittelschicht mit ihren fortschrittlichen sozialen Ideen soeben auf dem Altar der ›jungen‹ Ideologien mit kollektivistischer Tendenz freudig geopfert hatten«.

Doch keine Sorge, Dalí wird hier nirgends affirmativ-freundlich. Er kennt seine Klientel, und er weiß, daß er sie zynisch mißbrauchen muß: »Die meisten Männer der Gesellschaft strahlten keine Intelligenz aus, ihre Frauen hingegen trugen Juwelen, die so hart waren wie mein Herz, parfümierten sich extravagant und liebten die Musik, die ich verschmähte.«

Geradezu willkürlich kann man aus diesem Buch zitieren – alles offenbart die sorgfältige Inszenierung des Narziß und die lustvolle literarische Umsetzung eines geplanten Lebens. Der Blick ins elterliche Wohnzimmer in Figueras, der Ausflug in die ›Steinzeit‹ Dalís: Damals befestigte er in Bildern Steine von verschiedener Größe. Manche erreichten die eines Apfels. »Ich erinnere mich daran, daß wir während der friedlichen Zusammenkünfte nach dem Abendessen manchmal durch das Geräusch eines auf das Mosaik fallenden Gegenstands aufgeschreckt wurden. Meine Mutter hörte dann einen Moment auf zu nähen und lauschte, aber mein Vater beruhigte sie immer mit den Worten: ›Es ist nichts – es ist nur wieder ein Stein, der aus dem Himmel unseres Kindes gefallen ist‹.«

Oder später – Dalí lebte zusammen mit seiner ›Retterin‹ Gala in der Nähe von Cadaqués, umgeben von einem Panoptikum von Psychopathen und Kretins, das die spanische Lust an Abstrusität und Deformation mehr als befriedigte, bedient von Ramon de Hermosa, dessen Philosophie sich im Stoßseufzer resümierte: »Es gibt Jahre, in denen man einfach keine Lust hat, etwas zu tun.«

Unvergeßliche, geradezu bukolische Visionen des hohen Mittags, eines goldenen Zeitalters am Mittelmeer, entwirft Dalí. Er beschreibt die »schönste Landschaft der Welt«. Und er betritt sie mit Gala: »Als wir uns dem Haus näherten, stieg leichter Rauch aus unserem Schornstein. Da kochte die Fischsuppe langsam vor sich hin. Hoffentlich hat sie ein paar Krebse hineingetan. Im Gehen hielten wir uns umschlungen und wir hatten Lust, uns zu lieben. Plötzlich wurde ich so von Freude überwältigt, daß ich zitterte. ›Mein Gott, welch ein Glück, daß wir nicht Rodin sind, du oder ich!‹«

Ereignislosigkeit und Offenbarung – Vom Turm ins Sprungtuch der Wirklichkeit

Dalí will Dalí sein. Und wir erleben mit, wie er Dalí wird. Dazu gehört die Strategie eines hemmungslosen Egoismus, der von Anfang an alles seinem »polymorph-perversen« Drang unterwirft. Jede Seite kündet davon. Die unwiderstehlichen

Schilderungen brechen die normale Verknüpfung eines Ablaufs auf. Sie verbinden sich zu einem Text, der die messerscharfe, poetische Sprengkraft von Aragons ›Pariser Landleben‹ erreicht.

Im ›Prolog‹, den er unter die Frage (besser Antwort mit Fragezeichen) »Bin ich ein Genie?« stellt, zitiert Dalí nach Stendhal den Schmerz einer italienischen Prinzessin, die sich an einem Sommerabend an Eis erfreute: »Zu schade, daß das keine Sünde ist!«

Um die ständige Transgression, die raffinierte Erweiterung der Lust an der Blasphemie, kreisen die frühesten Kindheitserinnerungen. Die intrauterinen Lüste ebenso wie die Schilderungen des Geburtstraumas. Dalí verweist seinen Leser nebenbei ausdrücklich auf das »sensationelle« Buch *Das Trauma der Geburt* des Dr. Otto Rank. Ironische wissenschaftliche Exkurse, Fußnoten gehören zum Stil, und sie definieren die Methode, die Dalí zu diesem Buch – einem der Bekenntnis-Rekorde des Jahrhunderts – heranzieht.

Schrittweise wird der Leser in Dalís Welt hineingezogen. Er lernt die wesentlichen Phobien und Begierden kennen, den Ekel vor dem formlosen Spinat und die Lust am Schalentier, das, unter den Zähnen zerbrechend, sein Fleisch und – in der Vorstellung – Sperma und Hirn dem Gaumen übergibt, die exzentrischen Rituale, die Dalí von früh auf ersinnt, um sich von seiner Umwelt – als Kind-König – abzugrenzen. Die literarischen Muster schlagen in diesem pikaresken Bericht immer wieder durch. Eine Mischung aus de Sade und Physiologie des Gaumens – Dalí interpretiert seine frühesten Erinnerungen durch seine späten Faszinationen.

Bewußte Grausamkeit und unmotiviertes zweckfreies Verbrechen sollen die ersten Zornausbrüche des Kindes ausgelöst haben. Dalí beruft sich auf den Satanismus Byrons und auf Lautréamonts *Gesänge des Maldoror*. Obsessionen und Ekel werden in unvergeßlichen Bildern vorgeführt: das Entsetzen vor der wimmelnden Welt der Ameisen, die sich mit dem Sträuben von Seeigeln und der feuchten Unheimlichkeit von Achselhöhlen mischt, die paralysierende Begegnung mit dem Vulkan eines verwesenden Igels, dem Tausende Würmer entquellen. Dazu treten die fetischistischen Liturgien, zu denen das Kind Krücke, Fäulnis, aufplatzende überreife Melonen und die atemlose Erregung vor den Brüsten eines weichen Ammenkörpers, den Dalí in seine Inszenierung einbezogen hat, verbindet.

Er spricht von wahren und von falschen Kindheitserinnerungen. Eine pansexuelle Welt ersteht vor unseren Augen – zweifellos schreibt Dalí über seine Kindheit nun mit seinem Wissen um die ästhetische Stärke des Unbezogenen. Denn wenn er auch alles auf sich bezieht, wenn er die fremdartigsten Beobachtungen, die privatesten Ängste und Lüste stets zu interpretieren weiß, so bleibt doch in all diesen Beweisführungen das bewahrt, was die Einzigartigkeit Dalís bezeichnet und was Dalí vom blinden Systemcharakter der Paranoia unterscheidet, die er sich zum Vorbild der Rätselhaftigkeit erwählt hat.

Wir erleben, allerdings unendlich protenziert, jeder Zensur entrissen – »der schreckliche französische bon sens!« –, denselben Zusammenprall von Ereignislosigkeit und Offenbarung, den zuvor Bretons Nadja andeutete. Die Wirkung in Dalís Buch rührt daher, daß die eigentlich ›normalen‹ erzählenden Passagen, die das chronologische Gerüst abgeben, so stark bleiben, daß der Leser immer wieder von einer Realitätsebene verjagt wird. Die Welt wird nur partiell aufgerissen: eine durchwegs verständliche, nachprüfbare Wirklichkeit dient ständig als Sprungtuch.

Es gibt kein stärkeres Bild für diesen Riß zwischen zwei Welten als das vom Turm, vom Schwindelgefühl. Es erscheint erstmals in der Erzählung von den Flug- und Sturzversuchen des jungen Dalí, der sich vor den Augen seiner Kameraden in den Treppenschacht wirft. Vertigo – häufig kehren solche Szenen wieder, in denen Dalí blasphemisch, wie eine Versuchung, den Sog der Tiefe erprobt. Wie Nathanael in E. T. A. Hoffmanns

Sandmann steht er auf dem Turm, von der Vorstellung besessen, seine Geliebte hinunterzustoßen.

Die jähe Perspektive in den Bildern Dalís, der Fluchtpunkt, der sich mit der geschärften Spitze eines Messers dem Auge des Betrachters nähert, all dies bezieht sich auf dieses überscharfe Sehen, das die Sekunde im Sturz festzuhalten sucht. Auf diesem Hintergrund gewinnen die Passagen, die Dalí seiner Kindheit widmet, ihre metaphysisch schmerzhafte Überdeutlichkeit. Kindheit und Alter – er scheint auf der schneidenden Linie, die diese Perspektive in sein Leben verlegt, sich blutig zu scheuern.

Überscharfe Bilder: Der Riß im Sprungtuch

Vieles von dem, was Dalí in diesem Buch berichtet, war in seinem Gemeinschaftswerk mit Buñuel, dem Film *Le chien andalou* (1928), angeklungen. Doch kein Zweifel, die obsessionellen Bilder des Films gehen auf Dalí allein zurück. In diesem Punkt polemisiert er. Er tritt kategorisch der Ansicht entgegen, Buñuel habe mit ihm zusammen das Drehbuch erarbeitet. Die Klärung der Frage ist von Bedeutung, denn die visuelle Schockwirkung des Films steckt hinter fast allen Beschreibungen des Buches.

In der Tat, wenn wir uns in den Schriften Dalís umsehen, zeigt sich, daß bereits 1927 – nachdem sich Dalí von seiner Beschäftigung mit Futurismus und Neuer Sachlichkeit gelöst hat – solche Bilder auftauchen. Und in dieser Zeit war Dalí dem Surrealismus begegnet – vor allem den Collagen Max Ernsts.

Die Vorherrschaft des Anatomischen, die chirurgische Präzision des Bildschnitts mußten Dalí aufwiegeln. Er besaß eine Neigung, die nun, innerhalb weniger Monate, zum Durchbruch kam. Was man den stärksten Bildern – den schmerzhaftgenauen Miniaturen der späten zwanziger Jahre – absehen kann, taucht in den Seiten dieses Buches wieder auf. Damals hatte er seine verblüffendsten Irritationen gemalt, und er hatte sie auch in ersten Schriften erläutert.

Der Surrealismus wurde sein reiches Fischwasser: Er fand eine Gruppe, die ihn sofort akzeptierte – wenn sie ihn auch, wie Dalí berichtet, zuerst einer hochnotpeinlichen Inquisition unterzog, bei der es darum ging, koprophilen Tendenzen in seinen Bildern abzuschwören.

Mit dem »Fanatismus eines Spaniers« schloß er sich den neuen Freunden an. Die Ablehnung des Realitätsprinzips, dem sein bisheriges Leben gehuldigt hatte, fand hier eine intersubjektive, positive Begründung. Er hält sich an surrealistische Modelle, an die Aufwertung der psychischen Unterwelt. In einem wesentlichen Punkt geht er dabei rasch über die surrealistische Vortäuschung psychopathologischer Zustände hinaus.

Er bezog sich nicht fragmenthaft auf die ›Traumdeutung‹ Freuds – er beließ es nicht dabei, Freud gegenüber den Mehrwert des Traums, den Automatismus und damit eine Schwächung des Ich zu behaupten. Er stellte den passiven Zuständen, die der Surrealismus damals bevorzugte, das entgegen, was er einige Jahre später die paranoisch-kritische Methode nennen sollte. Die Vortäuschung der Paranoia, eines in sich geschlossenen, schlüssigen Wahnsystems, führte Dalí von vornherein zu einer anderen Darstellungsweise.

An die Stelle der Halluzination, die Bildsuggestionen eher passiv hinnimmt, setzt Dalí überscharfe Bilder. Und diese führt er mit den veristischen Mitteln vor, die ab 1928/1929 den Surrealismus mehr und mehr in Bann schlugen. Dalí, der Leser Freuds, griff nach den Modellen, denen die Psychoanalyse – hilflos – aus dem Weg ging. Freuds Aufsatz über ›einen autobiographisch beschriebenen Fall von Paranoia‹ kann am ehesten als Vorbild auch für *The Secret Life of Salvador Dalí* gelten. Die autobiographische Schrift ›Denkwürdigkeiten eines Nervenkranken des Senatspräsidenten‹. Dr. jur. Daniel Paul Schreber, die Freud untersuchte, diente diesem zwar als Ausgangspunkt einer Analyse, aber sie entzog sich geradezu einem psychiatrischen Zugriff. Notierte doch Freud eingangs, daß die »Paranoiker nicht zur Überwindung ihrer inneren Widerstände gezwungen werden können«.

Kein Zweifel, für Dalís bewußte, instrumentale Verwendung des Paranoischen wurde die Begegnung mit dem Psychoanalytiker Jacques Lacan, der den Surrealisten nahestand, von Bedeutung. Bei ihm fand er die Bestätigung des antipsychiatrischen Werts der Zwangsvorstellungen. Schon bei einem ersten Gespräch, von dem das Buch berichtet, erfuhr er, daß Lacan wie er die damals allgemein verbreitete Konstitutions-Theorie der Paranoia zurückwies. Lacan hatte auch das paranoische Erleben als eine originale Syntax definiert, die einer dem Realismus verhafteten Anthropologie unzugänglich bleibe.

Immer wieder weist Dalí auf sein eigenes Bewußtsein hin, darauf, daß bei ihm die Kontrollfunktion intakt geblieben sei: »Der einzige Unterschied zwischen einem Verrückten und mir ist, daß ich nicht verrückt bin.« Daran wird niemand zweifeln, der dieses ausschweifend-luzide Buch liest. André Bretons frühes Urteil über Dalí bleibt hier gültig: Dalí verfügt frei über seine Methode, er bleibt – auch wenn er sich als Objekt des Wahns schildert – das Subjekt. Weder für die Größe Dalís (in diesem Buch) noch für die klägliche Selbstzerstörung des Sunset-Dalí gibt es mildernde Umstände.

Die deutsche Übersetzung greift auf die Version Haakon M. Chevaliers zurück, die dieser 1942 aus Dalís heute nicht verfügbarem originalen Gemisch katalanisch-spanisch-französisch-englischer Passagen erstellt hatte. Doch auf das Vergnügen, das dieser Text wie auch die französische Version Michel Déons vermitteln, muß der deutsche Leser verzichten. Das Lustprinzip regiert keineswegs in dieser Fassung. Die Preziosität, die Manierismen der Sprache, die mit dem Superlativ wie mit dem Feuer spielt, verflachen in oft allzu hilfloser Wörtlichkeit. Dalí, der in seinem Text – wie ein surrealistischer Diderot – Narratives und Spekulatives kopuliert, wirkt gestelzt. Es fehlt die Natürlichkeit des Ungeheuerlichen, das er in Szene setzt.

Der Eindeutscher hat zu einem Beschleunigungsmittel gegriffen, er ließ von verschiedenen Leuten Teile des Textes übersetzen. Doch dem Individualisten Dalí bekommt eine solche kollektivistische Roßkur nicht. Die Rohübersetzungen bleiben, selbst überarbeitet, roh – und es fehlt an der nötigen philologischen Sorgfalt. Selbst die Widmung an »Gala-Gradiva«, Dalís Spielgöttin, wird falsch wiedergegeben. Sie bezieht sich auf Freuds berühmte, für die Surrealisten wichtige Interpretation der Gradiva-Erzählung von Wilhelm Jensen. Aus der ›Vorschreitenden‹ wird die ›Vorwärtsschreitende‹, und der Name der Heldin, Zoë Bertgang, der in Freuds Text geradezu als Argument der Analyse dient, wird – wie in der amerikanischen und französischen Ausgabe von *The Secret Life of Salvador Dalí* – weiterhin falsch transkribiert als Zoë Bertrand.

Flucht eines Selfmade-Helden
Die »Anti-Memoiren« des André Malraux

Es taucht aus dem Schweigen auf – dieses Buch eines Totgesagten, eines, der die Brillanz seines geistigen Freibeutertums de Gaulle geopfert zu haben schien: Malraux' »Anti-Memoiren« servieren einen Malraux redivivus.

Das fünfhundert Seiten starke Buch bringt Malraux zutage, so, wie er vor fünfundzwanzig Jahren seine Leser verlassen hatte: das Buch ist, das sei zu Beginn gesagt, interessant als auf Malraux bezogenes Buch – es ist bedeutungslos als Quellenschrift zum Thema, zu dem wir es impulsiv benützen wollen: zur Person de Gaulles. Ja, de Gaulle geht in diesem Buch so folgerichtig in Bewunderung unter, wie wir es aus der Kenntnis des übrigen Werks von Malraux vermuten konnten: de Gaulle ist die real erlebte Extrapolation dessen, was Malraux immer schon angezogen hat: die Faszination der Geschichte. Ohne Stilbruch konnte der Romancier Minister werden, denn bereits seine frühesten Werke suchten die Fiktion durch Realität zu ersetzen. Ja, der Drang, Wirklichkeit zu werden, die Wirklichkeit an die Stelle des Romans zu hissen, wurde im Falle von »Espoir«, dem Werk zum spanischen Bürgerkrieg, so eklatant, daß die Literaturkritik nicht umhin konnte, auf dieses Buch den Begriff der Reportage anzuwenden. In de Gaulle hat Malraux die Figur gefunden und gewonnen, die er in seinen Werken suchte: den Staatsmann, der scheinbar in völlig freier Setzung, ohne von einer alltäglichen Kausalität abzuhängen, Geschichte produziert, und zwar in dem Sinne produziert, wie es Malraux, auf den schöpferischen Akt überhaupt bezogen, verstehen möchte: mythologisch, para-religiös. Von de Gaulle ist in diesem Buche nur in diesem Sinne die Rede, denn ein

Tagebuch bringen die Anti-Memoiren keineswegs, nicht einmal die wichtigsten Etappen des Gaullismus sind in ihrer Vollständigkeit angegeben. Die Wiedergabe der Gespräche mit de Gaulle, die Charakterisierung seiner Art zu entscheiden, zu handeln – all dies bleibt im vorliegenden Buch unantastbarer Glaubenssatz. Kritik, nein – eher Hinnahme einer tragischen Größe. Das tragische Lebensgefühl, steckt hinter diesem Buch – das ständige Zerwürfnis mit Tod und Zerfall: Zerfall von Kulturen und Charakteren, Völkern und Ideologien, Museen und Religionen. Malraux' Buch ist so eine ständige Auseinandersetzung mit der Zeit, mit dem Vergangenen – eine geschichtsromantische, geschichtssentimentale Zwiesprache mit dem Untergang. Statt eines Abwägens von »Nutzen und Nachteil der Historie für das Leben« – Berauschtheit durch ein lebenssteigerndes Versenken in ihre imaginären Räume.

Die Analyse der Geschichte, ihre Dessous, die Phänomenologie der Einzelmomente, aus denen die Geschichte besteht, das zählt kaum: Malraux berauscht sich an einer imaginären, im Grunde ahistorischen Gleichzeitigkeit der Historie. Daher die Leichtigkeit des Dialogs über die Zeiten hinweg, daher auch die grundlegende Manie seines Stils, alles zu vergleichen, alles in einen Zusammenhang zu bringen. Die Vorstellung vom imaginären Museum, Malraux' Leitidee für das gleichrangige Nebeneinander der Pyramiden, des Parthenon und Vézélays, reicht über den kulturellen Verband hinaus: nicht nur im Bereich des Museums, sondern im Bereich von Größe überhaupt gilt ihm diese Kontinuität des Gesprächs, des Verstehen.

Nur wenn man diese monströse Flucht in die großen, die Zeiten überbrückenden privilegierten Augenblicke voraussetzt, versteht man dieses Buch, versteht man seine oft unerträgliche Rhetorik und seine unzeitgemäße Verachtung der existentiellen, alltäglichen Faktizität. Privilegierte Augenblicke, Momente großer Abenteurerei – Malraux notiert sie, stellt sie dar und zieht sie dem Leben vor. Alexander, Napoleon, de Gaulle, Mao – es sind dies seine großen, Geschichtsphantasien auslösenden Drogen. Die Erinnerung selbst wird zum Thema. Man könnte geradezu sagen, das private, narzißtische Genießen der eigenen Person, der eigenen Biographie, wie es uns Proust vorschreibt, wird hier auf den Genuß der Geschichte an sich ausgeweitet. Es ist eine Flucht in die großen Augenblicke: in sie rettet sich ein im übrigen agnostischer, skeptischer Charakter. So sehr dieses Buch an die großartigen Evokationen eines Chateaubriand erinnert – wie Chateaubriand bringt auch Malraux das eigene Leben in einer politischen Aktivität unter –, so sehr unterscheidet es sich schließlich von Chateaubriands utopischem Blick auf die durch einen allgemeinen Christianismus befriedete Welt. Bei Malraux wird der Genuß der Zukunft zu einem retrospektiven Genuß der großen Momente. Schon deshalb konnte man auf den zentralen Abschnitt des Buches, auf Malraux' Gespräch mit Mao, gespannt sein. Denn hier scheiden sich revolutionärer Wille, der die Negation aller Größe, aller Werte riskiert, und der Wille, das heutige Leben durchs Erleben großer, vergangener Augenblicke lebenswert zu machen. Auch das Verhältnis zu Mao ist historisch, – es stellt in den Vordergrund des Gesprächs die großen Fakten aus dem Leben Maos: den Langen Marsch. Erstaunlich skeptische Andeutungen Maos, die Jugend betreffend – Andeutungen, die in einem pragmatischen Sinne geschichtsträchtig sind, vorwärtsweisen –, bleiben dabei im Hintergrund:

Der Blick auf die Geschichte – immer auf der Suche nach dem großen Ereignis, dem großen Gedanken, der ihren Lauf bestimmt – versperrt den Blick auf das Private. Vielleicht haben wir hier einen Ansatzpunkt für die Deutung des Titels, der mit seinem modischen Präfix »anti« eher abgeschmackt wirkt. Was den Memoiren widerspricht, wäre also der Verzicht auf die Durchdringung der eigenen Person. In der Tat ist dies kein psychologisches Buch, keines, dem es darum geht, das eigene Ich zu erkennen – in diesem Verstande, in seinem Absehen vom persönlichen Beweggrund, steht es im Widerspruch zu der literarischen Gattung der Bekenntnisliteratur, die Jean-Jacques

Rousseau mit solch ungeheurer, selbstzerfleischender und selbstbewundernder Gier begonnen hatte. Beides fehlt bei Malraux: die Selbstzerfleischung und die Selbstbewunderung. Denn im Grunde geht es ihm nicht um Hermeneutik, nicht um Erkenntnis, sondern um Stimmung und Poesie. So besehen, gewinnt die Negation, die er seinen Memoiren als Hut aufsetzt, ihren wirklichen, außergewöhnlichen Sinn – ihren unaktuellen Ton. Dort, wo sich die großen Spezialisten der Beichte – Michel Leiris, Marcel Jouhandeau – in ihr eigenes psychisches Material festkrallen und im Sinne der Freudschen Innenschau jedes Motiv – wie ineinandergeschachtelte russische Püppchen – öffnen, gefällt sich Malraux in einer oft imponierenden, mit grenzenlosem Wissen jonglierenden Assoziation mythischer und geschichtlicher Archetypen. Stendhal hat er vorgeworfen, nur ein Gespür für den »kleinen wahren Fakt« und nicht für den großen zu haben. Hier erweist sich, was man seine Voreingenommenheit nennen könnte: Geschichte und Wirklichkeit nur im großen anzuerkennen.

Der Band ist in fünf Abschnitte geteilt. »Die Nußbäume von Altenburg« nehmen den Titel des letzten, vor fünfundzwanzig Jahren entstandenen Romans wieder auf. Ein Blick auf die Kindheit – ins Elsaß übertragen, Mystifikation, die im Widerstand gegen die deutsche Besatzung entstanden ist. Gleichzeitig ist dieser Abschnitt Anlaß, die geistige Beziehung zu Deutschland – zu Nietzsche vor allem – zu dramatisieren. Der zweite Abschnitt, »Anti-Memoiren«, bringt die Begegnung mit de Gaulle, die politischen Reflexionen, den Bericht einer Reise in die überseeischen Departements Guadeloupe, Martinique und Guayana. Hier tritt er offiziell als Sendbote de Gaulles auf, als Diakon der gaullistischen Liturgie. Hier bekommt der Leser einige Kostproben der Rhetorik Malraux' verabreicht, die, mit einem pathetisch-pathologischen Tremolo zelebriert, den Zuhörer eher abstößt. Diese Abschnitte tragen – wie auch im folgenden – stets zwei Jahreszahlen: zwei Zeiten treten übereinander, die Zeit des Erlebens und die Zeit des Schreibens, die Zeit der ersten Begegnung und die der offiziellen ministeriellen Mission.

Man möchte hier das Geheimnis des Schriftstellers Malraux entdecken: das Übereinanderstellen zweier Daten rückt selbst das Tagesgeschehen in einen mythischen Abstand. In manchen Abschnitten des Buches ist diese Polyphonie des Denkens und Fühlens schwächer: das Gespräch mit Mao, wie das mit Nehru, ist die Wiedergabe des Gesprächsstenogramms. Ein weiterer Abschnitt, die Fahrt nach Indien, steht unter dem Titel »Die Lockung des Westens«, auch das ein alter Titel Malraux'. In dem Gespräch mit Nehru, in der Begegnung mit dem Land, stoßen europäischer Pragmatismus und östliche Weisheit aufeinander; wobei sich Malraux auf die Seite der zivilisationsfeindlichen Meditation begibt. Hier wird politisches Gespräch vollends Rezitation der Vergangenheit. »Der Königsweg« nimmt ein weiteres Buch, ein weiteres Thema wieder auf: die frühen Romane werden zu Meßlatten des Lebens. Motive, die früher auftauchten, die literarisch waren – der Gang des Menschen zur Tortur, zur vermeintlichen Tortur, zur vermeintlichen Hinrichtung –, sind vom Leben eingeholt worden.

Hier, im Verweis des Lebens auf die Fiktion, zeigt sich, daß diesem Buch eine, wenn auch schwer zu durchschauende Komposition zugrunde liegt. Was auf den ersten Blick als Anhäufung erscheint, nimmt Gestalt an: die Schilderung der Nazi-Greuel, der eigenen, stoisch erzählten Erlebnisse holt die Fiktion des Romans ein. Vielleicht daß diese Erkenntnis der Prädominanz der Reportage – zumindest innerhalb eines bestimmten, klassisch-konventionellen Romans – Malraux 1945 zum Verstummen gebracht hat. Dies fände seine Bestätigung darin, daß Malraux in seinen Anti-Memoiren mit solcher Systematik die großen Themen seiner Romane – bis zur »Condition humaine« – revidiert. Man könnte dieser Wiederkehr des Schriftstellers Malraux das stolze Wort Chateaubriands voranstellen: »Ich habe Geschichte gemacht, und ich konnte sie niederschreiben.«

Die Wiederkehr eines Schriftstellers? Das wäre zuviel gesagt. Was an dem Buch interessiert, steckt in der Person Malraux' selbst, in der Person dieses Selfmade-Helden, der hier — als ergebenster Vertrauter de Gaulles — auch über seine abenteuerliche Jugend sinniert, die mehr mit Lawrence of Arabie als mit Frankreich zu tun hatte. Die deutsche Übersetzung, die Carlo Schmid besorgt hat, hängt der oft schon beschwerten Rhetorik noch zusätzliche Gewichte an. Der Übersetzer möchte explizieren. Dabei geht er jedoch öfters zu weit. »Combat« (Kampf) mit »Fährnisse der Walstatt« zu übersetzen, oder gar ganze Sätze wie »das des Kobolds der Welt der Phantasie« aus eigenen Stücken hinzuzudichten, ist — auch von Seiten eines Ministers — Kompetenzüberschreitung. Man kann sich solche Reverenzen nur aus der Situation erklären: Minister, den Stil eines anderen Ministers in höherer Stellung vermutend.

Pablo Picasso, Schriftsteller

Picasso verstehen: das bleibt die harte Nuß für die Humanwissenschaften, die sich mit den Unkalkulierbarkeiten des Jahrhundertgenies zu beschäftigen haben. Zwei Beiträge werden in diesen Wochen diesem Musterbuch der Antinomien hinzugefügt. Beide ergänzen sich. Dazu zählt einmal die Ausstellung »Picasso und Braque – Die Pionierzeit des Kubismus« im New Yorker Museum of Modern Art. In dieser einzigartigen Schau lassen sich schrittweise, oft Tag für Tag, die Etappen der ›Erfindung‹ des Kubismus mitverfolgen. Die Illusion des Rationalen und Deduktiven blendet angesichts des Künstlers, der das eklatanteste Modell eines Ausstiegs aus Entwicklungsschemata vorführt: In den Jahren zwischen 1907 und 1914 scheint man dank dieser intersubjektiven Verbindlichkeit, zu der die gemeinsame Seilschaft mit Braque zwingt, Picassos Gehirn am Ärmel fassen zu können.

Dazu tritt nun als Überraschung dieses Herbstes der umfangreiche Band *Picasso – poetische Schriften*. Doch darf uns dies überhaupt überraschen? Sabartés überliefert uns die Reaktion der Mutter Picassos, als sie vom Schriftsteller Picasso erfuhr: »Ich höre, daß Du schreibst. Bei Dir wundert mich nichts. Wenn mir eines Tages jemand erzählt, daß Du die Messe gelesen hast, werde ich dies sicher auch glauben.« Der Beginn erscheint abrupt. Am 18. April 1935 schreibt Picasso in Boisgeloup einen ersten umfangreichen Text. Dazu gibt es eigentlich keine Vorübungen. Zuvor hatte sich Picasso so gut wie nie schriftlich geäußert. Wir kennen keine Manifeste von ihm, schon gar keine Erklärungen seiner Werke. In seinen Skizzenbüchern trifft man ab und zu auf kurze Eintragungen. Darunter finden sich manche, die mit wenigen Worten viel über

Picasso aussagen: »Ein Tenor, der einen Ton erreicht / einen höheren Ton / als den, der in der Partitur steht / ICH!« (Sommer 1906).

Das Datum zum Einstieg: 1935. Die Lebensumstände zeigen an, Picasso betrieb damals zunächst Picasso mit anderen Mitteln. Es war die Zeit einer schweren Krise. Er wollte sich in diesen Wochen endgültig von seiner Frau Olga trennen. Doch die Androhung, bei einer Scheidung müßten die Bilder aufgeteilt werden, versetzte ihn in Panik. Mehrere Monate lang malte Picasso nicht. Geradezu aus Trotz weigerte er sich, das Patrimonium der Familie Picasso noch weiter zu mehren. Immer

Auszug aus einem Manuskript Pablo Picassos, 8. Dezember 1935, Privatsammlung

wieder finden wir in den Texten erschreckte Hinweise auf den
»mit Erinnerungen gefüllten« Umzugswagen. Der Besitztrieb
siegte schließlich über den Gedanken an Scheidung. Die Lust
jedoch, Hefte mit Texten zu füllen, ließ nicht nach. Bis 1959
können wir neben dem Maler, Graphiker und Bildhauer Picasso auch den Schriftsteller Picasso verfolgen – und dies mit der
Unersättlichkeit, die Picasso nun einmal in allem auszeichnete.
Was sind das für Texte? Sagen wir es gleich: Sie gehören nicht
zur Gattung der Künstlerschriften. Nirgends gibt uns Picasso
Auskünfte über das Metier des Malers. Wir stoßen auch auf
kein Erinnerungsbuch – alle diese Texte setzen konkret in einem Moment ein, immer wieder bei einem vorgefundenen
Sprachmaterial. Das verbindet sie mit dem Werk des Zeichners:
Eine Linie wird gezogen, ein Wort notiert. Dies schließt nicht
aus, daß wir in den Texten häufig auf Motive stoßen, die vorübergehend auch den Maler und Zeichner nicht loslassen.

Wortkubismus

Zu solchen Korrespondenzen zwischen Text und Werk kommt
es inmitten der Bilderflut der dreißiger Jahre unausweichlich.
Die ersten Texte lassen sich ohne Schwierigkeit auf diese Zeit
datieren. Denn damals taucht im zeichnerischen und graphischen Œuvre eine bei Picasso überraschende Vielfalt von narrativen Themen auf. Das Glossar der wichtigsten Wörter, das
Marie-Laure Bernadac, die gemeinsam mit Christine Piot die
Werkausgabe besorgte, zusammengestellt hat, gibt eine hilfreiche Leseanleitung. Einige der ständig wiederkehrenden grenzüberschreitenden Bilder und Obsessionen werden mit Zitaten
aus den verschiedenen Texten belegt. Der Blick auf diese Fixpunkte erleichtert die Lektüre. Doch für das meiste, was diese
Texte inhaltlich bieten, liefert der Maler und Zeichner keine
wörtliche Illustration.

Als die erstaunlichste und oberflächlichste Beobachtung bei der ersten Lektüre erscheint die Trennung, die der Dichter Picasso gegenüber dem Maler Picasso durchzuhalten vermag. Es gibt hier verblüffende und offensichtlich gesuchte Diskordanzen. Nehmen wir nur ein Beispiel: In den Wochen, da Picasso den Zyklus *Traum und Lüge Francos* radiert, schreibt er auch einen Text, der diese Blätter begleitet. Die konkreten und karikierenden Bezüge, die seine Agitationsgraphik charakterisieren, fehlen im Text. Wortmaterial und Bildmaterial decken sich hier keineswegs.

Was wir jedoch den *Poetischen Schriften* entnehmen können: die unablässige Entrealisierung des etymologischen Bestands, die Verflüssigung von Bildern und Symbolen. Sie kontaminieren sich wechselseitig und verhindern derart, wie in den Blättern der *Suite Vollard*, in der *Minotauromachie* oder in *Guernica*, jede definitive Interpretation. Das Gemeinsame des Malers und Dichters hat man nicht in einem gemeinsamen inhaltlichen Fundus, sondern in einer Technik aufzufinden, die hier – gewissermaßen spät, ja in gewollt anachronistischem Kontext – die kubistische Bildschrift nun als bilderreiche, von Satz zu Satz inchoativ einsetzende Sprache vorführt. Denn wir treffen eher auf das, was man Facetten von Wörtern, Passagen von Notaten nennen möchte, als auf einen durchgehenden Diskurs. Gongorismen, Oxymora, die immer wieder in Wortkoppelungen gipfeln, deren zentrifugale Kräfte man erst beim zweiten und dritten Lesen überhaupt auseinanderhalten kann, erschweren die Lektüre unerhört. Die Aktivität des Kubismus, der einen Gegenstand unaufhörlich im Bild hin- und herwendet, der sein Pensum in der Zersplitterung und nicht in der Totalität eines sensualistisch geschlossenen Objekts erreicht, kann man in den Texten wiederfinden.

Im Krebsgang der Leserichtung mobiler Sätze

Es entsteht ein schriftstellerisches Werk, das sich weitgehend auch den Modellen entzieht, die wir – in den dreißiger Jahren – aus dem Umkreis der Freunde Picassos anführen wollten. So gut wie nichts erinnert an Breton oder Eluard, mit denen er damals Umgang hatte. Michel Leiris weist in seinem Vorwort zu dem Band auf diese Beispiellosigkeit der Texte hin. Auf der Suche nach Schemata, die zu einer Einordnung führen könnten, zensiert Leiris dabei das naheliegendste Prädikat, auf das man zurückgreifen wollte, das von der *écriture automatique*. Sie blieb für die Surrealisten in ihrer ›heroischen‹ Zeit, in den zwanziger Jahren, das sicherste Mittel, um der Psychologie, dem Positivismus der Widerspiegelung und der Wiederholung ready-madehafter Poesie zu entkommen. Auf die Inhalte bezogen, stimmt die Beobachtung von Michel Leiris.

In der Tat finden wir in den Texten Picassos wenig von dem Wortmaterial, das der Automatismus als literarische Gattung seit den *Champs magnétiques* von Breton/Soupault oft bis zum Überdruß instrumentalisiert hatte: Die Schriften Lautréamonts dienten hier fast durchgehend als privilegiertes künstliches Unterbewußtes. Ein Blick auf diese automatischen Texte der Surrealisten zeigt, daß immer dort, wo sich der Vektor der Geschwindigkeit des inneren Monologs verlangsamte, sich die Lektüre des *Maldoror* und der *Poésies* Lautréamonts als Einsprengsel einer bewußten, zitierten Faszination in den Vordergrund drängte. Bei Picasso finden wir nichts davon – die Konstanten in seinen Texten – Anspielungen auf Mythologie und Corrida, Obszönitäten, Mischung aus Todes- und Kriegsymbolen – entstammen kaum Leseerfahrungen. Wenn man unbedingt eine Nähe für diese Texte Picassos nennen möchte, dann noch am ehesten die zum Tristan Tzara von *L'Homme approximatif* (1931) oder von *Où boivent les loups* (1932). Die Dislokation von Sprache wird hier mit anderen Mitteln als mit denen des surrealistischen Automatismus geführt. Sie erscheint als Resultat einer systematischen Sprachkritik, die der fixierten Struktur das Provisorische entgegensetzt und die Syntax so verlegt, daß Subjekt-Prädikat-Objekt-Beziehungen nicht temporär in eine Leserichtung weisen. Sie können auch im Krebsgang gelesen werden. Dazu treibt die verkürzte Syntax ebenso wie die Redundanz des Sprachmaterials, das sich in den Leser so einbohrt, daß er aus diesem durch ein sprunghaftes Hin- und Herlesen immer neue mobile Sätze isoliert. Der Verzicht auf Satzzeichen verstärkt diese Labilität.

Auffällig sind die Wiederholungen, eine oft bis zur Ermüdung fuhrende Motorik, die nicht davor zurückscheut, Sätze mit kleinen Modifikationen auftauchen zu lassen. Wer sich diesen Texten zuwendet, erkennt ein Verfahren, an das ihn der Maler und Zeichner längst gewöhnt hat: Beim Durchblättern der Œuvrekataloge Picassos wird uns die Taktik auch des Schriftstellers Picassos zugänglich. Es gibt wenig definitive Hauptwerke, die sich abrupt von anderen Werken unterscheiden. Nicht das einzelne Werk ist das Ziel, sondern die Verflüssigung einer Form oder eines Themas. Die Poesie als eine ›Aktivität des Geistes‹ wird der Poesie als ›Mittel zum Ausdruck‹ gegenübergestellt. Möglicherweise spielt dabei auch herein, daß Picasso – wie Tzara – dort, wo er zur französischen Sprache greift, nicht zur Muttersprache, das heißt nicht zum spontanen Ausdruck, sondern zu einem erlernten Sprachmaterial greift. Denn die weitaus meisten Texte hat Picasso auf Französisch geschrieben.

Die durchschossene Tageszeitung

Vor diesem Hintergrund müßte man Leiris' zunächst so verblüffenden Hinweis auf den Joyce von *Finnegans Wake* überdenken. Wie bei Joyce finden wir auf all diesen Seiten die Suche nach der Künstlichkeit der Sprache, den Vorrang des Konstruierten gegenüber dem Erlebten, den Versuch, gegen die Konvention der erlernten Sprache und ihre Stereotypen das Kalkül zu setzen. Allerdings greift Picasso im Unterschied zu Joyce nirgends zur Privatsprache, zu dem, was Duchamp so blendend im Vergleich mit der rechnerischen Irreduzibilität der Primzahlen Primwörter genannt hat: Wörter, die jeweils nur für eine einzige, unwiederholbare Stimmung oder Beobachtung einstehen.

Die Beschäftigung mit diesen Texten muß erst einsetzen. Sie wird uns viel über Picasso mitteilen können. Der banale, geradezu morganatische Ausgangspunkt der Schriften frappiert. Wir können dazu ein Wort Picassos stellen, das Breton in der *Anthologie de l'humour noir* zitiert: »Die Bilder macht man immer, wie die Prinzen ihre Kinder machen: mit den Schäferinnen. Man bildet niemals das Parthenon ab, man malt niemals einen Fauteuil Louis XV. Man macht Bilder mit einer Hütte des Midi, mit einem Tabakpäckchen, mit einem alten Stuhl.« Dahinter steckt die Collagendoktrin Picassos, die ab 1912 so wichtig wird. Das *papier collé* greift nach der Tageszeitung, die in die Bilder einzieht.

In der köstlichen Hauszeitschrift *Azul y Blanco*, die der Zwölfjährige in La Coruña zeichnete und schrieb, gibt uns Picasso einen erstaunlichen Vorgriff auf sein späteres Vorgehen. Zitate aus der Tageszeitung verbindet er mit Einsprengseln der eigenen Melancholie. In seinen Schriften setzt er dies fort. Eines der instruktivsten Beispiele ist auf den 14. Dezember 1935 datiert. Was zunächst überrascht: In diesem Text gibt es ausnahmsweise so gut wie keine Rechtschreibfehler. Die Erklärung liegt auf der Hand: Picasso schreibt aus der Zeitung ab. Er koppelt verschiedene Informationen, die ihn anziehen. Der Einstieg des Textes hat eine berühmte literarische Parallele: Wie Musils *Mann ohne Eigenschaften* setzt Picasso mit den meteorologischen Meßwerten des Tages ein. Und gegen diese objektive Wiedergabe eines datierbaren und unwiederbringlichen Moments in der Naturgeschichte stellt er die Empfindlichkeit seines Behagens und Mißbehagens.

Aus dem Nachlaß herausgegeben, umfaßt der großformatige Band fünfhundert Seiten. Nur ein knappes Viertel davon war zu Lebzeiten publiziert worden. Zum Bekannteren gehören einige Texte, die Breton früh, 1936, in den *Cahiers d'Art* zusammen mit einem Kommentar über den Dichter Picasso publizierte, die Theaterstücke *Le désir attrapé par la queue* (1941), *Les quatre petites filles* (1947-1948) und der letzte Text überhaupt, das Todesritual *El entierro del Conde de Orgaz* (1957-1959). Ein umfangreiches Werk – und hier gilt es sogleich hinzuzufügen: In diese erste Ausgabe konnte man nicht die zahlreichen Varianten aller Texte aufnehmen, sonst hätte man mehrere Bände vorlegen müssen. Privilegiert wurde von den Herausgebern unter den variierenden Abschriften jeweils die ›sauberste‹ oder diejenige, in der schließlich die Versfassung eine vorausgehende Prosafassung ablöste.

Auf die Wiedergabe der Streichungen und Lesarten, die Picasso innerhalb eines Textes anbrachte, wurde im Druck verzichtet. Doch der Leser/Betrachter der Schriften wird keineswegs vom Gang durchs Labyrinth abgehalten. Zahlreiche faksimilierte Manuskriptseiten geben einen Einblick in dieses System optisch überraschender Operationen aus Sperrungen, Leugnungen und mehrperspektivischem Schreiben. Das sind nicht nur überaus reizvolle Kalligramme. Wie riesige Stellwerke liegen diese Manuskriptseiten vor uns. Zahlreiche ›Gleise‹ liegen nebeneinander, überall führen Weichen von einem Textstrang zum anderen, die den Leser dazu auffordern, Wörter hin- und her zu rangieren und sich einer mobilen und assoziativen Lektüre zu überlassen.

Mit Denkspielen gegen den hohen Ton
Der Dichter Jean Tardieu

Von der Wohnung am Boulevard Arago traf sein Blick auf die Türme, die den Himmel gegen Süden, der Place d'Italie zu, verstellen. Es ist der sachliche, anonyme Horizont, den das Paris der Spekulation seit den fünfziger Jahren bietet. Doch in den Augen und in der unverkennbaren Sprache Jean Tardieus verwandelte sich die trostlose Kulisse in ein erschreckendes Phantasma über die »Türme von Trapezunt«. Er verglich diese vertikalen Barrieren mit der »Città di cristallo«, die in Pisanellos Darstellung den Kampf des heiligen Georg gegen den Drachen (Verona) hinterfängt. Die Pariser Wohnkristalle, in denen nachts ruhelos Lichter an- und ausgehen, wurden im Text zum Symbol für die anonyme Menschenfresserei des Lebens. Der Autor notierte diesen erschütternden späten Text einen Steinwurf weit von dem Ort, an dem Beckett lebte. Auch dessen Auge stieß täglich mit einem Sinnbild des eigenen Werks zusammen, mit dem Gemäuer des Santé-Gefängnisses.

Jean Tardieu, der in seinem zweiundneunzigsten Lebensjahr starb, gehört zu den großen Dichtern und Menschen Frankreichs. Sein umfassendes, an Maximen, Einaktern und ebenso einprägsamen wie jähen Reflexionen reiches Werk ist in das Unterbewußte der Zeit eingegangen. Denn es gibt, abgesehen von La Fontaine, keinen anderen Dichter, der die Franzosen von Kindesbeinen an auf so nachdenkliche und witzige Weise begleitet. Dabei war es nie leicht, ihn zu klassifizieren. Sicher, er gilt zusammen mit Beckett und Ionesco als Begründer des absurden Theaters. Und dieser Hinweis bildet in der Literaturgeschichte sein Ruhmesblatt. Das *Kammertheater*, das in den fünfziger Jahren erscheint, hat Generationen von Theater-

Jean Tardieu, 1960er
Jahre, Privatsammlung

leuten inspiriert. Dies geschah zu einer Zeit, da metaphysische Spiele, die mit Witz, Verkehrung und einer verzweifelten Strategie logischer Schlüsse arbeiten, die französische Nachkriegsintellektualität stören mußten. Tardieu gehörte zu den wenigen, die der ideologischen Festlegung entgingen.

Tardieu setzte in den dreißiger Jahren beim Surrealismus ein. Dieser förderte, als verspätete Romantik, die Technik der absurden Verquickung von Bildern. Tardieu war ein Meister im Aufbrechen der Banalität. Nicht nur in dem Sinne, in dem ein anderer großer Dichter seiner Generation, Francis Ponge, eine Phänomenologie der Dinge betrieb. Bei Tardieu kontern ständig abstruse Formeln und Denkspiele den hohen Ton. Nehmen wir aus *Kleine Aufgaben und praktische Arbeiten* seine Slapsticks der Logik: »Gegeben ist eine Mauer, was passiert dahinter?« oder »Gegeben sind zwei gleich weit voneinander entfernte Punkte A und B. Wie kann man B verschieben, ohne daß A es merkt?« Dahinter verstecken sich dramaturgische Minima. Von diesen ging er in seinen weltweit gespielten Einaktern und *poèmes à jouer* wie *La serrure, Un geste pour un autre* oder *Les amants du métro* aus.

Ein solches Verdrehen von Wörtern und Meinungen mündete in unauflöslicher Rätselhaftigkeit. Das Rezept dafür legte er seiner Kunstfigur, dem Doppelgänger ›Monsieur Monsieur‹

in den Mund: »Nehmen Sie ein gebräuchliches Wort. Legen Sie es gut sichtbar auf einen Tisch und beschreiben Sie es: von vorn, von der Seite, aus dem Halbprofil.« Diese Anweisung deutet an, daß sich Tardieu nicht um die große rhetorische Form kümmerte. Seine besten Prosaarbeiten bleiben deshalb auch in der Nähe des Konzisen, ja des geflügelten Wortes. Die Tradition der französischen Moralisten und nicht zuletzt die Alphonse Allais', Max Jacobs sind Vorbilder. Immer wieder taucht eine lichtenbergsche Note auf, die auch die pseudowissenschaftlichen Dadatexte von Hans Arp und Max Ernst auszeichnet. Es sind Texte, die die Sprache beim Stolpern überraschen. Versprecher und Entfremdung bringen den abgewetzten Sinn wieder zum Vorschein.

Den Lyrismus der frühen Verse suchte er schnell, das sind seine eigenen Worte, mit sanft-gewalttätiger Ironie zu kontern. Tardieu begann, ermutigt von Eluard, mit einer Reihe elegischer Gedichte (*Le fleuve caché*), die immer wieder Spott und Antiphrase aufreißen. Für seine Selbstscheu schafft er sich einen unvergleichlichen Doppelgänger, den Professor Froeppel, eine Kunstfigur aus Pedanterie und umwerfender physischer Komik. Die Entwicklung des Werks führt vor, wie der Skeptiker Tardieu das erzählerische Element unterbindet. Wenn es Werke gibt, die die Abkehr vom Narrativen in der zeitgenössischen französischen Literatur zu begründen vermögen, dann wird man auch das von Tardieu anführen müssen. Lange vor den Entziehungskuren, die sich der Nouveau Roman im Umgang mit der Realität auferlegte, hatte er die Formel gefunden: »Verwunden wir die Sprache, um den Geist zu retten.« Seine Erkundungen der Semantik betrieb er auf eine anschauliche Weise, die Groteske und Reflexion aneinanderband. Damit rückt er in die Nähe von Valéry und Michaux. Auch Valérys *Monsieur Teste* oder Michaux' *Plume* leben in der Höhenluft, in der das Erzählerische erstickt.

Doch auf die Unterschiede gilt es hinzuweisen. Führen bei Michaux, der Typologie der Reiseberichte folgend, unerhörte Ereignisse zu einem Schwindelgefühl, so sind es bei Tardieu die Strukturen der Sprache selbst, die die Verwirrung zustande bringen. Von früh an, längst bevor sich der Strukturalismus auf Saussure besann, hat sich der Autor linguistischen Problemen zugewandt. Darmesteters Arbeiten über die Semantik der romanischen Sprachen, der Umgang mit dem *Dictionnaire Littré* führten ihn dazu, parallele Sprachen zu entwerfen und innerhalb der eigenen Sprache Infrasprachen und Gesten zu sammeln.

Wenn dieses experimentelle, von verblüffenden, das Wort bis auf seine letzten Fasern entkleidenden Sprachspielen durchsetzte Œuvre auch von Anfang an in der Tradition der Moderne wurzelte, so blieb die Herausforderung nicht zuletzt die Weltliteratur. Die Übersetzungen, die Tardieu von einigen Texten Goethes und Hölderlins vorlegte, gehören zum Bedeutendsten, was an Transfers von einer Sprache in die andere zustande kam. Übersetzen war für ihn nicht zuletzt auch eine ethische Position, Aufforderung, Landessprache und nationale Beengtheit zu überwinden. Die letzte Übersetzung, die der *Marienbader Elegie*, liegt seit einigen Monaten vor. ›Übertragung‹ im übergreifenden, ausschweifenden Sinn beschreibt am besten das, was das Werk charakterisiert. Tardieus Texte sind voll von Sprüngen in andere Genres. Die Schriften zur Kunst, die wir ihm verdanken, gehören zu den bedeutendsten Annäherungen an Malerei. Er erfindet Sprachen für Sprachlosigkeiten. Ein berühmter Titel des Werks, *Un mot pour un autre,* könnte als Motto für die Suche nach Vertreterrollen dienen. Sie sind Beispiele für einen parasitären Zustand, in dem der Schriftsteller eine ihm verschlossene Welt an sich saugt und sich, sein Werk und den Leser von ihr nährt.

Francis Ponge
Texte zur Kunst

Francis Ponge wollte, daß die vorliegende Auswahl unter dem Titel *Texte zur Kunst* zusammengefaßt werde. Dieser Titel enthält, so allgemein und abgegriffen er uns auch zunächst vorkommen mag, eine doppelte Definition. »Zur Kunst« bedeutet »in intentioneller Freiheit«, aus einer Perspektive heraus, die sich von der, die im übrigen Werk auftaucht, nicht unterscheidet. Wir könnten daher sinngemäß auch sagen: »Im Namen der Kunst«. Dabei würden wir Ponges berühmte Formel »Im Namen der Dinge« (*Le parti pris des choses*) aber restriktiv anwenden. In beiden Fällen stoßen wir auf etwas Identisches, auf das Namenlose, das den »Sprachkünstler« Ponge herausfordert. Die Überlegenheit des Schriftstellers und die eigentliche anthropologische Leistung liegen gerade im »Nennen«. Die zweite Definition, die im Titel steckt, »Texte«, enthält damit eine sehr energisch gemeinte Antithetik zur Sprachlosigkeit der Dinge und zur Sprachlosigkeit der Kunst. Denn wir dürfen uns, trotz des großen Interesses, das Ponge dem Künstler entgegenbringt, keiner Illusion darüber hingeben, daß dieser Dichter die eigene Arbeit, den Text, kategorisch über das Ding und über die Kunst stellt. Eine Bemerkung, die wir in einer der frühesten und umfangreichsten Skizzen, die Ponge einem Maler gewidmet hat, in den *Bemerkungen zu den ›Geiseln‹*, finden, besagt nur scheinbar das Gegenteil: »Es wäre vergeblich, durch die Sprache ausdrücken zu wollen, durch Adjektive, was Fautrier durch seine Malerei ausgedrückt hat.« Aus dieser Äußerung spricht weniger Bescheidenheit als die Überzeugung, daß die Aufgabe des Schriftstellers nicht darin bestehen kann, Analogien zu schaffen.

Es geht in diesen Texten folglich nicht um das Problem, das sich die Poesie stellte, die das visuelle Kunstwerk als Vorbild genommen hat, um das »ut pictura poesis – ut poesis pictura«, sondern einfach darum, die Kunst – darin zunächst jedem anderen, natürlichen Gegenstand gleichgestellt – durch eine sprachliche Struktur zu ersetzen. Im übrigen merken wir, wenn wir die literarische Technik, der er sich in diesen Texten bedient, mit der vergleichen, die wir aus seinen Texten über die Objekte kennen, daß Ponge keine Zugeständnisse an das neue Thema macht. Das »Künstlerische« des Gegenstands bedingt keine neue Sprache, da es in einem materiellen Sinne beschrieben wird. Der Jargon der Dinge bemächtigt sich der Kunst, nicht umgekehrt.

Wie *Der Kieselstein, Die Auster, Die Schnecke, Die Seine* sind auch die Kunstwerke intentionelle Objekte, die zum Reden gebracht werden sollen. Der schöpferische Begriff, der aus dieser Beschäftigung mit Künstlern und Kunstwerken abgeleitet werden kann, zeigt, daß es sich für Ponge nicht darum handelt, ein Phänomen einfach festzustellen. Es geht ihm vielmehr darum, den Gegenstand eigentlich erst zu erfinden, in die Sprache einzusetzen. Daher ist die Ontologie dieser Gegenstände nicht ein für allemal gegeben, sondern sie ist progressiv, sie verändert sich durch den semantischen Bezug, den ihr der Schriftsteller gibt. Der erste Text, den Ponge einem Künstler gewidmet hat, stammt aus dem Jahre 1944; er gilt dem Lyoneser Maler Emile Picq. Verhältnismäßig spät setzt Ponges Beschäftigung mit Kunst ein. Das hat zwei Gründe. Was Ponge mit diesen Texten beabsichtigt, ist die Verdoppelung des Objekts: Bild und Maler treten als eine Einheit auf. Damit es zur Verdoppelung des Objekts kommen kann, bedarf es eines persönlichen Kontaktes. Dieser fehlte Ponge zunächst. Er lebte lange Jahre hindurch sehr zurückgezogen, und er scheute sich vor dem Umgang mit den arrivierten und berühmten Malern. Emile Picq ist die erste Gelegenheit, die sich ihm bietet, um auch vom Maler zu sprechen. In diesem Text erprobt Ponge zum erstenmal seine

Francis Ponge, 1950er Jahre. Privatsammlung

offene Rhetorik, die sich nach dem jeweiligen Gegenstand richtet, am neuen Thema. Der zweite Punkt – ebenso wichtig wie die persönliche Bekanntschaft – ist der Auftrag. Ponge schreibt über Kunst und Künstler immer nur dann, wenn bei ihm eine Arbeit – als Vorwort für einen Katalog, als Begleittext für eine bibliophile Ausgabe oder für eine Zeitschrift – bestellt worden ist. Der Begriff der Auftragsarbeit, so wie wir ihn hier kennenlernen – und in den *Geiseln* hat Ponge die Verlockungen, auch die materiellen Verlockungen eines Auftrags mit brutaler Eindeutigkeit notiert – hat für ihn nichts Abwertendes. Zahlreiche andere seiner Texte, denken wir nur an die über die Seine oder über die Elektrizität, verdanken ihr Entstehen gleichfalls einer Bestellung. Der Mechanismus Auftrag-Arbeit paßt übrigens sehr gut zu Ponges Ästhetik, in der das Handwerkliche als ständige rhetorische Figur auftaucht.

Poetik der Genügsamkeit

Entscheidend dafür, daß sich Ponge dem neuen Thema zuwandte, war die Aufforderung der Maler. Die Publikation von *he parti pris des choses* gab den Anstoß. Jean Paulhan hatte den kleinen Band, der 1942 bei Gallimard erschien, an Braque und Picasso geschickt. Beide waren von diesem neuen Ton und vor allem von dieser für die Sprache neuen Thematik überrascht. Sie machten nach der Libération die Bekanntschaft Ponges. Die Beschränkung Ponges auf apsychologische Themen mußte gerade Picasso und Braque, die während ihrer kubistischen Periode gleichfalls die Ikonographie auf ein Mindestmaß reduziert hatten, als Analogie zum eigenen Werk erscheinen. Die Kritik stellte das Übergewicht des Visuellen an diesen Texten fest. Cyril Connolly prägte den Ausdruck »Braque en Prose«. Von da aus erscheint es verständlich, daß zahlreiche Kritiker Ponges Texte als Stilleben der Sprache bezeichnen. Das hat aber nur dann einen Sinn, wenn man diese Bezeichnung in einem sehr begrenzten Verstande gebraucht. Die Beschränkung auf einfache Gegenstände ist keineswegs eine ideologische Reduktion auf das »Einfache«, »Intime«, sondern sie ist methodische Genügsamkeit. Darin gleicht Ponges Arbeit jener der Kubisten. Picasso und Braque ging es darum, eine neue Bildsprache erst an den einfachsten, der unmittelbaren Apperzeption zugänglichen Gegenständen zu erproben. Die Parallele zwischen Ponge und den Kubisten ist noch auffallender, wenn man die Schrift heranzieht, in der Ponge diese Beschränkung auf wenig strukturierte Objekte und Situationen erläutert hat. In *Proêmes* (Paris, 1948) schreibt er: »Selbst der unscheinbarste Gegenstand ist so reich an Aussagen, daß ich vorerst gar nicht daran denken kann, auf etwas anderes als die einfachsten Dinge einzugehen: einen Stein, einen Grashalm, das Feuer, ein Stück Holz, ein Stück Fleisch. Szenen, die anderen ganz belanglos vorkämen, wie zum Beispiel das Gesicht eines Menschen, der schläft, oder jede andere Tätigkeit bei einem Lebewesen, diese Szenen scheinen mir immer noch viel zu kompliziert und voll widersprüchlicher Bedeutung (sie zu entdecken und dann dialektisch zu verbinden), als daß ich daran denken könnte, mich in absehbarer Zeit darauf einzulassen...« Dieses Manifest finden wir wortwörtlich noch einmal in einem der Texte zur Kunst: in Kurze Meditation als Reflex auf Spiegelfragmente, einem Text, den Ponge für eine Ausstellung von Werken Pierre Charbonniers geschrieben hat. Charbonnier hatte diesen Text aus Proêmes ausgewählt und Ponge gebeten, diesen statt eines Vorworts der Ausstellung voranzustellen. Daß der Dichter sich darauf eingelassen hat, ist aufschlußreich, verrät doch die Gegenüberstellung dieses intransigenten Satzes mit einem Text über einen komplizierten psychologischen und ästhetischen Sachverhalt, daß Ponge die systematische Ausarbeitung eines Lexikons der Dinge und Sachverhalte rasch durch eine komplementäre, freiere Form ergänzt hat, dank der er – wenigstens provisorisch – komplizierte Strukturen antizipieren konnte.

Wir müssen daher die Texte zur Kunst, obwohl in ihnen der Gegenstand – Kunst und Künstler – den natürlichen Gegenständen gleichgesetzt ist, eher seinen methodischen Texten – Proêmes, My Creative Method – zur Seite stellen. Ponge bezeichnet diese Texte zur Kunst im Gespräch als indirekte Manifeste, weil es ihm in ihnen darum gehe, methodische Fragen und Erkenntniszusammenhänge, die im Bereich der Literatur auftauchen, auch anderwärts festzustellen.

Kosmologischer Oszillograph

Es ist schwierig, aus den Texten selbst ein Urteil über die Kunstwerke abzulesen. Während Ponge in Le parti pris des choses die Gegenstände in einer Art psychischer Mimese wiedererschafft, in der sich ein Spiel mit Etymologie und eine schöpferische Arbeit mit der Sprache – Neologismen, neue Sinnzusammenhänge – niederschlagen, benützt er in den Texten zur

Kunst zahlreiche Analogien zur organischen oder anorganischen Natur – ebenso wie er in seinen Texten über die organischen oder anorganischen Objekte ständig Vergleichsmaterial aus der psychologischen, anthropologischen Sphäre heranzieht. Die Methode Ponges besteht darin, durch Kontraste, durch Vergleiche, die anderen Gattungen entliehen werden, die Objekte zum Reden zu bringen. Immer aber bleiben die Vergleiche und Analogien rational erfaßbar – die kühnsten, scheinbar völlig beliebigen Gegenüberstellungen lassen sich auf Sinneserfahrungen, auf ein raffiniertes Spiel mit etymologischen Bedeutungen, ja auf die materielle sinnliche Gegenwart der Sprache zurückführen. Die Struktur der Texte ist manchmal so verwirrend, daß man an die automatische Schrift der Surrealisten erinnert wird. Diese Verwandtschaft trügt jedoch. Der Surrealismus hat auf Ponge kaum einen Einfluß ausgeübt – konnte es schon deshalb nicht, weil Ponge die materiell faßbare Präsenz der Sprache, den *Littré*, das Wörterbuch, ins Zentrum gerückt hat. Die *Texte zur Kunst* bestätigen im übrigen, daß sich Ponge mit dem Surrealismus nicht auseinandergesetzt hat. Keiner der Künstler, für die sich Ponge interessiert, gehört zu den Surrealisten. Was in all diesen Texten auffällt, ist die Verquickung von Werk und Maler, von Ästhetik und Physiognomie des Künstlers. Es ist selten, daß sich Ponge in diesen Texten auf einzelne Bilder einläßt und sich im phänomenologischen Sinne mit diesen begnügt. (Der Text über die *Geiseln* von Fautrier ist das Beispiel, in dem die Analyse einer Werkgruppe am weitesten gediehen ist. Dabei spielen aber gerade in diesem Falle Überlegungen über die Auftragsarbeit, über den Mechanismus des Kunsthandels, der auf Worte und Zureden, auf Kundendienst angewiesen ist, eine wichtige Rolle.) Was Ponge sucht, ist der spezifische Unterschied. Und diesen Unterschied will er nicht nur im Werk, sondern auch im moralischen Bereich feststellen. Der Künstler in seiner Zeit, in seiner Landschaft, in seiner nur ihm zukommenden Verpflichtung. Hier tritt die eigentliche anthropologische, geschichtlich bedingte Form des Schaffens hinzu. Maler und Werk bieten sich Ponge als Einheit dar. Der Unterschied zum »Text« konzentriert sich hier noch: das Kunstwerk entsteht in Analogie zum kosmischen Entstehungsprozeß. Die Arbeit des Künstlers bringt neues Material, aber keine neue Definition – zum Unterschied dazu will das Werk Ponges kosmologisch sein. In *Le murmure* schreibt Ponge, das Kunstwerk definiere sich durch seine Nähe und seinen Unterschied zum natürlichen Gegenstand. Aber im Unterschied zum natürlichen Gegenstand enthält das Werk des Künstlers eine Dimension, für die Ponge die Bezeichnung »Metamorphose« einführt. Eine zweite Natur, die historische Dimension, kommt hinzu. Es sind Objekte der Faszination, sie sind »wie eine Natur des siebenten Tages, eine Natur zweiten Grades«. Durch diese Fähigkeit unterscheiden wir uns: »Wir wissen nicht genau, ob die Fische oder Insekten einander Kunstgegenstände zeigen; aber die Menschen tun es untereinander: Es ist eines ihrer Mittel, sich gegenseitig zu faszinieren.« Braque, Giacometti und Fautrier besitzen bei Ponge eine Vorrangstellung. Man vermißt Picasso. Auch hier gilt, was wir eingangs festgestellt haben: der Vorwand, der Auftrag, der diese Texte legitimiert, sind ausschlaggebend. Das erklärt, warum wir neben den genannten Künstlern auch auf Maler stoßen, die keine überragende Bedeutung haben.

Im Namen der Dinge
Francis Ponges poetische Phänomenologie

Welch verdienstvolle Tat, Francis Ponge den deutschen Lesern in einer größeren Auswahl vorzustellen! (*Lyren*. Ausgewählte Werke, Frankfurt 1965. Vorwort von Gerd Henninger) Die Texte, die bisher die Sprachgrenze durchbrochen hatten, waren spärlich gesät. Doch gerade bei Francis Ponge, dessen Œuvre ziemlich überschaubar geblieben ist, erweist es sich als unerläßlich, mehr als einige isolierte Arbeiten zu kennen. Sein Werk ist der ganzen Anlage nach auf Ganzheit aus, Ponge läßt uns im übrigen keinen Augenblick darüber im Zweifel. Er versäumt es nicht, auf die Ambition hinzuweisen, die hinter seinen kurzen Arbeiten steckt. Er sagt es durch den Hinweis auf Autoren, die er als Vorbilder nimmt: Lukrez vor allem nennt er, dessen *De natura rerum* auch Ponges Werk als Titel dienen könnte.

Der vorliegende Band, der erste einer umfangreichen Werkauswahl, enthält unter anderem *Le parti pris des choses* (*Im Namen der Dinge*), *Proêmes* (*Vorreden*) und den von *Malherbe* abgesehen längsten Text Ponges: *Die Seine*. *Im Namen der Dinge* und *Vorreden* sind Textgruppen, die dem Leser leicht beweisen, daß Ponges Werk dialektisch angelegt ist: Die Reflexion über die sprachlichen Mittel und der Umgang mit den Dingen an Hand der Sprache sind gesondert. Aber beide strukturell verschiedenen Textsammlungen gehören zusammen. Sie sind komplementär. Ein Beweis dafür sind die Texte, die Ponge der Elektrizität und der Seine widmet. Sie enthalten *beide* Ansätze, Theorie und Praxis folgen in einem mimetischen Gang der langsam dahingleitenden Seine.

Francis Ponge ist Südfranzose. Er erblickte 1899 in Montpellier das Licht der Welt. Bei ihm hat es einen Sinn, die Geburt mit der Paraphrase des Lichts anzuzeigen: Licht, Klarheit, mittelmeerische Rationalität, lateinische Scharfzüngigkeit und Geschmeidigkeit lassen sich in seinem Werk auf Schritt und Tritt feststellen. Ponge hat es sich zur Aufgabe gemacht, den Schein der Dinge, den Begriff, den wir von ihnen haben, zu überprüfen und zu erweitern. Er ist frei von Sentimentalität. Es genügt, den Text über die Seine zu lesen, in dem er mit einem nationalen Mythos abrechnet. Der Fluß wird geradezu zum Symbol des Nichtfixierten, des Ereignislosen. Die Seine wird zum Buch, zur diskursiven Rede, in der Ponge seine Gedanken scheinbar willkürlich aneinanderreiht.

Das Werk Ponges besteht fast ausschließlich aus kleinen Prosatexten, aus Textsplittern, die oft aperçuhaft ohne Beziehung zueinander zu stehen scheinen. Dem Umfang nach nähern sich die meisten Arbeiten der Poesie; Prosagedichte, die ganz gedrängt die Dinge aussagen. Aber bereits hier stoßen wir auf die erste Schwierigkeit: Ponge wehrt sich dagegen, Dichter zu sein. Der andere Zugang zum Werk, die theoretischen Texte, in denen er über seine Konzeption zu schreiben und über seine Vorstellung von der Welt Auskunft gibt, spricht für einen philosophischen Geist. Aber Ponge wiederholt im Gespräch ständig, er sei kein Denker. Beide Abwehrreaktionen wollen uns zwingen, dem Werk Ponges mit ihm angemessenen Mitteln zu begegnen. Denn würden wir uns damit begnügen, den Dichter Ponge zu suchen, wäre die Gefahr groß, daß wir seine Texte lediglich als poetische Umschreibungen verstehen, und wollten wir andererseits den philosophischen Gehalt feststellen, brächten wir uns um das eigentliche Vergnügen, das Ponge für den Leser bereithält, um die sinnliche, die Ideen abtastende, schmeckende, riechende Sprache. Von all den Interpreten Ponges, die sich aus der Schwierigkeit, vor die sie dieses Werk stellt, durch eine Formel erlösen wollen, hat Sartre die einleuchtendste aufgegriffen. Er stellte das Werk Ponges in

Beziehung zur Phänomenologie und erblickte in den tastenden Bewegungen dieser Sprache einen Versuch, zu der Sache selbst zu gelangen.

Im Namen der Dinge

Der Ausgangspunkt Ponges ist eine ›Weltanschauung‹. Man kann den Ansatzpunkt positiv oder negativ formulieren. Negativ, wenn man unterstreichen will, daß dieses Werk die ontologischen Fragen ausklammert, daß es sich mit dem Schein der Dinge zufriedengibt, ja geradezu wollüstig die meßbaren Qualitäten der Dinge hervorhebt. Positiv aber fällt das Urteil aus, wenn wir Ponge mit dem Zeitgeist in Beziehung bringen, mit den endlosen Diskussionen über das Absurde. Es genügt, Ponge Albert Camus gegenüberzustellen, der die Sinnlosigkeit der Welt schilderte, die auf dem Hintergrund der abendländischen Geschichte, die von ihrem metaphysischen Auftrag erfüllt war, peinigend stark spürbar wurde. Camus war der Romantiker der Sinnlosigkeit. Er verarbeitete die Sinnlosigkeit zu schönen Gefühlen. Anders bei Ponge. Er gibt übrigens in polemischen Schriften gegen Camus, in einem Zusatz zu *Proêmes*, der in der vorliegenden Werkauswahl weggelassen worden ist, selbst darüber Auskunft. Ponge hat die Welt so wie sie ist akzeptiert. Und aus dieser Annahme erklärt sich seine Faszination durch die Dinge, und zwar, da er kein Unten und Oben anerkennt, aller Dinge. Er hat den Geschmack an den Dingen entdeckt. Das ist ein umfassenderes Daseinsgefühl als jenes, das der *Geschmack an den Gedanken* Valérys oder der *Geschmack an den Grenzsituationen* Camus' vermittelt.

Die Dinge stehen im Mittelpunkt der Texte Ponges. Der Materialismus ist augenfällig. Er erinnert an den der Niederländer, die im siebzehnten Jahrhundert die Welt ihres materiellen Überflusses, die die Geistigkeit und das Fühlen ihrer Zeitgenossen überstieg, in den Stilleben festhalten ließen. Die

Inventare, die wir auf diesen Bildern entdecken, sind besitzanzeigend, sinnlich. Sie stehen für Gedanken und Gefühle, die sich der sichtbaren Welt erfreuen. Wir dürfen diese Koinzidenz nicht zu weit treiben. Ponge beschränkt sich deshalb auf die kleinen, unscheinbaren Sujets, weil er in dieser Beschäftigung eine Chance sieht. Hier hat er einen Aufgabenbereich, der neu ist. (Es sei denn, man zieht aus der neueren französischen Literatur die Texte Claudels heran, die dieser unter dem Titel *Connaissance de l'Est* veröffentlicht hat.) Ponge tritt in ein Niemandsland ein, »denn Millionen von Empfindungen zum Beispiel, ebenso verschieden von dem kleinen Katalog derjenigen, die heute die sensibelsten Menschen haben, sind kennenzulernen, zu erproben«. Ponge experimentiert mit neuen Gefühlen. Die Dinge und die Sprache mobilisieren sich gegenseitig. Weil Ponge die psychologischen Themen ausgeklammert hat, kann er eine neue Sprache schaffen, eine Sprache, die dem Menschen Widerstand leistet.

Ponge stößt zu den Dingen selbst vor. Auf den ersten Blick impliziert diese Feststellung eine neuartige Themenwahl. Wir lesen als Titel nicht mehr »Der Mensch im Regen«, sondern »Der Regen«. Ponge schreibt nicht mehr über Bathseba im Bade, sondern über die Seife, nicht mehr über Badende am Strand, sondern über die Muschel oder den Kieselstein. Das Thema lebt vom Minimum. Ponge liebt die Gegenstände in ihrem klaren Kontur. Das gilt zumindest für die Texte, die vor der *Seine* entstanden sind. Er umkreist die Gegenstände und versucht, sie zum Reden zu bringen. Selbstverständlich weiß er, daß das großtuerische ›Zu den Dingen selbst‹ nie wörtlich erfüllbar ist.

Wir können aber unsere Rolle etwas vernachlässigen, um den Dingen mehr Autarkie zuzusprechen. Ponge tut dies zunächst in seinem berühmten *Le parti pris de choses*, einem schmalen Buch, das während des Krieges, 1942, erschienen ist. Im Titel liegt bereits alles: Man kann ihn übersetzen mit *Im Namen der Dinge*. Damit ist gesagt, daß der Autor die Sprachlosigkeit der

Dinge auf sein Konto genommen hat. Er versucht, deren virtuelle Redensweisen zu finden. Wenn wir den Titel so fassen, bleiben wir aktiv. Wir erlösen die Dinge, schaffen die Voraussetzung dafür, daß sie Sprache werden. *Le parti pris des choses* kann aber auch aktiv von den Dingen her verstanden werden. Die Dinge sind uns gegenüber voreingenommen. Wir sprechen mit den Mitteln der Dinge über uns selbst. Das wäre eine doppelte Reflexion, Theater im Theater. Etwas steckt davon in den Texten Ponges. Er kann seine Position nur mit Ironie verteidigen. Wenn es schon nicht möglich ist, die Sprache der Steine, des Regens, der Muscheln, der Garnelen zu sprechen, ist es notwendig, einen Trick zu finden, um sich selbst so gut wie möglich aus dem Spiel zu lassen. Die Gegenstände bewegen sich, fangen an zu reden, und wir sehen die Bindfäden, an denen der fixe Marionettenspieler die Gegenstände hält, nur mit Mühe.

Von unten angefangen

Ponge ist der Meister der kurzen Form. Viele Texte sind nicht länger als eine Seite. Das hat vielleicht auch ganz materielle Gründe. Lange Zeit hatte Ponge nur zwanzig Minuten am Tage zum Schreiben. Er hat hart arbeiten müssen, um sich und seine Familie durchzubringen. Die zwanzig Minuten, die ihm abends zum Schreiben blieben, dienten dem Protest. Daß diese Texte – anfangs zumindest – gegen die Gesellschaft gerichtet waren, beweisen die Satiren, die sich in *Douze petits écrits* (*Zwölf kleine Schriften*) finden. Diese Texte leiten den Auswahlband ein. Sie sind 1926 erschienen. Die vier Satiren, die der kleine Band enthält, rechnen mit der stupiden Arbeitswelt ab, in der der patriarchalische Unternehmer wie ein Schließmuskel vor dem Schauplatz steht, in dem sich das »Martyrium des Tages« abspielt. Ponge hat immer etwas von seinem politischen und sozialkritischen Denken bewahrt. Er hat zwar nach dem letzten

Krieg die kommunistische Partei unter Protest verlassen, aber seine Lebensweise und seine Überzeugungen haben ihn stets zum Engagement gezwungen. Allerdings hätten wir einige Schwierigkeit, dieses Engagement ohne Umschreibungen im Werk selbst zu entdecken. Das Engagement findet sich in der Ideologie, die hinter dem Werk steht, hinter der Abasge an alle metaphysischen und ästhetischen Verschönerungsversuche. Das intuitive Moment ist auf ein Mindestmaß beschränkt. Überall sucht Ponge die Auskünfte über den Gegenstand, den er beschreibt, zu begründen. Für seine Methode selbst sucht er – so im Text über die *Seine* – Beziehungen zur modernen Physik herzustellen. Denn er meint es mit dem *de natura rerum* ernst. Die Informationen, die er über den Aggregatzustand von festen und flüssigen Gegenständen einholt, nützt er dazu, den Übergang zur Beschäftigung mit flüssigen Gegenständen zu legitimieren. Nur aus Unkenntnis der modernen Physik habe er sich bis zu dieser Stunde ausschließlich mit kompakten Gegenständen abgegeben.

Die wissenschaftliche Attitüde verstimmt den Leser etwas, vor allem, da er die Hinwendung zu den einfachen Dingen nur im metaphorischen Sinne akzeptieren will. Ponge spürt die Gefahr, die dieser exzessiven Liebe zu den Dingen anhaftet. Man könnte sie als Mystizismus auslegen. Er wendet sich aber dem Kieselstein, der Kerze, dem Feuer, der Garnele zu, weil er sozusagen von unten anfangen will.

›Unten anfangen‹ heißt, sich ein System der Rückversicherung zulegen, und gibt die Gewähr dafür, daß man keinem Mystizismus erliegt. Denn solange die Dinge benannt werden können, entgleiten sie uns (oder wir ihnen) nicht. Ponge möchte über das Geschriebene verfügen, beinahe im Sinne eines naiven Nominalismus, der das Wort für das Ding nimmt. Die Beschäftigung mit der Muschel oder mit dem Moos darf den Autor nur so weit entrücken, als ihr »gemessener und genauer Ausdruck« reicht. Hier liegt gewissermaßen die großartige Grenze – die Selbstbegrenzung – der Prosa Ponges.

Die Erschaffung der Welt in der Sprache
Francis Ponge und seine Ansichten über »Die literarische Praxis«

Das Werk von Francis Ponge, so berühmt es heute in Frankreich auch sein mag, bleibt den deutschen Lesern vorerst unerreichbar. Daran kann auch der Band von Ponge, der in der Reihe der vorzüglichen Walter-Drucke erschienen ist, nicht viel ändern. Eine umfassende Ausgabe der Texte Ponges läßt weiterhin auf sich warten. Das Buch *Die literarische Praxis* bringt – in der Übersetzung von Hildegard Baumgart – Texte aus dem zweiten Band des *Grand Recueil*. Alle handeln von der Methode des Schriftstellers, sie zeigen, wie Ponge seine glasklaren Texte vorbereitet. Die Bezeichnung »methodische Arbeiten« würde nur einen Aspekt dieses Buches und nicht einmal den wichtigsten treffen. Ponge bewahrt auch hier, wie Gerda Zeltner-Neukomm in ihrem ausgezeichneten Nachwort schreibt, seine Fähigkeit, in Dingen zu reden, statt in Begriffen, und damit wunderbar anschaulich zu bleiben.

Ponge redet in Dingen. Es ist oft üblich, daß man bei der Interpretation Ponges dessen Verhältnis zum Ding mißversteht und ihn gar einen Dichter der Stilleben, der Materie nennt. Demnach müßte man glauben, Ponge sei auf das Einfache, das Idyll aus und er suche das a-psychologische Sein der Materie zu erhöhen und vor dem Vergessen zu retten. Es finden sich Stellen in Ponges Schriften, die solch eine humanitäre Haltung den Dingen gegenüber belegen könnten: »Oder vielleicht könnte man zu ihren Ehren eine Schweigeminute einlegen, wie man das heute viel macht. Und zwar gerade zu Ehren des Schweigens, zu dem sie verdammt sind, vielleicht gegen ihren Willen, und um zu lauschen, wie sie sich in ihrer Stummheit ausdrücken, von ihnen zu erfahren, ob sie uns zulassen, ob sie uns ohne allzuviel Groll und Abscheu ertragen.« Solche Äußerungen darf man nicht zu wörtlich nehmen. Sie zeigen die Abwege der Anschaulichkeit Ponges. Es steckt aber in dieser rhetorischen Äußerung etwas Tieferes, das Ponge in seinen geschriebenen Texten erreicht. Ponge ist kein Mystiker. Er wehrt sich gegen die Behauptung, er wolle die Vielfalt der Dinge zugunsten eines einheitlichen Seins aufheben. Er wendet sich dem Einzelnen zu. So bekommt die Äußerung des Freundes Bernard Groethuysen ihre besondere Bedeutung: »Ihr Werk könnte eher ›De varietate rerum‹ als ›De natura rerum‹ heißen.«

Aber andererseits existieren die Dinge auch nicht in absoluter Freiheit. Sie gehören einem semantischen Bezugssystem an, und eben ihre »semantische Dichte« sucht Ponge zu ergründen. Wie er dies tut, zeigen die Vorträge und Antworten, die in dem vorliegenden Band zusammengefaßt sind. Er zieht dazu seit Jahr und Tag den Littré, das hervorragende positivistische Wörterbuch, zu Rate. Das Wort und die Bedeutungen, die ihm das historische Diktionär zuschreibt, sind für die Arbeiten Ponges ebenso wichtig wie die Dinge: Ding und Wort ordnen sich bei ihm zu einer Schrift, die Ding und Wort übersteigt. Daher kann man auch sagen, daß Ponges Versuch, die Welt der Dinge sprachlich zu erschaffen, eine Art Kosmogonie ist. In den Texten Ponges ist die Absicht, die Welt neu erstehen zu lassen, stärker als die Absicht, sie zu erkennen und abzumessen. Dieser Vorrang der Kosmogonie vor der Kosmologie ist bei Ponge überall spürbar. Der Handwerker-Dichter, der mit den Worten, dem Papier und dem Stift hantiert, ist eine Attitüde der Selbstbetrachtung Ponges. Die Sprachgespinste, die Ponge »herstellt«, haben als Titel Gattungsbegriffe: das Pferd, die Taube, die Kartoffel, die Seife, der Koffer, das Radio, die Eidechse. Ponges Verfahren, das Dasein enzyklopädisch, in Form eines Wörterbuchs zu ordnen, erinnert an seinen Lieblingsautor, an La Fontaine. Der Mensch wird von außerhalb, von den Tieren aus beobachtet. Ponges »alter ego« sind die Dinge. Sie reden vom Menschen. Wir fühlen bei der Lektüre dieser Texte die Augen der Dinge auf uns ruhen. Der Standpunkt außerhalb von uns, die »ekstatische« Betrachtung des Lebens, ist wichtig für das Verständnis der Pongeschen Weltanschauung. Sartre schreibt über Ponge: »Dieses Bemühen ist eine der Folgen von Gottes Tod. Solange Gott lebte, war der Mensch ruhig: er wußte sich beobachtet. Heute, da er allein Gott ist und sein Blick alle Dinge umfaßt, verrenkt er seinen Hals, um zu versuchen, sich selbst zu sehen.«

Metaphysik liegt in allen Gegenständen. Daher ist es auch gleichgültig, ob sich Ponge den großen oder den kleinen Dingen zuwendet: Alle tun sich auf, in allen öffnet sich ein Abgrund, in den wir stürzen können. Hinter der Beschäftigung Ponges mit der Welt der infinitesimalen und belanglosen Gegenstände steckt kein Materialismus, sondern ein Versuch, die Materie aufzuwerten, ihr Geistigkeit und Bedeutung zu sichern.

Die Schriften Ponges über die zeitgenössische Malerei sind dafür aufschlußreich. Wenn er sich für Braque, Fautrier, Dubuffet oder Giacometti einsetzt, so tut er es, weil bei ihnen der Gegenstand verwandelt wird: Er sucht bei ihnen keine Malerei der Nicht-Form. Ding, Wort, Sprache sind Gegenstände, nicht nur Gestimmtheit. Ponges Texte wollen selbst Objekte werden, Muscheln aus Worten und Bedeutung, die, wenn der Mensch eines Tages verschwunden sein wird, weiterbestehen können. Andere Wesen werden diese Sprachmuscheln aufklauben und mit ihnen spielen.

Baudelaire schreibt in seinen *Paradis artificiels*: »Nichts kann die Freude des Menschen, der trinkt, aufwiegen, es sei denn die Freude des Weins, der getrunken wird.« Dieser Satz könnte den Werk Ponges als Motto dienen. Die gegenseitige Freude, das Vergnügen des Dichters und das Vergnügen des Angedichteten, lebt in den Texten Ponges Ponge beschreibt nicht einfach Gegenstände, er verläßt die Position des Dichters, der sein Objekt wie ein Insekt auf einen Korkwürfel spießt und es beobachtet. Der Gegenstand selbst wird aktiv. Das Gedicht tritt in Beziehung zum Beschriebenen: Es ist nicht nur Adjektiv, das etwas näher, eigenwilliger und unerhörter bezeichnete. Daher scheint uns auch die phänomenologische Deutung dieser Texte abwegig zu sein, da bereits die Prämisse der Phänomenologie, »Zu den Dingen selbst«, bei Ponge nicht erfüllt ist. Seine Texte sind weit mehr Moralitäten als Beschreibungen.

In *My creative Method*, in Tagebuchnotizen, die leider nicht in die vorliegende Ausgabe bei Walter aufgenommen werden konnten, schreibt Ponge: »... Die Vielfalt der Dinge ist in Wahrheit das, was mich hervorbringt.« Der Umgang mit der Welt, mit dem Zeug ist bewußtseinsbildend. Aus dieser Feststellung spricht ein gewisser Realismus: Die Schrift, die wir lesen können, liegt vor unseren Augen ausgebreitet, wir müssen sie nur entziffern. Die Erklärungen, die Ponge in seinen »mündlichen Versuchen« gibt, wollen daher auch nichts mehr und nichts weniger sein als eine Poetik für jedermann. In seinem Stuttgarter Vortrag sagte er: »Ich wollte Ihnen zeigen, daß Dichter Leute wie alle andern sind, genau gesagt, wie Sie selbst. Daß die Poesie für alle erreichbar ist. Wenn jeder den Mut zu seinem Geschmack hätte, zu seinen Vorstellungsassoziationen, wenn jeder den Mut dazu hätte und das ehrlich ausdrücken würde!« So überraschend dies auch klingt, Ponge benützt den Begriff der Poesie, der Dichtung nur mit Widerwillen. Da Schreiben für ihn eine welterschließende Aufgabe hat, kann jedermann mit mehr oder weniger Geschick an dieser literarischen Hermeneutik teilnehmen.

Die Texte, die unter dem Titel *Die literarische Praxis* zusammengefaßt worden sind, machen mit dem Dichter der Mündlichkeit, des befreiten, entfesselten Denkens und Assoziierens bekannt. Ponge, der bei der Verfertigung seiner Texte äußerst gewissenhaft ist und monatelang über wenigen Seiten bleibt, hat hier eine Form gefunden, in der sich die Rhetorik der Dinge, von denen die Rede ist, impulsiv mit der eigenen Rhetorik mischt. Man sollte jedoch die Rede Ponges nicht überbewerten, dachte er doch selbst lange, daß sein Entschluß zu schreiben, »sich eben *gegen* das gesprochene Wort... gegen die unbefriedigenden Ausdrucksformen selbst sorgfältig geführter Gespräche« richte. Es gibt Widersprüche der mündlichen Äußerung, die sich in den geschriebenen Text nicht eingeschlichen hätten, so heißt es einmal: »Kein Zweifel, daß die Literatur immer weniger durch die Ohren *in uns eindringt*, immer weniger durch den Mund *von uns ausgeht*... Kein Zweifel, daß sie mehr und mehr *über die Augen* ein- und ausgeht...« Und an anderer Stelle sagt Ponge: »... wenn ich mich beim Schreiben beobachte, so passiert es mir nie, daß ich den allerkleinsten Satz schreibe, ohne daß ich »das Geschriebene zugleich im Geiste höre und spreche...« Die »mündlichen Versuche« sind eine Herausforderung Ponges an die Dinge, an sein »anderes Ich«, eine Art Wette, daß ihn Wort und Dinge nicht verlassen. Das Unternehmen gelingt ihm dort, wo er die Dialektik zwischen Ding und »Ich« aufrechtzuerhalten vermag.

Für Peter Handke

Dieser anlässlich der Internationalen Hörspieltagung in Frankfurt am Main 1968 gehaltene Vortrag wurde als Essay 1970 in dem Band »Neues Hörspiel – Essays, Analysen, Gespräche« veröffentlicht, der von Klaus Schöning im Suhrkamp Verlag (Frankfurt am Main) herausgegeben wurde.

Der »Nouveau Roman« und das Hörspiel
Meine Zusammenarbeit mit den französischen Autoren

Das französische Hörspiel blieb bis Anfang der sechziger Jahre ein Genre, das sich dem Theater gegenüber nur durch etwas unterschied: durch Subtraktion. Subtrahiert wurden die Elemente, die auditiv nicht übersetzbar oder besser, nicht simulierbar waren. Hörspiel, mit der immer noch pejorativ klingenden französischen Bezeichnung »pièce radiophonique«, war das, was im Funk übrigblieb. Daran hat sich offiziell bis heute noch nicht viel geändert. Es überwiegen weiterhin die notdürftig entvisualisierten Texte.

Doch seit einigen Jahren gibt es eine Anzahl von Arbeiten, die völlig mit dieser Praxis gebrochen haben. Wirkungsgeschichtlich blieben sie jedoch für das Gros der französischen Hörspielproduktion ohne Belang. Die meisten dieser Arbeiten entstanden im Auftrag des Süddeutschen Rundfunks. Sie haben ihren Weg in den deutschen Rundfunkstationen gemacht und wurden teilweise von der ORTF gesendet. Was, um einen wichtigen Punkt vorauszunehmen, die Zusammenarbeit mit den französischen Autoren so faszinierend gestaltete, war die undogmatische, durch keine vermeintliche Hörspielontologie befrachtete Auseinandersetzung mit Sprech- und Hörtexten. Das erklärt die Vielfalt der Ergebnisse und die Neuheit gewisser Strukturen, die auf einer grundlegenden Reflexion über das Medium Mündlichkeit beruht.

Diese Hörspiele, die ich seit 1961 in Frankreich für den Süddeutschen Rundfunk bestellte, entstanden in einem eigenartigen Prozeß: ohne die Kenntnis von Funkformen. Eine Ausnahme davon machen die Arbeiten von Jean Thibaudeau. Er verwendet den Rundfunk medial, thematisch. Wir werden darauf gleich zurückkommen. In den Arbeiten der anderen Autoren tauchen die dramaturgischen und sprachlichen Probleme in einem werkimmanenten Sinne auf.

Im Falle Thibaudeaus wirkt die leider unterbrochene Tätigkeit des »Club d'essai«, den Jean Tardieu am französischen Rundfunk gegründet hatte, fort. Der Club d'essai experimentierte mit dem Thema Rundfunk auf hochinteressante, schon abstrakte Weise. Die Versuche führten weit über die üblichen Hörspielinstrumentarien hinaus. Das Auditive wurde als ein umfassender, Sprache, Geräusch, Artikulation, Musik einbeziehender Bereich erkannt. Das Medium Rundfunk wurde nicht als Theater hinter zugezogenem Vorhang verstanden, sondern als technische Realität, die nicht nur exklusiv Hörbares liefert, sondern die dieses spezifisch Hörbare zum Thema macht.

Thibaudeaus *Fußballreportage*, sein erstes Hörspiel, geht vom Thema Funk selbst aus. Ja, *Fußballreportage* ist vielleicht das großartigste Beispiel von Rundfunk im Rundfunk. Das Stück bringt eine halb ironische, halb poetische Auseinandersetzung mit den Formen des Funks und der bewußtseinsverändernden Rolle der gehörten simultanen Welt. Das zeigte sich seinerzeit bei der deutschen Inszenierung. Auf verschiedene allusive Stellen mußte in der deutschen Fassung verzichtet werden, da der deutsche Hörer sie als unabhängige, freie Formen mißverstanden hätte. Sie waren auf das Programm des französischen Rundfunks abgestimmt, das ungleich mobiler ist als das der deutschen Sendestationen. Es duldet in höherem Maße Improvisation und Unterbrechung. Die *Fußballreportage* thematisiert die Allgegenwart des Funks. Und zwar in einem doppelten Sinne: Die Allgegenwart der Rundfunkreporter, die überall im Land zugegen sind und eine akustische Einheitsfront gegenüber dem Hörer bilden, und die Allgegenwart des Berichteten selbst, das, aus abertausend Radioapparaten tönend, die private Information ersetzt. Dieser Allgegenwart, dieser sozusagen objektivierten Struktur eines Sonntagnachmittags à la »Sport am Sonntag«, stellte Thibaudeau eine nur vom Autor belauschte Welt gleichrangig zur Seite. Aus der Disproportion zwischen Länderkampf und Spaziergang, Radrennen und Autozusammenstoß entstand eine Collage. Die Allgegenwart von Ereignis und Information, gegen die sich ein beliebig herausgegriffenes Leben zu behaupten sucht, ist hier formal bewältigt. Jean Thibaudeau setzt in diesem Stück ein System ins Akustische um, das er in seinem ersten Roman, *Königsparade*, angewandt hatte. Der Unterschied Mensch-Masse hat noch einen historischen Aspekt: Königin und Volk, privilegiertes Bewußtsein und Unisono des beteiligten Volkes, geben dem Roman einen starken Kontrast. Wir finden dieses Motiv, Individuum-Gesellschaft, allerdings in ein raffiniertes und autonomes System der sonoren Perzeption eingebettet, bei Butor wieder. Im übrigen wird der Dialog, oft nur auf sich selbst beschränkt, zur Grundform der meisten Stücke, die im Umkreis des »Nouveau Roman« entstanden sind.

Im Hörspiel *Zirkus* wird die Struktur noch kleinteiliger. Sie bezieht sich auf die der *Fußballreportage*, läßt aber das Thema Rundfunk im Rundfunk beiseite. Der Text wird der mobilen Struktur der *Fußballreportage* aufgesetzt. Indem die natürliche Beziehung zum Funk — durch die Repetition der Funkformen — wegfällt, wird der Collage-Effekt stärker spürbar. Die ständigen Schnitte erinnern an Filmtechniken. Man fühlt sich an *Citizen Cane* erinnert. Dieser bewußte Bezug auf das Medium Funk fällt in den weiteren Arbeiten, von denen hier die Rede sein soll, aus. Sie entstanden im Umkreis einer Ästhetik, die unter der Bezeichnung »Nouveau Roman« kursiert. Wir verwenden weiterhin den Begriff des »Nouveau Roman«, obwohl die Unterschiede zwischen den Schriftstellern, die wir unter dieser Bezeichnung zusammenfassen, stärker sichtbar werden. Roland Barthes warnte bereits 1961 davor, durch eine voreilige Synthese aus einem eher soziologischen Phänomen eine stilistische Einheit zu machen. Die Konstruktion »Nouveau Roman« verhinderte eine Strukturanalyse der verschiedenartigen Texte.

Der Verzicht auf einzelne, adaptierte Methoden zugunsten der Erörterung ideologischer Ansatzpunkte wie »apsychologische Welt«, »Welt des Auges«, haben die Diskussion über die Werke lange Zeit unnötig verengt. Das einzige, was der Begriff »Nouveau Roman« leistet – und in diesem Sinne war er besonders in Frankreich von großer Wichtigkeit: er gestattet eine polemische Zusammenfassung der Versuche, die sich durch ihre formale und thematische Neuartigkeit von der übrigen Produktion unterscheiden. Der Sprachgebrauch »Nouveau Roman« hat jedoch von Anfang an ein Werk ausgenommen: das Samuel Becketts. Es wurde von früh auf monographisch behandelt. Heute, seit der »Nouveau Roman« aus der Schußlinie geraten ist, haben wir die Tendenz, die monographische Betrachtungsweise auf die Mitglieder des »Nouveau Roman« auszuweiten. Das hindert nicht, innerhalb der Gruppe einzelne Autoren, wie Robbe-Grillet und Claude Ollier, Nathalie Sarraute und Claude Mauriac, im Zusammenhang zu betrachten. »Nouveau Roman« definiert die Literatur als Roman. Das Umfassende ist die Prosa, das längere Prosastück. Der Begriff Hörspiel steht dazu in einem Widerspruch. Eine Deutung dieses Widerspruchs könnte wichtige Auskünfte geben.

Ausscheren: Der Weg zum Schauplatz führt durch den Kopf

Ausschlaggebend erscheint mir eine Vorbemerkung. Bei einigen der genannten Autoren ist das Hörspiel die einzige oder zumindest die erste dramaturgische Form. Es taucht in ihrem Werk in einem Augenblick auf, in dem die Suche nach einer neuen Form der Aussage aktuell wurde. Mehrere Arbeiten fallen in die Zeit, da der Roman als totale und unumschränkte Aufgabe – und damit auch die Ideologie des »Nouveau Roman« – in den Hintergrund traten. Hörspiel ist für all diese Schriftsteller – im Unterschied zu zahlreichen anderen Autoren – keine Frage der akustischen Adaption, der Anpassung ans Ohr: Hörspiel stellt, durch das Problem der Mündlichkeit, ganz neue Aufgaben, die in dieser Art vorher gar nicht möglich waren.

Es genügt, einen Blick auf die Romane dieser Autoren zu werfen, um die eigenartige Disproportion zwischen Mündlichkeit und Beschreibung zu konstatieren. Die Isolierung des Dialogs, den es in den Romanen nicht gab und der im Bereich des Theaters durch eine ständige optische Wiedergutmachung des Wortes versucht wird, ist nicht nur ein dramaturgisches Problem. Der Dialog muß im Hörspiel eine andere Dimension annehmen, sich verändern. Die Überwindung des Romans dank einem anderen Genre nimmt in jedem Falle andere Formen an. Schon daher die Feststellung der Überwindung, formuliert sie doch den jeweils besonderen Grad, einer exakteren Definition des jeweiligen Œuvres. Nathalie Sarraute schert auf eine andere Weise aus der Prosa aus, als es Robbe-Grillet tut, bei Ollier ist der Sinn der Überwindung ein anderer als bei Pinget. Eine Untersuchung dieser verschiedenen Systeme des Dialogs oder der beinahe abstrakten, musikalisch verstandenen Partitur, könnte die Diskussion über den »Nouveau Roman« beleben.

Wollte man chronologisch vorgehen, müßte nach Jean Thibaudeau zunächst von Robert Pingets *La Manivelle* (*Die alte Leier*) die Rede sein. Anschließend kämen Butor, Nathalie Sarraute, Boulanger, Ollier, Claude Simon, Philippe Sollers und Monique Wittig an die Reihe. Samuel Beckett in diese Gruppe aufzunehmen, würde meines Erachtens den Rahmen sprengen, da in seinem Falle der Rückgriff auf das angelsächsische Hörspiel eine Rolle spielt. Zumindest *Alle die da fallen*, das Stück, von dem sich Beckett heute gern distanziert, gehört in eine Hörspieldramaturgie, der es mehr darum geht, Geschehen lebendig werden zu lassen. Erst *Cascando* und *Words and Music* bringen eine völlige Umsetzung. *Cascando* läßt ein wichtiges Motiv Becketts hörbar werden: eine Aufgabe, ein Pensum zu Ende führen, eine Obsession durchstehen. Diese Aufgabe ist symbolisiert, sie wird von einer physischen Anstrengung dargestellt, dem mühseligen Gehen und Fallen auf dem Strandgeröll. Der Weg zum Schauplatz führt durch den Kopf. Der »Öffner« in *Cascando*, der die Stimme und die Musik, die sich abkämpfen, freigibt, ist die Instanz des Stückes. Man muß diesen Text mit dem Drehbuch zu *Film* vergleichen. Beckett hat ihn für Buster Keaton geschrieben. Dort ist der »Öffner« die Kamera, das Auge. Als Motto hat er *Film* das Berkeleysche »esse est percipi« vorangestellt. Er hat damit der Kamera, dem Sehen, die Aufgabe zugewiesen, so wie er in *Cascando* dem Ohr die Welt zur Verfügung gestellt hat. Die Genese des Hörspiels innerhalb der genannten Gruppe setzt ziemlich spät ein. Eines der ersten Beispiele – von den Arbeiten Becketts abgesehen – ist, wie gesagt, Robert Pingets *Alte Leier*. Der Dialog entstand 1960 im Auftrag der BBC London. Er wurde 1961 vom Südwestfunk zur deutschen Erstsendung gebracht. Pinget schrieb *Alte Leier* ein Jahr nach seinem Theaterstück *Lettre Morte*. Der Einfluß des Theaters ist spürbar. Wenn auch das Thema in den Dialog verlagert ist, so bleibt doch die szenische Charakterisierung der beiden Personen spürbar. Erst die Hörspielfolge *Autour de Mortin*, die Pinget ab 1962 für den Süddeutschen Rundfunk zu schreiben beginnt, bringt die dramaturgischen Möglichkeiten des Funks in einem neuen Sinn zur Geltung. Dazu gehört zunächst das Motiv. Im ersten Teil beschreibt der Erzähler etwas, was nur er sieht. Etwas, was auf dem Theater Teichoskopie wäre. Der Blick durch ein Schlüsselloch erinnert an eine der szenischen Etüden Jean Tardieus, *La Serrure*. Das Neue ist jedoch in dieser Hörspielfolge das Motiv der seriellen Erweiterung des Dialogs. Es gibt einen Frager und – unabhängig voneinander – acht verschiedene Befragte. Die Stimme wird als Variationsmittel eingesetzt. Der Wechsel des Tons – jeweils völlig auf die direkte Charakterisierung angewiesen – wurde für Pinget entscheidend. Es geht über das Problem seines Romans *L'Inquisitoire* hinaus. Im Vorwort zu seinem Roman *Le Libera* definiert Pinget seine Methode. Er nimmt dabei Beziehung auf seine Arbeit fürs Hörspiel. Ja, er benützt das Hörspiel geradezu als Kontrapost zu der weitverbreiteten Definition des »Nouveau Roman« als einer Schule des Blicks. Pinget schreibt: »Das Ohr stellt ebenso tyrannische Forderungen« und: »Unser Ohr ist ein ebenso starkes Aufnahmegerät wie unser Auge.«

Der allwissende Diener

Pinget übernimmt in diesen Dialogen die Form des Verhörs, die wir aus *L'Inquisitoire* kennen. Er zieht damit eines der Lieblingsmotive des »Nouveau Roman« heran, die Simulierung der kriminalistischen Untersuchung, die mit dem Schreiben identisch wird. Die Schwierigkeit zu schreiben wird zu einer gegenständlich faßbaren Schwierigkeit. Der Dialog ist fiktiv, er verlagert sich zugunsten eines der beiden Partner. Auch Claude Ollier in *Tod des Helden*, Boulanger in *Reise nach Maronne*, Marguerite Duras in *Xanatta*, verwenden das Motiv des Verhörs, des Prozesses. In Nathalie Sarrautes Hörspielen sollte aus dieser Konfrontierung – dem gegenseitigen Verhör zweier Sprachebenen – eine völlig neue Präsenz der Stimmen entstehen. Der Dialog muß die Vorbereitung zum Dialog und den Dialog selbst integrieren. *Autour de Mortin* von Robert Pinget wurde nach der Fertigstellung des Romans *L'Inquisitoire* in Angriff genommen. Es steht in einer direkten Beziehung zu diesem Roman. Auch in *L'Inquisitoire* bleibt die Instanz des Fragenden außerhalb. Der Fragende – der Schriftsteller – provoziert ständig neue Auskünfte, Widersprüche. Der Schriftsteller setzt voraus, daß sein Gegenüber, der alte, taube Diener, zumindest potentiell allwissend ist. Nur daher wird die Frage sinnvoll. Der alte Diener, auf den wir angewiesen sind, der die Rolle des gottähnlichen Erzählers ersetzt, der alles in sich trägt, was wir im Laufe des Verhörs herausbringen werden, gibt uns eine immanente Vorstellung von Literatur: Der Dichter sagt die Dinge, er breitet sie vor uns aus und kommentiert sie. Bericht und persönliche Reflexion des alten Dieners ziehen eine Grenze, über die wir nicht hinausgehen können. In den Hörspielen erweitert Pinget dieses Thema, indem er den Fragenden verschiedene Verhöre mit verschiedenen Personen anstellen läßt. Pinget hat in diesen Stücken die Elemente des Absurden, die er vorher in seinem Theater in Bühnenformen übertragen hatte, weggelassen. Ein scheinbar hermeneutisches Problem, die Wahrheitsfindung – an die der Autor jedoch nicht glauben kann, sein Text simuliert doch nur diese Wahrheitssuche – ersetzt die bisherige szenische Darstellung des Absurden. Aus der Diskrepanz zwischen Skepsis und mechanischer Weiterführung des Verhörs besteht das eigenartige Klima dieser Stücke. Diese sind gegenständlicher als alle Texte der übrigen Autoren, von denen in diesem Zusammenhang die Rede sein könnte, aber sie werden zugleich durch dieses absurde Perpetuum mobile des Verhörs verfremdet. Die dramaturgischen Mittel, Identität derselben Struktur, ununterbrochener Dialog, unterstreichen dies.

Permutation, Disproportion – die akustische Aggressivität

Ich glaube, wir haben mit Butors Hörspielen Arbeiten vor uns, die hochinteressante Parallelen auf anderen Gebieten aufweisen. Man könnte von Butors System der sonoren Perzeption sprechen. Es ist ein Begriff, den ich in Analogie zu avancierten Arbeiten auf dem Gebiet der bildenden Kunst wage. Im Falle von 6 810 000 *Liter Wasser pro Sekunde* wird uns dies deutlich. Butor setzt durch einen ständigen, rapiden Wechsel von Dialog, Textzitat aus Chateaubriand, Erzählung, Kommentar, Geräusch, dem Wechsel der Zeit den Hörer in eine Situation der akustischen Überreizung. Man könnte diese akustische Überreizung als symbolisches Geräusch des Niagara-Falls verstehen, der im übrigen im Stück nicht durchgehend als Geräusch auftritt. Zahlreiche Sätze, zahlreiche Geräusche, die zum Teil abstrakt sind, bleiben auf der Perzeptionsebene, das heißt sie reizen unser Gehör, dringen jedoch nicht zu einer Apperzeption vor. Dieses Problem erinnert stark an die Techniken der »optical art«. Ich habe sowohl mit Vasarely als auch mit Josef Albers über das Problem der Herstellung von Texten, in denen das einzelne Problem riskiert, nicht über die Perzeptionsebene hinauszugelangen, diskutiert. Beide fanden die Arbeiten Butors von großem Interesse, beide konstatierten eine Verwandtschaft zu eigenen Problemen. Wie man im Falle Vasarelys und im Falle der »strukturellen Konstellationen« Josef Albers' von einer Ikonographie der optischen Aggressivität sprechen könnte, so könnte man im Falle Butors von einer akustischen Aggressivität sprechen, die die Adaptationsfähigkeit des Ohrs und seine Unfähigkeit zur Adaptation oder zur Identifikation einschließt. Ein wichtiges Konstruktionsprinzip in den Arbeiten Butors ist – wie im Falle Vasarelys, der auf »plastische Einheiten« zurückgreift – der Rückgriff auf isolierbare Elemente, die seriell eingesetzt und im Laufe der Arbeit permutiert werden. Die Gleichheit der Struktur – ständig wiederkehrende, einem bestimmten Ablauf folgende Sätze, Motive, Namen, Geräusche, Klänge – bilden auf der Perzeptionsebene Einheiten, an die wir uns gewöhnen und die wir nach und nach in ihrem Wechsel identifizieren. Auch Robbe-Grillets Hörspiel, an dem dieser arbeitet, wird von der sehr starken Beziehung zwischen Geräusch, das musikalisch verwendet wird, und Stimme leben. Die Disproportion zwischen Geräusch und Stimme wird dabei ähnlich stark sein wie die Disproportion zwischen Bild und Dialog im Film *L'Immortelle*, wo der Dialog zusammengerechnet nur wenige Minuten dauert.

Das erste Hörspiel Butors, *Réseau aérien* folgt darüber hinaus einem weiteren Prinzip, das in der aktuellen Malerei wichtig geworden ist: dem seriellen Aufbau. Dieser bringt, wie der der akustischen Überreizung, eine Art Überforderung des Ohrs zustande. Der Hörer muß sich mit einer ungewohnten Konzentration in dem Bereich Klang und Bedeutung orientieren.

Butor ist notgedrungen zu einem Genre vorgestoßen, innerhalb dessen Gesetzen und Möglichkeiten er eine Form realisieren konnte, die weder im Theater noch im Roman möglich ist. Butors Hörspiel ist das konsequente Ergebnis einer Auseinandersetzung mit Formproblemen, die bereits im ersten Roman, in *Passage de Milan*, angelegt war. Gleichzeitigkeit, eine Allgegenwart, die das Individuelle auf dem Hintergrund einer allgemeinen Aktion zeigt, gibt auch hier das Thema. Nur ist in *Réseau aérien*, in *Fluglinien*, dieser Hintergrund nicht mehr ein vertikaler Schnitt durch die Wohnungen eines sechsstöckigen Wohnhauses, sondern eine Abfolge von Zeit- und Raumpartikeln. Die zehn Flugzeuge, in denen die Personen, die im Hörspiel auftreten, um den Erdball fliegen, kreisen den Erdball ein und umgeben ihn mit einem Spinnennetz aus Worten, Bedeutungen und geographischen Bezeichnungen. Hinter Butors Entscheidung, sich anderen literarischen Formen zuzuwenden, steckt eine Kritik am Roman, die außerhalb des Romans selbst vorgetragen wird. Butor schreibt bereits 1955 in einem Aufsatz, der den Titel *Roman als Suche* trägt: »Aus all dem geht hervor, daß sich jede wirkliche Umwandlung der Form des Romans, jede fruchtbare Suche in diesem Bereich nur innerhalb einer Umwandlung des Begriffes Roman überhaupt vollziehen kann, der sich langsam aber unaufhaltsam [...] zu einer neuen Art Dichtung entwickelt, die episch und didaktisch zugleich ist. Diese Entwicklung wiederum vollzieht sich innerhalb einer Umwandlung des Begriffes Literatur, die nicht mehr nur als Mittel zur Entspannung oder als Luxus erscheint, sondern in ihrer wesentlichen Rolle im Innern des gesellschaftlichen Gefüges und als methodische Erfahrung.« Als in Frankreich das zweite Hörspiel Butors, *6 180 000 Liter Wasser pro Sekunde*, das vorher im Süddeutschen Rundfunk zur Ursendung gebracht worden war, in einer Buchausgabe erschien, erläuterte Claude Mauriac im *Figaro* die Selbstentfremdung Butors, wie sie sich dem Leser, der an den Romancier Butor gewohnt war, darbot: »Er war berühmt, geschätzt, er wurde kommentiert. Jetzt dringt er in eine Nacht ein, in die man ihm nicht mehr folgt. Liest man ihn überhaupt noch? Selbst die Spezialisten verzichten auf die Lektüre [...].« Solche Urteile gehen davon aus, daß die Texte gelesen werden. Die Auffassung von Butors Texten als Lesetexte ist zu restriktiv. Butor dachte an eine Realisierung, die den Leser zum Hörer oder zum Betrachter machen sollte. Zwei Möglichkeiten boten sich an. Beide benützte Butor zur gleichen Zeit. Das Ergebnis der einen ist *Mobile*, das Buch, das die Vereinigten Staaten vorstellt, und das zweite ist *Fluglinien*. Beide Bücher erschienen 1962. Beide Texte sind so reich strukturiert, daß sie an den Leser, der daran gewöhnt ist, Linie für Linie ein Buch von der ersten bis zur letzten Seite zu lesen, neue Anforderungen stellten.

Die Polyphonie der Luftlinien

Mobile ist das Buch der ersten Möglichkeit, des visuellen Textes, in dem das Auge des Lesers nicht in einer einzigen Apperzeption den Wortsinn erfassen muß, sondern in dem es stark auf die Perzeption ankommt. Der Leser muß den Stellenwert des Wortes auf der Seite erkennen und in Beziehung zur Seite setzen. Butor arbeitet mit verschiedenen Schriftgraden und Zeilenabständen, also visuellen Perzeptionsmodellen. Das Gerüst aus Schriften und Zeilenabständen, aus bedrucktem und leerem Blatt, ist für das Verständnis der Worte notwendig. Wir haben eine Seite vor uns. Sie ist wie eine Partitur. Wir müssen verschiedene Stimmen lesen – aber wir dürfen uns nicht damit begnügen, diese Stimmen analytisch für sich zu nehmen, wir müssen sie in ihrem Nebeneinanderherlaufen, in ihrem Abbrechen, Pausieren und Wiedereinsetzen aufnehmen.

Das gilt auch für *Fluglinien*, das Resultat der zweiten Möglichkeit, die Butor offensteht. *Fluglinien* ist im Aufbau einfacher als *Mobile*, kann aber ebensowenig wie dieses als eine linear ablaufende Struktur erfaßt werden. Worum geht es in diesem

Hörspiel? Zunächst einmal um die Realisierung eines mathematisch erfaßbaren Problems: Zwei Paare reisen von Paris-Orly zur gleichen Stunde nach Noumea ab, der Hauptstadt von Neu-Kaledonien. Die Insel im Stillen Ozean ist der Ort, der sozusagen unter unseren Füßen liegt. Eine größere Entfernung in gerader Richtung können wir auf der Erde nicht zurücklegen, wollen wir uns dabei nicht wieder dem Ausgangspunkt Paris-Orly nähern. Beide Paare reisen zu den Antipoden. Das eine Paar nimmt die Route, die nach Osten führt und das andere reist der Sonne nach. Die Maschine, die in östlicher Richtung fliegt, kommt über Athen, Teheran, Karatschi, Saigon. Die andere Maschine überfliegt den Atlantik, kommt über Montreal, Los Angeles, Honolulu. Beide Paare verlassen Paris zur selben Zeit und erreichen auch ungefähr zur selben Zeit Noumea. Das Paar, das westwärts fliegt, erlebt einmal die Nacht und das Paar, das ostwärts fliegt, erlebt zwei Nächte. Bei jeder Zwischenlandung der beiden Maschinen Paris-Noumea steigt ein Paar aus und gleichzeitig startet von den Landeplätzen aus eine Maschine in Richtung Paris, die ihrerseits bei jeder Zwischenlandung ein Paar dazunimmt. Zehn Maschinen sind schließlich unterwegs – starten, fliegen, landen. In all diesen Maschinen sitzen Menschen, die reden, zum Fenster hinausschauen. Der Dialog ist die Grundform. Er beherrscht ausnahmslos die Struktur des Stückes. Der Dialog ist formalistisch aufgebaut. Die beiden ersten Maschinen, die von Paris nach Noumea fliegen, haben nach dem Start in Paris fünf Paare an Bord, die miteinander reden. Das Gespräch bleibt immer auf ein Paar beschränkt, auf einen Mann und eine Frau, auf zwei Frauen oder zwei Männer. Nie weitet sich das Gespräch aus. Die Sitzordnung im Flugzeug, die strenge Trennung, die das paarweise Sitzen mit sich bringt, ist der, wenn man so will, logische Grund für die dialogische Anordnung der Gespräche. Die fünf Paare, die in den beiden Flugzeugen Paris verlassen, dialogisieren für sich, lösen einander ab. Zunächst unterhält sich Paar I, dann Paar II und so weiter. Jedes Paar beschränkt sich auf insgesamt sechs Repliken. Die beiden Flugzeuge, die Paris verlassen, führen daher vor der ersten Zwischenlandung, bei der ein Paar das Flugzeug verläßt, ein fünfteiliges Gespräch von sechs Repliken. Der Dialog setzt in Flugzeug Nummer 1 ein. Dieses nimmt Kurs auf Osten. Dann wechseln wir das Flugzeug und sind für die Dauer von dreißig weiteren Repliken im zweiten Flugzeug, das westwärts nach Noumea fliegt. Die erste Zwischenlandung auf dem östlichen Kurs ist in Athen. Das Paar, das am Ende des fünfteiligen Gesprächs im ersten Flugzeug zu Wort kam, verläßt das Flugzeug. Es wird nicht ersetzt. Gleichzeitig startet in Athen ein Flugzeug. Es trägt die Nummer drei. In ihm dialogisiert ein einziges Paar. Es ist am Ende seiner Reise, die nach Paris führt. Es ist sozusagen das Gegenstück zum Flugzeug Nummer 1, das Paris vollbesetzt in Richtung Noumea verlassen hat. Das Paar, das von Paris nach Noumea fliegt, ist von Paaren begleitet, die nach und nach bei den Zwischenlandungen aussteigen werden. Erst auf dem letzten Abschnitt, auf dem Flug von Saigon nach Noumea, wird das Paar isoliert sein und als einziges reden. Die beiden Paare, die in den beiden Flugzeugen nach Noumea fliegen, werden immer stärker isoliert. Ein Stimmenpaar nach dem anderen setzt aus, während sich in den Flugzeugen, die sich gleichzeitig Paris nähern, die Stimmen mehren.

Durch die strenge Anordnung, durch die konsequente Beachtung einer Struktur, entsteht ein Reiz, der beim Hören fasziniert. Bei der Lektüre verliert der Leser die Addition und Subtraktion, den Wechsel von positivem und negativem Flug, von Hinflug und Wegflug, von Tagflug und Nachtflug aus den Augen. Beim Hören wird die Struktur deutlich. Das Zeitgefühl, der Wechsel zwischen männlicher und weiblicher Stimme oder – wenn ein Paar aus Männern oder Frauen gebildet wird – der Wechsel zwischen zwei verschiedenen Timbres ist sehr konkret. Das Durcheinander verschiedener Dialogausschnitte gliedert sich nach und nach. Die Stimmen sind zwar abstrakt behandelt – die Paare sind nur durch Buchstaben bezeichnet.

Aber bald beginnen wir, die verschiedenen Paare, wenigstens die wichtigsten, zu trennen. Die Paare, die auf den entgegengesetzten Routen nach Noumea fliegen, sind uns rasch vertraut. Sie sind schon dadurch leicht zu erkennen, daß sie jeweils als erste reden, wenn wir in ihre Maschine einblenden. Butor will, daß wir neben der fortlaufenden Aufnahme der Dialoge auch die übergeordneten Strukturen erleben, das heißt, daß wir die zueinandergehörenden Paare verfolgen und auf diese Weise die Einheit herstellen. Aber hier spüren wir auch, daß die Form eine Aufgabe hat. Der formale Aufbau der Schriften Butors soll stets eine Realität sichtbar machen. Ein Blick auf den ersten Roman Butors, auf das oben zitierte *Paris – Passage de Milan*, zeigt uns das. Der Roman spielt in einem sechsstöckigen Wohnhaus. In diesem leben zahlreiche Menschen, die an sich nichts miteinander gemein haben. Der Zufall hat sie zusammengebracht – so wie auch der Zufall die und die Passagiere in dem und dem Flugzeug zusammengewürfelt hat. Butor konzentriert sich aber ebensowenig wie in *Fluglinien* in *Passage de Milan* auf einzelne Personen. Er möchte das kollektive Leben darstellen.

Die Struktur des Romans weist bereits auf die Struktur von *Fluglinien*. Der Erzähltext verweilt kurz in einem einzelnen Raum, verläßt diesen und gleitet in eine andere Wohnung hinüber. Die Simultaneität der verschiedenen Leben im Haus wird sichtbar.

Die Form des Romans, der das Einzelschicksal in den Vordergrund stellt, der davon lebt, Personen zu zeichnen, bricht immer wieder die additive Nebeneinanderstellung auseinander. In *Fluglinien* ist die Absicht, ein einzelnes Leben im Leben überhaupt aufgehen zu lassen, völlig geglückt. Daß es Butor darum geht, den einzelnen aus seiner psychologischen und individuellen Situation loszulösen, dafür spricht bereits die Wahl des Schauplatzes. Es ist der labilste Schauplatz überhaupt, an dem der Mensch weilen kann. Der Flug ist wie ein Auftritt, genau berechnet, auf Stunden beschränkt, und er spielt in einer Umgebung, die das normale Leben mit seiner Psychologie und seinen Umweltsbedingungen vorübergehend außer Kraft setzt. Das technische Element des Fliegens ist in *Fluglinien* auf ein Mindestmaß reduziert. Es ist ein beinahe abstraktes Fliegen. Wir erfahren kaum etwas über die technischen Bedingungen, die meteorologischen Umstände. Das Fliegen ist lediglich Vorwand für ein kosmisches Gedicht. Das Reden der Paare gleitet nach und nach aus gegenständlichen und praktischen Äußerungen in ein beinahe halluzinatorisches Erleben über.

Die Fuge dahinkriechender Gespräche

Die Hörspiele Claude Olliers sind am ehesten Umsetzungen des »Nouveau Roman«. Sie versuchen Prosaprobleme, Fragen des Romans, darzustellen. In *Der Tod des Helden* wird ein Buch, die Lektüre verschiedener Passagen eines Buches, zur Person. Und in *Régression* besteht der erste Teil in der Lektüre eines längeren Prosastückes, das anschließend szenisch dargestellt wird. *Der Tod des Helden* ist, wie bereits gesagt, in die Form eines Verhörs gekleidet. Es ist eine Art literaturkritisches Hörspiel, bringt es doch – so wie eine philosophische Erzählung ein philosophisches Problem expliziert – ein theoretisches Problem der Literatur in eine dramatische Form. Das ist übrigens ein zentrales Motiv der Schriftsteller, die zum »Nouveau Roman« gehören. Literatur als Thema des Buches, das Buch, das sich selbst schreibt, das Buch, über das verhandelt wird, taucht in Nathalie Sarrautes *Goldenen Früchten,* in Sollers *Drame,* in Pingets Büchern auf. Auch bei Thibaudeau finden wir ständig Referenzen dieser Art. Die Person, die in Olliers Hörspiel ermordet wird, ist die Romanperson, deren normativer, psychologischer Charakter. Ein Musterbeispiel dafür, wie das Hörspiel eine völlig neue literarische Form zustandebrachte, sind die Arbeiten Nathalie Sarrautes. Nathalie Sarraute hat neben Essays und einem Band mit Prosastücken nur wenige Romane veröffentlicht. Daher fällt der Beweis nicht schwer, daß die Entscheidung für die Form des Hörspiels, die Nathalie Sarraute getroffen hat, sehr wichtig für sie war. In der Tat forderte das Hörspiel Nathalie Sarraute auf, das System der »sous-conversation«, des unterschwelligen Gesprächs, völlig neu zu fassen. Wer die Romane Nathalie Sarrautes kennt, erinnert sich an die eindrucksvolle Rhetorik, an das aggressive System, mit dem ein gesprochener Satz vorbereitet wird. Was vorher über die Voraussetzungen dieses Satzes gemutmaßt wird, ist ebenso wichtig wie der Satz selbst. Es ist wie mit einem musikalischen Thema, das wir aus einer Symphonie lösen und vor uns her singen. Die einstimmige Melodie wird nur dann verständlich, wenn wir gleichzeitig die Partitur, die Harmonisierung der Phrase im Ohr haben.

Das den in Klartext gesprochenen Satz begleitende System gehört zur Aussage selbst. Das gesprochene Wort ist immer nur letzter, an die Oberfläche geschwemmter Rest. Nathalie Sarraute stand daher vor der Aufgabe, in einem dialogischen System Klartext und unterschwelliges Gespräch unterzubringen. Eine Lösung – Kommentar und Dialog, in der Form der Funkerzählung denkbar – verwarf sie von Anfang an. Sie suchte ein System, das einen ungebrochenen Übergang von Vorbereitung zu Aussage gewährt. Im Roman ist dieser Übergang fugenlos. Im Hörspiel wäre er, schon durch den Wechsel der Stimmen, undenkbar gewesen. Die Grenzen zwischen den Personen, die in den Romanen noch fließend sind, werden im Hörspiel durch die Fixierung auf bestimmte Stimmen stärker bewußt. All die Mittel, Personen voneinander zu trennen, die im Roman üblich sind, werden von Nathalie Sarraute nur mit Mißtrauen angewendet. All die »sagte er«, »sagte sie«, »fuhr sie fort«, »gaben sie zur Antwort« sind auf ein Mindestmaß beschränkt. Die Überleitungen von einem Partner zum anderen sind differenzierter. Der Ton, den Nathalie Sarraute in ihren Hörspielen gefunden hat, ist eigenartig, unwirklich. Jean Thibaudeau faßte seinen Eindruck in einen Vergleich: Er verglich die Stücke mit einem umgekehrten Handschuh. Man redet in diesen Stücken, wie man nicht redet. Nathalie Sarraute ließ die Personen dieser Hörspiele in Umgangssprache sagen, was man nicht sagt, was tabuiert bleibt, was sie in den Romanen nur unterhalb der Sprachebene andeutet. Um diese Situation zu provozieren, führte Nathalie Sarraute in ihrem ersten Stück einen schweigenden Mann ein. Sein Schweigen wirkt wie ein Katalysator. Eine Situation, die es in Wirklichkeit gibt – das Schweigen einer Person – das man in der Regel mit einem witzigen Satz, einer Frage oder einer Anekdote abtut, wird zum Zentrum einer ständig wachsenden Aggressivität. Das Gespräch wird auf die Ebene der Tropismen verlagert, ist imaginäres Gespräch. Am Ende von *Das Schweigen* kehrt das Gespräch wieder zur Wirklichkeit zurück, taucht auf. Nichts ist vorgefallen. Eine kleine, banale Frage hat das Schweigen, das vor fünfundvierzig Minuten begann, erledigt. Die fünfundvierzig Minuten, die dazwischenliegen, sind irreal, sie dauern in Wirklichkeit nur einige Sekunden.

Ein auf zwei Personen beschränkter Dialog wäre nach Nathalie Sarrautes Aussage denkbar. Sie zieht jedoch das System vor, das sie bisher benützt hat. Mehrere Partner gestatten eine reichere Bewegung, verunklären die Situation – ihr abwechselnder Eingriff ins Gespräch wirkt grenzverwischend. Der Wechsel der Stimmen hilft auch mit, den Wechsel zwischen Konversation und »sous-conversation« in Gang zu halten. Die einen ziehen das Gespräch an die Oberfläche, die anderen lassen es in den Grund tauchen, verhelfen ihm zu dem irrealen, in Zeitlupe fixierten Dahinkriechen, das den Stil Nathalie Sarrautes – und den Inhalt ihres Schreibens – unverwechselbar bestimmt.

Sprachmassage

Das erste Hörspiel von Monique Wittig, *Johannisfeuer*, verweist auf diese forcierte, krampfartige Welt der Pseudounterhaltung, die Nathalie Sarraute ins Hörspiel eingeführt hat. Der Einfluß Nathalie Sarrautes ist jedoch nur im ersten Hörspiel Monique Wittigs spürbar. Das zweite, *Die Massage*, hat sich völlig davon freigemacht. Monique Wittig hatte 1964 einen Roman, *L'Opoponax*, veröffentlicht. Er erschien im Verlag *Les Editions de Minuit*, der die meisten der genannten Autoren verlegt hat. Nathalie Sarraute, Marguerite Duras, Claude Simon begrüßten dieses Buch begeistert. Der »Prix Médicis« belohnte diesen völlig neuen Ton. Die Kindheit wird aus der Perspektive der Kinder heraus beschrieben, mit Hilfe einer vom Schriftsteller imitierten, künstlichen Sprache: der der Kinder. Das Problem des Schreibens, die Frage der Perspektive bekam durch diesen Rückgriff auf einen sehr bestimmten Ton eine beinahe natürlich wirkende Lösung. Es ist einfach, sich das Außergewöhnliche und Neue dieses Buches klarzumachen, wenn man es mit den Romanen oder den Theorien Robbe-Grillets vergleicht: Bei Robbe-Grillet ist die Beschränkung auf eine erzählerische Perspektive, die von außen Objekte und Menschen im Verhältnis zu den Objekten, und Menschen im Verhältnis zu Menschen als Objekten zeigt, eine schriftstellerische Maßnahme, die theoretisch begründet wird. Die Sprache der Kinder ist eine Sprache voller Auslassungen, Anspielungen. Gerade das Problem der Ellipse interessiert Monique Wittig. In *Opoponax* wird diese Ellipse durch die sprunghafte, immer wieder bei Neuem einsetzende Sprache der Kinder als natürliche Sprachwelt spürbar. In den Hörspielen tritt Monique Wittig in die Welt der Erwachsenen ein.

Das Gespräch zwischen den beiden Männern in *Johannisfeuer* kreist um Themen, die der Hörer nicht mehr mit Sicherheit erkennen kann. Die Dinge, von denen die Rede ist, bleiben offen. Das Gespräch ist Ausschnitt. Der Dialog – obwohl er wie in den Stücken Nathalie Sarrautes scheinbar natürlich und ununterbrochen dahinfließt – ist ständig unterbrochen. Mitten in einem Satz kann eine unhörbare Pause liegen, in der der logische Zusammenhang des Gesprächs verschwindet. Diese Diskontinuität in der Kontinuität des Gesprächs wird von Monique Wittig gleichsam institutionalisiert. Das ist auch der große Unterschied zu den Stücken Nathalie Sarrautes, in denen, wenn auch der Ton irreal wirkt, die Kontingenz des Gesprächs gewährleistet bleibt. Das Literarische, das heißt das rein vom Wort ausgehende Stimulans, ist bei Monique Wittig stärker als das psychologische Interesse an irgendwelchen kaum sagbaren Hintergründen. In *Opoponax* war diese Diskontinuität spürbarer als in *Johannisfeuer*, da Monique Wittig im Roman einzelne Bilder entwickelte. Die bildliche Sprache ist durch ihre Gegensätzlichkeit kontrastreicher als ein halb anschaulicher, intellektueller Dialog. Im zweiten Stück, der *Massage*, werden die Brüche stärker spürbar. Sie treten als poetische, beinahe surrealistisch anmutende Bilder auf. Auch *Die Massage* ist ein Stück, das keine Handlung voraussetzt, sondern das sich völlig immanent an sprachlichen Problemen entzündet, ja, das sprachliche Delirium ersetzt geradezu die Handlung. Daher war es auch wichtig, bei der Inszenierung den realistischen Hinweis auf die Massage zu unterdrücken und durch ein System verschiedener Rhythmen zu ersetzen. So gesehen wird die Massage, das heißt die systematische Beschäftigung mit dem Körper, eine Oberstruktur, die gleich einer Syntax, einem festen, geordneten System, in dem die Handgriffe gleich grammatikalischen Gesetzen aufeinanderfolgen, die wuchernde poetische Spache artikuliert.

Wir brauchen einen Kahlschlag der Gefühle
Zum Tode von Alain Robbe-Grillet

Alain Robbe-Grillet, der außerordentliche Wortführer der französischen Nachkriegsliteratur, ist Anfang dieses Jahres gestorben. Und eine schlimme Botschaft kommt hinzu: Der Verlag Kiepenheuer & Witsch hat die deutschsprachigen Rechte für Nathalie Sarraute an den französischen Verleger zurückgegeben.

Man kann und will das nicht glauben. Eine der außerordentlichsten Schriftstellerinnen des vergangenen Jahrhunderts soll in Deutschland nicht mehr wahrgenommen werden. Ist die Ära des »Nouveau Roman« denn heute vergessen? Wer Anfang der sechziger Jahre nach Paris zog, wurde in eine Stimmung hineingerissen, die man aus der Rückschau als Entdeckung von Unstimmigkeit beschreiben wollte. »Nouveau Roman« und »Nouvelle Vague« sorgten dafür, dass sich das Gewohnheitsmäßige in einem Dschungel von Indizien verirrte. Man begegnete Werken, die sich gegen den Erzählstrang einer realistischen Tradition auflehnten. Sie wirkten ebenso neu und revolutionär wie die Bilder von Pollock, Newman oder de Kooning, Maler, die sich inmitten eines totalen moralischen Zusammenbruchs auf eine Tabula rasa zurückziehen wollten. Es kam einem vor, als habe sich der Brustton von Überzeugung und gut gestopftem schlechtem Gewissen in diesen verstörenden Arbeiten von aller Rechthaberei freigehustet.

Gab es für diese große Erfahrung der Nachkriegszeit stimmigere Buchtitel als Nathalie Sarrautes »Das Zeitalter des Argwohns« oder Robbe-Grillets »Gommes«? Der Hinweis auf den Radiergummi, der im Originaltitel anzeigt, warum zwischen Mord und Indizien zahlreiche weiße Flecken erscheinen, verschwand hinter einem platten »Ein Tag zuviel«. Bereits in dieser deutschen Übertragung zeigte sich ein großes Missverständnis: denn die Ausschmückung von Charakteren und die Chronologie wollten in diesen Büchern und Filmen keinen Platz mehr haben. Es gab in jenen Jahren nichts Aufregenderes, und eigentlich hat sich für jeden, der weiterhin liest, diese Erwartung, die sich an ein Schreiben über das Schreiben bindet, nie mehr legen können. Die Schilderung der kritischen Distanz zu den Dingen, die Unterbrechung des linearen Ablaufs eines Geschehens, die in diesen Werken – wie auch bei Godard – die Empathie als wehleidige Täuschung hinwegfegte, führte mich zu Alain Robbe-Grillet. Es schien, als ob er in der Nachfolge von »Madame Bovary« die Schilderung der subkutanen Neurasthenie der Dinge, die bei Flaubert ihre Besitzer charakterisiert, über die Schilderung einer Aktion und ihrer Akteure stellte.

Der Schriftsteller bewachte damals in der Rue Bernard Palissy im Zwischengeschoss der »Éditions de Minuit« den Weg zum großen Verleger Jérôme Lindon. Er agierte an diesem Hauptplatz des »Nouveau Roman« als Lektor und als literarischer Berater. Und auch diese Funktion, die aus ihm ein wenig einen Marlowe oder Nero Wolfe der literarischen Fälle der Zeit machte, passte zum Umgang mit dem Forensischen, das in so vielen Büchern in den Vordergrund tritt. Bei Beckett, bei Robbe-Grillet, bei Pinget, bei Sarraute tauchen unentwegt Spurensicherer auf. Und nichts unterstreicht stärker als die Verwendung kriminalistischer Motive und Funktionen, dass es dabei allenfalls um Phantome der Gewissheit geht. Denn es wird letztlich nichts aufgedeckt. Das Spiel mit der Entlarvung, der Verdacht, der sich bei Nathalie Sarraute wie Mehltau auch über die einnehmendste Aussage legt, erscheinen als Persiflage einer zur Erfolglosigkeit verdammten metaphysischen Suche.

Die sonore, immer wieder von hellem Auflachen skandierte Stimme Robbe-Grillets stand in flagrantem Kontrast zu dem Ertrag der Lektüren, den man mit sich trug. Denn unkörperlich, eisig, desinfiziert kam einem das Geschehen vor, das wie im Musterkoffer des reisenden Uhrenverkäufers Mathias im »Augenzeugen« zur Auswahl ausgebreitet wird. Robbe-Grillet überließ mir bei weiteren Verabredungen in seiner Wohnung am Boulevard Maillot in Neuilly einen theoretischen Text zum Übersetzen, der dann zwei Jahre später in der Sammlung »Argumente für einen neuen Roman« veröffentlicht wurde. Der Aufsatz »Neuer Roman, neuer Mensch« plädierte, wie zuvor Sartres »L'existentialisme est un humanisme«, für eine absolute, selbstverantwortete Subjektivität.

Die Armierungen der Ironie

Auf Robbe-Grillet geht nicht nur meine Freundschaft mit Bekkett zurück, sondern, im Umkreis von »L'année dernière à Marienbad«, die Begegnung mit Delphine Seyrig, die in diesem Film wie eine Allegorie der Vermutung von einer Eventualität zur anderen schwebt. Mit ihr und Marguerite Duras verbrachte ich Tage in Trouville, in den »Roches Noires« am Meer. Dort fanden die Dreharbeiten für »La Musica« statt. Die Replik, die ich im Film Marguerite Duras zu geben hatte, »tout cela c'est de la littérature«, fiel allerdings der Montage zum Opfer. Die geisterhafte Verführung in »Marienbad« erschien einem als Vorstellung dessen, was Pygmalion Robbe-Grillet wohl anstrebte, eine Mischung aus Angelismus und Ausschweifung, die im Werk immer stärker hervortrat. Denn die Texte wurden von der Übernähe zu Sade und zur »Geschichte der O« im Laufe der Jahre richtiggehend erdrückt. In den fiebrigen Passagen verlor der Autor die Distanz, die ihn in seinen großen, bis ins Detail konstruierten Texten in die Nähe der Artifizialität Raymond Roussels und der Strenge des Code civil rückte. Der Film »La belle captive« oder das späte Buch »Un roman sentimental«, das nur mit nicht aufgeschnittenen Seiten in den Buchhandlungen ausgelegt werden sollte, spielten offen mit Exzess und einer blasphemischen Aufrichtigkeit, über die Pascal befunden hatte: »Der Mensch ist weder Engel noch Tier, und unglücklicherweise wird, wer den Engel spielt, zum Tier.«

Robbe-Grillet erschien einem auf den ersten Blick als ein von Ironie zerfressenes, zynisches Wesen, in dessen Verhalten die Herkunft aus dem strikten Bereich der Agrarwissenschaft und der Statistik durchschlug. Und er bewahrte die Attitüde, skeptisch neben sich und den anderen zu stehen, bis in die letzten Jahre. Nur im Zusammensein mit Beckett oder Nathalie Sarraute, denen er nicht nur Respekt, sondern auch Herzlichkeit entgegenbrachte, verlor er etwas von dieser Armierung.

Seine Repliken sind berühmt. Unvergessen bleibt der Tag, an dem Claude Simon 1985, achtzehn Jahre nach Beckett, den Nobelpreis für Literatur zugesprochen bekam. Selbstverständlich wusste Robbe-Grillet, dass damit alles, was mit »Nouveau Roman« in Verbindung gebracht werden konnte, von Stockholm nun ein für alle Mal bedacht worden war. Und nicht er, der »Papst des Nouveau Roman«, wurde ausgezeichnet, sondern, seiner Ansicht nach, ein Mitakteur. Er beglückwünschte Simon im kleinen Kreis mit einem mörderischen: »Schön für dich. Das wird dich bekannt machen.« Und als er mich, zusammen mit anderen Freunden am Morgen des 25. März 2004, noch ehe der Wahlgang für die Aufnahme in die Académie française erfolgt war, für den späteren Nachmittag ins Café Les Deux Magots in Saint-Germain-des-Prés zum Feiern einlud, ließ sich aus den ersten Äußerungen des Neugewählten heraushören, dass sich dieser wohl kaum in die grüne Uniform eines Académicien hineinzwängen ließe und seinem Vorgänger auf dem zweiunddreißigsten »Fauteuil«, dem schriftstellernden Auktionator Maurice Rheims, die obligate Eloge widmen würde. Dies alles erschien ihm im Grunde grotesk.

In der Tat kam es nicht zu der Zeremonie, die die Académie immer erneut anmahnte. Robbe-Grillet wollte draußendrinnen, eben zwischen den Stühlen, bleiben. Nicht von ungefähr konnte man beim Googeln, dem Glasperlenspiel unserer Zeit, das mit Robbe-Grillets nie zu Ende kommender Suche nach Varianten zu tun zu haben scheint, als Übersetzung für den Fauteuil des Académicien auf die abschreckende Vokabel »Rollstuhl« stoßen

Die Niederschrift und die Abnutzung des Gefühls

Etwas von der Absicht, sich in Verwirrung zu installieren, zeigte sich in seiner Wohnung in Neuilly. An der Wand hingen keine Bilder, sondern richtiggehend Abwesenheiten von Bildern, die ein gleichförmig gerahmtes, topographisches Motiv in winzigen Trippelschritten variierten. Man hatte das Gefühl, hier stelle sich das Abbilden selbst aus. Man dachte an Jean Ricardou, einen der genauesten Sprecher des »Nouveau Roman«. Dieser meinte, es gehe weniger um die Niederschrift des Ereignisses als um das Ereignis der Niederschrift. Gesichter, normativer Ausdruck erschienen nirgends in den Werken an den Wänden, sondern Strukturen, Formeln der Spielzüge, denen wir in allen Büchern begegnen, gerade als sollte das Auge auch im Umkreis des Privaten mit der enervierenden Kombinatorik verseucht werden, die zu Beginn der sechziger Jahre in »L'année dernière à Marienbad« mit dem Nim-Spiel einsetzte. Bei diesem nehmen sich die zwei Gegner abwechselnd die ausgelegten sechzehn Streichhölzer weg. Jeder darf bei seinem Zug ein, zwei, drei Hölzer aus einer Reihe entfernen. Der Spieler, dem das letzte Streichholz bleibt, hat verloren.

Diese logische Verrichtung – das Gegenteil eines Glücksspiels – passte zu dem, was Robbe-Grillet über seine Definition von Literatur anmerkte. In gewissem Sinne setzte sein Misstrauen gegen die Gattung Roman bei Paul Valéry ein. Dessen Verurteilung der ausschmückenden Erzählfreude eines allwissenden Autors, die zuvor auch schon die Surrealisten gegenüber allem Narrativen allergisch gemacht hatte, blieb der Ausgangspunkt.

Die Referenz für seine Konstrukte bildeten für Robbe-Grillet die Verfasser von Codices und die Historiographen. Gerne verwies er auf Herodot, sicherlich in Kenntnis des Prädikats, mit dem der »Vater der Geschichtsschreibung« belegt wurde: »Herodot, Vater der Lügen«. Der kühle Exhibitionismus einer Zeichen-Lehre an den Wänden der Wohnung mag unerwartet gewesen sein. Doch nach und nach wurde einem bewusst, dass diese Thesenanschläge auf das Schwindelgefühl verwiesen, zu dem die unaufhaltsame Wiederkehr eines Motivs führen musste. Die Labilität einer Behauptung, eines Bildes, eines Textes hatte Ende der vierziger Jahre Raymond Queneau auf unnachahmliche Weise in den »Exercises de style« vorgeführt. Wie der Sprachvirtuose Queneau relativiert Robbe-Grillet durch Wiederholung das, was er von der Außenwelt aufnimmt.

Wir wissen deshalb auch nicht, ob die Szenen in seinen Filmen, die als Erinnerungen eingeblendet werden, wahr sind oder imaginär bleiben sollen.

Die Repetition führt zu einem Kahlschlag der Gefühle – der Kaufmann, Millionär, Wucherer und Nekrophile Manneret in »Die blaue Villa von Hongkong« wird viermal ermordet. Nur fallen die Kadenzen, die der Text von der Tat entwirft, immer brutaler und atemloser aus. Der Rückzug auf die Beschreibung kontaminiert bei Robbe-Grillet alles. Die Empfindung für das, was wir lesen, verschwindet. Und diese Abnutzung des Gefühls ist Voraussetzung für die unwirkliche Stimmung, in die wir eintauchen. Überall kommt der Text vom Weg ab, spielt »Lost Highway« – und in der Tat kreuzen sich Texte und Filme Robbe-Grillets mit dem Werk von David Lynch.

Auf der semantischen Brache, die die Wiederholung hervorbringt, kommt es schließlich zu einer Art Aufforstung: Wir begegnen neuen Kombinationen, die den Leser dazu auffordern, jeweils die gesamte Partitur des Buches vor Augen zu haben. Der Verzicht, eine Geschichte zu erzählen und für unseren Bedarf an Kausalität und Chronologie befriedigend zu Ende zu bringen, steckt von Anfang an in den Büchern. Der Agronom, der Ingenieur Robbe-Grillet wird zum Landvermesser, der an kein Ende kommen kann. In diesem formalen Sinne gibt es einen spürbaren Einfluss von Kafka.

Wir begegnen Kafka in der paranoischen Genauigkeit, mit der Bewegungen von Menschen und Dingen, Schattenwürfe ausgemessen und wiedergegeben werden, im Zwang, der dafür sorgt, dass Begegnungen, die für sich gesehen unbedeutend erscheinen, zu unentrinnbaren Rätseln werden. Auch Details, etwa der dunkle Fleck, den in »Dans le labyrinthe« ein zerdrückter Tausendfüßler an der Wand hinterlassen hat, erinnern an das große Vorbild. Und wir finden die Nähe nicht zuletzt – wie bei Beckett – in der Unerbittlichkeit, mit der unter Androhung von Strafe ein Pensum zu Ende gebracht werden muss. Wie der Beckettsche Held tragen Wallas, Mathias oder der Soldat in »Dans le labyrinthe« ein »kartesianisches Kreuz«, das sie dazu zwingt, alle nur denkbaren Modi durchzuspielen.

Man hat diese Literatur, in der die formalen Strukturen scharf wie Wundränder hervortreten, zunächst ausschließlich auf dem Hintergrund des Strukturalismus verstehen wollen. Der Hinweis auf die Ablehnung des auktorialen, mit gottgleichem Wissen ausgestatteten Erzählens stand dabei im Vordergrund. Roland Barthes war nicht von ungefähr bei Robbe-Grillet auf das Musterbeispiel einer Literatur gestoßen, die nur noch die Immanenz der Sprache zum Ausdruck bringen wolle. Becketts »Molloy« und »Malone meurt« galten ihm als erste Beispiele dafür, dass das erzählbare Geschehen letztlich nebensächlich bleiben soll. Der Kritiker verwies darauf, dass es möglich sei, bei der Lektüre an der Oberfläche kleben zu bleiben. Man müsse Robbe-Grillets Bücher wie durch ein beschlagenes Fenster, auf »matte« Weise lesen. Dies gilt sicherlich für die frühen Werke, bis »Dans le labyrinthe«. Doch dann gewinnen mehr und mehr Elemente der Kolportage die Oberhand, die das Interesse an der Aktion emporlodern lassen.

Verismus empirischer Wirklichkeiten

Die Beschäftigung mit dem Film veränderte letztlich seine Sprache. Als er 1962 in der Türkei »L'immortelle« drehte, habe dabei, wie er mir sagte, eine Rolle gespielt, dass er dem Drehbuch einen psychologischen Akzent geben wollte. Denn die Absicht, Objekte gesondert, frei von Interpretationen, wie einzelne Vokabeln ohne grammatikalischen Zusammenhang vors Auge zu bringen, habe ihm plötzlich Schwierigkeiten bereitet. Eben die Objekte, die man am ehesten als klar umrissen und allgemein verständlich ansehen könnte, brächten die unkontrollierbaren, ambivalenten Bilder hervor – die, da sie nicht fixiert sind, nachgeben und verschiedene Benennungen an sich saugen. Auch die strengste semantische Askese befreie das Wort nicht von seiner ihm innewohnenden Kraft, sich Bilder zu assoziieren und auf psychologische Elemente hinzuweisen.

Das Interesse an Klischees, das in den Filmen sichtbar wurde, legte nahe, auch das Frühwerk unter die Lupe zu nehmen. Hinter den scheinbar vergletscherten Sätzen tauchen psychische Konstanten und Metaphern auf. Unübersehbar – nehmen wir neben den »Instantanés«, kurzen Geschichten, die wie Nathalie Sarrautes »Tropismes« Unterlebensgroßes, Übersehenes zum Thema haben, den frühen Roman »Der Augenzeuge«. Wir treffen auf detaillierte Naturbeschreibungen. Gezeiten, Mineralisches, schroffe Steilküsten, Gischt, Blick der Möwen werden auf insidiöse Weise präsent. Kein Zweifel: Hinter diesen Seiten versteckt sich Erinnerung, Erinnerung an die Streifzüge des Kindes auf der Halbinsel Crozon, die in der Nähe der bretonischen Geburtsstadt Brest liegt. Doch erst die systematische Lektüre, der 1963 Bruce Morrissette die Romane unterzog, führte zu einer neuen Exegese. Wie Claude Lévi-Strauss mit dem Blick auf ethnosoziologisches Material feststellt, bilden Mytheme in der Regel den Ausgangspunkt für die Konstruktion einer empirischen Wirklichkeit. Davon geht Robbe-Grillet aus. Der Hinweis auf Ödipus, den Morrissette in den Vordergrund rückt, hilft mit, in »Der Augenzeuge« hinter der Tat des Mathias etwas Unbewusstes und Unausweichliches zu entdecken. Dies hat übrigens als erster Beckett vermerkt. Die Anspielungen auf Sophokles lassen sich bereits in »Les Gommes« verfolgen. Zahlreiche Details, die zwanghafte Rückkehr zu einer Wegkreuzung, passen zum Drama.

Doch was es in erster Linie zu entdecken galt, war in den sechziger Jahren alles andere als zeitgemäß, nämlich Robbe-Grillets Auseinandersetzung mit dem Surrealismus. Hier wurde eine unterbrochene Tradition aufgenommen. Die »Ecriture automatique« sollte mit Hilfe einer wilden, freien Assoziation die Vorstellung von einem kausalen Ablauf aufbrechen. Die Rückgriffe auf das Triviale, den Roman noir, das fait divers setzten fort, was im Umkreis von Breton in den späten zwanziger Jahren die Gruppe der Surrealisten bewegte. Es ist deshalb verständlich, dass Robbe-Grillet »L'année dernière à Marienbad« Breton widmen wollte. Doch der Rezipient, der diesen Film richtiggehend gehasst haben soll, wies das Angebot zurück. Vielleicht weil er spürte, dass Robbe-Grillets Produktion einer mit den Mitteln der Logik zustande gebrachten Irrealität nichts mit der zu tun hatte, für die er sich selbst einsetzte. Bei Breton blieb, bei aller Aufklärung, doch immer ein spiritistischer Rest wirksam, der ihn dazu aufforderte, den Positivismus mit den Proben eigener unerklärlicher Erlebnisse zu bekämpfen. Sein Buch »Nadja« bleibt dafür das Musterbeispiel. Auch Bretons cineastische Begeisterung für Henry Hathaways »Peter Ibbetson« zeigt ein auffälliges Interesse am Exogenen. Vielleicht spielt Robbe-Grillet mit dem Film »L'immortelle«, »Die Unsterbliche«, auf die Kränkung durch Breton an, den in

»Peter Ibbetson« die Illusion von Auferstehung offensichtlich nicht loslässt.

Alain Robbe-Grillet rückt mit den späteren Büchern in die Nähe des veristischen Flügels des Surrealismus. Dieser hat in der Nachfolge von Feuillades »Fantômas« und Magrittes »Der bedrohte Mörder« den Weg gerodet, der zu den lasziven Romanen »Die blaue Villa von Hongkong«, »Djinn« oder »Die Wiederholung« führt. Doch der Autor ist dabei vom schwindelerregenden Höhenweg über der Steilküste abgekommen, der in »Der Augenzeuge« die Aussicht auf das Abgründige des eigenen Lebens offerierte.

Welt unter Verdacht
Zum Tode von Nathalie Sarraute

»Ich sterbe« – so setzt »L'usage de la parole«, eine Sammlung kürzerer Texte, ein. Nathalie Sarraute, eine der unverwechselbaren Stimmen des Jahrhunderts, notiert den Satz auf deutsch. Dann kehrt die Sprache ins Französische zurück. Sie zitiert das letzte Wort, das Tschechow 1904 – auf deutsch – in einer deutschen Bäderstadt gesprochen hat. In der ruhigen Schilderung eines fremden Todes gab die Autorin etwas von der existentiellen Zärtlichkeit preis, die hinter ihrer alles zerfasernden psychischen Lasertechnik steckt. Sie umschreibt und kommentiert eine Zensur, sie verdeutlicht, warum der Arzt Tschechow in Gegenwart seiner Frau und seines deutschen Arztes die andere Sprache braucht. Er kann sie kalt, wie ein Skalpell einsetzen: »Nicht unsere Worte, sondern feierliche und vereiste Worte der Umstände, tote Worte einer toten Sprache.«

Ein definitiver Satz im Munde von Tschechow. Der Fremdkörper passt ins Werk der Nathalie Sarraute, das Abwehr sentimentaler Stimmung immer wieder in die detaillierte Beschreibung physiologischer Zustände und Aggregate verlegt. Zahllos sind die Stellen, in denen Hinhalten, Zweifel und Argwohn wie eine alles zersetzende schleimige Substanz die direkte Rede einspeicheln. In diesem Bereich hat sich die Autorin ein Arsenal geschaffen, das unvergleichlich bleibt. Die »sous-conversation«, das unterschwellige Gespräch, greift zum Verbotenen, zum Tabuierten, zieht – lange bevor Körpersprache zum Esperanto der Kunstszene werden sollte – somatische Details, das Kavernöse, Blut, Lymphe, Leukozyten und »weiche Bewegungen von Tentakeln« als Äquivalente sprachlicher Prozesse heran.

»Ich sterbe« erschien 1980, zwei Jahre vor »Enfance«, »Kindheit«, dem wunderbaren, autobiografischen Buch, das Nathalie Sarraute auch in breiteren Kreisen berühmt machte. Auf dem Hintergrund dieses Textes, einer Evokation des elegischen Terrains von »Kirschgarten« und »Eine langweilige Geschichte«, wurde deutlich, warum sich die Erzählerin im hohen Alter in ihre russische Kindheit zurückversetzte und ein unerwartetes Buch vorlegte. Ein unerwartetes Buch, weil Nathalie Sarraute nie eine Geschichtenerzählerin sein wollte. Auf Anekdoten kam es ihr nicht an. Dafür war der Argwohn gegenüber der Sprache und gegenüber einer normativen Aussage über die Situationen und die Menschen, die sie auftreten ließ, zu stark.

So gesehen, blieb auch Sartre in seinem berühmten Vorwort, das er dem »Porträt eines Unbekannten« voranstellte, zu peremptorisch. Er unterzog das Buch einer existenzphilosophischen Deutung. Der Autorin ging es weniger darum, das Uneigentliche zu entlarven, als vielmehr die Inkohärenz der Konstruktion von Personen und Geschehen in Frage zu stellen. Sie trennt zwischen »apparence« – »Scheinen« – und »tropismes«. Hier entstehen die unerhörten Sätze, die langsam Son-

Nathalie Sarraute, 1983.
Privatsammlung

den in die Klischees der Sprache und in Denkgewohnheiten eindringen lassen. Denn genau betrachtet, macht dies den einzigartigen Ton der Nathalie Sarraute aus: Ihre Texte reißen jede denkbare Sicherheit auf. Die Unfähigkeit zu sprechen sorgt dafür, dass alles bodenlos wird. Doch die Konstanz der Erinnerung darf sich in »Kindheit« endlich, vorübergehend, einen Weg bahnen.

Was sie in diesem Buch in den Mittelpunkt stellt, minimale Freuden, blockierende Ängste, einen kafkaesken Zweikampf mit der Gouvernante, die sie autoritär und streng – auf Deutsch – mit einem »Nein, das tust du nicht« zu arretieren sucht, gehört zu den notwendigen Initialdramen des Werks. Denn die kleine Nathalie »tut es«, sie packt die Schere und stößt sie mit aller Kraft in den Leib des weichen Sofas. Um in der reichen Metaphorik ihrer Sprache zu bleiben: Sie ermordet es, sie weidet es aus.

Nathalie Sarraute hatte mir diese Geschichte schon früher ab und zu erzählt. Doch nun erst, als Eröffnungszug des Buches »Kindheit«, wurden Bewandtnis und Tragweite der Revolte im Salon deutlich. Man stieß auf einen »acte manqué«, eine Fehlleistung des kleinen Mädchens, auf den noch unbewussten Angriff auf das Messinstrument bürgerlicher Normalität, das sie später definitiv in Frage stellen sollte: auf Sigmund Freuds Couch, auf den maskulinen Operationstisch, der der Produktion eines erklärbaren Verhaltens zu dienen hatte. Denn Erklärungsmuster und Geständnisse stellte die Autorin Nathalie Sarraute absolut in Frage. Sie hatte sich ihre Arbeitsmittel im Umkreis des Plädoyers geholt.

Diese Methode setzte die Advokatin schon in dem unerhörten Buch »Tropismes« ein. Sie brachte die Relikte ihrer Erinnerung in einem Geflecht von Beziehungen und Meditationen unter, aus dem sie sich nicht mehr lösen können. Was kann man über ein Schreiben sagen, das alles Sagen in sich aufgesogen hat, das aus dem Sprechen und Widersprechen ein Geflecht infinitesimaler Reaktionen geschaffen hat? Es hat sich mit einer unendlichen Passion und Geduld entwickelt, in einem endlosen Ringen um die Formulierung. Ein Blick auf die Manuskripte lässt daran keinen Zweifel. Sie führen die labyrinthische Suche nach der scharfen, brillanten Diktion visuell vor.

Nie hat sich in den vergangenen vier Jahrzehnten in diesem Studierzimmer und in der weitläufigen Wohnung auch nur das Geringste verändert. Die Außenwelt, der Blick auf die Bäume, die sich vor der Umfassungsmauer des Musée Galliéra abheben, einmal filigran fingernd im Winter und schattig, voll im Sommer, diente wie in einem Stück von Tschechow als Zeituhr. Die Verwendung von Zeit schlug sich in großartigen Büchern, in »Portrait d'un inconnu«, »Le planétarium«, »Les Fruits d'or«, »Entre la vie et la mort« und all den anderen nieder. Das äußere Inventar des Lebens war schnell aufgestellt: Schreibtisch, wenige Stühle, Bücher, eine übertrieben schön gerahmte Reproduktion des »Café in Arles« von van Gogh, theatralisch zwischen zwei dunklen Portieren hängend, so als sei der Blick ins Innere, um den es der Schreibenden allein ging, mit einem metaphysischen Bild der Leere und der Tiefe verwachsen. Es brachte die einzige starke Farbe in den eher bräunlichen, Ton in Ton gehaltenen gedämpften Salon. Stärker kann man den Einbruch von sezierendem Blick nicht inszenieren.

Das ausweglose Spiel der Wahrheit

Aus dem Café van Goghs war im Laufe der Jahre ein autobiografischer ungenauer Ort geworden – so gut wie alle Texte entstanden vormittags in einem Café, einige Minuten von der Wohnung. Gegenüber, über dem Sofa, gab es eine Ansicht der Kremlmauer – beileibe keine Fotografie, sondern das nachgezeichnete Echo einer Welt von gestern. Von Verschwundenem, von Verletzung war in diesem Raum oft die Rede. Man dachte an das kleine Mädchen, das im Jahre 1900 in Iwanowo-Wosnessensk geboren wurde. Die äußeren Umstände ihres Lebens, das Hin- und Hergeworfensein zwischen Eltern, Stiefeltern, zwischen Russland, der Schweiz und Paris führen das Kind schnell zur Frage, die dem Werk als Motto dienen kann: »Warum müssen sie alle betrügen?«

Aus den Gesprächen, die man hier mit Freunden führte, mit Jewtuschenko, mit Hannah Arendt, François Bondy, Mary McCarthy oder Monique Wittig, wurde einem klar, dass die ideologische Ummauerung, die den anderen Teil der Welt, Russland, umschloss, für Nathalie Sarraute Wunde und Verlust blieb. Liest man ihre Bücher auf dieser ersten, politischen Ebene des Misstrauens, dann drückt sich in ihnen die präzise tödliche Spannung aus, die zur legenda aurea der Zeit gehört: Spionage, Prozess. Die »sous-conversation«, die Dialoge werden ständig von Hinweisen auf Tortur und Zwang begleitet. Von den Reisen in die Sowjetunion in den sechziger und siebziger Jahren brachte Nathalie Sarraute genügend Erfahrungsberichte mit, um diese Interpretation zu nähren. Doch dahinter tauchte sofort das Grundsätzliche des Motivs Verhör auf. Der Bogen zu Kafka, zum Lügendetektor schließt sich im Unbedingten der Verdächtigung und der Schuld. Denn es gibt keine Gestalt bei ihr, die sich diesem unerbittlich fortschreitenden forensischen System zu entziehen vermöchte. Alle Akteure sind ihm ausgeliefert.

Mögen auch die narrativen Elemente, auf die man in den Büchern stößt und die man beim Nacherzählen der Geschichte isolieren kann, immer wieder reale, häufig umwerfend komische Situationen in den Vordergrund treten lassen, das Definitive bleibt die Infragestellung der Beziehungen der Menschen, die auftreten und die sich in dem Spiel der Wahrheit zerfleischen. Die Komik dient als steigerndes Repoussoir, sie unterstreicht die Auswegslosigkeit.

In diesem Punkt nähert sich das Werk dem einzigen Gegenpol der Zeit an: Beckett. Slapstick bei Beckett, bergsonsches Inventar des Lächerlichen bei Sarraute, so könnte man die Grundtechnik der zwei durch eine Hassliebe aneinander geketteten Schriftsteller charakterisieren. Gewissheiten und Stereotypien halten dem Säurebad des Zweifels, in das Nathalie Sarraute jedes Gefühl taucht, nicht stand. Auch die genaueste Erforschung und Introspektion entlässt keine beschreibbaren, mit sicheren Charaktereigenschaften benotbaren Wesen in die Gesellschaft. Auch gibt es keine Katharsis in diesen durchwegs mit bürgerlichen Motiven und Ängsten bestückten Höllen. In den Spiegelkabinetten der Gefühle und Meinungen werden die großen Themen systematisch zerpflückt: Besitz, Kampf der Generationen, Liebe, ästhetische Überzeugungen. Die brillanten Inventare von Ticks, Stereotypen und Objekten, die auf diesen Seiten angelegt werden, dienen dazu, jene »mörderische Intimität« (Hannah Arendt) hervorzubringen, die die Resonanz der albtraumhaften Welt garantiert. Auch Martereau, den die Autorin in dem gleichnamigen Roman zunächst wie eine Lichtgestalt auftreten lässt, als »anständige«, »einfache«, »reine« Figur, die normativen, klaren Verhaltensmustern zu gehorchen scheint, fällt schnell einer banalen triebhaften Gier zum Opfer, die jede Gefühlsäußerung zur berechnenden Attitüde werden lässt. Ein Echo von Balzac ist auf den ersten Seiten spürbar.

Die zunächst so bewundernswerte Erscheinung des »gesunden« Martereau verfügt denn auch, im Unterschied zu den anderen Figuren, in deren Kreis er tritt, über ein »Ich«. Dieses »Ich« ist trügerisch, hinter ihm versteckt sich – dies merkt der Leser rasch – der rechthaberische auktoriale Erzähler, den Nathalie Sarraute definitiv aus der Literatur zu jagen verstand. Die Accessoires, die den Charakter von Martereau charakterisieren, beginnen unter unseren Augen schrittweise zu desintegrieren. Das »Ich« Martereaus kann nur so lange existieren, solange die Lüge existiert. Nathalie Sarrautes Literatur unterstreicht es, das selbstgewisse, abgegrenzte Ich ist unrettbar. In all diesen Situationen, die diese Bücher zum Zerbersten bringt, steckt etwas unentrinnbar Stickiges, so als enthielten sie die aufgestockte schlechte Atemluft des Jahrhunderts.

Unhörbare Gegenrede

Nichts in den Texten Nathalie Sarrautes ist abstrakt. Das zeigen die ersten Seiten von »Tropismes«. Die Eindringlichkeit des infinitesimalen Beschreibens, die bereits im frühesten Buch auffällt, geht auf ein Erweckungserlebnis zurück. Nathalie Sarraute verdankt dieses, wie sie erzählte, der Lektüre von »Tonio Kröger«. Die Novelle fällt ihr im Winter 1921/22 in Berlin in die Hände. Sie hört damals Vorlesungen in Soziologie bei Sombart. Das theoretisierende Mittelstück der Erzählung von Thomas Mann, das Literaturgespräch zwischen Tonio und Lisaweta Iwanowna, lässt sie nicht los. Die Mischung aus Stimmung und Intellektualismus hat das einfache, direkte Erzählen definitiv außer Kurs gesetzt.

Man geht nicht fehl, wenn man das Wort von der proustschen »recherche«, der »Suche«, auf das große Werk von Nathalie Sarraute anwendet. Denn dieses situiert sich eindeutig in die neuere Literaturgeschichte. Es bekennt sich zunächst einmal zu einer Tradition. Die bedeutenden Referenzen Dostojewski, Proust und Kafka hat die Autorin selbst in unvergesslich-prägnanten Passagen in der Essaysammlung »L'ère du soupçon«, »Das Zeitalter des Argwohns«, unterstrichen. Was sie zu diesen Schriftstellern anmerkt, hilft, das Werk aus einer bewussten Distanz zu fassen. Dabei wird aus der Rückschau der Hinweis auf Dostojewski wichtiger als der auf Proust. Gewiss, in Prousts Nähe führt immer wieder die Faszination durch das Korsett bürgerlichen Verhaltens. Doch bei Dostojewski beeindrucken zwei Gegenkräfte: der Zwang der Personen, sich gegenseitig zu öffnen, sich in einer – für französische Konventionen – ungehörigen und schamlosen Weise mitzuteilen. Auch bei Nathalie Sarraute gibt es diese rabiate Inkohärenz der Figuren, gibt es diese Höllenstürze. Immer wieder verweist die Suche nach Absolution, in dem die hermeneutische Übertreibung gipfelt, auf den Autor von »Das Totenhaus«.

Zu Beginn der sechziger Jahre verändert sich das Werk in einem ganz entscheidenden Punkt. Es erscheinen Hörspiele und dann Theaterstücke. Lange widersetzte sie sich dem Vorschlag, Stücke zu schreiben. Immer wieder sagte sie, sie werde es versuchen. Doch dann, eines Tages, übergab sie mir für den Süddeutschen Rundfunk »Le Silence«, »Das Schweigen«. Die dialogische Struktur des Hörspiels zwang sie dazu, das System des Argwohns auf andere Weise zum Ausdruck zu bringen. Sie musste in einer hörbaren Rede den Klartext und das unterschwellige Gespräch unterbringen. Die »unzähligen, winzigen Regungen, die den Dialog vorbereiten«, konnten nun nicht weiterhin im Off bleiben. Eine Unterhaltung ist in Gang gekommen, sie plätschert in einer uneigentlichen Sphäre dahin. Wir treffen auf Salongespräch, auf eine Konvention, in der eine Frage nur eine bestimmte von der Gesellschaft tolerierte Antwort ertragen kann. Um das Drama in Gang zu bringen, führt Nathalie Sarraute einen schweigenden Mann ein. Er wirkt wie ein Katalysator. Gegen seinen unerträglichen, bedrohlichen Mutismus revoltiert das Gerede. Alle Gespräche kreisen um die unhörbare Gegenrede. Die Beteiligten desavouieren sich, sie geben sich preis.

Wo soll man diese bis ins letzte Detail komponierten, konzentrierten und fordernden Romane und Stücke einordnen? Sie gehörten in den Jahren, als sie zuerst auftauchten, zu den verblüffendsten Leistungen eines experimentellen Schreibens. Doch Kategorien wie »Nouveau Roman« helfen nicht weit. Sie verschieben den abgründigen Ansatz und isolieren allenfalls Rezepte, die in den fünfziger und sechziger Jahren überall Wege zu einer autistischen Poetik bahnen sollten. Denn schnell hatte die Recherche von Nathalie Sarraute eine Dimension der Selbstbezichtigung und der Offenlegung erreicht, die wir allenfalls aus den Konfessionen Augustinus, Montaignes, Rousseaus oder Leiris kennen.

Labyrinthe der Erinnerung
»Das Seil« – ein frühes Werk des französischen Schriftstellers Claude Simon

Das Werk Claude Simons ist in Deutschland noch kaum bekannt. Zwei Romane, »Der Wind« und »Die Straße in Flandern«, liegen seit mehreren Jahren in Übersetzung vor. Die deutsche Ausgabe von »Le Palace« (Der Palast) wird in Kürze erscheinen. »L'Herbe« (Das Gras) wartet noch auf die Übersetzung. Das Buch »Der Wind« bedeutete einen Wendepunkt. In diesem Roman, der 1957 erschienen ist, wurden Kausalität und lineare Anordnung der Zeit, wie sie Simon in seinen früheren Romanen, in »Le Tricheur«, in »Gulliver« oder in »Le Sacre du Printemps« verwendet hatte, aufgegeben. In den folgenden vier Büchern reißt die Erzählung nirgends ab. Sie überläßt sich einem einzigen Satz, der sich mäandrisch, gelenklos über das ganze Buch hinzieht. »Der Wind« machte Simon in Frankreich bekannt. Ein Stilmittel, das der Autor von nun an benützte, Apposition und Participium praesentis, gab seiner Schreibweise eine unverwechselbare, langsam vorankommende Gangart.

Man begnügt sich oft damit, in Simon einen Jongleur zu sehen, der die Wahrnehmungsfähigkeit spielerisch erweitert, der immer neue Perspektiven auftut und so den Leser um den Gegenstand, den er beschreibt, herumführt. Die Bilder werden zu Freiplastiken. Man kann sie umschreiten, sie sind, wie in der berühmten Schilderung des Pferdekadavers (»Straße in Flandern«), in strudelnde Bewegung hineingerissen. Simon ist jedoch nicht darauf aus, das, was er wahrnimmt, zu materialisieren. Er ist aber weit weniger spekulativ, als eg eine erste Lektüre glauben lassen könnte. Das anfängliche Staunen über die formalen Leistungen des »Nouveau Roman« hat sich gelegt, und man macht sich daran, die Bücher auch nach anderen Kriterien zu beurteilen. Beispielhaft für diese Neuorientierung ist die Arbeit von Bruce Morrissette über Robbe-Grillet. (Bruce Morrissette: »Les romans de Robbe-Grillet«- Les Editions de Minuit, Paris, 1963.) Die Interpretation, die Roland Barthes bislang gegeben hat und die in Robbe-Grillet vor allem den »chosiste«, einen Verfertiger Von Kadastern sah, wird von Morrissette angegriffen: Robbe-Grillet erzählt Geschichten, er erforscht Bereiche der menschlichen Seele, er ist Psychologe. Eine einseitig strukturalistische Betrachtung hat uns lange Zeit um den vollen Wert und Gehalt dieser Literatur gebracht. Es sind keine voraussetzungslosen Romane – ihr Entstehen und ihr Wirken ist Teil der Geschichte und gehört einer bestimmbaren Zeit an. Es nimmt daher nicht wunder, daß Roland Barthes' Methode in Frankreich von den Vertretern der Lansonschen Schule angegriffen wird: Die Genese, die Biographie des Künstlers, seine Ideologie dürfen nicht übersehen werden.

Simon gibt uns dafür eine Handhabe: In Deutschland ist jetzt die Übersetzung von »La Corde Raide«, »Das Seil«, erschienen. Dieses Buch, 1947 als zweites Werk Simons herausgekommen, läßt die großen Romane Simons in einem neuen Licht erscheinen. (Und dies nicht nur, weil im »Seil« eine erste Fassung der »Straße in Flandern« enthalten ist.) Die formale Kühnheit Simons zeigt sich bereits in dieser frühen Schrift. Das Thema eines Buches hat für Simon große Bedeutung. Es geht ihm nicht nur darum, einen beliebigen Bewußtseinsstoff zu beschreiben. Mag das Geschehen noch so geringfügig, ja belanglos sein, stets eröffnet es die ganze geschichtliche Dimension einer Zeit. Es klänge paradox, wollte man Simon einen Historiographien nennen. Er ist es aber in einem negativen Sinn. Simon hat seinem Buch »L'Herbe« ein Wort Pasternaks als Motto vorangestellt: »Niemand macht die Geschichte, man sieht sie nicht mehr, als man das Gras wachsen sieht.« Die Geschichte und einige ihrer markanten Daten – Spanischer

Bürgerkrieg, Weltkrieg, französische »épuration« – ist in allen Büchern zugegen: Vor diesem Hintergrund bleibt der Mensch, so wie ihn Simon schildert, ohnmächtiger Zuschauer.

Im »Seil« werden, mehrere Themen, die dem späteren Werk als Gerüst dienen, angeschlagen. Daher gleicht dieses Buch in der Form einem Skizzenbuch, einer Sammlung von Reflexionen. Diese stehen scheinbar unverbunden nebeneinander. Für die weiteren Werke Simons würde dieses Verfahren von Bedeutung sein. Um Ereignisse unverbunden nebeneinanderstellen zu können, greift Simon in der Folge zu einer appositionellen Sprache. In ihr gibt es keine Spannung. Die Dinge und die Geschehnisse sind ihrer eigenen Initiative überlassen. Von der Zeit ist nicht die Rede. Raum und Dinge sind Ausfluß der Zeit. Es geht Simon, der hier von einer Rußland-Reise, vom Spanischen Bürgerkrieg, der Kriegsgefangenschaft in Sachsen berichtet, nicht darum, die verlorene Zeit aufzufinden. Er zeigt die Zeit, wie sie sich ständig an die Dinge und an die Menschen verliert. Seine Methode unterscheidet sich daher von der Prousts oder der anderer Schriftsteller, die wie Leiris oder Butor gleichfalls von der Zeit fasziniert sind, in einem wichtigen Punkt: Die Erinnerung bildet keinen Mythos. Der Einfluß Faulkners und über ihn Joseph Conrads ist stärker als der Prousts. Für Simon gibt es keine objektive Vergangenheit. Vergangenheit und Zukunft fallen in eine unentrinnbare Gegenwart zusammen.

Im »Seil« ist die Sprache knapp, zupackend. Wer den Simon der großen Romane nicht kennt, könnte leicht zu dem Urteil kommen, dieses Buch sei willkürlich komponiert und die einzelnen Szenen und Reflexionen seien auswechselbar. Der Eindruck kommt vielleicht daher, daß in diesem Buch die Erinnerung an die autobiographische Methode von Michel Leiris spürbar ist In dessen »Mannesalter« werden aber die Szenen assoziativ geordnet. Dahinter steht der Surrealismus und der Glaube an die ordnende Macht des Unterbewußten. Simon ist zu sehr Realist als daß er das Schema der Leiris'schen Prosa auszufüllen vermöchte.

Wir finden auf den letzten Seiten des Buches die Melancholie, die sich über die Gestalten Simons legt und sie lähmt. Der Einfluß Unamunos ist hier offenkundig. Fast alle Bücher Simons münden in den Tod oder in einem todesähnlichen Schlaf. »Das Seil« ist, könnte man diesen Terminus bei einem Autor anwenden, der sich dagegen wehrt, ein Moralist zu sein, voll von Maximen. Oft sind seine Feststellungen ebenso apodiktisch wie die des Gegenlagers: »Mar kann eine Philosophie und eine Weltanschauung auf fast alles gründen, auf jede beliebige Zwangsvorstellung, auf die Magenkrämpfe, die Homosexualität, den Willen zur Macht...« Man möchte hinzufügen: auch auf den Verzicht auf Philosophie und »Weltanschauung«.

Pierre Klossowski

Pierre Klossowski stand zu Lebzeiten im Schatten seines Bruders, des selbsternannten Grafen Balthasar Klossowski de Rola. Und wenn er eine Rolle liebte, dann selbstverständlich die, nichts zur Verwechslung mit dem Bild vom Pfauen-Bruder Balthus beigetragen zu haben. Denn im Unterschied zu Balthus liebte Klossowski weder das große Gefolge noch die überlebensgroßen Auftritte. Sein Stolz war der des unabhängigen Menschen, der sich nicht klassifizieren ließ. Nicht die Mystifikation der eigenen Biographie, sondern deren Verheimlichung fesselte ihn. Er war nicht wenig glücklich darüber, daß es ihm in den achtziger Jahren gelungen war, eine ihm gewidmete Biographie aus dem Verkehr ziehen zu lassen. Im Unvermögen, einen klar konturierten Platz einzunehmen, stand er Geistern wie Michel Leiris nahe. Diesem war er ebenso verbunden wie Georges Bataille. Wie Leiris galt Pierre Klossowski der Verzicht auf Zuspruch als höchster Ausdruck von Freiheit. Den Ruhm, der von außen bestimmt wird, ersetzte er durch einen feinsinnig ziselierten selbstgesteuerten Masochismus. Dazu paßte nicht zuletzt seine äußere Erscheinung. Sie ließ eher an einen Asketen als an einen lüsternen und kenntnisreichen Sybariten denken. Maler, Schriftsteller, Übersetzer, Theologe – es ist nicht einfach, den Platz zu bezeichnen, den er in den Kreisen der Intelligenzija einnahm. Der theatralische Umgang mit dem Leben, die Produktion von Schein faszinierten seine Bewunderer, und kenntnisreich spielten Deleuze, Barthes oder Butor mit den Verästelungen des Werks. Klossowski selbst wehrte sich gegen Einordnungen. Einmal bezeichnete er sich im Gespräch als »reinen und simplen Besessenen«. Die wichtigsten Bücher kreisen, wie die von Bataille oder Leiris, um kanonisierte Erotik. Die Schrift *L'érotisme* von Bataille hat sicherlich auch für ihn die Kategorien ausgelegt, um einen der bedeutendsten französischen Schriftsteller, den Marquis de Sade, aus der Ecke des Verruchten und Physiologischen herauszuholen. Dem »göttlichen Marquis« widmete Klossowski ein entscheidendes Buch, *Sade mon prochain*. Klossowski offenbart sich nicht als Libertin, sondern als ein Moralist, als ein Taktiker der Transgression, der sich auf ein aufwühlendes Wort von de Sade zu beziehen scheint: »Es gibt kein besseres Mittel, sich mit dem Tod vertraut zu machen, als ihn mit der Vorstellung der Ausschweifung zu verbinden.« Blasphemie als Gottesdienst, erotische Frenesie als Nächstenliebe wollte man sagen. Das sind Kriterien, die im Paris der dreißiger Jahre im Umkreis des surrealistischen Schismas um Bataille, Leiris, Caillois, Masson und der Zeitschrift *Acéphale* entwickelt wurden. Alles kulminiert in jener erotischen Variante des Erhabenen, die sich – anders als der enthobene Minnesang, den André Breton anstimmt – mit präziser, kalter Körperlichkeit mischt. Vergessen wir nicht, für diese Biographie liefern Theologiestudium, genaue Kenntnis der Patristik und Aufenthalt in klösterlichen Gemeinschaften die Propädeutik. Zum Voyeurhaften der Erotik eines Klossowski passen Bücher wie *Roberte, ce soir* oder *Les lois de l'hospitalité*. Hinter dieser lasziven, experimentierenden Roberte steckt Denise Marie Roberte Morin-Sinclair, die junge, den Vernichtungslagern entkommene Frau, die Klossowski nach dem Zweiten Weltkrieg heiratet. Die Angelegenheit, die in diesen *Gesetzen der Gastfreundschaft* abgehandelt wird, erinnert an den fatalen Besitzerstolz in Hebbels Tragödie *Gyges und sein Ring*. Und das Motiv vom Tausch, vom Tauschwert begleitet Klossowski in so gut wie allen seinen Büchern. Auch *La Monnaie Vivante*, von Foucault als ein Hauptbuch der Zeit begrüßt, kreist um eine von der Libido beherrschte Ökonomie.

In der Nachkriegszeit begann Klossowski damit, die eigenen Texte zu illustrieren. Roberte, Octave und der Neffe Antoine tauchen in diesen Blättern auf. Die subtile Gymnastik, die

Pierre Klossowski: M. de Max et Mlle Glissant dans le rôle de Diane et Actéon, Illustration zu ›Le Bain de Diane‹, 1954-1973. Turin, Galleria d'arte Moderna e Contemperanea

die Leiber in den Bleistift- und Farbstiftzeichnungen ausführen, haben ihn bekannt gemacht. Auf diese Technik hat er sich weitgehend beschränkt. Wir kennen nur ganz wenige Aquarelle, die die oft überdimensionierten Zeichnungen ankündigen. In ihnen tritt Farbe nur echohaft, in entschwindenden, hellen Pastelltönen auf. In den zwanziger Jahren waren erste Versuche vorausgegangen. Rilke hatte damals den jungen Klossowski André Gide empfohlen. Doch Gide schreckte vor der Offenheit der Zeichnungen, die dieser für die *Falschmünzer* geliefert hatte, zurück.

Klossowski betrieb eine Gegenständlichkeit, die sich gegen den Zeitstil stellte. Etwas Synthetisches zeichnet die Blätter aus. Sie sind – wie diejenigen seines Bruders Balthus – weniger Ergebnis von Spontaneität als eines kundigen, gelehrten Botanisierens, das sich durch die Kunstgeschichte bewegt. Baldung Grien, Pontormo, der Manierismus mit seiner stilistischen und inhaltlichen Outriertheit dienen ihm als Muster. Der Zeichner, der zusammenstückelt, der seine Szenen nur mit Hilfe zahlloser Reuezüge zu beenden vermag, ist sich seines mangelnden Handwerks bewußt. So signierte er denn auch vorübergehend Blätter mit »Pierre, le maladroit«, »Pierre, der Unbeholfene«. Doch dieses »Nichtkönnen«, das Klossowski pflegt und das er nach und nach zu einem einsichtigen System erweitert, erweist sich – wie schon im Falle der Illustrationen, die Balthus für *Wuthering Heights* gegeben hatte – als die entscheidende Stärke. Der Stil der schlüpfrigen großformatigen Blätter, mit denen er an die Öffentlichkeit trat, ist unverkennbar. Etwas Magersüchtiges herrscht vor. Die elegante, überschlanke Domina, die er auftreten läßt – Roberte, von einem Zwerg und einem Riesen sekundiert –, führt ihre sportlichen Konvulsionen am Barren aus. Ihre kalte Biegsamkeit erinnert an das Wappentier des Surrealismus, an den Kult, den dieser mit der Mantis religiosa treibt. Die männerfressende Gottesanbeterin, die nach dem Geschlechtsakt ihren Partner verschlingt, scheint in Klossowskis Darstellungen ihre anschauliche Übertragung gefunden zu haben.

Es wirkt heute kurios, daß ein Mann wie Klossowski, der so wenig wie Balthus ohne die Faszination durch Mitteleuropa denkbar ist, in Deutschland bis heute kaum bekannt wurde. Dies gilt für ihn ebenso wie für seinen Bruder, von dem man in deutschen Museen kein einziges Bild finden kann. Wie sein Bruder trug er die Erinnerung an Rilke mit sich, der mit der schönen Mutter Baladine befreundet war. Klossowski war ein Grenzgänger. Ihm verdankt man Übersetzungen von Hamann, Hölderlin, Nietzsche, Kafka, Max Scheler, Wittgenstein und Heidegger. Die Priorität des Gegenständlichen, an der er, wie sein Bruder, zeitlebens festhielt, unterstrich den Willen, inmitten einer von Tabula rasa und Konzeptionen beherrschten Moderne subtil und kritisch an der Geschichte und an Geschichten festzuhalten.

Weh dem, der Symbole sieht
Watt von Samuel Beckett

Die Begegnung mit *Watt* könnte, müßte die Auseinandersetzung mit Samuel Beckett modifizieren. (*Watt*. Aus dem Englischen von Elmar Tophoven, Frankfurt 1970). Man muß Beckett beinahe dankbar dafür sein, daß er diesen großartigen, auf englisch verfaßten Roman so lange in Reserve gehalten hat. Er schrieb ihn 1942 bis 1944 im nichtbesetzten Teil Frankreichs. Doch erst 1953 erschien das Buch. An die Übersetzung ins Französische machte sich Beckett fünfundzwanzig Jahre nach der englischen Niederschrift. Die von Elmar Tophoven besorgte meisterhafte deutsche Übersetzung erscheint zur Buchmesse. Die französische Fassung unterscheidet sich in manchen bezeichnenden Details von der englischen. Beckett sah sich manchmal zu Paraphrasen, ja sogar Auslassungen gezwungen. Elmar Tophoven griff auf die englische Fassung zurück und berücksichtigte die französische Version dort, wo sie der Erstellung des deutschen Textes dienlich war.

Das Ergebnis: eine muskulöse, präzise Sprache, die die zahllosen Konkordanzen des Textes im Deutschen neu schafft. Die Sprache oszilliert zwischen der Präzision des logischen Lehrbuchs und dem elliptischen Konzentrat von Prosagedichten. Auf den Beckett der wohlbekannten Endzeit folgt jetzt, möchte man kalauern, der der ungewohnten Freizeit. Man vollzieht dieses Lachen zunächst als von Beckett gestattete Kontrasthandlung, ein wenig mit schlechtem Gewissen dem Komischen gegenüber, denn Beckett soll nun einmal nicht der sein, bei dem wir das Lachen zu lernen wünschen.

Wer *Watt* gelesen hat, wird auch die übrigen Texte Becketts anders lesen und außer dem Stichwort *Godot* ein wenig mehr zitieren: »Gott möge Sie segnen, Mr. de Baker, sagte Louit. Und Sie, Mr. Louit, sagte Mr. de Baker. Nein, nein. Sie, Mr. de Baker, Sie, sagte Louit. Warum eigentlich nicht, Mr. Louit, na, wenn es denn unbedingt sein muß, jedenfalls auch Sie, sagte Mr. de Baker. Sie meinen, Gott möge uns beide segnen, Mr. de Baker? sagte Louit. Diable, sagte Mr. de Baker (seine französische Abstammung).«

Humor scheint, rechnet man alles zusammen, eher die Regel bei Beckett zu sein. Man versteht, daß Joyce *Murphy*, ein Buch, das noch auf szenischere Weise (à la Marx Brothers) komisch war, in weiten Teilen auswendig kannte. Was *Watt* so genial umwerfend macht, sind die Serien, durch die Watt (der als personifizierte Frage »What« auf Mr. Knott, das personifizierte »not« oder »nothing« stößt) das Positive so einfach erträgt wie das Negative. Watt lebt in dem Hebbelschen Glück Kannitverstans. Gerade das Unerklärbare wird ihm zur Antwort. Einige Motive lassen an Kafka denken, ans *Schloß* oder an die in hieratisch getrennte Funktionen gegliederte schlüssige

Samuel Beckett, 1987.
Privatsammlung

Angestelltenwelt *Amerikas*. Doch in dem Maße, wie K. sucht, beantwortet Watt seine Fragen. Die Bedrohung fehlt in *Watt*. Knott, als Herr, scheint nicht anspruchsvoll zu sein: »Denn außer, erstens, der Bedürfnislosigkeit und, zweitens, eines Zeugens seiner Bedürfnislosigkeit bedurfte Knott nichts.« Eine Welt also, die in exemplarischer Ataraxie dahinsegelt. Watt stößt zu einer Art von mathematischer Exaltation vor, zum Glück, das im Erkennen der Serie besteht. Watt jongliert unablässig mit solchen beruhigenden Induktionen und Deduktionen. Sein Weg dazu: Er löst das, was auf ihn zukommt, mit Vorliebe in addierbare Situationen auf.

Imponderabilien schwächt er dadurch, daß er sie auf viele Stellen hinterm Komma ausrechnet. Ein umwerfendes Beispiel dafür: die Fiktion der Familie Lynch, die von Mr. Knott unterhalten wird, um jeden Tag einen genügend ausgehungerten Hund herbeizuführen, der die unregelmäßig anfallenden Reste in Mr. Knotts Topf, aus dem er seine zwei Mahlzeiten einnimmt, bereitwillig ausleckt. Das seltsame Ritual selbst kümmert Watt nicht weiter. Er stürzt den Leser in einen probabilistischen Rausch, in dem sozusagen die ganze Menschheit und Hundheit aufgeboten werden muß, um mögliche Ausfälle im System des Topfausleckens zu reparieren: Hinterm hungrigen Hund steht ein anderer, hinter diesem wieder ein anderer und so fort, und hinter der »glücklichen Familie Lynch«, die für diese Arbeit von Mr. Knott vorgesehen ist, steht eine andere und hinter dieser ... Die letzten Dinge sind die, die in der Serie am Anfang oder am Ende stehen. All dies scheint Fichtes Kapitel ›Zweifel‹ (aus *Die Bestimmung des Menschen*) als Reales nachzubauen: »Aber jeder Moment dieser Dauer ist bestimmt durch alle abgelaufenen Momente und wird bestimmen alle künftigen Momente; und du kannst in dem gegenwärtigen keines Sandkorns Lage anders denken, als sie ist, ohne daß du genötigt würdest, die ganze Vergangenheit ins Unbestimmte hinauf und die ganze Zukunft ins Unbestimmte herab dir anders zu denken.«

Beckett stellt uns mit den Lynchs, mit den Dienern Watts, mit der Aufzählung der Permutationen, zu denen Mr. Knott bei Nahrungsaufnahme, Ankleiden, Herumgehen fähig ist, das zusammen, was der Erzähler »Zwischenfälle von großem formalem Glanz und unbestimmbarem Inhalt« nennt. Wenn sich Watt auch scheinbar unbeschadet in dieser durchdringlichen Welt absoluter Logik bewegt, so scheint er diese Welt nur eine begrenzte Zeit zu ertragen. Vielleicht muß er deshalb, wie seine x Vorgänger und y Nachfolger, abgelöst werden. Er tritt damit am Ende des Buches selbst in die Welt dieser äußersten Kontingenz ein – und erträgt diese, wie uns der dem vierten Teil als dritter vorgeschobene Teil ankündigt, im Asyl. *Watt* ist das erste Buch Becketts, das nach einer Interpretation verlangt. *Murphy* oder die Geschichten in *More Pricks than Kicks* sind im Ton realistischer, leben von detailfreudigen, pikaresken Situationen. Die Figur Murphy bleibt faßbar als eine Version Oblomows, der sein ideales Bett – eine fensterlose, schön aufgeheizte Gummi-Monade – als Wärter im Irrenhaus findet – und zwar besetzt findet.

Der frühe Beckett tritt hier auf. Das entschiedenste Resümee dieser Lektüre: Es gibt fast keinen Beckett vor Beckett. Bereits der erste bekannte Text, *Dante ... Bruno. Vico ... Joyce* (1929), führt die Vorahnung von Becketts Hauptfigur ein: den dantesken Belacqua, der im Schatten seines Felsens mit Genuß seine Erlösung verzögert. Die Ikonographie Becketts kann man in großen Zügen schon im ersten englisch geschriebenen Roman, *Murphy* (1938), nachweisen. Die Eigenständigkeit gilt hier auch für die Sprache. Denn der Hinweis auf Joyce hinkt bereits bei den Prolegomena zum Werk.

Überall dort, wo Joyce aus dem Abgenützten des fadenscheinigen Sprachmaterials ausschert, erfreut sich Beckett an dem, was man die hermeneutische Schiefähigkeit der Sprache nennen könnte. Er stützt sich auf Stereotypen des Sprechens, auf das memorierte Sprachmaterial, und weidet es durch Umkehrung, Lächerlichmachen aus. Seine Helden werden zu

Opfern der intensiven Nebenbedeutung, die das Sprechen absintert. Becketts Joyce-Interpretation kulminiert in der Feststellung: »Hier ist die Form der Inhalt, der Inhalt ist die Form.«

Diese durchgängige Mimese des Dargestellten durch die Darstellungsmittel interessiert Beckett für seine Person nicht. *Watt*, der letzte auf englisch verfaßte Roman Becketts, beweist dies. Was in *Ulysses* episodisch bleibt, der Sprachwucherung als Kontrastmittel entgegengesetzt wird – so der logisch-kanzleihafte Ton der Ithaka-Szene in Blooms Haus in Eccles Street –, bildet einen Hinweis auf den Stil von *Watt*. Das interne Spiel mit der Sprache, mit der Etymologie, ist in diesem Buch fast nebensächlich geworden. Die Strukturen, auf denen die Wirkung des Buches beruht, sehen zumeist vom Wortschatz ab, sind syntaktischer oder formallogischer Art. Die Frage, die für Becketts Entwicklung so wichtig erscheint, warum sich dieser aus der Muttersprache ins Exil der Fremdsprache begab, erhält hier neuen Reflexionsstoff. Denn nach einem Studium von *Watt* ist es künftig nicht mehr möglich, diese Trennung so eindeutig als formale Notwendigkeit zu erklären. Auch auf englisch kann ein Beckettscher Held das »kartesianische Kreuz« (Hugh Kenner) tragen, das heißt, unerbittlich mit den Mitteln der Ratio Probleme umstülpen, seine Geschichte zu Ende führen. Es ist großartig, wie sich Watt seine unverständliche Welt, in die er gerät, rationalisiert. Der Schematismus seines Denkens gehört zum Grotesken, was uns die Weltliteratur zu bieten hat.

Die einzige Aporie, auf die Watt zu stoßen scheint, ist das seltsame Bild, das er im Zimmer seines Kollegen entdeckt, dem Zimmer, in das er selbst später aufrücken sollte: einen Kreis, aus dessen perfektem Umfang ein Stückchen ausgebrochen, perspektivisch doppeldeutig im Hintergrund oder Vordergrund des Bildes schwebt. Der Kreis und sein Transfer ins Quadrat, das paßt sehr wohl in diese Welt der mathematischen Schlüssigkeit. Das unberechenbare Pi, das transzendente Pi muß sich Watts Antwortfreudigkeit entziehen. Vielleicht, daß dieses Bild, als visualisierte Nicht-Antwort (als definitives »Knott-Nothing«), ihn in die geistige Wirre stürzt, die er im dritten, in der Realzeit des Ablaufs an vierter Stelle liegenden Abschnitt zusammen mit seinem Freund Sam (dem Erzähler von Watts Peripetien) im Asyl durchlebt. Hier greift Watt in seiner Rede zu sieben verschiedenen Permutationen der Buchstaben-, Wort- und Satzfolge. Sam und Watt verschmelzen erstmals zu einem dieser unvergeßlichen Beckettschen Paare (eine Vorform davon waren Murphy und Monsieur Endon).

Ein wichtiges Motiv taucht auf: Die Welt Watts wird von Sam als Geschichte im Spiegel erlebt. Der Einfluß von Carroll ist offensichtlich: Watt bewegt sich rückwärts, redet rückwärts. Hier gibt uns Beckett auch ein genaues Porträt von Watt. Er vergleicht dessen geschundenes Gesicht mit dem *Ecce-Homo* Boschs in der National Gallery. Aber dieser Berührungspunkt mit dem Carroll der *Alice* bleibt sekundär. Ein anderer Carroll scheint hinter *Watt* zu stehen, der des Mathematikprofessors Carroll, der in seiner *Symbolic Logic* mit ähnlicher Brillanz die Absurdität auf logische Flaschen zieht: Die Logik läßt sich nicht auf metaphysische Kriterien der Existenz ein. Und doch gibt es nur wenige Bücher, die wie Lewis Carrolls *What the Tortoise said to Achilles* oder *The Game of Logic* oder Becketts *Watt* ein stärkeres existenzielles Schwindelgefühl zustande bringen, und zwar dadurch, daß die Illusion des Faßlichen so unerbittlich aufrechterhalten wird. Watt nimmt das Irrationale hin, wie Candide die Schläge einsteckt, die ihm die leibnizsche Welt des *grand rouleau* nun einmal verschrieben hat. Die Beckett-Interpretationen, die mit Vorliebe auf Descartes oder Arnold Geulincx verweisen, täten gut daran, Becketts prästabilisierte Disharmonie an Leibniz zu messen.

Watt setzt auf der Stilstufe von *Murphy* ein, in dieser mobilen, vom Hundertsten ins Tausendste purzelnden Slapstick-Atmosphäre, in die das Buch am Ende wieder hinübergleitet. Die Obsession beginnt, sobald Watt aus der poetischen Atmosphäre des irischen Abends in Knotts Haus gelangt. Die realistische

Welt des *small talk*, die Watt wie ein Schatten durchquert hat, wirkt als Repoussoir für diese neue Stilstufe, die sich in keuchendem, Detail auf Detail häufendem Stakkato dahinbewegt.

Die Partien des Textes, in denen Beckett die Modalitäten einer Aussage oder die Verknüpfung der Eventualität eines Ereignisses durchexerziert, bringen einen Effekt zustande, der bis zur physischen Überreizung reicht. Das Fertig-Lesen-Müssen dieser entropischen Partien gehört zu dem, was Beckett dem Leser an Neuem zumutet. Heute wirken eben diese Stellen auf uns so faszinierend. Beckett hat in diesem Text viele Konstruktionselemente der Texteschmiede vorausgenommen. Manchmal greift Beckett zur häufigen Wiederholung eines Satzes, um diesen gewissermaßen durch die Zeit zernagen zu lassen. Es kommt dabei zu Effekten, die Warhols lang dauernde Einstellungen auf ein Motiv ankündigen. Wäre *Watt* eine ähnliche Wirkungsgeschichte beschieden wie Becketts Stücken, würde sich nun neben der Sphinx *Godot* die Sphinx *Watt* niederlassen. Aber wie heißt der letzte Satz der Addenda zu Watt: »Weh dem, der Symbole sieht!«

Eine Schwäche für alles, was vorbei ist
Samuel Beckett

Samuel Beckett wird heute siebzig Jahre alt. Am 13. April 1906, nicht nur an einem Freitag, sondern an einem Karfreitag, wurde er in Foxrock, einem südlichen Vorort Dublins, geboren. Dieser so spezielle Geburtstag scheint – richtig spiegelverkehrt zu Joyces katholischem Terrorerlebnis in *The Portrait of the Artist as a Young Man* – auf den protestantischen Dubliner zu passen. Beckett ist sich der Besonderheit bewußt – im Unbehagen. Er habe keine Lust mehr, dorthin zurückzufahren. Dublin bleibt für ihn – wie schon für Swift – Diaspora.

Als Schmerzensmann, als einen Flaneur der Endzeit stellt man ihn gerne dar. »Sein Gesicht war blutig, auch seine Hände, und Dornen steckten in seinem Haupt. (Seine Ähnlichkeit in jenem Augenblick mit dem Bosch zugeschriebenen Christus, der damals in der National Gallery hing, war so verblüffend, daß sie mir auffiel).« Wir begegnen diesem Satz im zweiten, noch auf englisch geschriebenen Roman *Watt*. Verstrickung in Schuld, von der protestantischen Schärfe der Prädestination verdunkelt – in seinen Stücken und Texten als schauerliches Pensum dargestellt – finden sich überall. Und zwar in so obsessioneller Weise, daß man nicht darum herumkommt, diese Fragen in ihrem ganzen Ausmaß auf sich einschlagen zu lassen.

Ein Stück wie *He, Joe*, in dem das Spielerisch-Komische einer Art Urteilsverkündung gewichen ist, läßt sich nicht so verstehen, als sei hier eine moderne, psychologisch erklärbare und damit behebbare Situation einfach mittels Regression auf einen abendländischen Wissens- oder Bildungsfundus symbolisiert worden. Becketts Werk wäre dann nur ein religionsgeschichtliches ›wohltemperiertes Klavier‹. Man muß sich klar darüber sein – und dies bedeutet keineswegs Beckett für irgendeine Botschaft in Anspruch zu nehmen –, daß aller freudianischen Konzeption des Verstehens, aller sozialmechanischen Konfliktlösung zum Trotz ein Weltbild skizziert wird, das die Vorstellungskraft für die philosophische Grundlehre offenhält. Kurios erscheint nur, daß man von demjenigen, der die Aporien des Lebens derart einschneidend fühlbar macht, eine Antwort erwartet – so als handle es sich bei Becketts Texten um nichts anderes als um Scharaden aus der guten alten Zeit.

Es ist seltsam, schwächere, dafür aber kategorisch weltanschauliche Aussagen hat die Nachkriegszeit mit Wollust aufgesogen. Wie leicht war es da, etwa Camus zu akzeptieren, mit seiner – mit den Händen zu greifenden, bis ins Chanson eindringenden – Party-Doktrin vom Absurden. Beckett hat sich ja nie über sein Schreiben ausgelassen. Es erschien zwar 1932 in der Zeitschrift *Transition* ein Manifest mit dem Titel *Poetry is vertical*, in dem, unter der Signatur von Hans Arp, Samuel Beckett, Carl Einstein, Eugene Jolas und einigen anderen mehr, einer durch den Positivismus hypnotisierten Welt die Vorherrschaft der Innerlichkeit, die Notwendigkeit einer neuen mythologischen Realität entgegengesetzt wird. Doch Beckett versicherte mir, daß er diesen Text, den er wohl nicht einmal gelesen hat, aus Gefälligkeit unterschrieben habe.

Beckett sagt uns nirgends – auf positive Weise –, was er beabsichtigte. Aber er widmete in den vierziger Jahren seinem Freund Bram van Velde, dem Maler, einen Text, der – als indirektes Manifest – überaus wichtig erscheint, grenzt sich Beckett hier doch eineutig vom Humanismus der Nachkriegszeit ab. Er gab dem Werk van Veldes eine erstaunliche Definition: als erster auszudrücken, daß es nichts auszudrücken gibt. Er bezeichnet van Velde als einen Maler ohne Wunsch und ohne Kraft zum Ausdruck und verweist auf den Zwang, sich dennoch auszudrücken. Am nächsten steht diese Äußerung damals einem Francis Ponge. Was Beckett damit sagen wollte: er habe in diesem Verhalten etwas völlig Neues entdeckt. »Ein Werk, das das Scheitern nicht zum Thema nimmt.« Ich sage: »Das läßt sich doch auch von Ihrem Werk sagen. Es steht jenseits der Larmoyanz.« »Ja, das hoffe ich.« Und er fügt hinzu: »Ich glaube, daß die Konzeption vom Absurden larmoyant ist. Ich habe nie diese Vorstellung vom Absurden akzeptiert, weil sie ein Urteil enthält. Man muß dabei nämlich zu einem Urteil kommen. Das konnte ich nie. Es ist eine Rechnung. Auf der einen Seite das, was man einstecken kann, auf der anderen Seite das, was man nicht einstecken will. Man zählt zusammen und bringt heraus: das ist absurd. Ich hoffe, daß es bei mir kein Urteil dieser Art gibt.«

Was dieses Werk – so intensiv befragt, kommentiert – nicht zu liefern scheint, gibt es der Mensch Beckett preis? Was kann der Mensch Beckett dem hinzufügen, was dieses unvergleichlich präzise Werk nicht schon enthält? Diese Fragen kommen einem immer wieder, wenn man mit ihm zusammen ist. Was man in Gesprächen, im Umgang mit Beckett herausbringen kann, ist dies: es scheint, von der Person her gesehen, nichts dafür zu sprechen, daß hier eine Mutation des Menschlichen, eine nur ausgefallen-ausfällige Sensibilität eine Stimme gefunden habe. Nie entsteht der Eindruck, etwas Isoliertes, von der Gesellschaft Abgespaltenes, Inadaptiertes verlöre sich in eine Nebenwelt.

Beckett, ›der Weise‹, von devoter Verehrung bereits kanonisiert. Wenn man auch von seiner Scheu weiß, sich als Privatmann seinen Verehrern auszuliefern, so wollte man doch dieses Stillhalteabkommen, das die Freunde etwas geheimbündlerisch bindet, durchbrechen.

Die Vorstellung vom wirklichen Beckett, was kann sie schon verraten? Auf seine Liebenswürdigkeit, auf seine Fähigkeit zu lachen, auf seinen unbeirrbaren Widerstand gegenüber aller kategorischen Erklärung hinzuweisen wäre wichtiger als sozusagen ›i.A. Beckett zu schweigen‹. Anekdoten gibt es kaum, aber Reaktionen, die wohltun. Einmal kam ich mit ihm zu Max Ernst: »Sam, ich habe keinen Stuhl, der hart genug ist für Sie.« Darauf Beckett: »Max, mir genügt Ihr weichster Sessel.«

Federndes Gehen, ausgeruht, erzählfreudig; vif-heiter, voller Pläne verbringt Samuel Beckett einige Tage in Paris. Der Aufenthalt in seinem Häuschen an der Marne tat ihm gut. Immer häufiger zieht er sich dorthin zurück. Man denkt an den Nero Wolfe in Rex Stouts Kriminalromanen – nicht nur, weil in der Hütte Romane Stouts herumliegen: »Bilder sind wichtig in meiner Arbeit, aber der Blick ist nicht so sehr auf die Außenwelt gerichtet.« Kommt man dorthin, denkt man an das Wort Mallarmés: »Ich bin jetzt unpersönlich, nicht Stéphane, den du gekannt hast..., sondern eine Fähigkeit, die sich die geistige Welt geschaffen hat, um sich zu sehen.«

Der Geburtstag ist Anlaß für den Suhrkamp Verlag, in einer zehnbändigen Ausgabe alle bisher veröffentlichten Schriften zu präsentieren. Vom Verlegerischen her gesehen (und die erstaunliche Leistung der Tophovenschen Übersetzung einbeziehend), wollte man beinahe sagen, daß Beckett so etwas wie ein ›völlig deutscher Gegenstand‹ geworden ist. Das Fest selbst, den Geburtstag, fegt er mit leichter Hand vom Tisch. Eigentlich wundert einen dies, wenn man bedenkt, mit welcher Konstanz Beckett in seinem Werk mit Zahlen spielt, zusammenrechnet, Serien aufstellt. Man denke nur an das köstliche Kollektivproblem der Familie Lynch in Watt: fünf Generationen, achtundzwanzig Seelen, neunhundertundachtzig Jahre. Wenn nichts passiert, werden die Lynchs, kalkuliert Watt-Beckett, in achteinhalb Monaten die tausend Jahre voll haben.

Nächste Woche reist Beckett nach London. Zwei neue Stücke wird er dort einstudieren: That time (Damals) und Footfalls (Tritte). Jedes dauert ungefähr zwanzig Minuten. Kein Aktionstheater, erneut Beispiele einer Gattung, die bei Beckett – von Spiel ohne Worte vorbereitet – mit He, Joe, dem Fernsehspiel, einsetzte. Beckett synchronisiert: ein aus dem Abseits geholter Ton trifft auf der Bühne auf Mimik. Erinnerungsstücke sind es. In

That time werden auf den Schauspieler aus drei verschiedenen Kanälen – linke Bühnenseite, rechte Bühnenseite, Schnürboden – die von der eigenen Person geflüsterten Bewußtseinsrinnsale einströmen. Die Aktion besteht im Ertragen, im physiognomischen Abspiegeln von Erlebtem. Auch in *Footfalls* finden wir eine derartige Situation. Eine Frau geht zwanzig Minuten lang auf und ab, ihr Körper ist einer Stimme ausgeliefert.

Auffällig mag es erscheinen, wie sehr sich Beckett seit Jahren schon (*Aschenglut, Das letzte Band, Film, He, Joe*) technischen Medien zuwendet, die es ihm gestatten, Stimme und Aktion, Beschreibung und Tun aufzudröseln. Man kann dies wohl so erklären, daß er hier eine Möglichkeit erkannt hat, eine seiner – philosophischen – Grunderfahrungen auf objektive Weise darzustellen. Denn eine Faszination für die Massenmedien allein, die ihn etwa zu Experimenten herausforderten, wäre als Erklärung, glaube ich, zu schlicht. Das Auseinanderbrechen von Körper und Geist, der clowneske Barock, dem er in *Murphy*, in *Molloy*, in *Watt* oder in *Warten auf Godot* seine Figuren unterordnet, mag seinen Grund in der frühen Reflexion über den kartesianischen Dualismus von Körper und Geist haben. Die Überbrückung dieses Gegensatzes, den der Okkasionalismus eines Arnold Geulincx vorschlug – Gott als Koordinator beider Substanzen –, könnte Beckett wohl die zahllosen köstlichen und abschreckenden Varianten gestischen Invalidentums eingegeben haben. Wobei man jedoch nicht außer acht lassen sollte, daß sich Becketts Watt oder Lucky bereits auch wieder in einer modernen optischen Tradition unterbringen lassen, die von den Chronophotographien des neunzehnten Jahrhunderts über Duchamps *Akt, eine Treppe hinabschreitend* bis hin zu den dadaistischen Bewegungsphantasmagorien, den Chaplin-Filmen und Picabias und René Clairs Streifen *Entr'acte* reicht.

Wie Beckett erzählt, beschäftigt er sich, wie nun schon seit Jahr und Tag, auch weiterhin mit einem beständigen Hin- und Her-Übersetzen, aus dem Englischen ins Französische, aus dem Französischen ins Englische. Und er arbeitet zur Stunde an einem Fernsehspiel, dessen deutsche Fassung er gerne, wie schon *He, Joe* – der »guten Erinnerung zuliebe« –, am Süddeutschen Rundfunk inszenieren würde. *Rendez-Vous* soll es heißen. Es zeigt einen Mann, der wartet, Musik hört, einer Stimme lauscht, die sich einmischt. Musik wird – wie schon in den Hörspielen *Words and Music* und *Cascando* – als Sprache auftreten. Anders als in diesen beiden Stücken, zu denen der Vetter John Beckett und Marcel Mihalovici den musikalischen Part geliefert hatten, wird Beckett jetzt Musik mit evokatorischem Wert, zitathaft, einsetzen; ein Largo aus einem Beethoven-Trio hat er im Kopf.

Damit greift Beckett erneut auf sein sorgfältig dosiertes System der Erinnerung zurück: Auch in das Spätwerk, immer stärker verknappt, scheinbar immer mehr vom konkret Beschreibenden abrückend, bricht – gleich Spurenelementen – ständig die Allusion einer weitreichenden kulturellen Beziehung ein. Ein Wort, eine Anspielung reißt in diese metrisch abgewogenen, computerhaft durchgerechneten Texte tiefe Schneisen. Es sind Momente einer Reinkarnation. Beckett verzichtet auch hier nicht auf die Faszination durch den Proustschen Effekt. Ein Inventar solcher Rückverweise hat sich der Beckett-Leser zu erstellen. Die Anspielungen auf Dante, auf Caspar David Friedrich, die Lüneburger Heide, auf Vico, Leibniz, auf Fontane – man muß sie verstehen, um die Texte voll aufzunehmen. Fontane kommt eine besondere Rolle zu, seiner *Effi Briest*: »Ein wunderbares, entsetzliches Buch.« Vielleicht darf man dies auch so verstehen, daß sich in dieser kategorischen, dem Kodex der Gesellschaft abverlangten Tragödie etwas von der Prädestination wiederfindet, die den traurig-grotesken Figuren Becketts anhaftet.

In die Immobilität der Gegenwart, in die Aufzählung des kargen Inventars treten dann und wann echohaft Elemente ein, an die sich die Zärtlichkeit des unfreiwilligen Gedächtnisses heftet. Sie breiten sich in den seriellen, zuckenden Texten aus.

In *Aus einem aufgegebenen Werk* lesen wir: »Vorbei, vorbei, ich habe eine Schwäche für alles, was vorbei ist, nein, für das Vorbei-Sein.« Ist es, so gesehen, verwunderlich, Becketts erste Figur im 4. Canto des *Purgatorio* zu entdecken, in dem florentinischen Lautenspieler Belacqua, der nicht nur im Leben, sondern auch im Fegefeuer voller Quietismus die ihm zugemessene Frist verstreichen läßt?

Nehmen wir, aus einem schlanken Bändchen, das in diesen Tagen in Paris erschienen ist und den Titel *Pour finir encore* (*Um abermals zu enden*) trägt, die fünf Seiten des Textes *Immobile* (*Still*). Beckett bestätigt, daß es sich hier um ein Selbstporträt handelt. Lokalisierbarer Text: Es geht um den Blick durch die drei Fenster seines Landhäuschens im ›Marne-Sumpf‹, wo er bereits das *Endspiel* geschrieben hat. An Sparsamkeit der Mittel, der überschüssigen Verwendung eines geringen, Punkt für Punkt kontrollierten und kontrollierbaren Wortschatzes steht dieser keuchende Text denen nahe, die seit bald zehn Jahren nun immer wieder anfallen. Texte von der Gattung der ›Residua‹, der ›aufgegebenen Werke‹.

Scheinbar gibt es hier nicht mehr viel zu interpretieren. Eine Unruhe des Blicks, der pausenlos zwischen den Fenstern hin- und hergeht und der die Interaktion von Dämmerung und Dunkel registriert, findet sich in der Syntax wieder, in der kurzatmigen Satzfolge, die ein Verlöschen suggeriert. Der Text bringt die Beschreibung des Sonnenuntergangs und – in ebenso rigoroser Versachlichung – die Beschreibung des Auges, des Körpers, die in der Hütte sitzend lauern.

Doch mitten in diese versteinernde Sachlichkeit, in dieses Protokoll der Sinne, dringt, als Spur der Erregung, der Hinweis auf eine mythische Versteinerung: die der Memnon-Kolosse. »Alte Statue, irgendein alter Gott, erklingend bei Frühlicht und Dämmerung«. Memnon wird nicht – wie in den *Texten um nichts* – genannt. Aber die Anspielung ist unüberhörbar. Im Wortsinne ›unüberhörbar‹, denn sie wird im Schlußsatz, da sich das gespannte vergleichende Sehen von Dämmerung und Dunkel in Nacht auflöst, zum Übergang aus dem Sehen zum Hören: »Ganz still, Kopf in der Hand, lauernd auf einen Klang.«

Man sieht, auch in diesen kurzen Arbeiten, die man zunächst als Sprachetüden nehmen wollte, aus denen jede erkennbare Assoziation zum reichen erzählerischen Werk Bekketts ausgemerzt schien, läßt die genaue Lektüre Kontinuität erkennen. Das Wissen um die vorhergehenden Bücher reichert diese verknappten Sätze an – assoziativ darf man alles, von *Dante... Bruno. Vico. Joyce* (1929), *More Pricks than Kicks* (1934), *Echo's Bones* (1936), *Murphy* (1938) bis zu *Warten auf Godot* (1947 bis 1949) einbeziehen. Erkennt man in dem Sitzenden in *Still* nicht dann all die Figuren wieder, die wie Belacqua, wie Murphy – der sich in seinem Schaukelstuhl festzurren läßt –, wie der Stumpf im *Namenlosen* auf der Suche nach einer Ataraxia sind?

Ein Selbstporträt Becketts, dieser Text *Still*. Kaum charakterisiert durch Accessoires. Auch das Leben Becketts hat sich danach gerichtet. Die Realität in Ussy bringt nicht viel mehr an Information: ein einfaches eingeschossiges weißes Haus, zwei Räume. Auf einem schönen grünen Rasen. Keine Blumen, Bäume und viel Kies. Eine weiße Mauer um einen Teil des Terrains.

Die Zeit der bewegten Wanderjahre ist vorbei. Sie haben ihm den Fundus an Erinnerung gegeben, den er verarbeitet. Von dieser frühen Zeit berichtet er gerne, von seinen Reisen nach Deutschland, nach Berlin, Dresden, der freundschaftlichen Aufnahme durch Will Grohmann, der unendlichen Menge von Bildern, die er damals sah, der Lektüre, dem Zusammensein mit Marcel Duchamp, dem Schachspiel, Billard in Pariser Bistros. Von all dem erzählt er bereitwillig, detailreich. Mit einem gewissen Stolz erinnert er sich, vor Giorgiones Dresdner *Venus* den Eindruck gehabt zu haben: »Da stimmt etwas nicht. Da waren zwei Hände im Spiel, da laufen zwei Maler auseinander.« Grohmann konnte ihm recht geben, war doch damals in Hans Posses Aufsatz im Preussischen Jahrbuch eine Röntgenaufnahme des Bildes erschienen, die die Hände Giorgiones und Tizians ›trennte‹. Alles andere als *small talk*. Man könnte jedes Wort unter die Lupe nehmen, nach der Wichtigkeit für Beckett befragen. Die Faszination durch Duchamp gehört hierher. Haben nicht beide, Beckett und Duchamp, der Kritik die größten Rätsel aufgegeben, haben nicht beide das erstaunlichste Delirium an Überinterpretation zustande gebracht.

Mit Duchamp habe er oft Schach gespielt. Ich glaube, diesen Hinweis sollte man wichtig nehmen, wie auch Becketts Erzählung, er spiele heute noch Schach, aber alleine, mit Hilfe seiner reichen Bibliothek an Schachliteratur. Fällt einem da nicht ein, daß Duchamp 1932 mit dem Schachmeister Halberstadt ein faszinierendes Buch publiziert hat: *Opposition and Sister Squares Are Reconciled*. Eine ›Endspielsituation‹ hat Duchamp konstruiert. Nur noch die Könige und ein paar Bauern sind auf dem Brett geblieben. Doch Duchamp und Halberstadt haben eine Situation ausgesucht, in der die Bauern blockiert sind (man denkt an die beinlosen Nagg und Neil in ihren Mülleimern). Allein die Könige können ziehen. Im englischen Text Duchamps ist vom »Zugzwang« die Rede.

Vor einigen Jahren war ihm Nervosität anzumerken. Texte wie *Losigkeit, Der Verwaiser* hatten in sein Schreiben, noch über *Wie es ist* hinausgehend, eine absolute Verringerung des Beschreibbaren, Erzählerischen zugunsten konstruierter Formen gebracht. Er wollte damals einen größeren, längeren Text versuchen: »Schon gescheitert. Ich suchte, ausgehend von *Losigkeit*, wieder Bewegung zu bringen. Doch ich komme nicht weg davon«. Er stand, an einem Augusttag, in einer Ecke seines Gartens, stocherte mit einem rußgeschwärzten Stock in einem Feuerchen und lächelte: »Ich will diese kompromittierenden Papiere los werden.«

Die Texte, die seither entstanden sind, zeigen, wenn man *Um abermals zu enden* heranzieht, keinerlei Anzeichen dafür, daß Beckett zu einer erzählerischen Phase unterwegs wäre. Ich frage ihn, ob es vorstellbar sei, daß er eines Tages wieder zu dem so detailfreudigen, lustvoll-slapstickreichen Modus von *Watt* oder von *Warten auf Godot* zurückkehren werde. Er verneint dies mit aller Bestimmtheit. Das Humoristisch-Groteske hat sich aus der Situation zurückgezogen. Er meint, man könnte es allenfalls auf der Ebene der Sprache selbst, der Wiederholung, der Durchfuhrung auffinden.

Ein wichtiger Hinweis, wenn man sich daran erinnert, wie stark der ›frühe‹ Beckett bereits von Sprachformen besessen war, die ihre Wirkung nicht nur aus einer erzählerischen Mimese realer Komik, sondern aus der Verselbständigung rhetorischer, grammatikalischer, logischer Konzepte bezog. Die Reflexion über die Aussagefähigkeiten, das Schwindelgefühl, das ein Durchspielen aller Probabilitäten hervorrief, interessierten ihn sehr schell und mehr als ein Stil, der seine Wirkung aus der etymologischen Schichtung einer raffinierten Kunstsprache à la Joyce bezog. Er nimmt in diesem Punkt sicher die radikale Gegenposition zu James Joyce ein. Man könnte von einer Verdrängung durch Beckett sprechen.

Anfangs, in seinem passionierten Eintreten für Joyce, in *Dante... Bruno.Vico. Joyce* (1929), geht er noch ganz auf dessen Reflexion über das Sprachmaterial ein. Dantes Rückgriff auf die italienischen Dialekte – um das geschmeidige Latein der »geschickten literarischen Federfuchser« zu überwinden – wird dem Unternehmen Joyces zur Seite gestellt, dessen Versuch, das »zu Tode abstrahierte«, »sophistische« Englisch abzuschaffen. Bei Beckett selbst werden jedoch Sprachbildungen keine große Rolle spielen. Deshalb greift er zur Fremdsprache, zum Französischen. Die Flucht aus der Muttersprache gestattet es ihm, sozusagen in einem affektiven sprachlichen Exil zu arbeiten.

Ein ungespieltes Leben
Zum Tode von Samuel Beckett

»Ich sagte dir, ich muß hier warten, bis sie mich rufen«, die Antwort des Orest in Hofmannsthals *Elektra* kommt einem in den Sinn, wenn man nun vom Tod dessen hört, der Generationen mit einem Warten schlechthin ausgestattet hat. Doch dieses zielgerichtete Warten des Orest, wie alles andere Warten, mit dem Kultur, Gesellschaft und Theologie Reales und *condition humaine* verständlich und sinnvoll zu machen suchen, hat mit dem Warten, das Beckett zunächst mit clownesken Mitteln, dann mehr und mehr auf dem Hintergrund strenger logischer Liturgien so verwirrend variiert hat, nicht viel zu tun. Es bleibt immer noch auf ein Ziel gerichtet. Es kann kein Zweifel darüber bestehen, Becketts Romane, Theaterstücke und Texte sind keine Offenbarungsspektakel und nicht einfach zersetzende Umsetzungen selbstbewußter Positionen eines Kritizismus, den die Leugnung der Metaphysik übriggelassen hat. Wenn in seinem berühmtesten, in mehr als vierzig Sprachen übersetzten Text Godot ausbleibt, dann haben wir darin auch eine logische Rüge zu erkennen, eine Rüge wie die Wittgensteins, der sich dagegen wehrt, daß in der Frage eine Existenz bereits präjudiziert wäre.

Doch daneben auch – und das zeigt die Entwicklung des Werks, das zahlreiche gesellschaftskritische Elemente einbezieht – ist auch von einer Entfremdung die Rede, die der Mensch selbst zu verantworten hat. Wie bei Kafka überlappen sich hier metaphysische mit sozialkritischen Beobachtungen. Auch hier geht es überall um das Vorweisen von Identität, das nur das Ausweispapier gestattet. Was Horkheimer zur Definition der Kafkaschen Ausgesperrtheit anmerkt, paßt auch auf all die Vaganten Becketts, die von Belacqua über Malone bis zu

Estragon und Wladimir in ständig neuen Variationen auftauchen. Deren soziale Ausgeschlossenheit wird mit dem Prunk all der ramponierten Armseligkeiten vorgeführt, die Becketts Helden in ihren Taschen horten: »Wenn diese (die Papiere) nicht genügen oder gar nicht vorhanden sind, ist der Mensch im besten Fall ein Fremder und erfährt die Antwort auf seinen Anspruch an jedem Schalter, vor dem er erscheint. Die Kategorie des Fremden ist nur die andere Seite des bürgerlichen Selbstinteresses.«

Wie einen Fliegenfänger hängte Beckett die unlösbare Frage nach Godot in die Köpfe. Das ›Warten‹ Becketts – das ist nun nicht einmal eine ikonographische Spezialität, von der sein Werk lebt. Das bedeutet die Priorität der Seinsfrage. Wer das Glück hatte, diesen eleganten, ebenso schweigsamen wie manchmal heiter gesprächigen Mann zu kennen, konnte dies jedem Moment und jedem Detail seines Lebens entnehmen. Geradezu skandalös einfach, wie er sich eingerichtet hatte in seiner schmucklosen Wohnung im obersten Geschoß eines beliebigen Hochhauses am Boulevard Saint-Jacques, zwischen einer Garage und einer presbyteranischen Kirche: Vom Arbeitszimmer ging der Blick auf das große Viereck der ›Santé‹, des großen Pariser Gefängnisses. Das war ausgesuchter Dekor. Zellen, Gitter und abends, wenn früh das Licht ausging, Schreie und Klopfzeichen. Becketts Leben, ein ungespieltes Leben, das im Grunde nichts anderes wollte, als allein gelassen werden.

Auch in seinem Landhäuschen in Ussy an der Marne war dies nicht anders – zwei Räume auf einer grünen Wiese. Nirgends Blumen oder, wenn man so will, nirgends Anschaulichkeit, sondern allein Prädisposition für das Spiel aus Wille und Vorstellung, das jede Zeile durchgeistert. Oder beim gemeinsamen Besuch im Hölderlinturm in Tübingen, das Schweigen Becketts in der Zelle der Schreinerfamilie Zimmer, in der der Dichter siebenunddreißig Jahre zugebracht hatte, Schweigen, das er schließlich mit der Rezitation von *Hyperions Schicksalslied* beendete: »Ihr wandelt droben im Licht...« Heute, da wir wissen, daß Beckett tot ist, wird dieses Dasein im allerletzten Text, in *Soubresauts,* ganz akut spürbar. In dieser ungespielten Dürftigkeit, in der sich auf diesen wenigen Seiten ein Körper selbst beschreibt und ein Körper das in Erinnerung ruft, was zu ihm einst aus der Außenwelt gehörte – in dieser Intensität, in der Schopenhauer den Körper dem Subjekt als Fremdheit entgegensetzt –, leben noch einmal all die biographischen Minima auf, die wir von diesem Mann seinem Wunsch gemäß allein erfahren sollen.

Beckett versteckte alles, was in seinem Leben heroisch war (sein Engagement in der französischen Résistance, das ihn in Lebensgefahr brachte), seine Lieben (über die nur Peggy Guggenheim dumm und mit Besitzerstolz plauderte), sein Werk (über das er nie dozierte). Auch in dieser letzten Schrift, die fortsetzte, was in zahlreichen kurzen, inchoativen Texten seit »ausgeträumt träumen« und all den Variationen unter dem Thema »aufgegebenes Werk« anklang, finden wir keinerlei Larmoyanz. Und doch wissen wir, daß dieses unpersönliche Ich, das sich hier mühsam von Zeile zu Zeile kämpft, das Ich Becketts ist.

Soubresauts – ›Zusammenzucken‹, eben nicht ›Auflehnung‹, er schrieb den Text mitten in der Erwartung des Todes. Vor wenigen Wochen notierte er diese erschütternde Reflexion über den Körper in einem fahlen Licht, das aus einem Fenster hoch oben in der Wand fällt, Fenster, unter dem noch ein Schemel stand, von dem aus einst, ehe die Kräfte nachließen, der Himmel zu sehen war. Damals schrieb er mir in einem Brief: »Ich bin in einem Erholungsheim (dem dritten). Ich bin in ärztlicher Behandlung, die mir gut tun wird (sagen sie)...«

Das gehört zu seinem ironischen Verkleidungsspiel. Es hat mit seiner Scheu zu tun, den anderen zu involvieren. Beckett negierte darüber hinaus jeden Schein. Was er über seine Stimmungen berichtete, paßte völlig zu seiner Absage an das Rollenspiel des Intellektuellen, in das andere ihn ziehen wollten. Er zitierte mir dazu einmal eine Passage aus Jules Renard, dessen Tagebücher er eben las: Er sei neidisch auf den Ruhm derer, die nicht bekannt seien.

Warten auf Godot — kein Text der letzten fünfzig Jahre hat einen gewaltigeren Interpretationssog ausgeübt. Und alle unbestellten Antworten, auch die, es handle sich nicht um eine metaphysische Fragestellung, zerfallen vor dem unerhörten Appell, den dieser Text und Beckett ständig an uns richten. Ein Appell, der all das rekapituliert und umspielt, was wir an konkreten kulturellen Bildern in uns tragen. Nehmen wir nur ein Beispiel, Pozzos wilden Befehl an Lucky: »Willst du den Himmel wohl anschauen, du Schwein?« Überall, in unzähligen Details zeigt es sich: Hier spricht kein abstraktes Konzept, hier wird nicht einfach eine weltanschauliche Position, ein »kartesianisches Kreuz« (Hugh Kenner), »vertont«. Die Vorstellung vom abstrakten, schwierigen und verschlüsselten Beckett entstammt der Bequemlichkeit des Lesers, der sich nicht die Mühe macht, die Abfolge des Werks immer erneut auf die Waage zu legen.

Es gibt eine unerhört reiche negative Anthropologie bei Beckett, die sich in den großen, noch umwerfend narrativen Romanen der frühen Jahre ausbildet. Sie stammen aus einer Zeit, da Beckett, herausgefordert durch Joyce, mit dem er damals täglichen Umgang pflegte, versuchte, die semantische Virtuosität, den Detailreichtum der eintägigen Reise des Ulysses in sich selbst, anschaulich in das umzusetzen, was er damals in erster Linie instrumental anstrebte: Exil und Verbannung aus der Inventionsfülle und der direkten Anschaulichkeit. Becketts Vorgehen ist hier schon radikal. Ein anderes Sprechen erscheint hier, eines, das sich in die intensiven Nebenbedeutungen der Rede verliert und in geradezu mathematischer Exaltation die Fülle des Daseins durch das Abhaken serieller Minimallüste und Minimalfreuden erreicht. Jeder sollte hier einmal *Watt* in die Hände nehmen, den noch auf englisch verfaßten Roman, in dem der Held die Dialektik der Aufklärung mit jener Wucht an seinem Leibe erfährt, mit der Voltaires *Candide* die Leibnizsche prästabilierte Harmonie ertrug: »Gott möge Sie segnen, Mr. de Baker, sagte Louit. Und Sie, Mr. Louit, sagte Mr. de Baker. Nein, nein. Sie, Mr. de Baker, Sie, sagte Louit. Warum eigentlich mich, Mr. Louit, na, wenn es denn unbedingt sein muß, jedenfalls auch Sie, sagte Mr. de Baker. Sie meinen, Gott möge uns beide segnen, Mr. de Baker? sagte Louit. Diable, sagte Mr. de Baker (seine französische Abstammung).«

Das reagierte eindeutig gegen die Joycesche Bereicherung der Sprache und jede wortschöpferische Bereicherung an der Sprache. Doch die zahlreichen, ironisch-pikaresken Elemente, das komponierte Außenseitertum, das unwiderstehliche Inventar privater Gesten und Besitztümer, die diese Figuren auf ihrem Gang durch weite, der Heimat Irlands nachgezeichnete Weltlandschaften mitschleppen, werden nicht plötzlich, beim so entscheidenden Sprung des Schriftstellers aus dem Englischen ins Französische, aufgegeben. Nach und nach werden die Murphy, Watt oder Malloy zu dem, als was Menschen im Werk Becketts überleben, zu blutenden, schalenlosen Wesen, die ihren eigenen Leib nur deshalb zu leugnen und zu verstümmeln suchen, weil sie in allen Fasern ihres Körpers aus Gehirn, aus Empfindungsmasse bestehen. Die zerstörten, lädierten Figuren führen einen Entwurf des Menschen vor, der durchs Umgehen des Menschlichen definiert wird, so wie die negative Theologie Gott durch die Aufzählung der Qualitäten, die er nicht auf sich vereinigen kann, ausspart.

Was hat die Welt heute, für immer, von Beckett?
Zum 100. Geburtstag von Samuel Beckett

Es besteht kein Zweifel, »Warten auf Godot« wurde zur berühmtesten Parabel unserer Zeit, zu einem »Faust« der alleingelassenen Welt. Ein grausames Ritual spielt sich vor unseren Augen ab. Es resümiert, was Menschen erwartet: »Sie gebären rücklings über dem Grabe, der Tag erglänzt einen Augenblick, und dann von neuem die Nacht.« Kein Text hat derart folgenreich die Geistesgeschichte zerwühlt. Das atemberaubend-unterhaltsame Stück, das der völlig unbekannte Autor, der jahrelang zwischen Irland, London, Italien, Deutschland und Paris hin und her gewandert war, am 23. Januar 1953 im Pariser Théâtre Babylone vor wenigen Zuschauern präsentierte, wurde zum Welterfolg. Fünfunddreißig Theater hatten das Manuskript abgelehnt. Die Kunde von Roger Blins Inszenierung, die auf eine Ermunterung durch Tristan Tzara zurückging, trieb ganze Generationen ins Wartezimmer.

Der französische Titel – »En attendant Godot« – enthält formal, grammatikalisch Becketts einzigen Kommentar zum Stück. Die Verwendung des Präsenspartizips spricht für den Rückzug auf einen Zustand des Wartens, das sich im Spiegel sieht. Der Autor betreibt eine gnadenlose Abrechnung mit den weltanschaulichen Apologien der fünfziger Jahren, die unter dem Schutz des Absurden Trost und Sicherheit suchten. Als wir über diese Zeit sprachen, meinte Beckett: »Ich glaube, daß die Konzeption vom Absurden larmoyant ist. Ich habe nie diese Vorstellung vom Absurden akzeptiert, weil sie ein Urteil enthält.« Auf die Probleme, die sich Wladimir und Estragon stellen, verweist der Autor mit grausamem Mitleid: »Sie sprechen über ihre Leben. Es genügt ihnen nicht, gelebt zu haben.«

Beckett meint, er wisse nicht, wie das Paradies aussehen sollte. Die abschließende Antwort auf den Interpretationssog, den »Warten auf Godot« ausgelöst hat, scheint Kafka in der Skizze »Gib's auf!« vorausgenommen zu haben: »›Von mir willst du den Weg erfahren?‹ ›Ja‹, sagte ich, ›da ich ihn selbst nicht finden kann.‹ ›Gib's auf, gib's auf‹, sagte er und wandte sich mit einem großen Schwunge ab, so wie Leute, die mit ihrem Lachen allein sein wollen.« Und was wäre auch – neben Kafka – beispielloser als Beckett?

Der erste Gang zu ihm – über fünfundvierzig Jahre sind es her – führte in eine Klause im obersten Stock eines unverhältnismäßig hohen, schmucklosen Neubaus, der zwischen einer Garage und dem flachen Domizil der »Première église du Christ Scientiste« liegt. Die Garage ist heute verschwunden und auch das Namensschild, das noch Jahre nach dem Tode in der Handschrift Becketts den Bewohner verriet. Vor Ort gibt es keine Erinnerung mehr. Es sei denn, man nimmt die Blinden, die sich wie Brüder des Hamm aus dem »Endspiel« mit weißen Stöcken durch den Eingang des Hauses am Boulevard Saint-Jacques tasten, für Botschafter einer mythischen Präsenz. Die Wohnung offerierte den Blick auf die finstere »Santé«, in deren Hof in jenen Jahren noch ab und zu die Guillotine operierte.

Beckett öffnete das Fenster, ließ, der Abend dämmerte, den Tumult der Gefangenen, denen man in den Zellen das Licht abgedreht hatte, ins Gespräch einfallen. Wir treffen auf diese Infiltration der Außenwelt kurze Zeit danach im Hörspiel »Cascando«, in dem der »Öffner« schlagartig eine keuchende Stimme in den Raum dringen läßt und wieder abstellt. Man kam sich hier oben vor wie in dem Ausguck, den 1791 Bentham ins Herz seines zylindrischen »Panopticon penitentiary« gesetzt hatte. Das Wissen um die rituelle Überwachungsmaschinerie, mit der Menschen Menschen beherrschen, durchsickert die Imagination des Autors. In »Murphy«, »Watt« oder im engen, abwechselnd eisigen oder überhitzten Zylinder von

»Ausgeträumt träumen« wird das schiere, sinnlose Agieren von Leibern protokolliert. In den Texten spürt man den feindseligen Blick des »Esse est percipi«, das alles unterm Mehltau des Argwohns versinken läßt. Buster Keaton sucht in Becketts »Film« diesem Fluch zu entgehen. Er deckt alles ab, was nach Licht und Auge ausschaut. Doch er scheitert an der Selbstwahrnehmung. In nichts spricht sich Becketts Ratlosigkeit stärker aus als in den Aufzeichnungen, in denen er sich mit Eingesperrten und Ausgesonderten abgibt. Mit Bestürzung stand er, als wir nach Tübingen fuhren, vor dem Hölderlinturm. Hyperions Schicksalslied, aus dem er auf deutsch zitierte, klang nicht froh. Es war, als hätte Pozzo die Anweisung gegeben: »Willst du den Himmel wohl anschauen, du Schwein?«

Von kreatürlichem Leiden wollte man reden. Es taucht in der frühen Geschichte »Dante und der Hummer« auf, in der die Tante Belacquas das lebende Schalentier ins kochende Wasser wirft, und es äußerte sich noch lange danach echohaft in der irritierten Reaktion, wenn man im Lieblingsrestaurant »Aux Îles Marquises« in der Rue de la Gaité – Straße der Fröhlichkeit! – Zitrone auf die Auster träufelte: »Hör auf damit! Du siehst, sie leidet.« Er habe nie vergessen, mit welchem Ausdruck Picasso beim Essen die Gabel fixiert habe. Danach fragt er mich unvermittelt: »Konnte er zärtlich sein?«

Bedürfnislosigkeit asketischer Eleganz

Er spricht von der Deformation im Werk Picassos, erinnert an das Fragile, Verwachsene, das er in dem graziösen Pastell »Frau mit Raben« entdeckt, von dem er eine Postkarte bei sich trägt. Er müsse an die Krähe in Schuberts »Winterreise« denken und ans Streichquartett in d-Moll (»Der Tod und das Mädchen«). Im Laufe der Zeit wurde der Blick aus dem Fenster, aufs Gefängnis und bald danach auf die menschenfressenden Wohntürme, die um die Place d'Italie in den Himmel wuchsen, zum einzigen, negativen Dekor. Selbst die Gemälde der Freunde Bram und Gert van Velde verschwanden. Beckett schenkte sie dem Centre Pompidou. Er brauche keinen Dekor, keine Anschauung, auch wenn er meinte, alles in seiner Arbeit beziehe sich auf Bilder. Doch diese visuellen Vorstellungen nähmen nicht den Weg übers leibliche Auge. Es ist ein Leben im Kopf, bei dem sich Imagination und Realität gegenseitig aufheben. Nichts hält dies eindrucksvoller fest als der Satz, mit dem »Molloy« endet: »Dann ging er in das Haus zurück und schrieb ›Es ist Mitternacht. Der Regen peitscht gegen die Scheiben.‹ Es war nicht Mitternacht. Es regnete nicht.« Was er einer seiner Personen verschreibt, gilt sicher für ihn: »Denn außer, erstens, der Bedürfnislosigkeit und, zweitens, eines Zeugens seiner Bedürfnislosigkeit bedurfte Knott nichts.«

Der Verzicht auf jeden Schmuck, die Treue zu einigen wenigen Versatzstücken – »Ich liebe alte Dinge« – gehörten zur Hygiene des Protestanten aus Irland, der vor hundert Jahren am 13. April, einem Karfreitag, in Dublin das erblickte, was er in einem Buch die »Nacht der Welt« nennt. Seine Großzügigkeit gegenüber Freunden versteckte er, über seine Teilnahme an der Résistance verlor er nie ein Wort. Und das privilegierte Verhältnis zu Joyce spielte er herunter. Er habe ihm halt, wie andere auch, beigestanden, um ihm die Arbeit zu erleichtern. Auf die sichtbare Biographie kam es ihm nicht an.

Ich denke mit Rührung an einen seiner letzten Sätze: »Ich bin neidisch auf das Glück derer, die unbekannt sind.« Beckett zitierte dabei aus den Tagebüchern Jules Renards. Es war ein ungespieltes und unabhängiges Dasein. Daneben gab es unverzichtbare Details, den irischen Pot-Stil-Whiskey von John Power oder den »Escherndorfer Lump«, Goethes Lieblingswein. Mit solchen Freuden, eher Erinnerungen an Freuden, umgab er sich wie Winnie in »Glückliche Tage«. Er war ein wählerischer Asket, voller Eleganz, und für die Freunde ein aufmerksamer, humorvoller Mensch.

In den letzten Jahren traf man sich weniger in der Wohnung als, schräg gegenüber dem Appartement, im »Café Français«. Ab und zu ließ er sich noch in der berühmten »Académie de Billard« an der Rue de Clichy nieder, trank sein Guinness und schaute im grünen Aquariumslicht der Billardlampen einem Spiel zu, das ihn selbst so lange angezogen hatte. Im Café erschien er mit einer braunen Einkaufstasche. Er müsse Besorgungen machen. Doch wenn er vom Markt zurückkam, erinnerte die magere Tasche an den Zustand der engbrüstigen Dame, deren »dünne Lippen und dorisches Becken« er in »Murphy« beschreibt. An diesem ungenauen Ort lebte er, von hier unternahm er seltener und seltener Ausflüge in den »Marnesumpf«, nach Ussy, im Osten der Hauptstadt, ins kleine weiße Haus auf dem grünen, kurzgeschorenen Rasen. Dort hatte er in den fünfziger Jahren »Endspiel« geschrieben. In einem der zwei Räume lag eine Partitur von Sonaten Haydns auf dem Klavier. Im anderen entdeckte man Romane von Rex Stout. In der Tat, Nero Wolf, der alle Fälle im Zimmer, in Klausur löste, bot sich als Referenz für ein Werk an, in dem immer wieder ein von unbekannten Autoritäten entsandter Privatdetektiv agiert. Moran übernimmt alttestamentarische Aufträge, die an Abrahams angsterfüllte Ausfahrt denken lassen: »Ich ging fort, begleitet von meinem Sohn, den Anweisungen folgend, die ich erhalten hatte.«

Leiden am Kartesianischen Kreuz

Greifen wir zu einem der unparierbaren Eröffnungszüge, mit denen uns der Dichter in Fremdheit verstrickt. In »Watt« wird vom Erzähler protokolliert, was Knott vor Augen hat: »Ein blaues Blümchen und daneben einen dicken Wurm, der sich in die Erde verkroch.« Seelisches, Delikates und Stümpfe, Lädiertes, Körperfunktionen, Liebkosungen, Grausamkeiten stehen in Übernähe beieinander. Regelmäßig kommt es zum Sakrieg am makellosen, poetischen Ausdruck. Doch diese Abstürze in die Welt der Freaks, ins Gemeine und Skatophile gehören zur dosierten Blasphemie des Werks. Sie wirken befreiend, man kann sie mit den ironischen Fragezeichen vergleichen, hinter denen Heine am Schluß des Gedichtes tiefe, schmerzliche Emotionen wie Pudenda verbirgt.

Der Umgang mit dem, was in den endzeitlichen Ruinen des Glaubens Geist und Seele degradiert, wird von Beckett genau geregelt. Er wußte, wie weit er in die Tiefe, ins Versumpfende steigen will und wie sich die Agonie der Sinne und des Denkens organisieren läßt. In den Büchern begegnen wir dem, was der Erzähler in »Watt« als »Zwischenfälle von großem formalem Glanz und unbestimmbarem Inhalt« benennt. »Murphy«, »Watt«, »Mercier et Camier«, »Molloy«, »Malone stirbt« und »Der Namenlose« strotzen von Denkoperationen, die unbegreifliche Probleme abhandeln. Es gibt hier nur Erkenntnisprozesse, keine Erkenntnisse. Kennen wir eine witzigere Freudlosigkeit als bei Beckett?

Es genügt, wahllos einen Band aufzuschlagen: »Nur keine Ausreden«, sagte Neary barsch, »du hast mir das Leben gerettet. Lindere es jetzt.« Nirgendwo drückt sich die Verzweiflung stärker aus als in den abenteuerlichen Formalismen, die es den Helden gestatten, in immer neuen Varianten das »kartesianische Kreuz«, die Feindschaft zwischen Geist und Leib zu durchleiden. Allenthalben treffen wir auf Hände, die nicht dazuzugehören scheinen, auf Bewegungen, die den Willen des Körpers verspotten. Murphy steht am Beginn der Leidenschaft, auf keine Variante zu verzichten. Wie ein Computer rechnet er alle Möglichkeiten durch. Er kommt zur beseligenden Feststellung, daß er den Vorrat seiner Kekse auf hundertzwanzig Arten essen könne. Ist das kein Glück?

Im Lauf der Jahre verstärkt sich die Leidenschaft, Situationen bis viele Stellen hinterm Komma durchzuspielen. Die Erzählfreude in »Traum von mehr bis minder schönen Frauen«, die enzyklopädische Welt des Belacqua, die Zettelkästen und

Fachwissen, die den Leser der frühen Texte in Staunen versetzen, verschwinden. Das unerbittliche Pensum, vor dem die Figuren kuschen, rückt in den Vordergrund. Es gibt für sie nur einen Feind, die Pause. Alles endet bei willenlosen, an den Fäden von Schuld und Prädestination taumelnden Marionetten, die, wie die kämpfenden Gestalten in Goyas »Schwarzen Bildern«, mit dem Unterleib schon in der Erde, im Grab stecken.

Sprachexil

Diese einprägsame Bildlichkeit hat mit der veränderten Beziehung zur Sprache zu tun. In »Watt« kündet sich diese an. Der poetisch-ironische Gang durch den irischen Abend verliert sich in ein Räsonieren, aus dem alles Pittoreske und Heimische verschwindet. Nur im Polster des Irrenhauses kann Watt ungefährdet seine stilistischen Verkehrungen, Fugen und Krebsgänge, seine wohltemperierten Autismen entfalten. Der Argwohn gegen das Englische artikuliert sich auf dem Hintergrund der Nähe zu den Sprachspielen von Joyce. Er habe, meinte er, damals zum Französischen gegriffen, weil ihn nur eine kodifizierte, »arme« Sprache vor diesem Einfluß retten konnte. Ist es nicht aufregend, daß gleichzeitig Ionesco »Die kahle Sängerin« und »Die Unterrichtsstunde« in Angriff nimmt?

Beide Stücke ziehen collagenhaft das Material der Schulbücher heran, mit deren Hilfe sich der Rumäne das Französische erobert. Zumindest vorübergehend erhält das fremde Wort eine eindimensionale, erlernte Bedeutung. Es ist bemerkenswert, daß in dieser Zeit, da Beckett ins sprachliche Exil zieht, erstmals wieder seit dem Proust-Essay (1931), theoretische Aussagen auftauchen. Sie beschäftigen sich mit gegenstandsloser Malerei. Bram van Velde sei der erste Künstler, der ausdrücke, daß es nichts auszudrücken gibt. Danach befragt, präzisierte Beckett: »Es ist ein Werk, das das Scheitern nicht zum Thema nimmt.« Es geht um ein wichtiges Fazit: Der Ausdruck des Werks steckt letztlich in dem, was den Künstler am Malen hindert. So wie man sagen könnte, die Bedeutung von »Godot« liege in dem, was die Frage nach Godot gegenstandslos macht.

Beckett enthielt dem Leser keine Botschaft vor. Deswegen widerstand er den Deutungen. Bei einem Besuch in Paris brachte Siegfried Unseld voller Stolz die Sprache auf ein Projekt, das er im Nachlaß Brechts aufgefunden habe. In ihm werde eine sozialkritische Bearbeitung von »Godot« vorgeschlagen. Aus Pozzo sollte ein Kapitalist, ein Herr von Pozzo werden. Es war sicher das einzige Mal, daß ich den stets so beherrschten Beckett unwirsch erlebte. Sonst reagierte er allenfalls ein wenig ungehalten, wenn man ihm beim Spazierengehen den Regenschirm etwas zu nahe über den Kopf hielt. Er wußte, was er wollte und was er nicht wollte. Dazu zählte nicht zuletzt, daß das Stück »Eleutheria« nie und nimmer an die Öffentlichkeit kommen dürfe. Wie oft habe ich diesen verständlichen Wunsch aus seinem Munde gehört. Denn alles, was Becketts Welt auszeichnet, das Argumentationssüchtige, der probabilistische Rausch, dem die Figuren verfallen, fehlt in diesem Konversationsstück. Es mutet deshalb wie Verrat an, daß das Stück gegen seinen Willen doch publiziert wurde.

Heute sehen wir, daß die Ablehnung von Botschaft mit der Rätselhaftigkeit von Texten zu tun hat, die Beckett in den dreißiger Jahren für »Transition« aus dem Französischen ins Englische übersetzte. Breton, Éluard und Crevel verankern ihn in einem surrealistischen Umkreis, von dem er nicht so gerne sprechen wollte. Er meinte: »Sie hatten etwas gegen Joyce. Der Surrealismus war keine offene Bewegung.« Doch als ich Beckett zu Max Ernst mitnahm, für den »Godot« und keineswegs Bretons Mund-zu-Mund-Beatmung eines späten, leblosen Surrealismus das überragende Ereignis der Nachkriegszeit bedeutete, lockerte sich die Verschlossenheit. In einem Brief nannte er Max Ernst den »Aufwiegler zum großen begründenden

‚Nein'«. Nicht nur beschlossen beide, ein Buch zu publizieren, das mit Farbradierungen illustrierte »Aus einem aufgegebenen Werk«, beim Zusammensein wurde auch deutlich, wie stark die Simulation, mit der sich der Surrealismus vom unbefragten Leben absonderte, Beckett betraf. In der Tat, es gibt keinen längeren Text von Beckett, in dem nicht, wie in Bretons und Éluards »L'Immaculée Conception«, gespielte psychopathologische, von der Gesellschaft sanktionierte Zustände im Mittelpunkt stünden. Auch fügte Beckett damals hinzu, sein Blick richte sich kaum auf die Außenwelt. Dies entspreche dem Prinzip, dem die Surrealisten folgten.

Die Zeitlosigkeit des artikulierten Schweigens

Nicht als Voyeur suchte ich Beckett auf, sondern in der Absicht, ihn wie Butor, Simon, Sarraute, Duras, Tardieu, Pinget, Robbe-Grillet, Ponge oder Sollers für den Süddeutschen Rundfunk um Hörspiele und Radioessays zu bitten. Sie alle übergaben mir im Laufe der Jahre Texte. Am einfachsten war es mit Beckett. Denn im angelsächsischen Bereich existierte das Hörspiel als angesehenes literarisches Genre. Bei den Franzosen war dies anders. Sie galt es, davon zu überzeugen, daß die Dramaturgie des Hörspiels zu etwas anderem führe als zu einem Theater, das man mit einer Augenbinde erlebt. Robbe-Grillet, der mich bei Beckett eingeführt hatte, mokierte sich über meinen Enthusiasmus in einem Satz, den er einer Widmung hinzufügte: »Pour une nouvelle radio! Mais quand?« Die Hörspiele »Cascando« und »Words and Music«, deren deutschsprachige Produktion Beckett zu Beginn der sechziger Jahre dem Südfunk Stuttgart überließ, waren ebenso unerhört neu wie die sieben Fernsehspiele, die er auf meine Bitte im Laufe der folgenden zwanzig Jahre für den Stuttgarter Sender schrieb.

Er inszenierte sie, wenn möglich, selbst, in einer Atmosphäre, für die Reinhart Müller-Freienfels in Stuttgart die Bedingungen — Diskretion und Ruhe — schuf. »He, Joe« machte 1966 den Anfang. »Was wo« stand 1985 am Ende der Zusammenarbeit. Ich schlug vor, Giacometti um einen Entwurf für die Ausstattung von »He, Joe« zu bitten. Beckett verwarf den Gedanken, der ihm zusagte, weil er, wie so oft, mit dem Auftrag jemandem helfen wollte. So stiegen wir am 25. März 1966 zusammen in Paris ins Flugzeug: Beckett, der Schauspieler Deryk Mendel, der den stummen Joe mimen sollte, und der Bühnenbildner Matias. Dieser transportierte in einer Schuhschachtel das Modell für die karge Zelle, in der das Stück spielte. Dank dieser ersten, außerordentlich komplizierten Produktion, die mit Videotechnik, ohne Schnitt, gemacht wurde, nahm Beckett gewissermaßen das in Besitz, was ihm gehörte, die Verbindung aus Objekten, Gesten, Texten und Rhythmen. Eine, an visuelle Minima gebundene Welt trat vor die Augen. Ein Zu-Ende-Hören, ein Zu-Ende-Sehen-Müssen machen die narkotische Wirkung aus. Die Erinnerung Joes schafft sich im Flüstern einer weiblichen Stimme, die aus dem Off hereindringt, Gehör. Der Text bohrt sich in den Kopf Joes ein, auf den sich die Kamera in zentimetergenauen Fahrten zubewegt. Der Raum, in dem sich die Urteilsverkündung abspielt, präsentiert die Kargheit, zu der damals Minimal art, Boltanski, die Installationen Bruce Naumans, die redenden Blasen Tony Ourslers — unter der Einwirkung der Texte Becketts — gelangt waren.

Es gibt kaum etwas Genußreicheres, als die detaillierten Drehbücher zu lesen, den Pausen und dem Tempowechsel nachzusinnen, dem Kopf und Leib verfallen. Beckett verstand die eigenen Inszenierungen, auf die er unendlich viel Zeit verwandte, als Teile des Werks. Sie sollten Bewegung, Sprachduktus, Accessoires und Bühnenbild kanonisieren. Jedes Geräusch, jedes Kostüm, das geringste Schielen, das zwischen einer Bewegung des Körpers und einer Replik auftaucht, werden vorgeschrieben, verschrieben. Er war in diesem Punkt so genau wie Duchamp. Vom Zusammensein mit Duchamp, von den Endspielsituationen, die dieser mit Halberstadt in »Opposition and Sister Squares Are Reconciled« entworfen hatte, berichtete er gerne. Er schätzte dessen brillantes Verstummen, das ein Leben lang nichts anderes tat, als Grenzen zu ziehen.

Im Verzicht auf das Assoziationsdelirium liegt der Ausdruck des Werks. Gegen die Lizenzen von Regisseuren, die Stücke mit der zufälligen Jetztzeit zu verkuppeln, stellte Beckett sein Thema, die magistrale Zeitlosigkeit. Die Arbeiten für das Fernsehen, in denen Beckett im Anschluß an die elliptische Prosa von »Der Namenlose« weitgehend auf Satzzeichen verzichtete, lieferten eine neue Verbindung von Text und Bild. Die Arbeit für das Fernsehen half ihm, das Schweigen, in das sein Schreiben nach und nach verfiel, sichtbar zu artikulieren. Es war eine glückliche Zeit, »glückliche Tage«. Beckett behagte die Tristesse, die von der Neckarstraße zwischen Funkhaus und Staatstheater so unvergleichlich serviert wird. Er widmet ihr in »Flötentöne« ein Denkmal: »Der Anreiz des Nichts ist dort nicht mehr das, was er einmal war, weil man eben den sehr starken Verdacht hat, längst mitten drin zu sein.« Mit Rührung lese ich, was er mir in späten Tagen, da er kaum mehr schrieb, anmerkte: »Ich würde so gerne wieder etwas für Stuttgart machen.«

Überall verleihen Einsprengsel der Vergangenheit dem Endzeitlichen der Szenen Präzision. Nehmen wir »Aschenglut«, in dem Henry seine Erinnerungen an einem Strand aufleben läßt, der das Haus an der Killiney Beach in Foxrock einblendet, in dem der Autor seine Jugend verbrachte. Dies alles, meinte er, sei vorbei. Deshalb werde er auch nie mehr nach Irland zurückkehren. Doch noch anderes steckt in diesem eindringlichen düsteren Hörspiel. Das Geräusch galoppierender Pferde, das scharf die Stimmen und das Brausen des Meeres unterbricht, habe mit »Effi Briest« zu tun. »Das wunderbare Buch, die schreckliche Geschichte« hatte er bei seinen ersten Reisen nach Deutschland kennengelernt. Unentwegt taucht es im Werk auf. Es gehört zur unerhört reichen »deutschen Biographie« Becketts, ist Teil eines polyglotten Denkens und Fühlens. Erika Tophoven hat die Notizen, die der großen Deutschlandreise im Winter 1936/1937 gelten, entziffert und kommentiert (Becketts Berlin, Nicolai 2005).

Becketts scharfes und träumerisches Auge beschreibt eine längst verlorene Zeit. Die Reise bricht in die Fensterlosigkeit, in die sich der Autor zurückzuziehen begann, Luken hinein. Durch diese erblicken wir Hildesheim, Braunschweig, Dresden, Kassel, Berlin, München, begegnen Musik, Museen und Menschen. Wie der Öffner in »Cascando« läßt Beckett in uns eine unwiederbringliche, schmerzhaft schöne Welt eindringen. Es gibt kein zweites Erinnerungsbuch, aus dem sich das »Endspiel« Deutschlands, der Untergang seiner Städte, Museen, seiner Bildung und Tradition mit derartig heftiger Tristesse erfahren ließe.

Paul Auster und Sophie Calle
Zwischen Brooklyn und Malakoff

In Paul Austers Büchern, einer effektvollen Mischung aus angewandter Depression und amerikanischer Topographie, stoßen wir auf eine Passage, die die scheinbar planlosen Schritte des Flaneurs in ein geometrisches Schema überträgt. Der Text wird unterbrochen. An seine Stelle tritt ein Ideogramm, das den Weg durch die Stadt nachzeichnet. Dem Privatdetektiv Quinn dämmert, daß hinter den unerklärlichen, chaotischen Bewegungen Stillmanns, dem er in *Stadt aus Glas*, dem ersten Buch der New-York-Trilogie, durch die labyrinthische Quadratur Manhattans folgt, ein »Ansatz von zwingender Notwendigkeit« stecken könnte. Und der Autor/ Detektiv äußert die Hoffnung, daß den Bewegungen des Observierten ein Sinn zukomme, so dunkel dieser auch sein möge. Denn Quinn weiß, daß außerhalb des Zufalls keine Realität existiert. Hier finden wir den tieferen Ansatz dieser Prosa. Die Anschaulichkeit der Bücher Austers, deren babylonische mentale Architekturen und deren schwindelerregendes Kalkül mit der Probabilität, verweist auf Nathaniel Hawthorne oder Borges. Das Kalkül mit Zufall und der Zwang, Zufall interpretierend in Kausalität umzusetzen, gehen jedoch auf Kafka und Beckett zurück. Die schemenhafte Paranoia, deren geometrischen Aufriß *Stadt aus Glas* abbildet, erinnert an ein Wort von Beckett: in *Watt* finden wir den Hinweis auf »Zwischenfälle von großem formalem Glanz und unbestimmtem Inhalt«. Zu den unvergeßlichen Erlebnissen während eines längeren Aufenthalts in Paris zählt Auster nicht von ungefähr die Begegnung mit Beckett in der Closerie des Lilas. Es war weniger das Gespräch als die Organisation von Schweigen, die sich ihm eingeprägt hat.

Und Auster fügt hinzu: »Ich hatte das Gefühl, wenn ich verschwunden wäre, hätte dies auf Beckett keinerlei Eindruck gemacht.« In manchen Büchern wie *Die Musik des Zufalls* oder *Mr. Vertigo* spielt diese Nähe immer wieder genießerisch mit der Grenze zum Plagiat. Dies gilt vor allem für das Prinzipielle, für die metaphysische Aporie, die präsentiert wird. Sie steht im Vordergrund, nicht das schlüssige, einer Lösung zusteuernde kriminalistische Geflecht. Denn Auster braucht das Motiv des Kriminalistischen nur als Verkleidung für eine Hermeneutik, die nie aufgeht. Das Leben, das er darstellt, erscheint auf diese Weise als das perfekte Verbrechen eines deistischen Rechenmeisters.

Wir nehmen die Zeichnung, die den Gang durch den Zufall in ein scharf umrissenes Kalligramm umarbeitet, zum Ausgangspunkt und Anlaß für eine Begegnung, in der man wiederum Zwangsläufiges entdecken könnte. Die Rede ist vom Zusammentreffen Paul Austers mit Sophie Calle, der französischen Künstlerin, die in ihren Texten und Fotoarbeiten gleichfalls aus dem Unvorhergesehenen ihren Stoff gemacht hat. Sie geht in ihren Recherchen, die mit Vorliebe auf Verfolgung und Beschatten anspielen, jeweils einem neuen Pensum nach. Mit Auster spreche ich über die Beziehung zu Sophie Calle in seinem Haus in Brooklyn, nicht weit vom Brooklyn Museum und dem weiten Park Slope Areal. Es ist eines dieser Häuser, die der Autor auch in seinen Texten dann und wann braucht: ein dreistöckiges Gebäude aus braunem Sandstein. Die steile Treppe bringt den Besucher aus dem kurzen Vorgarten in den ersten Stock. Hier liegen die Salons und die Küche. Um ins Arbeitszimmer zu gelangen, steigt man von dort eine Treppe hinab. Dort entsteht das, was Paul Auster die »strange things« nennt. Er schreibt seine Bücher auf einer alten Schreibmaschine, langsam, unter Qualen, wie er hinzusetzt. Eine Seite am Tag mache ihn bereits glücklich. Nirgends entdeckt man einen Computer oder einen Hinweis auf einen Internetanschluß. Paul Auster hat vor, dieser Art zu arbeiten treu zu bleiben. Deshalb hat er vorgesorgt: für die Zeit, da es keine Farbbänder mehr geben wird, möchte er gewappnet sein. Er zeigt mir einen Schrank, der mit Bändern vollgestopft ist. So fremdartig kommen einem diese Relikte der jüngsten Vergangenheit bereits vor, daß man eher an ein Kunstwerk, an eine Akkumulation von Arman, an ein nostalgisches Wunderkabinett als an den Nutzeffekt für den Schriftsteller denken kann.

In einem derartigen Domizil in Brooklyn, Genre Tatort, wohnt auch Black, der in *Schlagschatten*, dem zweiten Teil der New-York-Trilogie, Thoreaus Einsiedlerbuch *Walden* liest. Der Detektiv Blue, der ihn bespitzeln soll, beobachtet ihn aus der Wohnung gegenüber. Blue lebt – wie Becketts Watt – spiegelverkehrt in Black. Paul Auster schreibt in einem Vorort der großen Metropole seines Landes. Sophie Calle auch. Sie sitzen sich in weiter Distanz ungefähr wie Black und Blue gegenüber. Sie hat sich in einem modernen, selbstentworfenen Atelierhaus in der südlichen Banlieue von Paris eingerichtet, in Malakoff, am Boulevard Camélinat. »Malakoff wirkt sehr russisch«, sagt sie, sie meint wohl »unerklärlich, fremd«. Hier arbeitet die Künstlerin einige Monate im Jahr, zwischen ausgestopften Tieren, Devotionalien, Büchern und Fotos. Im übrigen pendelt sie neuerdings auch zwischen Peking und New York hin und her. Man lebt in diesem Haus inmitten dem kleinteiligen Häusergeschwür, das sich daneben überall ausbreitet. Das Anonyme, Graue zieht Sophie Calle an. Sie scheint vom Schrecken der Vorstadt zu profitieren. Vor deren Unwegsamkeit und Redundanz fürchtet sich der Bewohner der Pariser Innenstadt bis heute. Seltsamerweise ist alles offen im weiten Pavillon. Wer weiß, wie sehr es der Sophie Calle darum geht, dem anderen sein Rätsel zu entreißen, kann diese Transparenz nur damit erklären, daß die Künstlerin für sich selbst keine Geheimnisse zugeben möchte. Glas dominiert, Bambus verwandelt den Hof in ein Labyrinth. Man glaubt sich eher in Japan. Auch Christian Boltanski und Annette Messager haben sich in den Gebäuden, die den Garten umstehen, niedergelassen. Man könnte meinen, in der Wahl des Platzes offenbare sich eine Art intersubjektiver Lebensgemeinschaft. Denn man kann das, was die drei vorführen, noch einigermaßen bequem auf einen gemeinsamen Nenner bringen. Doch diese Übernähe produziert offensichtlich eher Fremdheit: »Man sieht sich nicht, da man einander zu nahe ist.«

Ein britischer Filmemacher, Michael Radford, hatte Paul Auster Einblick in Sophie Galles Arbeiten verschafft. Er forderte den Schriftsteller auf, ausgehend von einer aufsehenerregenden Aktion der Künsterin, ein Drehbuch zu schreiben. Sophie Calle hatte in Paris ein Adreßbuch gefunden. Sie konnte es nicht an den Eigentümer zurückgeben, denn nirgends war der Name des Besitzers notiert. Sie begann damit, Frauen, auf deren Namen sie im Adreßbuch stieß, zu kontaktieren, um sie über denjenigen, der dieses Telefonverzeichnis verloren hatte, auszufragen. Die Zeitung *Libération* publizierte in Paris Tag für Tag das Ergebnis dieser Begegnungen. »Le carnet d'adresses« führte zu so etwas wie zu einem Porträt eines Unbekannten. Langsam tastete sie sich an den Fremden heran. Das Filmprojekt, für das Auster ein Skript beigesteuert hatte, zerschlug sich, doch Auster, den diese Rituale der Calle nicht mehr losließen, übernahm in seinem Roman *Leviathan* sieben Selbstversuche der Künstlerin. Dazu gehörten neben dem »Adreßbuch«, »Venezianische Verfolgung«, »Die Garderobe«, »L'Hôtel«, »Der Striptease« und »Das Geburtstagsritual«. Aus Sophie Calle wurde im Buch *Leviathan* die Figur der übernervösen, erotischen Maria. Dies alles geschah mit dem Einverständnis der Französin. Auf der Impressumseite lesen wir: »Der Autor dankt Sophie Calle für die Erlaubnis, Fakten und Fiktion vermischen zu dürfen.« Auster erfindet darüber hinaus für seine Maria einige weitere Spiele. Sophie Calle greift ihrerseits auf diese zurück und zieht sie – mit der Einwilligung des Autors – als Anleitungen für neue Aktionen heran. Sie übernimmt unter anderem aus *Leviathan* das Projekt »Die chromatische Diät«: jeden Tag aß Austers Maria Lebensmittel einer bestimmten Farbe: »Montags

Orange: Karotten, Beutelmelonen, gekochte Garnelen. Dienstags Rot: Tomaten, Kakipflaumen, Tatar ...«

Die Reaktion der Sophie Calle ist bezeichnend. Sie beläßt es nicht dabei, die Rituale, die Auster in *Leviathan* für Maria hinzuerfindet, in der Realität nachzustellen und zu Fotoarbeiten mit umfassenden Erläuterungen umzuarbeiten. Sie fordert Auster auf, für sie ein eigenes Aktionsprogramm zu entwerfen, das sie in den Straßen von New York umsetzen möchte. Auster scheint von dieser Vorstellung einer Auftragsarbeit für Sophie Calle einerseits fasziniert zu sein, andererseits fürchtet er sich, dadurch in eine zu starke Abhängigkeit von dieser Obsession der Künstlerin zu geraten. Denn wer die Arbeiten von Calle kennt, weiß, daß sie ihr Zeremoniell am Rande bedrohlicher, auch halbkrimineller Situationen aufbaut.

Nehmen wir nur einmal »L'Hôtel«. Sophie Calle verdingt sich für einige Wochen in Venedig als Zimmermädchen in einem Hotel. Der Job dient als Vorwand. Sie dringt in die Zimmer ein, öffnet Schubladen, Koffer und fotografiert die Objekte, die sie vorfindet. Fotos und Begleittexte werden auf große Tafeln aufgezogen und ausgestellt. Sophie Calle beschreibt nicht nur das Inventar, sie notiert die Erregung, die diese Rendezvous vor leeren Betten in fremden Räumen in ihr hervorrufen. Sie konzentriert sich dabei auf den prickelnden Moment, den sie jeweils, als unersetzbaren Paroxysmus, erneut erlebt: den der möglichen (erhofften?) Demaskierung. Zwei Jahre lang widersetzte sich Auster dem Drängen Sophie Calles, ihr das Szenario für eine New Yorker Reality-Show zu liefern. Dann erst gab er ihr die Order. Sie startet drei getrennte Aktionen. Die erste besteht darin, wildfremde Menschen anzulächeln, die zweite, mit einem für sie neuen, soziologischen Hintergrund, sie aufzufordern, einer Reihe von Homeless Sandwiches und Zigaretten anzubieten. Und die dritte Aktion schließlich führt sie dazu, eine öffentliche Telefonzelle in New York wie einen Altar zu schmücken und zu pflegen. Die Reaktionen darauf, die sie in Schrift und Bild festhält, sind ebenso komisch wie bedrohlich. Im Gespräch mit Auster werden die Gründe für sein langes Zögern deutlich. Seine Zurückhaltung hat nicht nur mit der Befürchtung zu tun, in eine illegale Sache hineinzugeraten. Sicher erregte der Antrag Auster, regte ihn an. Aber andererseits fürchtete er sich vor dem Vampirismus des anderen Werks, das seine Arbeit, die Arbeit des Schriftstellers, in eine andere künstlerische Gattung zu transponieren versuchte. Man kann sich nicht des Eindrucks erwehren, als betrachte Auster nach wie vor den Annäherungsversuch der Calle als einen Einbruch in sein Leben und in sein Schreiben. Für ihn muß die Grenze zwischen dem eigenen Werk und dem der Künstlerin undurchlässig bleiben. Sophie, meint er, verfüge über eine völlig verschiedene Sensibilität. Er legt Wert auf die entscheidende Differenz: »Ich schreibe Geschichten, sie lebt Geschichten.« Deshalb trennt er auch in seinem Dank, den er *Leviathan* voranstellt, eindeutig zwischen einem Werk, das mit »Fakten«, und einem Werk, das mit »Fiktion« zu tun hat. Denn nichts geht in seinen Augen bei Sophie Calle auf Invention zurück, nichts ist konzeptuell. Sie macht reale Experimente: sie setzt sich eine Aufgabe – als Prämisse für eine Stimmung oder eine Botschaft – und führt, um diese zu testen, Versuchsreihen in Lebensgröße durch. Und Paul Auster begleitet seine Beschwörungsformel, die so scharf zwischen Schreiben und Erleben unterscheidet, mit dem zusätzlichen stolzen Hinweis: »Ich schaffe mein eigenes hermetisches Werk.« Deshalb schließt er es auch völlig aus, es könnte mit seiner Hilfe zu einer Neuauflage der New Yorker Aktionen kommen, die Sophie Calle in *Gotham Handbook* protokollierte.

Der Kommentar dazu, spiegelverkehrt, in Malakoff gegeben, versucht gleichfalls, eine Distanz zum »Partner« zu behaupten. Deshalb habe sie immer alle Vorschläge von Buchhändlern oder Galeristen abgelehnt, gemeinsam mit Auster bei Lesungen oder bei Ausstellungseröffnungen aufzutreten. Sophie Calle meint, sie sei mit Paul Auster keinesfalls näher befreundet. Auf diese Feststellung legt sie offenkundig größten

Wert. Auch sie verweist auf ihre absolute Autonomie. Sie möchte sich zudem mit ihren Arbeiten dem Schriftsteller keineswegs aufdrängen: »Ich spielte mit seinem Buch, und ich hatte zunächst nicht die Absicht, ihm persönlich zu begegnen.« Erst der britische Cineast brachte die Verbindung zustande. Denn vorher sei ihr der Name Auster unbekannt gewesen. In dem Haus, in dem – wie in Hitchcocks »Psycho« – das Tote und Ausgestopfte Vorrang haben, glaubt man dieses Lob der Distanz. Es geht Sophie Calle weniger um einen direkten, andauernden Kontakt als um die Fabrikation von Erinnerung. Sie ist stolz auf ihr Museum der Freundschaft, zeigt die zahlreichen großen, vertrockneten Blumensträuße, die sie in einer Kammer aufbewahrt. Sie stammen alle von Frank Gehry. Vor fünfzehn Jahren entdeckte der kalifornische Architekt das Werk der Französin. Ihn darf sie mit Stolz ihren ersten Manager nennen. Denn Gehry organisierte ihre früheste Schau. Seit diesem Tag läßt er ihr bei jeder Ausstellungseröffnung ein Bouquet aus Rosen überreichen. Erinnerung, Anwachsen des Vergangenen, das Motiv paßt zu den Projekten, die Sophie Calle ausführt. Es begegnet uns auch wieder in der jüngsten Arbeit, deren Fertigstellung sie über fünfzehn Jahre hinauszuzögern versuchte. Sie hat sie vor kurzem in Tokyo, im Museum Hara, vorgestellt. »Douleurs exquises« – »Köstliche Schmerzen« kreist um das Inventar von Jammer und Leid. Sie sammelte das Unglück anderer Menschen ein, um auf diese Weise eine eigene Glücklosigkeit zu übertönen.

Der Umgang mit Inventaren und Indizien, auf den wir hier stoßen, ist keinesfalls neu. Eine Reihe von Künstlern haben aus dieser Spurensicherung eine poetisch-nostalgische Schrift entwickelt. Unter der Hand von Boltanski wurden im Laufe der Jahre aus der Ansammlung abgelegter, abgehäuteter Dinge präzise und quälende Historienbilder des Jahrhunderts. Auch Sophie Calle geht es um einen psychisch begründeten Aspekt dieser Präsenz des Menschen: in ihren Arbeiten treffen Evokation von Abwesenheit und Faszination durch das Anonyme zusammen. Die Lektüre von Georges Perec wurde für sie, wie für eine ganze Generation konzeptueller Künstler, die seit den siebziger Jahren in Frankreich erstmals in den Vordergrund traten, wichtig. Eben weil in Perecs *Les choses,* im Unterschied zu der Sartreschen Phänomenologie des Widrig-Materiellen, die Symbolisierung und Bewertung der Dingwelt fast verschwunden sind. Alles erscheint härter, faktischer. Was jedoch Sophie Calle vom Vorgehen anderer großer Erinnerungsmeister wie Boltanski, Le Gac, Gerz oder Messager unterscheidet, ist der unbändige Aktionismus, der ihre Arbeit prägt. Sie lebt im Jagdfieber: vorzugsweise präsentiert sie Trophäen. Es sind Trophäen, von denen sichtbar das Blut der eigenen Jagdleidenschaft tropft. Hier hat – im Unterschied zu dem, was Auster gibt – das Fiktive oder Nachgestellte keinen Platz. Dies stimmt für alle Arbeiten, die wir von ihr kennen. Calle gehört zu einer Sorte von Künstlern, die Imagination und Stilisierung durch Realität zu ersetzen suchen. Doch welche Realität meint sie? Sicherlich nicht die der Voyeure, die sich nach und nach als Entertainment der Gesellschaft einzurichten beginnt. Das Private als Kitzel interessiert sie nicht. Es geht – und in diesem Punkt trifft sie sich mit Auster – um die von den Surrealisten in Gang gebrachte Hermeneutik, die aus der Begegnung des Zufälligen und Übersehenen ihre Bilder und Erkenntnisse schafft. Unübersehbar wirkt das emotional aufgewiegelte Wissen um den »hasard objectif« nach, den Aragons *Le Paysan de Paris* oder Bretons *Nadja* in unvergeßliche Bilder gefaßt haben. Es sind Bücher, über die Walter Benjamin notierte, daß er von ihnen »des Abends im Bett nie mehr als zwei bis drei Seiten lesen konnte, weil mein Herzklopfen dann so stark wurde, daß ich das Buch aus der Hand legen mußte«. Dieses Wissen um die Alchimie des Banalen, die auf unerwartete Begegnungen angewiesen bleibt, macht aus den Arbeiten der Sophie Calle so lehrreiche Spektakel. Suche steht im Vordergrund. Es ist eine Fahndung, die sich nicht um ein Ergebnis schert. Die Frage nach einem Sinn verkleidet sich in ein kriminalistisches Personal – doch die Suche bleibt offen. Das Werk jagt Menschen und Situationen. In Calles Protokollen sollen wir wie bei Auster auf Dauer die letzte Seite des Buches vermissen, den Ort, der die Lösung brächte.

Die Beziehung Auster-Calle mag zufällig sein – aber den Mehrwert Zufall, den sie beide einsetzen, bindet die Werke aneinander. Die Transfusion von Sinn kommt eher der Kunst als der Literatur zugute. Die Kunst profitiert davon – die Bücher Austers, die wir als Kommentar heranziehen, verringern die Aphasie der Bilder. Wir können darüber froh sein. Denn die Behauptung einer Autonomie des Künstlers hat sich in zahllosen unsäglichen und inhaltslosen Gesten verloren. Die leersten entstanden dort, wo es darum ging, künstlerische Sprachen zu entwickeln, die eine erkennbare und verbindliche Ikonographie durch rein subjektive Formen und Techniken zu ersetzen versuchten. Die Privatmythologien und die Systeme, die in den Ateliers ausgearbeitet wurden, sind reich an Botschaften. Politische, soziologische, wissenschaftliche Assoziationen stehen im Vordergrund. Doch oft sind diese durch Spitzfindiges und Persönliches derart überdeterminiert, daß man sich im Gestrüpp einer privaten Iconologia verliert. Aus diesem Grund erscheint die zufällige Begegnung zwischen Brooklyn und Malakoff, zwischen Auster und Calle, zwischen Blue und Black als ein notwendiger Glücksfall.

»Meine Laufbahn entschied sich an einem Sonntag im Herbst 1934, um 9 Uhr morgens.«
Rede zur Verleihung des ›Meister-Eckhart-Preises‹ an Claude Lévi-Strauss

In einem Brief, den Kafka am 9. November 1903 an den Jugendfreund Oskar Pollak richtet, finden wir ein Wort, das man hundert Jahre später auf die Erfahrung mit dem Lebenswerk von Claude Lévi-Strauss beziehen möchte. Kafka teilt mit, er lese Eckhart. Und er faßt zusammen: »Manches Buch wirkt wie ein Schlüssel zu den fremden Sälen des eigenen Schlosses.« Wir wissen, daß Kafka mit seinen Schlüsseln nur Türen öffnete, die zu anderen geschlossenen Türen führen. Von der Fremdheit der Räume, der Rätselhaftigkeit der selbstgeschaffenen terra incognita ist bei Kafka die Rede. So gesehen, gibt es kaum ein treffenderes, schärferes Zitat, um das Eindringen in Fremdes, besser gesagt die Offenlegung von Fremdheit, zu beschreiben, die Lévi-Strauss in seiner »science de la diversité« praktiziert. Denn es kann einer Hommage, die dem Gelehrten, Philosophen, Schriftsteller, Menschen Claude Lévi-Strauss gilt, nicht gelingen, auch nur andeutungsweise die Methode und die Mannigfaltigkeit der Einzelergebnisse zu skizzieren, die seine Publikationen und sein schwindelerregend hohes Lehrgebäude anbieten. Einfacher und zwingender erscheint, beim Rückblick auf eine so unanfechtbare, weltweite Wirkung die Goldader aufblitzen zu lassen, die Leben und Praxis durchzieht. An ihr darf das Denken und das Fühlen unserer Zeit schürfen. Denn zu einer stärkeren Veränderung der Mentalität hat kaum ein anderes Werk geführt.

Der unsentimentale Fatalismus, dem wir durchgehend begegnen, läßt neben Kafka an Freud denken, und man kann aus dem Umkreis von Lévi-Strauss das anführen, was die Freundschaftsmaschinerie des Surrealismus zustandebringt: die Zerstörung des im Selbst abgesicherten Realitätsprinzips, das sich mit eurozentrischen Vorstellungen beruhigt. Denn der Surrealismus braucht Primitivismus und Ethnologie keineswegs nur, wie die Stilkünstler des zwanzigsten Jahrhunderts, als Material, als Zitat. Er sucht, das zeigen so pointierte Formulierungen wie André Bretons »l'Œil à l'état sauvage«, Verblüffung und Fremdheit, um das Zweckdenken transzendieren zu können, das zur Katastrophe des Ersten Weltkriegs geführt hatte.

Der Gewinn des Kausalitätsverlusts

In diesem Umkreis begegnen wir den Kategorien, mit denen sich der Verzicht auf eine normative Geschichtsvorstellung bei Lévi-Strauss beschreiben läßt. Im Mittelpunkt steht der Bezug zum Leben, zu den unterschiedlichsten Formen von Leben. Diese werden entdeckt, etikettiert und der vermeintlich kulturellen und psychologischen Einzigartigkeit europäisch-westlicher Daseinsform entgegengehalten. Das Erscheinungshafte und Überwältigende, faßbar im Geflecht immer neuer Gefährdungen und Abenteuer, tritt in den Vordergrund. Das beispiellose, geradezu spasmische Erleben, das der Ethnologe schildert, läßt sich, wie Lévi-Strauss notiert, auf einen Moment beziehen, in dem sich alles entscheidet. Er datiert die Epiphanie, die sein Leben bestimmt, auf die Stunde genau: »Meine Laufbahn entschied sich an einem Sonntag im Herbst 1934, um 9 Uhr morgens, mit einem Telefonanruf. Es war Célestin Bouglé, damals Direktor der École normale supérieure...« Solche Konversionen, deren dezisionistische Macht irrationale Züge annimmt, kennen wir aus dem Umgang mit de Chirico, Max Ernst, Joyce, Breton. In all diesen Biographien wird das Prinzip Kausalität, wird die berechenbare Entwicklung durchbrochen.

Die Begegnung mit Lévi-Strauss wurde für denjenigen, der erstmals in den sechziger Jahren mit seinen Büchern in Berührung kam, zur Erfahrung nicht des Wortes, sondern der Tat. Für den Leser stand bald fest, daß das Logbuch »Tristes tropiques« zu der Kategorie von Büchern gehört, über die Benjamin in einem Brief an Adorno notiert: »Da steht an ihrem Beginn Aragon – der Paysan de Paris, von dem ich des Abends im Bett nie mehr als zwei bis drei Seiten lesen konnte, weil mein Herzklopfen dann so stark wurde, daß ich das Buch aus der Hand legen mußte.« Alles, in der Beschreibung wie in der Bewertung, offenbart die Neugierde und Unverbrauchtheit des ersten Blicks. Es ist eines der Bücher, in denen sich ein Autor in Gefahr begibt und dabei auf jedes Klischee, nicht zuletzt auf das Klischee des Abenteurers, der Exotik präsentiert, verzichtet. Er verliert sich nie in der Ausbreitung von Selbsterfahrung. Die Prosa ist von einem so wilden, funkelnden Reichtum, daß man versteht, daß die Jury des Prix Goncourt durch diesen Autor überfordert und irritiert wurde. Doch warum zögerte sie, wovor schreckte sie zurück?

Heute sehen wir dies: Es geht um die ungewöhnlich anregende, erregende Mischung aus Reflexion und Wiedergabe scheinbar zufälliger, übersehener Fakten. Wir erleben mit, wie sich dank der »Unterscheidung von Kontingentem und Notwendigem, die auch die von Ereignis und Struktur ist«, das wissenschaftliche Werk konstruiert. Das Parataktische stellt Brüchigkeit als symbolische Form des europäischen Katastrophenberichts in den Vordergrund. hinzutritt, wie in Bretons *Nadja* oder in *L'amour fou* als Protokoll und Beweis des Gesehenen der bildliche Beleg. Die Aufnahmen und die Aufrisse, die der Autor dem Text hinzugefügt hat, sind außerordentliche Dokumente, sie stehen vor uns als Plädoyers für das Verlorene, von dem in diesem Buch die Rede ist. Das visuelle Beweismaterial wirkt als Präkognition des erst zu lesenden Textes oder als Nachbild, als retrospektive, figürliche Fixierung dessen, was der Text vorführt. Auf diese Weise kommt es zu einem spürbaren Bruch zwischen den zwei Diskursen. Text und Bild verklammern sich mit dem, worum es geht, sie arbeiten mit der zeitlichen und örtlichen Distanz. Die Fotos dienen nicht der Illustration, sondern sie funktionieren als handgreifliche, durch keinen Text ersetzbare Indizien.

Eine Spannung kommt zustande, die dem dramatisch-transitiven Zustand des Berichts entspricht und dessen Spannung als visuelle Klimax präsentiert. Eine Hermeneutik steht im Vordergrund, die ihre Bilder und Erkenntnisse der Begegnung mit dem Zufälligen und Übersehenen entnimmt. Ständig begegnen wir dem, was Lévi-Strauss erreichen möchte: Erinnerung durch Inventar: »denn selbst die heteroklite und arbiträre Klassifizierung wahrt den Reichtum und die Mannigfaltigkeit des Inventars; indem es entscheidet, alles zu berücksichtigen, erleichtert es, ein Gedächtnis zu konstituieren.«

Objektivierung des Zufalls

Es scheint uns, als dürften wir auf die Nähe zu dem verweisen, dem der Surrealismus seine Einzigartigkeit, den Skandal und die Tiefe verdankt. Es geht um eine Epistemologie, die keine Nichtbedeutung akzeptieren kann. Man möchte von einem zum Prinzip erhobenen Erklärungsnotstand der Dinge sprechen. Dies expliziert nicht zuletzt der Hinweis von Lévi-Strauss auf das Vorgehen von Max Ernst. Er notiert über Max Ernst, mit dem er in der New Yorker Exilzeit Umgang hatte, daß seine Kunst ihn stärker als jede andere der Zeitgenossen anziehe und bestimme: »Gibt es nicht eine unbezweifelbare Analogie zwischen dem, was ich, später als er, in meinen Büchern zu tun versuchte, und der Rolle, die er immer der Malerei zugewiesen hat? Wie die Gemälde und Collagen von Max Ernst hat sich mein der Mythologie gewidmetes Unternehmen mittels von außen vorgenommenen Wegnahmen entwickelt.« Alles, auch das Unbeachtete muß Ausgangspunkt der Betrachtung werden.

Es ist eine Haltung, die bei Max Ernst nicht nur durch die passionierte Beschäftigung mit Natur, die Begegnung mit den American Indians, den Blick auf obsoletes Abbildungsmaterial, sondern durch einen romantischen Universalismus geprägt wurde, für den Novalis die frappantesten Formulierungen gefunden hat: »Jedes Willkürliche, Zufällige, Individuelle kann unser Weltorgan werden. Ein Gesicht, ein Stern, eine Gegend, ein alter Baum usw. kann Epoche in unserem Innern machen. Dies ist der große Realismus des Fetischdienstes.« Dieser Zwang, immer mehr Welt zu Interpretation und Verstehen heranzuziehen, wird gegen das Normativ-Abgesicherte gestellt. Dabei zeigt sich, wie die »mythische Reflexion« als »intellektuelle Form der Bastelei« ihr Äquivalent in der Collage findet, die auf den »objektiven Zufall« zurückgreift.

Objektiv ist dieser Zufall, weil er auf die Verfügbarkeit signifikanten, zu einem Bild auch technisch synthetisierbaren Vorlagenmaterials angewiesen ist: Im Bild *Elefant Celebes* schwimmen im Himmel Fische, und der Ethnologe notiert über die Vorstellungswelt der Seechelt: »Der Himmel ist voller Lachse.« Und er führt diese alogische Bildlichkeit auf eine Erfahrung des Stammes zurück : »Im Gegensatz zu den Stämmen, bei denen die mythische Vulgata funktioniert, haben die Sechelt in ihrer Umwelt keine Lachse. Es ist also, da sie sie in der Wirklichkeit keineswegs antreffen, logisch, daß sie ihnen einen Aufenthalt im Himmel zuschreiben.« Das läßt an den Ausgangspunkt *peu de réalité* denken, auf den sich die Surrealisten berufen, um ihre Welt terminologisch und bildlich zu erweitern. Der Hinweis von Lévi-Strauss, daß sich im Bereich der Mythen, im Bereich spontaner Kreativität und Assoziation »in einer residualen Form« eine den Naturwissenschaften vergleichbare Ordnung nachweisen lasse, trifft sich mit der Hoffnung Bretons, mit Hilfe des Begriffs der »surréalité« eine objektive Position zu erreichen, »wo das Hohe und das Niedrige aufhören, widersprüchlich wahrgenommen zu werden.«

Teilhabe am Ausgesonderten

Wir haben das Echo der Worte im Ohr, mit denen uns Lévi-Strauss in fremde Zonen entführt und dabei, mit Präzision und Sinnlichkeit, das Ungesehene, Übersehene zum Ausdruck bringt: Es geht überall im Werk um die Offenlegung einer akuten Zeitlichkeit, die vor dem Hintergrund des umfassenderen Auftrags des Anthropologen, Soziologen und Ethnologen wie die schockierende Konfession eines Menschen wirkt, der sich in seiner Zerbrechlichkeit und Fragwürdigkeit selbst erkunden und definieren muß. Dies erscheint als Voraussetzung für das außergewöhnliche Interesse am anderen, das aus diesen Seiten spricht. Die systematische Sorge um das Andere — das erloschene oder untergehende Andere — ist das, was diesem Œuvre seine unerhörte und unersetzliche Energie verleiht. Dazu läßt sich Jean-Jacques Rousseau zitieren, wohl der Lieblingsautor von Claude Lévi-Strauss. Er notiert im »Essai sur l'origine des

Claude Lévi-Strauss
in seinem Büro im
Collège de France,
1991. Privatsammlung

langues«: »Das Mitleid, obwohl im Herzen des Menschen natürlich, bliebe auf ewig untätig ohne die Einbildungskraft, die es ins Spiel bringt. Wer niemals nachgedacht hat, kann weder barmherzig noch gerecht noch mitleidig sein, wer sich mit seiner Einbildungskraft nichts vorstellt als sich selbst, ist im Menschengeschlecht allein.«

Die Auflehnung gegen das Gewohnte, die Herkunft – nicht ein nostalgisches Interesse an den Dingen und Ordnungen, die zu verschwinden drohen – steckt hinter der Melancholie des Textes, einer Melancholie, die vor dem Hintergrund eigener Erfahrung, der Bedrohung, des Exils eine zusätzliche Anschaulichkeit erhält. Diese Suche nach Selbsterkenntnis durch Einfühlung beeindruckt jeden, der sich dem Werk zuwendet, und sicherlich in erster Linie den, der nicht zu den Fachgenossen zählt. Denn es gibt Äußerungen, an denen sie sich stoßen wollten. Doch dort, wo es den Kritikern um Evidenz und Nachprüfbarkeit geht, treffen wir auf die humane Blindstelle der Ethnologie. In der Schrift »Das Ende des Totemismus« findet Lévi-Strauss für den Forscher, der sich kalt und gewohnheitsmäßig seinem Gegenstand zuwendet, eine frappierende Formel. Der Autor notiert über das Verhältnis zwischen dem Gelehrten und den »Menschen, die der Erforschung unterzogen werden«: »Hat es doch den Anschein, als ob die ersteren unter dem Deckmantel wissenschaftlicher Objektivität unbewußt die letzteren – mag es sich um Geisteskranke oder um sogenannte Primitive handeln – verschiedener zu machen versuchten, als sie sind.« Lévi-Strauss stützt sich bei der Beschreibung der Knechtschaft, die der Blick des Forschers den anderen aufzwingt, auf das Verhältnis, das zwischen Arzt und Hysteriker zustande kommt.

Wenn wir das berühmte Beispiel prüfen, auf das sich Lévi-Strauss wohl auch beruft – die Erforschung der Hysterie, die im Umkreis von Charcots Regie zur Visualisierung des Ausgesonderten geführt hatte –, wird deutlich, daß ein derartiger Hinweis nur von jemandem kommen konnte, der dem Surrealismus nahesteht. Denn der Aufstand der Surrealisten gegen die Ausgrenzung der Psychiatrie – etwa in dem Buch »L'Immaculée conception«, in dem Breton und Éluard pathologische Zustände simulieren – gehört in die Nähe dessen, was der Kreis um Breton im anthropologischen Bereich durchzusetzen versuchte. Vor diesem Hintergrund tritt vieles von dem, was uns im Werk von Claude Lévi-Strauss fasziniert, schärfer hervor. Immer wieder entfernt sich der Autor vom szientistischen und positivistischen Standpunkt. Die angelsächsische Welt hat ihm dies zum Vorwurf gemacht. Dabei hat Lévi-Strauss selbst ausdrücklich die empirische Aufmerksamkeit vor jedes deduktive Vorgehen gestellt.

Die wunderbaren Auskünfte, die Entdeckungen, die auf prägnante Weise formulierten Reaktionen des Autors werden von einigen depressiven Sätzen vernichtet, die zu den größten und folgenträchtigsten gehören, die in einem Buche notiert wurden, das den Impuls zur Konstruktion der Methode begründet. Auch aus diesem Grunde erscheint »Tristes tropiques« als eines der großen Bücher des Jahrhunderts. Alles im Werk dieses Forschers kreist um die Suche nach einer Intensität der Teilhabe, die in ständig erneuerter Melancholie erfährt, daß sie letztlich, trotz aller Anteilnahme, nur auf Ausgeschlossenes stößt. Vor dieser Erfahrung verschwindet die banale Erwartung, Kommunikation und Universalismus könnten Konflikte abbauen. In der Rede »Race et culture« zieht der Gelehrte eine Bilanz, die den Zwangsoptimismus einer institutionellen Gleichmacherei aufschrecken läßt. Hier lesen wir das Verdikt, dessen Vollstreckung sich täglich mitverfolgen läßt: »Sobald sie ganz gelungen ist, verdammt die umfassende Kommunikation mit dem Anderen über kurz oder lang die Originalität seiner und meiner Schöpfung.«

Geschichte des Verlusts – Exil in Raum und Zeit

Die Fronde gegen die Gesellschaft und das Habituelle läßt sich von Anfang an nachweisen. Nehmen wir nur den berühmten, stolzen Eröffnungszug, den der Autor »Tristes tropiques« voranstellt: »Je hais les voyages et les explorateurs.« Die früh feststellbare Unzufriedenheit mit dem institutionalisierten Leben, mit dem Beruf des Lehrers, fordert Claude Lévi-Strauss dazu auf, sich ein »inneres Ausland« zu beschaffen. Wir begegnen einem retardierenden Umgang mit der Zeit, der den Fortschrittsbegriff und die Selbstgefälligkeit von Avantgarde und Zeitgeist ablehnt. Es ist erregend zu sehen, wie sich hier eine Vorstellung von Zeit etabliert, die über die Dauer eines Lebens und die geschichtliche Periodisierung hinausreicht. Die Attakke gegen den Glauben an eine transzendentale höher stehende Geschichte erscheint als Resultat der Reflexionen, die, wie es »La Pensée sauvage« aufzeigt, in den Organisationsformen der Eingeborenen ein strikt artikuliertes System erkennen.

Eine bestimmende Rolle übernimmt bei dieser Sensibilität für Zeitsprünge und Gleichzeitigkeiten die Beschäftigung mit der Geologie. Ihre Physiognomie präsentiert die Simultaneität verschiedenster Zeiten. Hinter der Beschreibung und Lektüre des Profils einer Landschaft, Lektüre, die mit einem Schlag, in einem »mentalen Reisen«, hunderttausende Jahre einbezieht, eröffnet sich modellhaft die Vorstellung von dem, was dem ganzen Denken seinen, so möchte man sagen, agnostischen Heroismus zuweist: »Die Welt hat ohne den Menschen begonnen und wird ohne ihn enden. Die Institutionen, die Sitten und Gebräuche, die ich mein Leben lang gesammelt und zu verstehen versucht habe, sind die vergänglichen Blüten einer Schöpfung, im Verhältnis zu der sie keinen Sinn besitzen; sie erlauben bestenfalls der Menschheit, ihre Rolle im Rahmen dieser Schöpfung zu spielen.«

Die Aufzeichnungen, auf die wir in all diesen Büchern treffen, offerieren eine Detaildichte, sie führen uns in die Stollen eines »Baus«, dessen labyrinthische Unerbittlichkeit dem, was wir aus den Expeditionen Kafkas kennen, nicht nachsteht. Im Bewußtsein des Exils in Raum und Zeit liegt auch die Energie, die der Philosoph und Forscher aufbringt, um die Differenz zur eigenen Herkunft, zum eigenen Geschmack und zu den eigenen Gewißheiten zu erfahren und zu akzeptieren. Das durch eine außergewöhnlich sinnliche Schilderung vermittelte Erleben, zu dem die Exkursionen führen, fordert Lévi-Strauss dazu auf, sich über die ethnologische und anthropologische Spezialforschung zu erheben. Das, was ihn interessiert, widerspricht einem soziologischen Interesse, das sich weniger dem Individuum als dem »gesellschaftlichen Menschen« zuwendet. Wir haben fortlaufend den Eindruck, als ob in seinen Schilderungen die monographische Beschäftigung, die die Unwiederholbarkeit des einzelnen Menschen voraussetzt, über dem Generellen und Kollektiven stehe.

Vielleicht rührt dieser Eindruck auch daher, daß ihn die Feldforschung bei den südamerikanischen Caduveo, Bororo oder Nambikwara in Gebiete entführt hat, in denen sich Sprache, Gebräuche, soziales Leben weitgehend auf winzige Gruppen, auf Überlebende, zurückentwickelt hat. Von diesen Überlebenden her, vom Verlust her werden die Kosmogonie und die Geschichte erlebt. Die Umweltkatastrophen, das Massaker der Welt, Ausrottung – nirgends sind diese mit stärkerer und bitterer Anschaulichkeit beschrieben worden als in diesen Texten. Mit Recht hat ein Autor, die Erfahrung im Umgang mit dem Werk Lévi-Strauss in die packenden Worte gefaßt, es handle sich um ein »Laienevangelium, das zur Gelassenheit gegenüber dem Leben verhilft.«

Das Modell für diese philosophische Reise finden wir nicht bei den Verwandten einer anthropologischen Hermeneutik, weder bei Freud, noch bei Boas oder bei Métraux. Wir entdecken dieses Modell im Umkreis der von Augustinus, Rousseau, Chateaubriand ausgehenden glühenden Bekenntnisliteratur ausgeht und die, um von den befreundeten Zeitgenossen zu reden, Michel Leiris zu selbstbeobachtender Zerfleischung herangezogen hat. Es ist ein perspektivischer Blick, der hier vorherrscht, und dieser Perspektivismus, der an die Stelle eines sich objektiv verstehenden Positivismus tritt, wird auf fabelhafte Weise in seiner Zeitlichkeit verankert. Die Relativität des Entdeckens, – Claude Lévi-Strauss verweist auf sie mit einer Bescheidenheit, die sich jede geisteswissenschaftliche Forschung zu eigen machen sollte.

Er geht von einer Beobachtung aus, die nachweist, daß der Ethnologe geradezu in heraklitischer Weise vom Ablauf der Zeit bestimmt wird. Ein Blick, der heute möglich ist, war gestern nicht möglich und wird morgen unwiederbringlich verloren sein. Was wir heute sehen, mußte denen entgehen, die vor uns kamen, und die nach uns kommen werden, werden Dinge sehen, die wir heute übersehen. Diese Aporie führt Lévi-Strauss zu einem »Discours de la méthode«, der die »tristesse« seines Metiers nur noch steigern muß. Er kann sich weder auf den früheren, noch auf einen späteren Wissenstand beziehen: »In diesen beiden Registern verliere ich, und zwar mehr als es den Anschein hat: denn ich, der ich vor Schatten seufze, bin ich nicht unzugänglich für das wahre Schauspiel, das in diesem Augenblick Gestalt annimmt, für dessen Beobachtung aber mein Grad an Menschlichkeit noch den erforderlichen Sinn vermissen läßt? In einigen Jahrhunderten wird ein anderer Reisender an dieser Stelle, ebenso entmutigt wie ich, das Verschwinden dessen beklagen, was ich hätte sehen können und das mir engangen ist. Opfer einer zweifachen Schwäche, verletzt mich alles, was ich sehe, und ohne Unterlaß tadele ich mich, nicht genug zu sehen.«

Die Fremdheit des europäischen Rübenfeldes

Das ist ein entscheidendes Zeugnis. Es begründet, warum die Perspektiven innerhalb des Werks wechseln können und wechseln müssen. Lévi-Strauss zieht sich nun nach Europa zurück. Die Zerstörung, des Regenwaldes steht vor der Tür. Mit der Hegemonie ist es vorbei. Und die ursprüngliche, existentiell notwendige Negation der europäischen Herkunft schlägt dialektisch um in das melancholische Lob einer europäischen, französischen Klassizität. In dieser Kehre ist mehr und mehr von Metier, Trompe-l'œil und Finesse die Rede, als seien dies die Qualitäten, die heute am stärksten vom Verschwinden bedroht sind. Die Ablehnungen, die kritischen Reaktionen auf das, was man Lévi-Strauss als konservative Haltung anhängen möchte, treffen nun den »ethnologischen Verteidiger« der eigenen Herkunft, des eigenen Raffinements, einer eigenen Hingabe an Kultur und Geschichte. Doch auch hier bleibt Lévi-Strauss letztlich ein Beobachter. Denn der Kulturbetrieb, auf den er heute trifft, hat kaum etwas mit den eigenen Erwartungen und Erinnerungen zu tun.

Die persönliche Existenz, die sich in »Tristes tropiques« mit der Gefahr und Wirrnis eines Entdeckens verkettet, das voller Schrecken und Ekel unausgesetzt auf die eigene Voreingenommenheit trifft, erscheint auf dem Hintergrund der Zeit als die engagierte Form, in der sich die Beschäftigung mit Existenz äußern kann. Und dies, weil das, was uns im Buch begegnet, über das Eurozentrisch-Wehleidige der Nachkriegszeit und über die taktische Entdeckung eigener Geworfenheiten hinausführt. An die Stelle der Insolvenz privater Stimmungen tritt etwas, was wir heute aus historischer Distanz erst richtig zu deuten vermögen. Es berührt die Überwindung der ästhetischen Tristesse der Zeit: Die Texte, in denen ein nicht enden wollendes Inventar an Stimmungen, an Wissen, Verhaltensweisen, Metiers und Objekten präsentiert wird, widersprechen dem Trend dieser Jahre, der sich dem Realen gegenüber in einen Angelismus des Neubeginns und in eine Absage an geschichtliche Verantwortung flüchten möchte.

Die Suche nach der nicht auswechselbaren, treffenden Bezeichnung, der recherchierte Fachausdruck, die akkurate, von der Bewunderung des Metiers durchdrungene Beschreibung absolut fremdartiger Arbeitstechniken, Materialien und Zwekke, auf die Lévi-Strauss vor Ort stößt, haben nichts mit dem subjektiven Beurteilen und nichts mit dem auktorialem Hochmut zu tun, die er in Europa zurückgelassen hatte. Eine unbenannte Welt wird in seinem Werk versprachlicht und dem längst Bekannten und Kanonisierten nicht nur als Wissen, sondern als Wert an die Seite gestellt. Wir lesen diese Seiten über »Familie, Heirat, Verwandtschaft« oder die »Logik der totemistischen Klassifikation« mit derselben Faszination, mit der wir die Illustrationen der verschwundenen »Arts et métiers« entziffern, die die »Encyclopédie« zugänglich gemacht hat. Dieses akribische Beschreiben, das nichts ausschließt, die Assoziationskraft, die das Beobachtete ständig an dem eigenen Erleben mißt, hat die Sprache und das Denken der Zeit auf einzigartige Weise bereichert.

Alle Sinne und Sinnlichkeiten sprechen sich aus, und dies in einer absolut zeitgenössischen poetischen Intensität, die an Francis Ponges »Le Parti pris des choses« oder an Nathalie Sarrautes schneidend-emotionslose »Tropismes« denken lassen. Die ins Mikroskopische führende, von der eigenen Erregung getragene Schilderung unmerklicher Stimmungen sorgt dafür, daß dem Text eine neue Skala von Sinneswahrnehmungen einverleibt wird. Die Angabe der Geräusche, Gerüche, der Bissen im Munde, aller nur denkbaren Aggregatzustände von Nahrung, der Berührungen, die Gegensätze zwischen einem jeder Form entrinnenden, geradezu Lautréamontschen Ozean und der kristallinen Bergwelt besitzt eine halluzinatorische Dichte, die der Autor immer wieder in unvergeßliche, physisch-moralische Formeln kleidet: »Die Düfte der Tropen und die Frische ihrer Lebewesen sind durch eine Gärung mit verdächtigem Beigeschmack verdorben, der unser Verlangen erstickt und uns dazu verdammt, halb verdorbene Erinnerungen zu einzusammeln.« Das Körperliche, Physiologische tritt in den Vordergrund. Dahinter steckt die »Wissenschaft des Konkreten«, die in »La Pensée sauvage« die Pflicht begründet, alles einzusammeln. Hier liegt auch die Begründung für die Systematik, die Lévi-Strauss dazu geführt hat, in seinen Recherchen ein Inventar an linguistischem Material und Mythen zusammenzustellen.

Wir haben es in diesen Schriften mit einer Selbsterforschung zu tun, die auf den Umgang mit Fremdem angewiesen ist. Es dient als Repoussoir. Darin besteht der große Unterschied zum Missionar und zum Eroberer: Fremdheit und Unterschiede sollen bewahrt bleiben. Die autobiographische Befragung, deren Zeugen wir werden, bleibt geerdet in den überragenden politischen, sozialen und ästhetischen Auseinandersetzungen des Jahrhunderts. Dank dieses genauen Beschreibens, Strukturierens kommt eine Nobilitierung der Fremdheit zustande, die, wenn wir uns in den fünfziger und sechziger Jahren umschauen, weitgehend Unverständnis hervorrufen mußte. Die Zeichen der Zeit standen auf Ungegenständlichkeit, auf Informel, bestanden auf dem Verschwinden einer Welt der Genauigkeit. Die Vorstellung von Universalismus, die Hoffnung auf eine Weltsprache standen als Ziele vor Augen. Mit Schmerz und Verachtung notierte Lévi-Strauss über die Nachkriegszeit: »Die Menschheit richtet sich in der Monokultur ein; sie schickt sich an, die Massenzivilisatiuon zu schaffen, wie wie ein Rübenfeld.«

All dem wurde das Partikulare und Idiomatische geopfert und dem fielen Handwerk und Techniken zum Opfer. Deshalb konnten Improvisation und Selbstverwirklichung in den Vordergrund treten. Alles wird nun auf eine subjektive Handschrift, auf einen Ausdrucksdrang konzentriert, hinter denen jedoch, im Unterschied zur »écriture automatique« der Surrealisten keine intersubjektive Verankerung, keine gemeinsame psychische Energie sichtbar wird. Im Gegenteil, zwischen den einzelnen Handschriften soll ein Maximum an Differenz erreicht werden. Deshalb muß jeder Hinweis auf Ikonographie, die ja etwas Übergreifendes und Vermitteltes bedeutet, aus der

Kunst verschwinden. Claude Lévi-Strauss erscheint in diesem Zusammenhang als Sinnbild des Widerstandes. Die Texte konnten der Literatur und Kunst der jüngeren Zeit als Modell dienen.

Claude Lévi-Strauss vermochte ohne Zweifel die geistige Grundstimmung der Zeit stärker zu erkunden und zu bestimmen als jeder andere Denker. Die umfassende Wissenschaft vom Menschen, die er in außereuropäischen Zonen betreibt, hat Rückwirkungen. Denn es ist die Erforschung des Geringfügigen, Labilen, Verlorenen, die Künstler wie Boltanski, Sophie Calle, Messager, Gerz in diesem Werk mit Betroffenheit für sich entdeckt haben. Gegen das Abtauchen in die anonyme Geschichte, gegen das Vergessen steht bei ihnen, wie ein selbstverständliches, alles begleitendes Continuo, das Inventar und das der Ethnologie abgeschaute Bedürfnis, zu klassifizieren. Sie entdecken den Verlust, den Lévi-Strauss bei Reisen und Studium notierte, in ihrer eigenen, europäischen Umwelt. Diese scheint auf den sammelnden und distanzierenden Blick angewiesen zu sein. Im Umkreis dieser Verantwortung, die Lévi-Strauss für das Beobachtete und Beschriebene übernommen hat, finden sie, oft im scheinbar Trostlosen und Niedrigen, die legenda Aurea ihrer Zeit, einer Zeit, die die Vorstellung von Systemen und teleologischer Entwicklung von Geist und Kunst aufgegeben hat.

Schließen wir – es ist im Grunde kein abrupter Schluß – mit einem Hinweis auf den Philosophen/Theologen, der diesem Preis den prestigiösen Namen gibt. Bald werden es achthundert Jahre her sein, daß Meister Eckhart, einer der universellsten Köpfe der Zeit, seine »Antrittsvorlesung« an der Universität Paris gehalten hat. Der große Mystiker, der in der Zeit der Spätscholastik die Spaltung in Subjekt und Objekt aufhebt und sein partikulares Bewußtsein in den Gesamtorganismus der Welt aufgehen läßt, erscheint heute als richtiger Bote aus einer fernen und deshalb vielleicht auch nahen Zeit.

Das Wort als revolutionäre Realität
Versuch einer Phänomenologie des Pariser Mai

Am ersten Mai hängten die Pariser Zeitungsverkäufer zwischen »Playboy«, »Express« und »Minute« weithin sichtbar das Titelblatt der »Quinzaine Littéraire« aus: »Nathalie Sarraute: Man muß alles zerstören«. Ein Satz in blauen und schwarzen Lettern. Er blieb in der »crime and sex«-Überhöhung unseres Alltagslebens banal, pazifistisch wie die bildliche Werbung im Konsumbetrieb: »Revolution in der Waschmittelbranche«. Ein Satz, den die Passanten, die das aggressive System in den Büchern der Nathalie Sarraute nicht kannten, eher als Aufruf zur Innerlichkeit, zur Selbstbesinnung aufnahmen. Die kommenden Tage stülpten den Satz um. Aus einer diffizilen, dem Zusammenhang entrissenen »façon de parler« machte der Mai die unmißverständliche Parole einer Pasionaria. War dieser Bedeutungswandel notwendig? Machte das Verständnis im Sinne der Gewalt diesen Satz revolutionärer oder nur modischer? Man muß sich diese Frage stellen. Das meiste, was diskutiert wurde, blieb von der bedeutenden Bewußtseinskritik, die die avancierte französische Literatur geleistet hatte, unberührt. Denn diejenigen, die die Revolution, oder wie man diese Bewußtseinskrise auch immer nennen mag, durchdachten, hatten es versäumt, das Inventar ihrer Mittel anzulegen.

Der Satz sprang einen buchstäblich an, er wurde Thema – aber nicht etwa, weil er, wie an den Mauern der Sorbonne, an den Hauswänden der Stadt, wo jeder Anschlag nicht weiter zu interpretierende Losung war, von der Revolte aufs eigene Konto genommen worden wäre, sondern weil er die kritische, argwöhnische Haltung eines der wachsten Geister Frankreichs der Realität gegenüberstellte. Denn was konstatierten die Wochen, die auf diesen ersten Mai folgten? Den Bedeutungsschwund dieses Satzes, der geschichtlichfaktisch wieder rückgängig gemacht wurde, oder, umgekehrt, die Auflösung einer sprachlichen Metapher, die somit ihre nominalistische, und fast möchte man sagen, utopische Unbekümmertheit und Unbrauchbarkeit zurückerlangte? Könnte man diese Frage beantworten, hätte man zum Pariser Frühling einen Schlüssel gefunden.

Das Zeitalter des Argwohns

Man möchte nach alldem, was sich ereignet hat, dafür plädieren, daß die übertragene Redeweise umfassender ist als die wörtliche. Sie ist zumindest unserer geschichtlichen Stufe, auf der nicht mehr die Rede davon sein kann, die Gesellschaft als solche, in ihrer Totalität, in Frage zu stellen, adaptiert. Der anthropologische Protest in den Werken der Nathalie Sarraute, inmitten einer Gesellschaftsklasse geführt, reicht tiefer als die punktuelle Infragestellung durch Alltagsprobleme. Nathalie Sarrautes Bücher sind nicht nur Ausdruck einer sich selbst kritisch gewordenen (bourgeoisen) Gesellschaft, sie greifen durch die Darstellung dieser Situation bereits über den soziologisch nachprüfbaren Tatbestand der intersubjektiven Schwierigkeiten hinaus, sie vergreifen sich am Individuum selbst, drehen dem Helden den Kragen um. Das ist ein ganz entscheidender Beitrag zur Nivellierung unseres Daseins in der nachexistentialistischen Periode: Diese Verdrängung des Helden, bei Kafka und Joyce noch metaphysischer, schmerzlich erlebter Prozeß, ist hier eine generöse, masochistische Selbstaufgabe. Das individuelle Aufmucken – als Gefühl, als Lüge, als Beichte – verfällt der Ironie. Was Nathalie Sarraute zerstören will, reicht weiter als das Zertrümmern von Statussymbolen. Sie zerstört unseren Glauben am Wort – indem sie es aufreißt, indem sie zeigt, daß es käuflich ist, daß wir uns nicht auf Parolen, die von Individuen ausgestellt und von Individuen gedeckt werden, verlassen können. Das »Zeitalter des Argwohns« ist eine Skizze für eine tiefgreifende Kulturrevolution, da sie den kritischen Aspekt unabhängig von einem jeweiligen geschichtlichen Erfolg dem System und dem Menschen überordnet.

All die Denkschemata, die die französische Literatur der Gegenwart, vor allem der »Nouveau Roman«, entwickelt hat, sind bisher kaum in die französische Gesellschaft eingedrungen. Auf den Schulen werden diese Autoren nicht behandelt, und auf der Universität ist eine Beschäftigung mit ihnen äußerst selten, verbietet es doch die Universitätssatzung, einem Schriftsteller zu Lebzeiten eine Dissertation zu widmen. Die Universitätsreform wird wohl diese strukturellen Schwächen beseitigen und damit die Schizophrenie im französischen Geistesleben mildern. Nach einer Universitätsreform dürften sich solche Dispute wie der zwischen Picard und Barthes, in dem sich überlebter Lansonismus und auf dem Strukturalismus basierende Neue Kritik gegenüberstanden, wohl kaum mehr zu solch autoritären Kompetenzstreitigkeiten zuspitzen.

Ideologische Karenz

Die Abwesenheit der Literaten erklärt zu einem Teil, warum der Pariser Aufstand – zumindest der auf der Ebene der Universität und der Gymnasien – so utopisch und sprachlos blieb. Es ist immerhin aufschlußreich, daß sich in einer wochenlangen absoluten Rede- und Gedankenfreiheit kein einziger nennenswerter Geist hervorgetan hat. Dabei hätten Agitatoren und Schockideologen bei der allgemeinen ideologischen Karenz Tür und Tor offengestanden. Eine Kenntnis der literarischen Werke oder, besser gesagt, Textphilosophien hätte sicher das Gespräch, das sich erst jetzt richtig zu organisieren beginnt, geleitet. Nach dem Rückzug der Gewerkschaften und der Kommunistischen Partei vom Universitätsgelände ergeben sich völlig neue, historisch erst jetzt fällige Möglichkeiten. Die Ereignisse der letzten Wochen auf der Ebene der Sprache zu untersuchen wird in den nächsten Monaten sicherlich öfters unternommen werden. Roland Barthes arbeitet schon in einer Kommission, die sich zur Aufgabe gestellt hat, eine »Kritik der Sprache der Unterrichtsreform« zu erarbeiten. Man wird die Liste der Losungen aufstellen, der Kampfworte, der Slogans und ihre Beziehungen zur Aktion untersuchen.

In vielen Fällen – nicht nur im eingangs vermerkten Verzicht auf die Bildlichkeit eines Ausdrucks – wurde die Sprache wieder mit der Realität identisch erklärt: Der Pflasterstein wurde ein Wurfgeschoß, auf den Verkaufstischen im Hof der Sorbonne beschwerte er die Zeitungen, die sich nach diesem Argument benannten, und ein amerikanischer Poet wurde festgenommen, weil er einen dieser Pflastersteine mit sich trug. Er hatte es nicht leicht, den Polizisten klarzumachen, daß er dieses Objekt nicht als Waffe meine, sondern als Souvenir. Dort, wo die Partner auf bekannte Formen und Worte zurückgriffen – Trikolore, Marseillaise – entstanden gleichfalls interessante Interpretationsfelder: die rote Fahne und die Internationale, anfangs provokatorisch der Trikolore und der Marseillaise entgegengeschleudert, verloren in dem Augenblick ihre Ausschließlichkeit, als die Gaullisten mit Trikolore und Marseillaise zum Arc de Triomphe zogen. Die Gewerkschaften und die Kommunistische Partei nahmen von dieser Stunde an – neben der roten Fahne und der Internationalen – Trikolore und Marseillaise als revolutionäre Insignien auf ihr Konto. In einer Periode, in der die Linguistik aus ihrer fachbegrenzten Isolierung immer mehr herausdrängte und geradezu zum Prototyp der Wissenschaften wurde, konnte es nicht ausbleiben, daß das Interesse an den Formen, die sich im Pariser Mai ausbildeten, so stark war wie das an den Fakten. Das eklatante Mißverhältnis zwischen einzelnen Aktionen kam wohl daher, daß diese nicht auf der richtigen, heutigen Sprachebene lagen. Bleiben wir beim sprachlich-literarischen Element der Ereignisse, stellen wir, ohne den positiven Seiten der Krise Abbruch zu tun, fest: Es ging um Worte.

Das Wort war am Anfang. Das System der Rede, Identität oder Kluft zwischen Wort und Inhalt, tauchte überall auf. Die Sorbonne, selbst Alcazar des Wortes, ließ es spürbar werden: Das Wort drang aus allen Ecken hervor, ließ sich wie eine dikke Schicht auf den Wänden nieder. Man zappelte im ökumenischen Hof der Sorbonne, eingesponnen in abertausend Worte. Draußen war es vor allem die mündliche Rede. Die Leute redeten wie nie zuvor. Das Wort verbreitete fast kreatürliche Sicherheit über die Plätze und Straßen der Stadt. Man schmiegte sich durchs Wort aneinander und feierte das Wort. Das Wort, weniger seine Inhalte, als seine spontane Verfügbarkeit, wurde zur Ideologie der Maitage. Es wurde Anlaß zur ewigen Andacht. Zu welcher Gruppe man auch trat, überall wurde das Wort gepriesen, das Reden als Unisono der Vertraulichkeit und Garant der eigenen Würde. Das Wort diente fast immer derselben Feststellung, die halb formalistisch, das Gespräch einführend, halb verwundert wiederkehrte: »Wir reden wieder miteinander.«

Der Monolog wird zerredet

Sobald jemand den Mund aufmachte, war er von anderen umlagert, die das Wunder der Rede mitfeiern wollten. Es war eine rituelle Besitzergreifung des Wortes – und das war das entscheidende politische Faktum: die Auflehnung gegen den institutionalisierten Monolog des Staatschefs, des Patrons, des Lehrers, des Vaters. Der Monolog wurde zerredet. Im Odeon, in seinen Boudoirs, auf allen Rängen lagen die Leute auf dem Kanapee und redeten sich frei – eine solche psychoanalytische Großsitzung hat es wohl noch nie gegeben. Der Dialog zwischen Arbeitern und Studenten kreiste immer wieder um die Bestimmung der Sprache: »Wenn ich das und das sage, meine ich das und das.« Es war der Versuch einer Besitznahme der Welt durch die Sprache, der Bewältigung der politischen und gesellschaftlichen Realität als Sprache. Daneben nistete sich eine Angst vor Wörtern ein, eine Angst, die Wörter könnten recht schnell zu wertlosen Assignaten werden. Kein Wunder, daß auf einer Stufe des Gesprächs, bei dem es um das Statut des Rundfunks und Fernsehens ging, die Verhandlungen platzten, sie platzten, wie es im »Le Monde« hieß, »aus der Angst vor Wörtern«.

Parolen und Sätze wurden akzeptiert – sobald es darum ging, diese in eine Syntax einzuordnen, war es jedoch damit zu Ende. Die Syntax zerstört das Wort, sie macht es abhängig – die mangelnde Syntax verhinderte die gemeinsame Aktion. Jeder hielt an seinem Wort fest, an seinem Argument, das er wie einen Besitz von Gruppe zu Gruppe mitnahm. Hier lagen die Grenzen der Diskussion. Die Sprache und ihre Handhabung blieben archäologisch, soweit sie die ethischen und gesellschaftlichen Bestimmungen suchten. Man hörte die Argumente der Kommune, der Anarchisten – wortwörtlich – wieder. So, als gehe es immer noch darum, vor allem der Bedrohung des Ich-Ideals von links und rechts zu entgehen, so, als sei es immer noch möglich, auf Kosten des Staates einen Sinn für die eigene Existenz zu finden.

Nach wenigen Tagen hatte sich die Rhetorik der Revolution etabliert – wie auch die konterrevolutionäre. In den letzten Tagen, als die Sorbonne es für richtig fand, sich selbst zu klistieren, gab es einen winzigen, aber bezeichnenden Zwischenfall auf der Ebene der Sprache. Über Lautsprecher forderte das Aktionskomitee auf, die Sorbonne zu räumen, und bat um Mithilfe, um einige »radikale, unverbesserliche Grüppchen« an die Luft zu setzen. Das war die Formel, die der Innenminister zu Beginn verwendet hatte, um die Massen auf den Straßen zu charakterisieren. Die Reinigung der Sorbonne begann im Namen der Autorität, die die libertäre Gesellschaft ohne Zentralgewalt abgeschafft hatte.

296 Das Wort als revolutionäre Realität

Sicherheitsgarde vor dem Palais Bourbon, Paris, 23.05.1968. Privatsammlung

In diesem Augenblick wurde es einem bewußt, daß sich die Pariser Tage bereits in die Geschichte verloren. Die visuelle Seite ist im Nu verflogen. Skeptisch kehren wir zurück und finden die Leiche nicht mehr – wie in »Blow up« hat sich das Indiz aufgelöst. Die kommenden Monate müssen diesen Vorgang erhellen: Spricht eine fehlende Leiche gegen einen Mord, oder Ordnung gegen Reform? Das alles spricht nicht gegen die Realität, es unterstützt lediglich unsere idealistische Setzung dessen, was real sein darf.

Anweisung zum stilisierten Leben

Die Tatsache, daß das Odeon geräumt wurde, daß die Sorbonne sich freiwillig von den Insignien und Exkrementen des Aufstands befreite, genügt vielen, das alles als Vergangenheit zu betrachten. Sie haben sich zu sehr auf das Äußere, das Wort und das Spektakel verlassen. Dabei waren Odeon und Hof der Sorbonne stets nur ein Versuch, die puritanische, geistige Revolte auch vor die Sinne zu bringen. Von Anfang an übernahmen die Anarchisten und kommunistischen Dissidenten – Trotzkisten, Maoisten, Castroisten – die Regie des Visuellen. Sie demonstrierten Revolution im Zeitalter ihrer ästhetischen Reproduzierbarkeit. Sie griffen auf ein Repertoire von Formen zurück, halb Living Theatre, halb anarchistische Geste Ravachols, entsetzlich bleich mit schwarzer Weste. Die 48er Revolution, die Kommune und die Szenographie des »Panzerkreuzers Potemkin« (Großfotos von den Barrikadenkämpfen im Eisenstein-Stil hingen im Hof der Sorbonne als Anweisung zum stilisierten Leben) waren die Bezugspunkte. Die Akteure begnügten sich damit, ein informelles Brodeln zu vergegenständlichen.

Der Hof der Sorbonne war illusionistischer Guckkasten für die Ereignisse, die nicht stattfanden. Parolen und Aktionen, die dort verkauft wurden – »Die Revolution ist ein Fest« und libertäre Sandwichs und grüne Minze – blieben unverbunden. Sie wurden vom Besucher für sich, in ihrem anachronistischen Unterschied zur Wirklichkeit – Straßenunruhen, politisierte Streiks –, genossen. Die Eltern führten dieses Revolutionsspiel ihren Kleinen vor. Man sah keine einzelnen Parolen mehr, man stieß gegen die Maueranschläge, die durch ihre Fülle China meinten, man sah die Rote Fahne neben Socken und Unterwäsche an der Fassade der Sorbonne baumeln und wartete darauf, daß, wie in den anarchistischen Tagen Barcelonas, Autofahrer mit Vollgas um die Ecke kämen – denn was ist Anarchie, wenn sie sich nur mit der sichtbaren Autorität einläßt, wenn sie nur neben das Pissoir pinkelt und das Leben, die Schwerkraft, die Naturgesetze selbst nicht in Frage stellt? Die Rekonstruktion des anarchistischen Verhaltens war teilweise ein kostümiertes Remake der existenzialistischen Nachkriegsjahre, das mangelnde Aktivität durch Trauer und sture Zitate einer anderen Zeit ersetzt.

Ein Motto für das Szenische dieser Tage: »Revolution: Bewegung von etwas Beweglichem, das, einen geschlossenen

Kreis beschreibend, nacheinander dieselben Punkte berührt.« (Dictionnaire Larousse) Claude Simon hatte diesen Satz seinem Roman »Der Palast« vorangestellt. Dieser spielt während der anarchistischen Tage in Barcelona. Die Revolution und die Geschichte lösten sich für den Betrachter in tausende Einzelmomente auf, in einen barocken Wortschwall aus Rede und Objekten. Simon faßt sie durch eine oppositionelle Sprache, die Präsens bleibt, die sammelt, anhäuft und denjenigen, der Geschichte fassen will, mit Gleichrangigem narrt. Der Wunsch, daß sich dieser Augenblick stärker als ein anderer zu einem geschichtlichen Knoten zusammenschnüre, wirft uns diesen Gesten, Reden und Bewegungen entgegen, bringt vorübergehend unseren historischen Tastsinn in Gang. Sich dort niederzulassen, wo Geschichte sich stellvertretend spielt, ist das nicht eine Chance, sich selbst, seinem eigenen Schicksal zu entkommen? Wie der Landstreicher, der auf die Frage, wo er wohne, sich in die Geschichte rettend, zur Antwort gab: »In der Sorbonne«.

Der Bart des Gartenzwergs
»Der Kitsch« – Eine Anthologie von Gillo Dorfles

Kitsch wird gerne dem andern ins Wohnzimmer geschoben. Was ist Kitsch? Aberglauben der Kunst? Kann Kitsch – von der Kunst her gesehen – überhaupt noch ein Problem darstellen? Kann der Gegenbereich Kitsch die eigene ästhetische Position bedrohen? Die Kunst hat im Laufe unseres Jahrhunderts so zahlreiche außerästhetische Phänomene integriert, daß es – vom Bereich des Ästhetischen aus geurteilt – heute weit interessanter erscheint, den Übergang von Kitsch zu Kunst festzustellen als die normative Trennung dieser Bereiche zu statuieren. Kitsch ist ebenso einem historischen Urteil unterworfen wie Kunst. Was historisch fortlebt, lebt immer weniger als Kitsch denn als Kunst fort. Beide Bereiche verschieben sich. In beiden müssen wir zwischen aktuellen, wirkenden Resultaten unterscheiden und zwischen solchen, die indifferent lassen.

Daher scheint die Absicht des Buches von Gillo Dorfles, »eine Art *catalogue raisonné* des vorherrschenden schlechten Geschmacks abzufassen«, auch zu formalistisch (Gillo Dorfles: »Der Kitsch«, Tübingen 1969). Kitsch als Absolutum gibt es kaum – fast alles, auch »höchste« Kunst, kann jedoch durch eine entsprechende Haltung verkitscht werden. Auch Kitsch kann reversibel gemacht werden. Nehmen wir nur den als Kitschsymbol überstrapazierten »Gartenzwerg«. Er ist Kitsch in seinem angemessenen Rahmen, in seinem kleinen Vorgärtchen. Entreißt man ihn seiner Umgebung, bringt man ihn ins Interieur, verfremdet man ihn, so verliert er seinen Effekt. Ich glaube, man kann mit dem Gartenzwerg (dem Lieblingstopos von Kitsch) das machen, was Marcel Duchamp mit dem Lieblingstopos der Kunst, der Mona Lisa, angefangen hat: malt man der Mona Lisa einen Schnurrbart übers Lächeln, so kann man dem Gartenzwerg den Bart abnehmen. Auch Kitsch kann depraviert, sprich: durch Bewußtsein verbessert werden.

Wir finden in der Geschichte unseres Jahrhunderts zahllose Beispiele dafür, wie die Kunst Fakten integriert hat, die – gemessen an einer normativen Kitschbewertung – »böse« Kunst sind. Die Collage, Dada, Pop, Funkart haben haufenweise Elemente integriert, die für sich genommen oft nicht nur als außerkünstlerisch, sondern als kitschig galten. Über diese Verwendung von Kitsch hinaus geht noch ein Phänomen, das bisher gerne dem Kitsch zugeordnete Erscheinungen – ohne sie materiell zu verändern oder der Kunst integrieren zu wollen – von einer ästhetischen Position aus außerästhetisch erlebt. Beispiel dafür: die von Susan Sontag definierte Welt des »Camp«, von Phänomenen, die als tabuierte Gestaltungen erst anregend wirken. Es ist der Bereich des Reflektierens von Kitsch – wobei ein Bewußtsein des ästhetischen Sündigens, einer Blasphemie stimulierend wirkt.

Daß es sich um ein schwieriges, wenn nicht gar der Aporie verfallenes Thema handelt, wird jedem klar, der sich umschaut, der feststellt, wie in unserer Zeit normative Sicherheiten aufgegeben werden mußten. Die Norm Kitsch erscheint ebenso unannehmbar wie die Norm Kunst. Wir haben es mehr mit Verhaltensweisen zu tun als mit Fakten. Daher scheint auch der von Hermann Broch vorgeschlagene Begriff vom »Kitschmenschen« akzeptabler als die auf formalen Kriterien beruhende Systematik kitschigen Materials. Formale Kriterien oder Kenntnisse von Formen mögen dazu dienen, ein Urteil über Werke abzugeben, die ästhetisch mehr oder weniger irritieren. Es erscheint jedoch äußerst schwierig, mit solchen formalen Kriterien etwas objektiv Negatives zu belegen, das durch seinen Grad an Negativität bereits wieder in eine aktivierende Qualität umschlägt: eben in bewußtseinsrelevanten Kitsch.

Zahlreiche formale Gründe, die Dorfles anführt, um Kitsch nachzuweisen, entziehen sich einer pragmatischen Beurteilung, sind zumeist mythisch-kultureller Art: so, wenn von der kitschigen Reproduktion von Kunstwerken die Rede ist, wird für Dorfles der Fakt des Reproduzierens zum Kitschfaktor. Es ist aufschlußreich, daß in fast allen Kitschanthologien dieser Beweis geliefert wird und zwar dadurch, daß die Reproduktion durch das Nebeneinanderstapeln identischer Formen ad absurdum geführt werden soll. In diesem Falle könnte man entgegnen, daß der Kitscheffekt nicht durch die Tatsache des Reproduzierens entsteht, sondern durch die Beziehung, die zustande kommt durch die Aneinanderreihung tautologischer Formen, die Starre, Lächerlichkeit produzieren: Es ist die Vermehrung, die aufreizt.

Untersucht man die Situationen, in denen so etwas wie Kitsch zustande kommt, so stellt man fest, daß es pluralistische Situationen sind, Situationen der hybriden Zusammenstellung. Die Frage nach dem Aufkommen des Kitsches scheint dafür entscheidend. Der Kitsch ist ein Faktum unserer neueren Geschichte, des neunzehnten Jahrhunderts. Der Historismus hat die Inkongruität gestattet – hat sie zum »styling« des Dekors erhoben. Die synchrone Verfügbarkeit von Formen, die einen diachronen Sinn tragen, hat eine Situation geschaffen, die sich von der der vorgehenden, durchgehenden Stilprinzipien untergeordneten Perioden unterscheidet. Die Verwendung neuer Materialien, das Hinzutreten des industriellen Massenprodukts, für das es – aus materiellen Gründen, aus Gründen des Unterschieds zwischen Handarbeit und Maschinenarbeit – keine dem künstlerischen Schaffen integrierte Gestaltung mehr geben konnte: das alles sind Gründe, die die für die Kitschatmosphäre entscheidende Atmosphäre des Disparaten, Gemischten schufen. Ästhetisch-gesellschaftliche Gründe spielen ebenso mit: das Museum, der Kult des Bewahrens und die damit verbundene beruhigende Sicherheit, überall auf der Welt in eigens dafür hergerichteten Anstalten Werke anzutreffen, die derselben Emotion würdig sind. Malraux' ahistorische, kunstpsychologische Betrachtungsweise von Kunstwerken, die von einem alles verbindenden Musée Imaginaire verwaltet werden, legte sicherlich den Grundstein für den standardisierten Kunst- und Kitschtourismus. Das Museum, das zu besichtigende Gebäude, die Kirche, an denen »kundige« Führer begleiten, wurden zu für sich selbst wirkenden Medien. Der Informationsmodus hat sich so verselbständigt, daß dahinter die Vielfalt des Gezeigten selbst zurücktritt.

Solche und ähnliche Entwicklungen haben das Verhältnis dem Originalwerk gegenüber modifiziert. Das Originalwerk, das in seiner materiellen und geschichtlichen Einzigartigkeit dasteht, konnte, da sollen wir uns nichts vormachen, nicht in eine Zeit der »mass media« und der »mass culture« hinübergerettet werden, in der sämtliche Kommunikations- und Gebrauchsgüter auf totalen Verschleiß berechnet sind. Die Diskussionen, die über die Reproduzierbarkeit von Kunstwerken geführt werden, betreffen die Angleichung des Ästhetischen an die übrige Informations- und Konsumlage. Kitsch und Multiple sind zwei konträr bewertete Auseinandersetzungen mit einer Welt der Häufung und der privaten Kunst- und Kapitalanlage.

Es ist ein Verdienst der vorliegenden Text- und Bildsammlung, daß sie – so sehr sie sich auch um den faktischen Nachweis von Kitsch bemüht – Fragen anschneidet, die im Kitsch nachweisbare Qualitäten (Starrheit, einfache, uninterpretierte Übertragung, Verfälschung der Maßstäblichkeit, Verschönerung, Styling) nicht nur in dem Bereich aufsucht, wo er evident, ja Klischee ist, sondern ebenso auch im allgemeinen menschlichen Verhalten. Der Wiederabdruck zweier wichtiger Essays von Hermann Broch und von Clement Greenbergs »Avantgarde und Kitsch« sowie der vorzügliche Aufsatz von Ludwig Giesz über »Der Kitschmensch als Tourist« rücken die Betrachtung stellenweise aus dem Ästhetisch-Moralischen ins Anthropologische und Soziale.

Das führt weiter als Dorfles' eigene Systematisierung des Materials. Dorfles geht nicht phänomenologisch vor, sondern er sucht kategoriale Unterschiede zwischen Kunst und Kitsch, Echt und Unecht, Religion und Pseudoreligion zu fixieren. Obwohl er einerseits auf Lévi-Strauss und auf Roland Barthes verweist, die die moderne Mythenbildung hervorragenden Analysen unterzogen haben, geht er an diesen Phänomenen vorbei. Die »unzähligen protestantischen Sekten« sind für ihn einfach Pseudoreligionen. Das Interesse an Dekor und Kleidungsstücken »als ob es sich um kostbare Amulette oder um wundertätige Reliquien handelte« wird nicht weiter untersucht, sondern aus einer wertenden Stellung heraus zum Unwert, sprich Kitsch, erklärt. Man muß dieser Wertung die Meinung Hermann Brochs entgegenhalten, der zufolge jedes Wertsystem, in dessen Autonomie von außen her eingegriffen wird, zerstört werden kann: »Eine Christlichkeit, deren Priester genötigt werden, Kanonen und Panzertanks zu segnen, streift genauso an den Kitsch wie eine Dichtung, die das geliebte Herrscherhaus ... zu verherrlichen sucht.«

Dorfles selbst bringt alles zusammen und durcheinander: Beatles, Hippies, Erotik, Werbung. Hier spürt er vordringlich Kitsch am Werk. Dabei ist es doch so, daß in diesen Bereichen eine authentische Mythenbildung im Gange ist und damit eine neue formale Sicherheit, ein Stil, entsteht. Kitsch tritt im anthropologischen Sinne nämlich am eindeutigsten dort auf, wo überkommene Strukturen in leere Dauer überführt werden: von hier aus müßte man Familienkitsch, Devotionalienkitsch, liturgischen Kitsch und eschatologischen Kitsch, kurz unproblematische Kontinuität von Form, unter die Lupe nehmen. Auch die Argumentation, daß Konsummusik suspekt sei; neue Musik, die nur wenige Eingeweihte verständen, dagegen dem Kitsch entgehe, folgt nur einem mechanischen Klischee, nämlich dem, daß sich Kunst erst durchsetzen müsse. Gibt es nicht vielmehr auch die avantgardistische Zweideutigkeit, die eines Carl Orff oder eines Manessier?

Kitsch ist nicht nur ein privates Problem, ein Problem von Leuten, die aus Musiktruhe, Reiseerinnerung, Familienphotos,

Schnittblumen und Kekssortiment einen persönlichen Hochaltar zimmern. Kitsch wird aufgezwungen, durch Urbanisten, Innenarchitekten, politischen Stil, Vorurteilen gegenüber neuen Medien, durch den Kult des Privaten-Unverwechselbaren, durch das Lamentieren über die verlorene Mitte und die Furcht vor neuen Mitteln (Medien und Mythologien).

Wie Arno Breker die Kunst vor Picasso retten sollte
Eine Begegnung mit Hitlers Lieblingsbildhauer in Paris

Der triumphale Auftritt Brekers im Frühsommer 1942 in der Pariser Orangerie an den Tuilerien wird haarscharf von zwei tödlichen Daten eingefaßt, der ersten und der zweiten Razzia gegen die Juden in der französischen Hauptstadt. Präziser ließe sich kaum zum Ausdruck bringen, wie eiskalt und wirkungsvoll eine allgemeine Lobotomie die Koexistenz von Kulturpolitik und Vernichtung ermöglichte. Von einer erneuten Überprüfung oder von einer Aufforderung zur Diskussion braucht im Zusammenhang mit der Schweriner Ausstellung nicht die Rede zu sein. Dafür sind Entwicklung und Ausdruck des Werks bekannt genug. Auch wüßte niemand zu sagen, was das Studium von Archiven schon an Argumenten liefern könnte, um diesen bronzenen und marmornen Tsunami in die Sensibilität der bildhauerischen Welt des zwanzigsten Jahrhunderts einzugliedern.

An Quellen liegt nichts Einschlägiges vor, das über das hinausführte, was von der Organisation der kompromittierenden Reise der französischen Kunstkollaborateure nach Berlin und Weimar oder von Brekers privilegiertem Verkehr mit Hitler und vom achtunggebietenden Auftritt des Bildhauers im besetzten Paris bekannt ist. Und was Breker, allerdings nie zu Lebzeiten Picassos, über sein Eintreten für den Spanier als Schutz vor dem lebensgefährlichen Zugriff der Nazis durchblicken ließ, kann keine geschichtliche Quelle bestätigen. Doch gesetzt den Fall, Breker hätte etwas zugunsten Picassos unternehmen können, gehörte dies dann nicht zu den Selbstverständlichkeiten, mit denen sich ein ehrbarer Mann erst gar nicht brüstet? In den zahllosen Dokumenten und Briefen, die sich im Nachlaß Picassos einsehen lassen, taucht nirgends der Name dieses Künstlers auf.

Bei Unterhaltungen mit Picasso über die Kriegsjahre fiel, allerdings mit beträchtlicher Reserve, der Name von Ernst Jünger, nie jedoch der von Breker. Worum geht es bei dem erneuten Anlauf, diesen Mann als Opfer zu servieren? Sicherlich nicht um die Rehabilitation des jungen Künstlers, dessen frühe, kurze Partizipation an der aufgewühlten Skizzenhaftigkeit Rodins und an der ästhetischen Lust am Non-Finito von Fingerfertigkeit und Aufmerksamkeit für eine impressionistisch aufgeworfene Epidermis zeugt. Es sind im übrigen ebendiese Qualitäten und Nervositäten, die das spätere Werk, das sich auf die Wiedergabe blitzender und unverweslicher Oberflächen verwirft, rasch hinter sich lassen sollte.

Paten und Profiteure beim Frühstück

Die ersten Arbeiten gehören unbezweifelt zu dem, was man, wenn man von einer konventionellen Fortführung bildhauerischer Tradition im zwanzigsten Jahrhundert sprechen möchte, erwähnen kann. Despiau, Belmondo, Ernesto de Fiori oder Kolbe rechnen zum selben wütenden Widerstand gegen eine avantgardistische Definition von Plastik, die sich im Umkreis von Picasso, Matisse, Lehmbruck, der Futuristen und der Konstruktivisten bei der Darstellung von Raum und Volumen der Verwendung neuer, oft paradoxer Materialien zuwendet. Hinter der Schweriner Veranstaltung für Breker steckt das Kalkül, mit Hilfe der Energie, die nun einmal jeder Revisionismus zustande bringt, das Zweideutige und Obszöne eines tabuierten Werks in den Mittelpunkt des Interesses zu stellen. Das war immer so.

Nicht zuletzt sollten Monumentalität und öffentliche Wirkung den Konzepten der Avantgarde entgegengehalten werden, die ihre Unabhängigkeit von sozialer Kontrolle dank der Absage an eine staatliche Gängelei und an den lukrativen Auftrag erworben hatte. Die großen opportunistischen Paten Brekers, immer dieselben, stehen in den frühen vierziger Jahren in Frankreich bereit, Cocteau, Maillol, Despiau. Für sie formulierte Maillol 1942 das ad nauseam zitierte Urteil: »Breker ist der deutsche Michelangelo des zwanzigsten Jahrhunderts.«

Dabei erscheint doch das eher ironische Kompliment, das die widersprüchliche Redefigur des hölzernen Eisens heranzieht, als die heftigste Ohrfeige, die man einem Mann versetzen konnte, der in Feldgrau seinem Idol Hitler das eroberte Paris präsentiert. Der Blick auf den Hof aus Profiteuren und Lakaien, der Breker in den Besatzungsjahren in Paris umgab, den Hof, dessen Schmeicheleien von den Verehrern und Pflichtverteidigern Brekers weiterhin als objektives Urteil der Geschichte ausgegeben werden, macht die Sache nicht besser. Nehmen wir eine Eintragung aus dem Tagebuch eines Augenzeugen.

Der zu Unrecht fast vergessene Maler Paul Strecker notiert in Paris unter dem Datum 7. April: »Breker – Frühstück – Schlemmerlokal. Alles sitzt um den Tisch herum und diskutiert die propagandistischen Aufgaben. In Wirklichkeit verfolgt jeder seine Sonderinteressen, und nur in einem sind sich alle einig: in der gänzlichen Uninteressiertheit am Breker'schen Werk. Und im Haß, den einer gegen den anderen nährt.«

Im Magnetfeld mumifizierter Klassik

Der Weg zu Breker lenkt uns auf den Friedhof der Geschichte. Und eine Exhumierung hat nicht gerade etwas Schönes an sich. Das Blut-und-Boden-Doping, die Begegnung mit den hypertrophen Bizepsen, Schenkeln und liebevoll ziselierten Geschlechtsorganen, angesichts derer sich so seichte und verführbare Erscheinungen wie Cocteau richtiggehend belebten, führen uns nicht zu einem radikalen, gefährlichen Kapitel der

Kunstgeschichte des zwanzigsten Jahrhunderts, sondern setzen uns eher dem lüsternen Magnetfeld aus, das heute die Kuriositätenkabinette der Leichenfledderei eines von Hagen um sich aufbauen. In diesem Umkreis scheint diese verständliche Kunst fortzuleben. Hier und dort geht es um Quantität von Fleisch und Muskeln, um die Plastination einer verendeten Klassik. Man überlege, zu welchem Erfolg erst eine Partnerschaft beider Schauhäuser führen würde.

Ist es nicht grausig, daß die Vorstellung von klassischem Kanon und Winckelmann inzwischen bei Falschmünzern und Abdeckern ihre Golddeckung findet? Breker hat nach dem Kriege und einer Entnazifizierung, für die er im Ausverkauf hundert Reichsmark auf den Tisch legen mußte, um einen ehrenhaften, unbescholtenen Wiedereinstieg in die Zeit gekämpft. Von einer neuen Chance bei Stalin, der gleichfalls zu seinen Bewunderern gezählt haben soll, war vorübergehend die Rede. Doch dann fand er seine Klientel in der Bundesrepublik. Von dieser Notorietät zeugen Büsten und Reliefs, die bei ihm geordert wurden. Vielleicht spielten manche Auftraggeber mit dem Gedanken einer heimlichen, prickelnden Teilhabe am Verruchten. Doch im Grunde rührte ein gewisser Erfolg daher, daß zumindest bis in die siebziger Jahre die realistische Wiedergabe des menschlichen Gesichts einem tiefen Argwohn verfallen war. Nur wenige wie Breker waren dazu in der Lage, Köpfe weiterhin Köpfe sein zu lassen. Denn die Vermessung der Schädel, die Physiognomik mit ihrem Anspruch, objektiv etwas über das auszusagen, was sich im Innern der Hirne abspielte, besaßen so gut wie keine Legitimation mehr.

Zu nachhaltig hatten Biologismus und die Aussicht auf die Mutation zum perfekten Menschen, für die Brekers Skulpturen die Modelle abgaben, den Glauben an eine Wahrheit des Abbilds zerstört. Doch die große Anerkennung, der Breker damals nachjagte, wurde ihm nicht zuteil. Auch die regelmäßigen Reisen nach Paris, die Begegnungen mit Cocteau, Lifar, Peyrefitte oder Dalí konnten nichts ausrichten.

Im Sommer 1975 wollte er mich treffen. Da ich ihn zuvor nie gesehen hatte, schlug ich als Ort des Rendez-vous die Max-Ernst-Retrospektive vor, die ich in diesen Wochen im Grand Palais organisiert hatte. Ich bat, er möge mich unter dem monumentalen Foto des Künstlers erwarten, das an der Eingangswand vor der Ausstellung angebracht worden war. Er betrat das Foyer, er wartete, ich beobachtete ihn. Wie beim Insekt, das unbedacht in die Fänge von Musils klebrigem Fliegenpapier geraten war, verlangsamten sich zusehends die Bewegungen. Ich konnte mich, dank meiner Nähe zu Kahnweiler, Picasso, Max Ernst, Beckett oder Nathalie Sarraute, nicht anders verhalten. Sie hatten mich über die Zeit und über die grausamen Folgen der Kollaboration hinreichend aufgeklärt. Schließlich sprach ich den Bildhauer an und war höchst irritiert, daß dieser bereits im ersten Satz seine Bewunderung für Max Ernst zum Ausdruck zu bringen suchte.

Es schien unglaubwürdig, daß ein Mann, der sich auf so irreversible Weise für die klassizistische Mumifizierung des Menschen entschieden hatte, auch nur das leiseste Verständnis für die Brüchigkeit und die Poesie des Heterokliten aufbringen könnte, die sich hinter Dada, Surrealismus und hinter Collage offenbarten. Denn was bedeutete Collage anderes als die außerordentliche Demonstration, mit Hilfe einer Alchimie, die Fremdes zusammenbrachte, Rechthaberei und Ausschlußbegriffe zu überwinden? Collage erschien geradezu als symbolische Form für einen Humanismus, der mit allen Fasern die Vorstellung einer Norm bekämpfte, die sich von Zerfall, Abschaum und Rassenkreuzung rein zu halten wünschte.

Beglaubigter Erlösungsantrag

Anschließend versuchten wir im Café des Drugstores an den Champs-Elysées ins Gespräch zu kommen. Dabei ging es Breker, der zum Genre derer zählte, die vor lauter Kunst von nichts wußten, allein um Rechtfertigung und um Wiedergewinnung der verlorenen Ehre. Es wurde deutlich, daß die Erinnerungen, die er zu seiner Entlastung lieferte, nichts anderes als eine ebenso verstockte wie larmoyante Zurechtschiebung der eigenen Profitsucht und Schwäche servierten. Was er erzählte, blieb von einer kaum erträglichen Banalität und zerfloß in einem Selbstbewußtsein, in dem alle Notausgänge, die zum Diabolischen und Gefährlichen führten, fest verrammelt waren.

Die Rede kam nicht auf die Magie des Bösen, auf Satanismus oder auf eine planmäßige, raffinierte Destruktion der Modernität. Alles drehte sich um Ressentiments, um den Haß auf eine Zeit, die ihm den einstigen Ruhm nicht mehr gönnte. Einen graueren, trivialeren und dabei entrüsteteren Menschen vermochte man sich nicht vorzustellen. Wenn ich mir damals vorübergehend eine aufregende Begegnung mit einem Verführer versprach, wie sie Joachim Fest mit dem ausgefuchsten Speer machen konnte, wurde mir doch rasch klar, daß sich in dieser Verstocktheit eine bürokratische Unfähigkeit zeigte, das eigene Leben auch nur im geringsten zu verunsichern. Trivialer und feiger hat sich keine der Figuren, die den Pakt mit Hitler eingegangen sind, aus der Verantwortung geschlichen. Unvergessen bleibt der theatralische Satz: »Schreiben Sie über mich, verurteilen Sie mich, aber erlösen Sie mich aus diesem Schweigen.«

Ästhetische Potentiale der Macht

Es gilt auf die entscheidenden Jahre zurückzukommen, in denen Breker in Paris eine einflußreiche kulturpolitische Rolle spielt. Denn er findet hier seine Gesinnungsgenossen. Durch seinen Erfolg und durch sein Auftreten erhält der Kampf gegen eine internationale moderne Kunst, der man die Klarheit eines unverwechselbaren französischen Ausdrucks entgegenstellt, neuen Auftrieb. Bereits in den dreißiger Jahren hatte die nationalsozialistische Ästhetik, die von manchen Kreisen in Frankreich mit wachsender Sympathie wahrgenommen wurde, die Ressentiments gegen die Avantgarde verstärkt.

In Frankreich gab es damals keine staatliche Kontrolle für Kunst. Auch die Regierung in Vichy hielt sich zurück. Für sie spielten Konzepte wie »entartete Kunst« so gut wie keine Rolle. Seit dem Zusammenbruch der Salonkunst und der Académie im neunzehnten Jahrhundert hütete sich der Staat, den Künstlern mit Weisungen oder Programmen zu kommen. Braque, Bonnard oder Matisse durften jederzeit ihre neuesten Werke ausstellen. Und wenn Picasso während des Krieges vom Ausstellungsbetrieb ausgeschlossen blieb, ging dies keineswegs auf das Konto der deutschen Besatzer. Für diese Zensur war eine Intervention der Franco-Regierung bei der deutschen Regierung verantwortlich. Denn Madrid galt Picassos *Guernica* als inakzeptable Verleumdung des Regimes.

Die Nationalsozialisten intervenierten in Frankreich auf dem Sektor der bildenden Kunst so gut wie nicht. Sie begnügten sich mit den rassistischen Verfolgungen von Künstlern. Was die französischen Maler malten, kümmerte sie nicht. Selbstverständlich wäre der Ausstellungsbetrieb, der in Frankreich möglich erschien, in Deutschland der Zensur verfallen. Darauf verweist Speer verwundert in seinen »Memoiren«. Er schreibt, die französischen Künstler hätten kurioserweise mehr Freiheit als ihre deutschen Kollegen: »Denn als ich im Kriege den Pariser Herbstsalon besuchte, waren die Wände mit Bildern behängt, die in Deutschland als ›entartete Kunst‹ gebrandmarkt worden wären. Auch Hitler hatte von dieser Ausstellung gehört. Seine Reaktion war ebenso überraschend wie logisch: »Haben wir ein Interesse an einem geistig gesunden französischen Volk? Laßt sie doch entarten! Um so besser für uns.«

Brekers großer Auftritt in Frankreich war für viele französische Künstler in höchstem Maße frustrierend. Er verwies auf einen grundsätzlichen, strukturellen Unterschied. Sein Ruhm, die Rolle, die er im Umfeld Hitlers spielen konnte, mußte

312　Wie Arno Breker die Kunst vor Picasso retten sollte

Postkarte der Ausstellung Arno Breker in Paris, 1943

den Zeitgenossen wie das Auftreten eines Außerirdischen erscheinen. Denn nur die stalinistische und die nationalsozialistische Ästhetik verfügten in den dreißiger Jahren über eine derart starke offizielle Position. Die Erinnerung an dieses ästhetische Potential der Macht wirkte in Frankreich lange nach. Bei einem Abendessen mit Malraux kam dieser auf die Rolle staatlicher Kunst zu sprechen. Dabei rechnete mir der frühere Kulturminister de Gaulles vor, daß der General im Unterschied zu anderen historischen Figuren des Jahrhunderts keine Architektur und keine Werke hinterlassen habe, die sich mit seiner Regierungszeit verbinden ließen. Und er setzte hinzu, selbst Mussolini und Hitler hätten auf diesem Felde für Unverwechselbarkeit gesorgt. Die Auskunft gehörte zu den Spätfolgen einer Faszination, die in den »Anti-Memoiren« in der Auslöschung Nürnbergs anklang, die von Malraux wie ein von Nero inszeniertes Schlußbild aus der »Götterdämmerung« beschrieben wurde

Reise ins Zentrum der Zeitlosigkeit

Die Wirkung dieser offiziellen Kunst beruhte auf einer allgemeinverständlichen, an klassisch-realistischen Modellen ausgerichteten Bildsprache. Sie bekämpft die Avantgarde. Niemand hat im damaligen Paris den Haß auf die Entwicklung der modernen Kunst vehementer formuliert als Vlaminck, der sich sofort mit Breker verbündet. Der Maler hatte zusammen mit Despiau, Derain, Dunoyer de Segonzac und Belmondo bereitwillig an der berüchtigten Propaganda-Reise nach Deutschland teilgenommen. Am 6. Juni 1942, zu der Zeit, da die Breker-Ausstellung in Paris zu sehen war, denunzierte Vlaminck in »Comoedia« den Feind. Er prangerte die Überfremdung und das wurzellose Experiment an: »Pablo Picasso trägt Schuld, die französische Malerei in eine tödliche Sackgasse geführt zu haben, in eine unbeschreibliche Verwirrung... Der Kubismus! Perversion des Geistes, Unfähigkeit, Amoralität, so weit entfernt von der Malerei wie die Päderastie von der Liebe.«

Im Umkreis Brekers zerbricht der Widerstand, der seit dem Ende des neunzehnten Jahrhunderts, seit Cézanne, seit den Fauves, seit dem Kubismus, seit Kandinsky und den Künstlern der Brücke gegen eine Vereinnahmung durch Staat und Salonkunst reagierte und auf diese Weise die beispiellose Autonomie der Kunst des zwanzigsten Jahrhunderts etablierte. Angegriffen werden eine Malerei, eine Plastik und eine Architektur, die die Veränderung suchen und gegen die Vorstellung von ewiger Norm die Fragilität und die Angst des Augenblicks setzen. Nicht von ungefähr entdeckt die Kulturpolitik des Nationalsozialismus in der stilistischen Veränderung ihren gefährlichsten Kontrahenten. Dabei ging es letztlich gar nicht um einzelne Formen, um Stilisierungen oder um den Ausdruck expressiver Ekstasen.

Was Hitler störte, war der Hinweis auf Zeitlichkeit. Denn nichts forderte den totalen Staat stärker heraus als die Leugnung von Dauer, die die Avantgarde von Ausstellung zu Ausstellung, von Atelier zu Atelier auf immer neue Weise variierte. Ein Zitat aus der Rede, die der Führer im Jahre 1937 bei der Einweihung des Hauses der Deutschen Kunst in München hielt, unterstreicht, daß allein ein geradezu pharaonischer Stillstand von Zeit und Entwicklung das tausendjährige Regime und seinen Dekor zu sichern vermöge: »Bis zum Machtantritt des Nationalsozialismus hat es in Deutschland eine sogenannte ›moderne‹ Kunst gegeben, das heißt also, wie es schon im Wesen des Wortes liegt, fast jedes Jahr eine andere.«

Das Lamm der arretierten Flüchtigkeit

Die »Operation Breker« in Paris führte es in Paris vor: Der Nationalsozialismus bezieht sich auf den Vorbildgedanken ewiger musealer Kunst. Kunstwerke müssen eine kollektiv-zeitlose Aussage besitzen. Ihre Entstehungszeit ist austauschbar. Man kann die Uhr durch einen administrativen Akt, der die Nachahmung akzeptierter Kunstwerke verordnet, jederzeit zurückdrehen. Die Pseudoklassik, für die sich die Besatzer stark machen, führt dazu, daß Picasso, der selbst seit den frühen zwanziger Jahren das klassische Vokabular dialektisch zu seinen eigenen kubistischen und biomorphen Formveränderungen einsetzt, in den Kriegsjahren die Beschäftigung mit klassischen Themen auffällig einschränkt.

In den wenigen Fällen, in denen er überhaupt zu einer mediterranen Körperlichkeit zurückkehrt, geschieht dies mit einer unübersehbar kritischen Intensität. Man könnte meinen, daß der Jahrhundertkünstler nur deshalb zum klassischen Kanon greift, weil er die regressive Rückkehr zu Tradition und

Norm, die Breker und seine Gefolgsleute propagieren, bekämpfen muß. In keinem Augenblick geschieht dieser Einspruch Picassos auf spektakulärere Weise als in den Monaten, da Breker seinen Triumph in der Orangerie feiert. Picasso modelliert als Antwort eine seiner größten und bedeutendsten Skulpturen, den überlebensgroßen Mann mit Lamm«

Malraux stellt angesichts dieser monumentalen Figur eine interessante Frage: »Sah Picasso im Mann mit Lamm ... das Guernica der Skulptur?« Der Vergleich fasziniert, enthielt doch bereits das Bild *Guernica* mit der Rückkehr zu einem komplexen, kubistischen Stil eine entscheidende kulturpolitische Aussage. Denn mit der mächtigen Grisaille reagiert Picasso nicht nur auf das Massaker an der Zivilbevölkerung in der baskischen Stadt, sondern auf die Schandausstellung »Entartete Kunst«, von der er damals nachweislich Berichte studiert. Wie in *Guernica* können wir in *Mann mit Lamm* eine Reaktion auf die von den Nazis verordnete Vorstellung von Kunst sehen. Picasso attackiert mit seiner Skulptur den Körperkult Brekers und den geradezu hysterischen Text, den Cocteau dem Defilee der Faksimile-Muskeln in der Orangerie widmet. Denn Picasso hat diese Ausstellung gesehen. Vlaminck verdanken wir die Information: »Picasso? ... Ich habe ihn neulich in Paris in der Ausstellung Arno Breker getroffen. Ich sagte zu ihm: ›Mein Lieber, wir werden alt.‹ Er verbesserte: ›Ich komme aus der Mode‹.« Die Replik Picassos setzt dem Ewigkeitsanspruch der Norm ironisch den Hinweis auf »Mode« entgegen, ein Bekenntnis zu den Kategorien Baudelaires und Apollinaires.

Mode in deren Sinne bedeutet ständige Entwicklung, Überraschung, Leben. Das Flüchtige, Transitorische muß die Vorstellung von Dauer begleiten, denn »am Schönen wirken ein ewiges, unveränderliches und rein relatives, bedingtes Element zusammen. Dieses letzte wird von der Epoche, der Mode, der Moral, den Leidenschaften gestellt. Ohne dieses zweite Element wäre das erste nicht assimilierbar.« Der Pariser Auftritt Brekers hatte zum Ziel, die Geschichte der Avantgarde zu annullieren. Picasso gibt mit seinem *Mann mit Lamm* eine Antwort, die Klassik an das Bewußtsein der eigenen Zeit bindet: »Modern sein bedeutet zu wissen, was nicht mehr möglich ist« (Roland Barthes).

Nicht mehr möglich erscheint das Faksimile von Körpern, in denen sich in diesen Jahren des Tötens und Schlachtens Stand- und Spielbein locker gegenüberstehen. Picassos unübertreffliche Antwort auf Breker besteht darin, daß in seinem *Mann mit Lamm* jede Andeutung von Bewegung arretiert zu sein scheint. Seine Auseinandersetzung mit dem klassischen Vorbild mündet in die depressive Darstellung einer Lähmung.

Kunst an der amerikanischen Westküste
Siddhartha in der Bucht von San Francisco

Die Parabel vom Kannitverstan, kürzeste Formel einer Reise, die das Unverstandene domestiziert, dem eigenen Gebrauch zuführt, geht einem dann richtig auf, wenn man in einer Phase des Herumziehens methodisch nach Kannitverstan-Situationen Ausschau hält. Dort, wo man, unfähig, aus Details eine neue soziale, ästhetische Bühne zusammenzustellen, Details selbst symbolisiert. Was brächten wir von unseren Reisen mit, gäbe es nicht den Eiffelturm, das Manneken Pis oder die Genügsamkeit der Asiaten. Störrisches Hinhalten einer fixen Idee bringt uns mehr ein als gegliederte touristische Tag- und Nachtschichten. Die Verallgemeinerungen, an die wir uns halten, müssen zu Beginn einer Reise, aus dem frischesten Eindruck heraus getroffen werden. Sterne wußte es beim ersten Blick, als er in Calais vom Schiff ging: alle Französinnen haben rote Haare. Nur gegen unglaubliche Zusammenfassungen setzt sich das Detail durch.

Die Reise in den amerikanischen Westen hatten Freunde vorbereitet: Aus dem europäischen New York, das sich, was Kunst, Poesie und Protest angeht, in immer skeptischere Rituale verliert, geht es ins Land einer mediterranen Realisationsfreude. Richard Lindner machte auf die allgemeine Vergrößerung aufmerksam, die dieser glückliche Landstrich zustande bringe: größere, schönere Schönheiten, dickere, reifere Früchte, Blumen, die sich zu Bäumen auswachsen, statt Würstchenständen Riesenwürste, in denen Würste verkauft werden. Und auch das, was man von der West-Coast-Schule kennt, paßt im voraus ins Bild: Freude an den Materialien, selbstverständliche Expressivität, die von der spanisch-mexikanischen Nähe geerbt zu haben scheint, und daneben Meditation, tagelanges, glückliches, seinvergessenes Hinblicken auf eines der grandiosesten Fleckchen Erde: auf die Bucht von Sausalito bei San Francisco. Seit die Hippies Haight-Ashbury in Frisco verlassen haben — so wie sie auch im Osten aus der New Yorker East Side ins freie Connecticut gezogen sind —, wurde diese Bucht, in der Wohnschiffe wie Dschunken zwischen Weihrauch und Sitarklang hin und her schwappen, zum heiligen Wasser, zum Flusse Siddharthas.

Ein Bild, das genügt, einen kurzen Aufenthalt in San Francisco zu sensibilisieren, ihm alles unterzuordnen, was diese Stadt an Erwartung bereithält: die Fahrt übers Golden Gate in die Hügel zu einem Holzhaus, in dessen Atelier Geräusch-, Text- und Bildcollagen entstehen. Alle stark politisch engagiert, aber von einem Lebensrausch diktiert, der sich bereits jenseits einer erreichten oder erreichbaren Wirkung findet. Ein optimistischer Abend, der sich von ähnlichen Versammlungen in New York entscheidend abhebt. Der rituelle Griff nach der Büchse, in der die hausgebackenen Hasch-Kekse trocken gelagert werden, gehört bereits zur Transsubstantiationslehre des Westens: die Droge scheint im Akt des Nehmens zu bestehen. Oder der Besuch Berkeleys, wo das Eingreifen der Polizei eine sinnliche Vorstellung von Freiheit kaputtgeschlagen hat: einen kleinen Square, den die Studenten als Forum eingerichtet und bepflanzt hatten. In einem Landstrich, in dem besonders verstimmende Formen von Widerstand entwickelt wurden — Flower Power gegen Knüppel —, wird die Staatsgewalt dazu gezwungen, sich durch einen Kampf gegen Sachen zu kompromittieren. Statt gegen Machtverhältnisse auftreten zu können, treibt sie Fetischismus mit umgekehrtem Vorzeichen. Sie muß den gewaltlosen Widerstand interpretieren und die Gewaltlosigkeit, für die es keine adaptierte Repression gibt, in Spiegelfechterei bekämpfen. Der Garten, der hier für eine Barrikade steht, gehört zu einem umfassenderen pazifistischen System: zum androgynen, schon visuell nicht mehr als Gegner akzeptierbaren Habitus. Man schlägt keine Frau, und man schlägt ohne Scham kein Wesen, das das martialische, als Feind anerkennbare Äußere durch Locken und unterernährte Zartgliedrigkeit eskamotiert hat. Der Kampf der Bürgerrechtsbewegung, der Protest gegen den Krieg in Vietnam, all das, was der heutigen amerikanischen Jugend eine solch starke Solidarität verleiht, hatte sich auf dem Campus in Berkeley eine symbolische Form geschaffen. Weil dieser lächerliche kleine Garten für eine Art Eden der Freiheit stand, wurde die Zerstörung Anlaß eines solch vehementen, kriegsähnlichen Aufmarschs. *Kannitverstan* hieß hier: Soul, Frieden, Gerechtigkeit. Der Garten war eine der stärksten Sichtbarmachungen dieser Ideen, so stark wie die durch Kleidung vorgetragene Gleichsetzung der Hippies mit den Menschen Tibets oder mit den Savannenindianern, er war Teil eines umfassenden ästhetisch-politischen Syndroms, das im Westen seinen Ausgang genommen hat.

Visualisierung scheint überhaupt dem Wesen der Pazifikküste zu entsprechen. Wo findet man sonst eine solch nationale Selbstdarstellung wie im Disneyland Los Angeles? Das Gegenbild Amerikas, die puritanische, gottgewollte Gründung des weißen Kontinents, der rot sein sollte, wird hier ohne jede Ironie dargestellt. Ein friedlicher Schöpfungsbericht, Mannequintheater, in dem ein von hinten erschossener weißer Trapper das Gemetzel an den Indianern verdrängt. In Los Angeles ersetzte eine Stimme die Rothaarigkeit der Französinnen. Eine warme, sichere Baritonlage, eine dieser Stimmen, die jeden Inhalt vernichten, ja durch Inhalt enttäuschend werden, eine satte kalifornische Stimme, in ihrer Musikalität ebenso hypertroph wie die Eisportionen in Disneyland, wie die Kapotthüte der Gute-Werke-Witwen. Eine Stimme, die wie keine andere dazu befähigt zu sein scheint, ein ständig sich wiederholendes Tonband zu besprechen. Die personale Färbung à la »Ich spreche allein für Sie, Sir« verleiht demjenigen, der um Mitternacht auf dem Flughafen in Los Angeles eintrifft, von niemandem erwartet und nicht wissend, wo in dem elfhundert Quadratkilometer weiten Stadtareal ein Hotel zu finden ist, mehr als die Auskunft, daß Privatwagen hier, Taxis dort vorfahren dürfen. Die makellos schöne widerliche Stimme, Seelen-Gigolo am Freeway via Hollywood, ist sicher der kurioseste sonore Triumphbogen, den diese so maßlose Stadt ihren Besuchern anzubieten hat: inmitten der artifiziellen Ankunft in einer Landschaft, in der Geräusche, Lichter, Rhythmen von schon wieder naturhafter Unförmigkeit sind, als höchster Luxus eine menschliche Stimme, die menschlichste überhaupt, die Superstimme, die in Los Angeles überall dort einsetzen wird, wo es »um mehr« geht. Sie entspricht einem Bedürfnis, sie ist ästhetisch und, wie man bei anderer Gelegenheit feststellen konnte, göttlich.

Salbung der Herzen am Sunset Boulevard

Der göttliche Bariton von Forest Lawn erklingt zu jeder vollen Stunde. Oben auf dem Hügel, dort, wo die grandioseste Leichenmystifikation der Welt in ein unvorstellbares Belle-vue ausläuft, steht »The Hall of the Crucifixion«, ein Festspielhaus des Todes, in dem die Friedhofsverwaltung ihre rituellen, bemannten Auferstehungsflüge veranstaltet. Der Todeskult erreicht hier seine Klimax. Über Forest Lawn, das in Glendale, dem Viertel liegt, in dem prozentual die meisten Rentner der Staaten leben, wissen wir seit Evelyn Waughs »The Beloved One« literarisch Bescheid. Das lächelndste, parfümierteste Inferno der Welt, die Traumfabrik kühnster transzendenter Künstlichkeit, ist sicher der absurdeste Ausdruck einer ganzen Zivilisation. Es ist ein Ort der totalen pflegerischen Maßnahme. Mit allen Mitteln wird der Tod bekämpft, schon mit dem einer Zivilisation wie der kalifornischen künstlichsten und absurdesten Gebot: dem Verbot des Künstlichen. Keine künstlichen Blumengebinde sind erlaubt, nur echte, beinahe obszön aufgequollene und groß gewachsene Blumen. Was nach Vergänglichkeit aussehen könnte, künstliche Blumen, Blumen, die grau werden, bleibt ausgeklammert. Nur die echten Blumen sind in diesem Landstrich künstlich genug: Sie blühen – und werden weggeschafft. Kein langsames Dahinfaulen, kein Vergilben. Die größten Rasenmäher der Welt, der bestorganisierte Gärtnerpulk des südlichen Kalifornien ziehen täglich über die Gräber. Diese viereckigen, flach in den Boden eingelassenen Bronzetafeln sind einer rationellen, sauberen Nutzung angepaßt. Forest Lawn mit seinen Kirchen, Sprüchen, steinernen Bibeln, Teichen, Schlummerräumen, Totenhäusern im Tudorstil, seinem teuren Balsam, seinem Kleinkinder- und Wiegenliederhain wurde nach dem Willen seines Erbauers zum bedeutendsten Museum der Welt: Wo gibt es mehr berühmte Skulpturen auf einmal zu sehen? Überall zwischen schwarzem Thuja und Buchs glänzt der frische, madenweiße Marmor auf. Nicht umsonst ernannte Carrara den Großverbraucher Dr. Hubert Eaton, der diesen Platz erträumte, zum Ehrenbürger.

Bilder, Mosaiken, alles dient derselben gigantischen spirituellen Maschinerie: die Verwesung zu verneinen. Das großformatige, auf gehämmertes Bütten gedruckte Erinnerungsalbum gibt dem Besucher Beistand und Ideologie. Die Meditationen über das Fleisch, das die Artisten der Institution für eine hochbezahlte Ewigkeit aufbereiten, setzen beim Ästhetischen ein. Das Vorwort zum Erinnerungsalbum zitiert, was Diderot im Hinblick auf Fragonard festgestellt hat: »Fleisch ist schwierig darzustellen.« Auf den Bildern nämlich. Fleisch ist schwierig zu erhalten. Die kolossale, geniale Todeslüge in Forest Lawn versucht es mit einer Obszönität, die ans Wunderbare grenzt. Sie bietet den porno-eschatologischsten Service, der sich denken läßt. Was kann ein Besucher von Forest Lawn Pikanteres wünschen, als an dieser Todesgemeinschaft teilzuhaben. Das unbeschreibliche Lächeln der Empfangsdamen in den Schlummerräumen teilt mit, was die »Stimme« mitzuteilen hat: »Beschützen Sie jetzt Ihre Familie (durch ein Grabarrangement)..., das schenkt Ihnen einen Seelenfrieden, den Sie auf keine andere Weise gewinnen können.«

Oben auf dem Hügel, im siedendheißen Glast, wartet man, in die Auferstehungshalle eingelassen zu werden. Die unerträgliche Spannung in diesem Geviert aus Bronze, Stein und Ausblick auf eine atemberaubend weite Landschaft zwischen Bergen und Meer wächst von Sekunde zu Sekunde. Das irrsinnige Gemisch aus Berg Tabor und geschminktem Tod wird hochexplosiv. Ein junger, netter Kerl, der mit seinem Mädchen hier heraufgefahren ist, dreht durch. Wütend jagt er eine Eidechse, die sich vor der Auferstehungshalle sonnt, reißt sie mitten auseinander und verfolgt das kreischende, irr lachende Mädchen mit den zuckenden Hälften. Er stellt an diesem Platz, an dem der Tod gegen das Sterben ausgespielt wird, die Realität wieder her. Ein brutales Sakrileg, das dieses Paradies beschmutzt.

Zur vollen Stunde öffnet sich das Bronzetor. Der Besucher gewahrt über eine marmorne Vorhalle den kühlen weiten Saal. Kinder dürfen nicht herein. Sie werden während der Vorführung in eine schalldichte Kammer gesperrt. Im Halbdunkel »Tod und Verklärung« von Richard Strauss. Es scheint, als sei diese Musik eine Auftragsarbeit für diesen Ort, an dem alles nur nach großen Meistern aussieht. »Götterdämmerung«, »Lohengrin«, mit Vogelgezwitscher unterlegt. Und dann enthüllt sich das größte Bild der Welt: die Kreuzigung des Jan Styka. Minuten dauert es, bis das fünfundsechzig Meter lange und fünfzehn Meter hohe Werk voll sichtbar ist, ein romantisches, von Fortuny und Fromentin beeinflußtes Gewoge aus Landschaft, Vedute und Massenszenen. Dann setzt die Stimme ein, der milde Bariton, der die Herzen salbt. Mit einer Modulationsfähigkeit ohnegleichen ist die Stimme Evangelist, Moralist, Träger der Stimmen und Heiland. Ein kleiner Leuchtpfeil durchwandert Golgatha. Das Kreuz bleibt leer, Christus steht vor ihm. Der Vorhang schließt sich, und eine selbst Besuchern von Horrorkabinetten überwältigende Szene setzt ein: Er wird ans Kreuz genagelt. Dann viel Licht. Der Auferstehungsdekor wird aufgezogen. Dr. Hubert Eaton mußte das Bild selbst erfinden, denn bei seinem Suchen stellte er fest, »daß die große

Kunst der Welt bisher keine Auferstehung zustande gebracht hat, die von den Amerikanern als ein realistisches Werk angenommen würde«. Robert Clark malte es nach dem Diktat des Träumers Eaton: »This is the Resurrection Morning.« Die Mondscheinsonate schwingt zum »Halleluja« über. Die Wahl der Texte ist so gewählt, daß Christliches, Metaphysisches und Kommerzielles sich zum Marketing für Forest Lawn verbrüdern. Das Charisma verfolgt den Besucher bis aufs Klo. Auf den Automaten, die gratis ein Handtuch verteilen, lockt die Panreligiosität des Ortes: »Das Geschenk Gottes ist ewiges Leben.«

Forest Lawn hat dieses Geschenk verkäuflich gemacht. Der Friedhof steht der Stadt an. Denn was er enthält, ist verbesserte Kunst, vergrößerter, auf kalifornische Proportionen gebrachter Michelangelo, Canova, Bouguereau. Es ist der einzige Platz der Welt, an dem eine Kopie spiritual mehr bedeutet als ein Original. Der Stil der Kopien paßt haarscharf zur Mythologie Los Angeles', zu Sunset Boulevard, zu Hollywood und den Villen in Beverly Hills.

Die Apotheose des Zerfalls

Die Künstler, Museumsleute und die wenigen Sammler, die in Los Angeles sitzen (Irving Blum, der Inhaber einer guten, auf New Yorker Import eingestellten Galerie, schätzt die Käufer, die zu Buche schlagen, auf fünfzehn bis zwanzig), muß man auf dem Hintergrund einer totalen mythologischen Umwelt sehen, auf dem Hintergrund wirkungsvoller ästhetischer, moralischer und religiöser Ersatzhandlungen. Forest Lawn, Disneyland, Beverly Hills, die Ecke Hollywood Boulevard – Vine Street, wo alles, was mit Film zu tun hatte, auf Messingsternen, die in den Asphalt eingelassen sind, verewigt ist, das forderte eine spezifische Reaktion heraus. Los Angeles wurde zu einem geradezu idealen Ausgangspunkt für eine Kunst, die die lokalen Gegebenheiten einbezieht, die sich stärker als anderswo am Inhaltlichen, Abtastbaren hält. Heute, da viel davon die Rede ist, daß sich der Schwerpunkt von der Ostküste zur Westküste verlagere, hat Los Angeles eine große Chance. Dank seiner aktiven Museen (County Museum, Pasadena Museum, Newport Harbor Art Museum), dank seiner Galerien (Blum, Butler, Nick Wilder) am La Cienega Boulevard, einem kuriosen Provisorium, das die Avantgarde der New Yorker 57. Straße, die teuren Antiquitätenboutiquen des Pariser Faubourg Saint-Honoré und ein unvorstellbares Gemisch aus Mist und Meistern, ambulanten Bärenfellverkäufern kondensiert, dank der Druckoffizin »Gemini«, in der die Großen Amerikas von Albers über Oldenburg zu Rauschenberg ihre Graphiken anfertigen lassen, dank der Erfahrung, als intellektuelle privilegierte Clique in dieser kosmisch weiten Stadtlandschaft ein rauschhaft artifizielles Leben führen zu können, wird aus L.A. ein Gegenbild zum kristallin gedrängten und gesättigten New York. Für eine ironische Lebensführung, für aggressiven Schlagabtausch mit einer Gesellschaft, die noch ein ungebrochen gläubiges Verhältnis zu ihrem Essen, zu ihren Vorlieben, zu ihrem vorfinanzierten Tod besitzt, für eine Kunst, die dieser Präzision, diesem zur Schau getragenen Optimismus bereits durch die Verwendung von zerfallenden, verwesenden Stoffen widerspricht, mag diese Stadt erregend sein.

Ein Künstler scheint diese lokalen Möglichkeiten am besten zusammenzufassen: Edward Kienholz. Er haust in dem Teil von Hollywood Hills, von dem man einen freien, meilenweiten Blick auf die Stadt hat. Nachts, in einer Klarheit, die schon die von Glas ist, liegt die entzündete, schmerzhaft pulsierende Lichterweite Los Angeles' zu Füßen. Als Kienholz vor einigen Jahren hier einzog, grasten noch Ziegen ums Haus. Er hat sich dieses Observatorium ausgesucht, weil er hier – aus der Distanz – zur Stadt gehört, zur Stadt, die er faszinierend findet, die er bewundert und haßt. Den Taumel, in den der Besucher durch dieses mitternächtlich heiße, auf den Kopf gestellte Firmament versetzt wird, stoppt er ab: »Yes, it's okay.« Kienholz hat ein Werk zustande gebracht, das nur begrenzt mit Pop zu tun hat. Eher mit Dada. Es ist interessant, daß die wichtigsten Vertreter eines geschleckten, sauberen Pop in New York zu Hause sind, in einer Stadt, in der sich im Grunde die Elemente, die Pop ansprechen, verlieren. Reklame, Konsum, Auto-Fetischismus bleiben hier eigentlich Phänomene, sie machen noch nicht, wie in Los Angeles, die Stadt selbst aus. Selbst für New York ist Amerika der Westen, nur dort existiert in solch reflektierter Selbstverständlichkeit die Lebensform, die Pop glossiert. Der Westen ist nicht mit Geschichte durchsetzt, aber dennoch trägt Los Angeles seine kurze Geschichte mit einem Ernst, der nur jahrtausendealten, zu Mythologie und Religion gewordenen Kulturen ansteht.

Die Reaktion eines Kienholz auf eine Stadt, in der all das, was Pop thematisiert (aus Distanz thematisieren kann), uneingeschränkt präsent ist, muß mit anderen Mitteln erfolgen. Benützen die Pop-Künstler der Ostküste, europäische Geister wie Oldenburg, das Sprachmaterial der Westküste, seinen Abfall, seinen gigantischen Ausstoß an Häßlichkeit und formalem Irr-

Edward Kienholz: John Doe, 1959.
Houston, The Menil Collection

sinn, so benützt Kienholz den Besitz des Ostens: den Plüsch Neuenglands, den Import des Erinnerungsmaterials, das die Einwanderer im Schlepp hatten. Kienholz demonstriert in seinen Assemblagen, seinen gestellten Szenen (»John Doe and Jane Doe«, »The State Hospital«, »Bunny, Bunny, You're So Funny«, »Untitled American President«, »The Illegal Operation«, »The Birthday«, »While Visions of Sugar Plums Danced in Their Heads«, »Roxy's«) den Zerfall, den durch keine Prüderie verstellten Tod. Aufdringlich zerplatzten in seinen beinahe religiösen Memento-Mori-Environments die Körper. Die Schlafzimmer, Bars, Bordelle, Krankensäle, in die er uns führt, bringen die Versatzstücke, die in den Filmen mit Gloria Swanson oder der Garbo frische, fashionable Gegenwart waren. Mit zerfallenen Spitzen, kreischenden Radioapparaten, Evergreens, setzt sich Kienholz zur Wehr. Er möchte seine Tätigkeit so verstanden wissen: als Aggression, als kategorische Kunst, die dem akzeptablen Tod in Aspik das langsame, häßliche Sterben entgegenwirft, als eine Reaktion gegen ein verdunstetes Dasein, das sich an den Swimmingpool setzt und nach zwanzig Jahren wieder weggeht.

Kienholz ist bei all dem, was ihn beinahe zu einem Außenseiter macht, ein Künstler, der die amerikanische Szene sehr stark anregt und bestimmt. Für die große momentane Aufregung über die konzeptuelle, nicht mehr ausführbare Kunst hat er frühe, eigene Antworten vorgeschlagen. Sie betreffen fast ausschließlich Operationen des Kunstverkaufs und Wiederverkaufs. Er kann hier auf eigene Erfahrung zurückgreifen, er hatte in den fünfziger Jahren zusammen mit Walter Hopps in Los Angeles eine Galerie geleitet. Inzwischen gibt er seine Werke nur noch mit Verträgen ab, die den Käufer verpflichten, bei einem Weiterverkauf dem Künstler einen Anteil am erlösten Mehrwert abzuführen. Jetzt hat er das Werk (in einer Ausstellung, die Eugenia Butler in Los Angeles zeigt) auf den Verkaufsmechanismus selbst verknappt. Er legte das Skelett dessen frei, was heute gehandelt wird: Werte. Sie stehen auf den kleinen, mit Gouache gehöhten Blättern. Der Künstler verkauft direkt den Wert, den der heutige Kunstmarkt schafft. Auf den Blättern stehen der Preis des Bildes oder die Namen von Sachwerten, gegen die Kienholz die Assignaten für Kunstwert herzugeben bereit ist. Der Kunstmarkt hat diese Herausforderung gerne quittiert. Die Liste der so eingehandelten Gegenstände klingt skurril, wie ein zusammengestelltes Poem. In Wirklichkeit verrät die Liste genau die Bedürfnisse dieses vitalen Jägers, Sammlers und Verbrauchers, der in seinem Haus alles in Fülle besitzen muß. In seiner Gewehrkammer stehen über dreißig Büchsen, und in seinem Badezimmer funktionieren gleichzeitig elf Duschen. Hier einige Titel, die er in Umlauf gesetzt hat und die bei ihm durch Realien gedeckt worden sind, eine Liste, die eine Autobiographie ersetzt: Zehn Schraubenzieher, eine Säge, eine Lötlampe, eine elektrische Uhr, eine Jackson-Zeichnung, ein alter Chevrolet, eine ärztliche Untersuchung, ein neuer Anzug, Warhol-Grafiken, einmal Zahnbehandlung, Rechtsberatung, vierzig Dutzend frische Farmeier (sie werden zur Zeit dutzendweise im Rolls-Royce geliefert), zwei Schlafsäcke, eine Addiermaschine, fünf Jahre lang Gratis-Steuerberatung, zwei gute Pferde für die Berge, eine Baumsäge, ein Werk von Paolozzi, vier neue Autoreifen, ein Eisschrank. Der Käufer liefert den Inhalt, und der Künstler vergibt bei dieser Transaktion den Titel.

Eine interessante Anpassung ans System, mehr nicht. Masochismus des Sammlers, der dem Künstler die Peitsche reicht. Ein Beispiel, das höchstens zeigt, daß Kienholz selbst dort, wo er mit der neuesten Tendenz rangelt, sein Ziel nie aus den Augen verliert: nicht formalistisch zu sein, sondern dekuvrierend.

Venice in Kalifornien
Jesus-Jünger und technologische Kunst an der Pazifikküste

Ein anderes Venedig. Im Reiseführer existiert Venice, Cal., nur als Markierung für die Durchfahrt nach Santa Monica. Venice, »popular with hippies«. Der ärmste, unzumutbarste Strand von Los Angeles trägt den euphemistischen Namen. Der südkalifornische Pazifikstrand, flach, Trennungslinie zwischen Dunstglocke und endlich beginnender, weiter Bläue, flimmert immer wieder auf, wenn man, von Block zu Block ziehend, die Ateliers der zahlreichen Künstler durchforstet, die sich hier, an der äußersten Grenze des »go west«, niedergelassen haben. Gut geht es diesen Künstlern hier nicht. Deshalb haben sie auch das billige Venice ausgesucht. Einkünfte haben wenige. Hier und dort ist von einem Stück die Rede, das vor zwei Monaten verkauft wurde, und dessen Erlös bis jetzt zum Leben ausreicht. Immer noch gibt es im reichen Kalifornien mehr Künstler als Sammler. Vom Versuch des Los Angeles County Museum, Industrie und Kunst aneinanderzubinden, soll noch die Rede sein. Vorbereitung und groteskes Resultat dieser Ausstellung erscheinen als moralische Farce, dokumentieren sie doch nur, wie sich die Industrie aus der ihr aufgezwungenen morganatischen Umarmung zu befreien wußte.

Der Versuch, industrielle Fertigungsmethoden, technische Kenntnisse in den künstlerischen Arbeitsprozeß aufzunehmen, ist nicht neu. Technik wird heute mit einer gewissen Selbstverständlichkeit von fast allen Künstlern herangezogen. In vielen Ateliers, auch in Venice, findet sich technisches Gerät. Die Geniesuche geht allzuoft mit Patentsuche Hand in Hand. Man zeigt vor, was aus den privaten Retorten an Neue-

Roy Lichtenstein:
Hopeless, 1963. Basel,
Kunstmuseum,
Peter und Irene Ludwig
Stiftung Aachen

stem hervorquillt. Es ist dies eine Privattechnik, die sich auf halber Höhe zwischen allbekannter Prozedur und Ateliergeheimnis trifft.

In Venice wird viel mit Kunststoffen und Glas gearbeitet. Dewain Valentines freistehende, aus leicht eingefärbtem Plexiglas gegossene Scheiben wirken wie aufgestapelte Sonnenaufgänge. Sein Hausnachbar Larry Bell, der längere Zeit mit seinen irisierenden Glaskuben die Vorstellung von einer kalifornisch-sinnlichen Kunst mitgeprägt hat, schlug sich vor einigen Monaten zur Malerei hinüber. In anderen Ateliers wirkt das Vorbild von Kienholz, des erfolgreichsten Mannes in Los Angeles, nach: man versucht, taktile Überraschungsmomente zu einem Psychoterror auszugestalten. Und daneben wieder und immer wieder kalifornisch gefärbter Umgang mit Restchen von edlen Stoffen, die auch die Goldgräber der Subkultur sammeln: Plexiglas, Polyester-Überzug, Goldlame. Präsentation von sublimiertem Müll, der weniger zum Denken als zu Ekstase anregen soll. Es sind Privatmonstranzen, die zur Zeit überall in den Vereinigten Staaten erhoben werden.

Näher waren sich Kunst und Religionsgründung noch kaum. Man traut seinen Augen nicht, wenn man, nach nur mehrmonatiger Abwesenheit erneut über Los Angeles' Sunset Boulevard oder Hollywood Boulevard wandert. Das Pfingstwunder an allen Straßenecken gibt dem Passanten eine Sicherheit, die man in Los Angeles bei Gott nicht mehr gespürt hat. Überall stehen die Jesus-Bewegten, schlank getrimmt durch Health-Food, verteilen Handzettel und begleiten, ohne sich allzusehr aufzudrängen, den Spaziergänger, ihm sanft Botschaften zuraunend. Jesus Super-Star ist vorerst der letzte Oscar-Preisträger auf diesem von Ruhm gedüngten Geviert um Hollywood-Boulevard und Vine Street, wo auf Hunderten Messingsternen meilenweit die Namen der berühmten und unberühmten Leute Hollywoods ins Trottoir eingelassen sind. Zwischen den Sexshops und finsteren Pinten liegt jetzt ein »Jesus Night Club«.

Ähnlicher Friede auch in San Francisco, wo die Popmusik auf den Straßen klassischer Musik gewichen ist: Branchenführer zur Zeit ist Haydn. Die relative Windstille des Sommers – keine Negeraufstände, keine brennenden Slums – begünstigt die Illusion von Milde, Religion und Natur. Das griechische Theta, neuaufgetauchtes Zeichen für den Kampf gegen Umweltverschmutzung, hängt in den Künstlerateliers neben dem verwelkten Peace-Symbol. Ein eben erschienenes Underground-Wörterbuch (Eugene E. Landy: »The Underground Dictionary«, Simon and Schuster, New York 1971) ist nicht nur Dokument einer auf Sex und Drogen beruhenden Glückssuche, sondern ein Handbuch, das in seinem den Bildsymbolen gewidmeten Annex auch die Zeichensprache des Umweltschutzes anführt. Jesus, Endzeit-Spiel, Inhalation unverseuchter Luft: jüngste Variationen eines Generationsbewußtseins, das sich dank ständig neuer Attitüden nun regelrecht zu tradieren scheint.

Maschinisten der Kunstindustrie

Man erwartet, in den Ateliers in Venice, in denen zahlreiche junge Künstler arbeiten, einen Nachhall von all dem zu finden. Doch auch jetzt wieder, wie einige Jahre zuvor, zur Zeit der Hippie-Blüte, die Trennung zwischen Subkultur und Künstlerdasein, das die Ästhetisierung des Daseins zugunsten des Werks oft ernüchternd vernachlässigt. Für die Künstler haben Museum, Ausstellung, Galerie, Sammler, Publikation nach wie vor die Faszination eines Regulativs bewahrt. So erklärt sich auch die negative und enttäuschte Reaktion auf die eingangs erwähnte Ausstellung »Art and Technology«, an der im Endeffekt nur zwanzig Künstler teilnehmen konnten. Kaliforniens, ja Amerikas großes Ausstellungs-Ereignis sieht von der Nähe betrachtet doch überaus bescheiden aus.

Die Abwendung vom ,Tafelbild, die technologischen Parallelen, die in den Regiebüchern der concept art so konstant auftreten, legten den Versuch, den das County Museum in Los Angeles unternahm, nahe. Das technische Potential der amerikanischen Industrie war bis dahin nie herangezogen worden. Wo Kunst in Amerika Industrie brauchte, hat sie sich selbst als Industrie etabliert: Disneyland, Universal Studios beweisen dies zur Genüge. Die Dokumentation »The machine«, die K. G. Pontus Hultén vor drei Jahren im Auftrag des New Yorker Museum of Modern Art vorgeführt hatte, trug den vollen Titel: »Die Maschine, so wie sie sich am Ende des mechanischen Zeitalters darbietet.« Die Maschine tauchte dabei als Thema – als abgeschlossenes Thema – der Kunst auf. Als Hultén daran ging, das Motiv »Maschine« auf seinen ikonographischen Inhalt hin zu analysieren, hatte sich gleichzeitig die Arbeitsgruppe »Experiments in Art and Technology« (E. A. T.), zu deren Vizepresident Robert Rauschenberg berufen worden war, konstituiert. Anläßlich der Maschinen-Ausstellung schrieb E. A. T. ein Preisausschreiben für Techniker und Künstler aus. Die preisgekrönten Arbeiten wurden ausgestellt.

Robert Rauschenberg:
Retroactive I, 1964.
Hartford, Wadsworth
Atheneum

Das County Museum wurde zweifellos durch diese Experimente zu seinem, mit großer Publizität angekündigten Unternehmen angeregt. So wandte sich Maurice Tuchman, der sich seit 1967, als die New York Times das Preisausschreiben des Museum of Modern Art und von E. A. T. publizierte, für das Unternehmen in Kalifornien einsetzte, zunächst an Industrieunternehmen. Er setzte sich für eine Zusammenarbeit ein, die es den ausgewählten Künstlern gestatten sollten, für einige Monate Gast des Betriebs zu sein und auf dessen technisches know-how zurückzugreifen. Erst dann lud er Künstler dazu.

Das elektrifizierte Bild und die Angst vor dem Unordentlichen

Man könnte sagen, daß der Katalog, als bestes Resultat des Projekts, zu einem der faszinierendsten Beiträge zur Kunst unserer Zeit geworden ist. Besser sind die Ansprüche der Kunst, gesellschaftlich zu wirken, nie dargestellt worden, und härter wurde dieser Anspruch von den Verwaltern der Macht nie zurückgewiesen. Die Ausstellung, die schließlich in den Räumen des Los Angeles County Museum zustande kam, müßte nach all den zahlreichen Ankündigungen, nach all dem, was man von der technischen und finanziellen Mitwirkung großer amerikanischer Konzerne erwarten durfte, überaus enttäuschen. Ein großer Teil der Exponate hatte zudem schon im amerikanischen Pavillon in Osaka Premiere. Mehrere internationale Ausstellungen (»Licht, und Bewegung«, Pariser Biennale, »documenta 4«) haben – ohne die Technologie zum Thema zu nehmen – mindestens ebensoviel an technischem Wissen und an industrieller Fertigungsweise eingearbeitet. Und wenn man schon das phantastische Potential von Unternehmen wie American Cement Corporation, Ampex, General Electric, IBM, Jet Propulsion Laboratory, Lockheed Aircraft Corporation, The Rand Corporation, RCA, Universal City Studios voraussetzt, wollte man sich Ergebnisse wünschen, die diese Mitarbeit auch durch den Maßstab oder die Komplexität ausdrücken. Es zeigte sich sehr rasch, daß die Firmen vorwiegend aus Werbegründen ein Projekt finanzierten. Man erwartete vielfach, daß die Zusammenarbeit mit einem Künstler zu einem faßbaren Signet führen werde, zu Allegorien des abstrakten Forschens und Arbeitens. Das County Museum versuchte bei der Industrie das Projekt »Art and Technology« dadurch schmackhaft zu machen, indem es auch die Möglichkeit neuer technologischer Erfahrungen nannte, die dabei gemacht werden könnten. Was im Katalog an solchen Resultaten aufgeführt wird, wirkt jedoch mehr als banal. Im höchsten Falle wurde ein bestehendes Fertigungsverfahren einem Projekt angepaßt, das nicht in die Serienherstellung einbezogen werden konnte. Der Anspruch des Unternehmens »Art and Technology«, ein an sich nicht in seinem Nutzen kalkulierbares Projekt durch den Wert der Nebeneffekte zu bestimmen, wirkt lächerlich.

In einigen Fällen scheiterte der Versuch am minimalen Anspruch, den der Künstler an die Industrie stellte. Lichtensteins Arbeit, die mit Hilfe der Universal City Studios realisiert wurde, die filmische Projektion hin- und herschaukelnder, sich sonst kaum verändernder Bildausschnitte –, scheint die gigantischen Möglichkeiten eines der größten Filmstudios der Welt geradezu zu ironisieren. Die Walt Disney Produktion, die anfangs mit Oldenburg zusammenarbeitete, ließ den Künstler wieder fallen, da sie fürchtete, der ironische Charakter der Arbeiten Oldenburgs könne dem Bild Walt Disneys schaden.

Claes Oldenburg: Sewing Machine, 1961. Privatsammlung

Im ganzen wandte sich das Museum an über zweihundertfünfzig Firmen. Bei den wenigen, die auf den Vorschlag mehr oder weniger begeistert eingingen, defilierten zunächst monatelang Künstler vorbei, die sich die Arbeitsmöglichkeiten vorführen ließen. In manchen Fällen suchten bis zu sieben Künstler ein Unternehmen auf, ehe eine Wahlverwandtschaft entdeckt wurde. Oft kam es zu Mißverständnissen und Mißtrauen. Man darf nicht vergessen, daß verschiedene der angesprochenen Unternehmen mit der Rüstungsindustrie zusammenarbeiten und deshalb von den Intellektuellen unter Beschuß genommen worden waren. Gleichwohl schien kein einziger Künstler unter seinem neuen Kontakt zur Rüstungsindustrie zu leiden. Benehmen, Aufzug der Künstler schreckten jedoch Techniker und Bosse ab. Maurice Tuchman hat einige der Grundmuster solcher Reaktionen notiert: »Les Levines etwas lässiges Verhalten machte ihn bei den Leuten von Ampex nicht beliebt; Baxters scheinbare Frivolität ärgerte Garrett. Das Personal von IBM fühlte sich vielleicht von Jackson Max Lows unkonventionellem Aussehen und durch seine Art, sich zu kleiden, beleidigt.« Auch Mark di Suveros Kontakt mit ICN scheiterte an des Künstlers »unordentlichem Habitus«. Die Umschlagseite des Katalogs gibt ein Panoptikum von den Leuten, die am Werk waren oder die vorübergehend versuchten, dabeizusein. Nicht alle der abgebildeten Künstler führten ein Werk aus. Die Diskussionen mit Larry Bell, John Chamberlain, Jean Dubuffet, Sam Francis, Jules Olitski, Eduardo Paolozzi scheiterten teilweise nach langen Monaten intensiven Hin und Hers. Neben den Künstlern auf der Umschlagseite die Industriellen. Es wäre falsch zu behaupten, das Fiasko gehe jeweils auf Kosten der beteiligten Industrien. Der lange Bericht über die Zusammenarbeit, die sich zwischen Dubuffet und der American Cement Corporation anbahnte, zeigt, daß das Unternehmen sich beinahe bis zur Selbstverleugnung den ständig neuen Launen Dubuffets unterordnete. Die Hybris des Künstlers Dubuffet, der das Unternehmen, das per definitionem

Mitarbeiter sein sollte, nach und nach zu einem devoten Materialzulieferer degradierte, führt vielleicht am besten vor, daß die Kooperation Kunst – Industrie einen völlig neuen Künstlertyp voraussetzt. Doch Schwierigkeiten tauchten auch dort auf, wo man sie sich am wenigsten erwartete: der Kontakt zwischen IBM und Vasarely sollte zu einer durch Computer gesteuerten Projektionsmaschine führen, die die auf standardisierten Bildmitteln beruhende Variationsfähigkeit der Kompositionen fortlaufend präsentiert. IBM studierte dieses Projekt lange, nahm von der Verwirklichung jedoch Abstand, da die geschätzten Kosten sich schließlich auf zwei Millionen Dollar erhoben. Das Unternehmen des County Museums in Los Angeles suchte den Kontakt zwischen Kunst und Technologie, der selbstverständlich geworden war, zu forcieren. Die Künstler, die plötzlich über die technischen Voraussetzungen en gros verfügen konnten, wurden in eine gefährliche Situation hineinmanövriert. Einige wie Rauschenberg, Oldenburg, Lichtenstein fühlten sich nicht dazu gedrängt, ihre Arbeitsweise – und damit ihren Stil – grundsätzlich zu ändern. Die anderen benutzten die Chance, vorübergehend ihr Werk elektrifizieren zu können. Sie präsentieren das, was sie mit frischen Augen frisch gesehen hatten – wie kleine Mädchen frisch gepflückte Blumen.

Hitchcock und die Kunst

Die spannende, von Besessenheit zu Besessenheit führende Ausstellung »Hitchcock und die Kunst«, die das Musée des Beaux-Arts in Montreal zusammengetragen hat, greift zu einem Trick. Sie arretiert die filmische Zeit und stellt an den Beginn eine Wunderkammer. In einem schwach beleuchteten Saal, in getrennten Vitrinen, auf rotem – blutigem – Samt, liegen Reliquien. Man kann der Lust, sie aufzuzählen, nicht widerstehen: das Messer aus »Blackmail«, das Feuerzeug aus »Strangers in the train«, der Schlüssel »Unica« aus »Notorious«, der Saphir-Ring aus »Shadow of a doubt«, das hellglänzende Glas Milch aus »Suspicion«, das Adreßbuch mit dem »R« aus »Rebecca«, das Rasiermesser aus »Spellbound«, die Schere aus »Dial M for Murder«, Madeleines Brosche aus »Vertigo«, das Teleskop aus »Rear Window«, der Büstenhalter aus »Psycho«, das mit dem Seil zusammengebundene Bücherpaket aus »The Rope«, die zerbrochene Brille aus »Birds« oder die gelbe Handtasche aus »Marnie«. Was dank dieser brillanten Inszenierung zustande kam, ist von einer geradezu infamen Verführungskunst. Denn Hitchcocks Zaubergarten wird effektvoll musikalisch unterlegt: der Sirup der grandiosen, ständig ins Leere abrutschenden Partitur, die Bernard Herrmann für »Vertigo« geschrieben hat, benebelt den Besucher wie Leichengift. Es gibt kaum eine andere Filmmusik, die derart stark das Visuelle an sich zu saugen vermochte.

Fließende Zeit – feststehendes Bild. Die zwei entgegengesetzten Rezeptionsweisen treffen in der Schau aufeinander. Die Ausstellung arbeitet mit Vergleichsbildern und Gegenüberstellungen. In diesem ambitiösen Unternehmen setzt sich die Beschäftigung mit Hitchcock fort, die lange nur von einigen Vertretern der französischen Nouvelle Vague, von Truffaut und Godard betrieben worden ist. Dabei werden diesmal die Vergleiche mit der Filmgeschichte bewußt vernachlässigt. Nur weniges wird angedeutet. Die Schlußszene in »Rebecca«, die die fahle Silhouette von Mrs Danvers im brennenden Manderley zeigt, rückt neben Kriemhilds Rache in Fritz Langs »Nibelungen«. In anderen Fällen möchte man weniger von Einflüssen als von Zitat oder Hommage sprechen, dann nämlich, wenn der Schluß aus »Vertigo«, die Szene unter der Glocke im Kirchturm, neben eine Einstellung aus Buñuels Film »El« gerückt wird. Oder auch, wenn man sieht, daß eine Duschkabine in Langs »While the city sleeps« vier Jahre vor dem Auftritt von Janet Leigh in »Psycho« Schrecken verbreitete. Dazu wird einiges Private projiziert. Unter den Filmen der Familie Hitchcock treffen wir auf einen Streifen, der während einer Reise nach Venedig entsteht. Man sieht Vater Alfred und Tochter Patricia beim Taubenfüttern auf dem Markusplatz. Ein banaleres Bild kann man sich kaum vorstellen. Doch diese harmlos wirkenden Touristenerinnerungen verlieren in dieser Umgebung ihre Unschuld. Plötzlich kippt das Heimkino in die Horrorvorstellung um, die der Film »Birds« in die Welt gesetzt hat. In einem anderen Streifen mimt Hitchcock ein Baby hinter den Gittern eines Laufstalls. Auch hier stehen uns genügend obsessionelle Bilder zur Verfügung, um einige autobiographisch besetzte Szenen im Werk auf dieses Rollenspiel zu beziehen: Gefangenschaft, Fesselung, Handschellen. Es sind die Attribute der sadistisch strengen Erziehung, die Hitchcock selbst genossen hat.

Recycling geometrisierter Angst

Hitchcock und die Kunst. Immer wieder trifft man auf Parallelen zwischen der Arbeit Hitchcocks und Bildern, die im Museum aufbewahrt werden. Nicht zu vergessen, es gab zudem den Kunstsammler Hitchcock. Er besaß Werke von Rouault, Avery, Sickert, Dufy, Vlaminck, Rodin und Klee. Neben die Stills und neben kurze Ausschnitte aus Filmen treten Lieblingsbilder des Meisters und Illustrationen, die man in Beziehung zum filmischen Œuvre sehen möchte. Die immer wiederkehrende, obsessionelle Faszination durch Treppen und schwindelerregende hohe Perspektiven – von »Blackmail« über »Sabotage« bis zu »Spellbound« oder »Vertigo« – erinnert an Spillaerts »La Poursuite«. Sie liefern wie Kubin, den Hitchcock gleichfalls bewunderte, ein psycho-physisches Material, das hinter vielen Einstellungen zu stecken scheint: das Herumirren, der Schrecken der Leere. Sie liefern das Gegenbild der Massenszenen, die gleichfalls früh in den Filmen auftauchen. Ein anderes Motiv, das isolierte, dem sozialen Kontext entzogene Haus, Ausdruck des Tatorts par excellence, rückt in die Nähe von Bildern Edward Hoppers. Hitchcock war von der neogotischen Angstarchitektur des Amerikaners begeistert. Er notierte über das Haus in »Psycho«: »Ich muß dieses Haus isolieren, um sicher zu stellen, daß es keinen Ausweg aus der Angst gibt.« Ähnliches gilt für das Spiel mit den Schatten. Hitchcock übernimmt es aus dem expressionistischen Film. Doch die Faszination durch das Schwarzweiß, zu dem Redon und Beardsley, zwei seiner Lieblingskünstler, greifen, liefert eine zusätzliche Begründung.

Immer wieder kann man Anspielungen auf Favoriten des Kunstbetriebs erkennen. Hitchcock kennt sich hervorragend im Zeitgeist aus. Hier treibt er ein anspielungsreiches visuelles Recycling. Nehmen wir die wie unter dem Fraß eines Virus brüchig werdende Schrift im Vorspann von »Psycho«. Das Zerfallen des Textes antwortet den grellen Streichern, auf die sich die Musik in diesem Film fast ausschließlich beschränkt. Das Zwanghafte und Unerbittliche wird in den ersten Sekunden des Vorspanns verdeutlicht. Das rapide Travelling schlägt wie ein Raubtier zu: Zeit und Ort konzentrieren sich auf einen Punkt. Phoenix, Arizona, die Vedute schärft sich, die Kamera springt auf ein Fenster zu, blockiert ein Datum, eine Minute: 11. Dezember, 14.43 Uhr. Kein Zweifel, die forcierte Geometrisierung des Vorspanns, der Buchstaben und das Zerbrechen der lesbaren

Schrift sollen auf das Thema des Filmes, auf die Schizophrenie verweisen. Einem ähnlichen angewandten Konstruktivismus begegnen wir im Vorspann von »North by Northwest«. Auch hier hat die geometrische Glasfassade mit dem Stil der Zeit, der apsychologischen, unterkühlten Op Art, zu tun. Ihr geht es um die Radikalisierung der Perzeption: nichts kann sich dem Auge entziehen. Dem weitmaschigen Raster antwortet, gegen Ende des Films, als Emblem von Enthüllung und Unentrinnbarkeit, ein architektonischer Pastiche, der ein gläsernes Haus von Frank Lloyd Wright zum Thema nimmt.

Eine Reihe von Passagen in den Filmen Hitchcocks will man nur noch als Zitate lesen, so die die Leinwand füllende Großaufnahme, die am Schluß der Duschszene in »Psycho« auf dem toten, aufgerissenen Auge verharrt. Die kurz anhaltende Einstellung zitiert eine berühmte Fotografie von Man Ray – »Larmes« – , das Auge, an dessen Wimpern zwei Tränen hängen. Ähnliches ließe sich über die Spirale sagen, die sich im Vorspann von »Vertigo« schmerzhaft-lustvoll ins Auge der Kim Novak einbohrt. Im Wissen um die Charakterisierung der Schauspielerin, die – in den Worten Hitchcocks – wie Magrittes Porträt »Viol« ihr Gesicht als Geschlecht exhibiert, wird aus dem Auge ein Zitat aus »Le chien andalou« und zugleich ein Hinweis auf Batailles sexuelles Kultbuch Histoire de l'œil. Zu den ständigen Motiven zählen die Produkte der Taxidermie. Die ausgestopften Vögel in »Psycho« oder in »The Man Who Knew Too Much« gehören in die Jahre, da sich ein riesiger Königsadler in Rauschenbergs dramatischer Bildcollage »Canyon« niedergelassen hat.

Vogelfreie Erzählung und seltene Objekte

Das alles ist anregend, legt nahe, daß Hitchcock sich überall einnisten konnte. Doch eine Beobachtung, die man angesichts der Materialfülle in der Ausstellung machen muß, ist erstaunlich: man begegnet so gut wie keinem großen Namen aus der Kunst des zwanzigsten Jahrhunderts. Wir zitieren zwar Spillaert, aber nicht de Chirico. Picasso, Matisse, Kandinsky, Mondrian kommen in diesem Universum nicht vor. Man kann sie gar nicht brauchen, denn bei ihnen spielt das Inhaltliche, auf das Hitchcock angewiesen ist, so gut wie keine Rolle. Es handelt sich nicht nur um eine formale Feststellung. Ihre Abwesenheit begründet erst die Leistung Hitchcocks: man gewinnt den Eindruck, als habe das Medium Film von der bewußt gewählten ikonographischen Abstinenz der Kunst profitieren können. Der Film konnte sich auf das Narrative stürzen, das nach dem Zusammenbruch der Salonkunst vogelfrei war. Allenfalls läßt sich bei Hitchcock, dank der persönlichen Begegnung mit Murnau, ein Interesse für einen expressionistisch fassonierten Kubismus nachweisen. Hier sind es die architektonischen Versatzstücke, auf die sich bereits Murnau und Pabst geworfen haben. Dies gilt für die frühen Filme der englischen Zeit, in denen – wie in »Murder« – das Verwinkelte als Ausdruck einer ausweglosen psychischen Maschinerie eingesetzt wird. Viele Motive sind typisch für die Jahrhundertwende. Dazu zählen der Zirkus, das Variété, die Bühne. Gaslaternen, Old Bedford sind die ersten Versatzstücke. Es sind Erinnerungen an das London Georg V., in dem Hitchcock aufgewachsen ist. Hinter dem Spaß am Kriminalistischen verbirgt sich nach Hitchcocks eigenen Worten die Faszination für die Verschlüsselung. Vor allem die Lektüre von Poe löste diese Passion aus. Er faßt diese Erfahrung nachträglich in folgendes Urteil. »Weil ich so sehr die Geschichten Edgar Allan Poes liebte, habe ich wohl damit begonnen, in den Filmen Spannung zuwege zu bringen... eine absolut unglaubhafte Geschichte wird dem Leser mit derart halluzinatorischer Logik erzählt, daß das Gefühl entsteht, dieselbe Geschichte könnte einem morgen zustoßen.«

Von früh auf interessiert er sich für den Symbolismus. Aus diesem Grunde wendet er sich so auffällig dem Objekt zu. Dieses Interesse trifft sich mit dem Kult für das Seltene und Ausgefallene der Symbolisten. Man hat das Gefühl, als weine Hitchcock einer großen Zeit nach, nämlich der der Swinburne, Wilde, Mallarmé, Rodenbach. Denn in manchen Filmen, wie in »Rebecca« oder »Vertigo«, wird der passeistische, elegante Umgang mit der Welt von Gestern unübersehbar. Diese Nostalgie wird noch dadurch unterstrichen, daß Hitchcock immer wieder hart an die Grenze des Kostümstücks stößt. Doch eigentlich möchte er im Präsens bleiben. Allenfalls in »Jamaica Inn« und in »Under the Capricorn« bezieht er mit seinen Figuren eine abgeschlossene, klar umrissene historische Periode. Sonst öffnet er vorzugsweise Fenster, die sich aus dem Jetzt der vergangenen, toten Welt öffnen. In »Rebecca« beschwört das Spiel mit Schleiern, Musselin und Roben die viktorianische Welt herauf. Und auch in »Vertigo« dient im zweiten Teil des Films die nekrophile Rückkehr in die Vergangenheit dazu, die Realität zum Verschwinden zu bringen. Was hier geschieht, läßt sich auf eine der stärksten Anwendungen symbolistischer Vorstellungskraft, auf Rodenbachs »Bruges-la-Morte«, beziehen. Auch die betörende Musik Bernard Herrmanns verweist auf diese Herkunft. Denn einem Hauptmotiv der Partitur, der strudelnden, ins Leere stürzenden Assonanz, begegnen wir bereits in den ersten Takten der Ouvertüre von Korngolds Oper »Die tote Stadt«, der Rodenbachs Roman als Libretto dient. In diesem Umkreis kulminiert Hitchcocks Spiel mit dem symbolistischen Ausdruck. Motive, die in Bildern der Ausstellung vor Augen geführt werden, Ophelia, Totenkult, ein Fetischismus, der sich auf Haare und Nacken stürzt, unterstreichen die Nähe. Es sind zumeist viktorianische Vergleichsbilder, die dazu angeboten werden. Gewisse Attitüden setzen früher ein, bei Füßli und Blake. Zu Millais, Rossetti tritt Julia Margaret Cameron. Deren »Alethea« und »Engel am Grab« lassen sich mit den Blondinen im Film vergleichen. Pygmalion-Hitchcock legt dafür Zeugnis ab. Das Wunschbild blonde Frau – seine Version der Maria aus »Metropolis« – ersteht in »Vertigo« vor unseren Augen. Die Alchimie des Begehrens, die aus Schwarz Blond macht, gehört zu den erotischen Phantasmen des Filmemachers. Alle Verführerinnen – außer Alida Valli als Anna Paradine – sind in seinen Filmen blond. Er hat den persönlichen Gebrauch zugegeben: »Was steckt hinter meiner Suche nach blonden und klugen Frauen? Wir suchen elegante Damen, richtige Damen, die sich im Schlafzimmer in Huren verwandeln.«

Infektion der Bilder

Doch man darf es nicht beim ikonographischen Blick allein belassen. Hitchcocks Verhältnis zur Kunst verweist auf mehr. Denn Hitchcock partizipiert in seinen Filmen an den Verfahren, zu denen die Malerei der Avantgarde greift. Dazu zählen das bewußte Zitat und die Techniken der Skepsis. Vor allem die Fragmentästhetik ist für den Stil der Filme wichtiger als der Nachweis eines Motivs, das man einem einzelnen Kunstwerk entnehmen kann. In der Verwendung des Zitats, in der Montage, in der radikalen Vergrößerung und schließlich im Schnitt liegt die ästhetische Wirkung. So besehen unterscheidet sich die Bild-Grammatik Hitchcocks nicht wesentlich von der, zu der auch Picasso, Dada oder der Surrealismus gegriffen haben. Zu den Formen der Skepsis gehört die Verwendung von »Bild im Bild«. Bilder kontaminieren sich wechselseitig. Vorzugsweise arbeitete Hitchcock mit Bluescreen. Er kombiniert im Studio Außenaufnahmen mit szenischem Material. Dabei greift er zu Masken, aber die Schnittstelle bleibt – wie ein leichter auratischer Lichtstreifen – sichtbar. Das sind winzige, fast unter die Perzeptionsschwelle fallende Wirkungen. Doch die Manipulation macht die Bilder brüchig, verleiht ihnen eine Irrealität. Das Fragmentarische wird mit einer so starken Intensität ausgestattet, daß das Ding, das sich hinter einem Detail versteckt, Selbstverständlichkeit und Identität verliert. Hitchcock bleibt erstaunlich oft in der Nähe von experimentellen Filmen, die alles der Collagetechnik verdanken. Immer wieder wird man an Légers

»Ballet mécanique« oder an filmische Versuche von Man Ray erinnert. Auch die Entdeckung der ersten Streifen Buñuels wirkt fort. Doch »Le chien andalou« und »L'âge d'or« spielen viel stärker mit dem unerklärlichen Schock, den die Annäherung einander fremder Bilder zustande bringt. Die Großeinstellung, zu der Hitchcock häufig greift, dramatisiert und personifiziert die Welt der Dinge. Das erinnert an das Vorgehen Robbe-Grillets und des Nouveau Roman. Denn Literatur und Film kommen in den fünfziger Jahren bei ihrem Argwohn gegenüber der normativen rechthaberischen Psychologie zu vergleichbaren Ergebnissen. Der Pas de deux der Schuhe – des »normalen« Paares und des outrierten mit der weißen Kappe – in »Strangers in the train« eilt dem Drama voraus. Er bringt es in Gang, noch ehe überhaupt auf der Leinwand ein Gesicht auftaucht. Kein Zweifel, dieses Verharren auf dem Detail, das den Erzählfluß unterbricht, gehört zum symbolistischen Verfahren. Die Gegenstände sind deshalb mehr als Indizien im üblichen Sinne. Sie haben sich in unserer Vorstellung verselbständigt, denn sie dienen als Devotionalien eines – so wollten wir gerne – bodenlosen und unbegründbaren Schreckens. Um sie hat sich die Aura einer von uns fabrizierten Metaphysik gelegt. Gestehen wir es ein, viele Szenen und Bilder, die aus Hitchcocks Alpträumen in uns eingezogen sind, stellen wir über die Wirklichkeit. Darin liegt die Verführung dieser Bildsprache, und darin liegt die erhoffte Nähe zu der emotional offenen Kunst und Literatur, die im Surrealismus ihren Höhepunkt erreichte. Die Schlußminuten der Filme verbreiten jeweils den einzigen Schmerz, den Hitchcock zufügt. Denn wer hätte sich nie ein »Vertigo« ohne Ende erhofft? Das wäre für uns das stärkste Happy-End der Filmgeschichte. Aber Hitchcock ist unerbittlich. Spiritistische Ausflüge wie Lang kennt er nicht. Vom Kalkül, kriminalistische Spannung in Ontologie zu verkehren, leben in der Nachfolge andere, nicht zuletzt Brian De Palma. Der Brite bleibt – trotz der Überfülle an Details, die mit den Attributen des Unerklärlichen spielen – in erster Linie ein glasklarer Rationalist. Statt Traum

Alfred Hitchcock:
Filmstill der
Traumszene aus
»Spellbound«, 1945

liefert er böses oder amüsantes Erwachen. Denn mit einem Schlag lösen sich die unverständlichen und poetisch-geheimnisvollen Szenen und Details auf. Eine Ausnahme davon macht allenfalls »The Birds«. In diesem Film nähert sich Hitchcock dem Phantastischen und der Mythologie. Er sendet nicht nur Vögel, er sendet Erinnyen aus. In diesem Zusammenhang gilt es auf die widersprüchlichste Auseinandersetzung mit Kunst hinzuweisen, auf die Zusammenarbeit mit Dalí. Die spektakuläre Traumszene in »Spellbound« wurde vom Spanier entworfen. Was könnte surrealistischer wirken als die Inkrustation einer mit den Mitteln Dalís zustande gebrachten Veranschaulichung der Freudschen Traumarbeit in den Film. Die Instrumentalisierung des manifesten Trauminhalt gehört zum Repertoire des Surrealismus. Hitchcock setzt die Sequenz, die ihm Dalí liefert, wie ein Ready-made ein. Aber die Erzählstruktur des Filmes demontiert anschließend das Surrealistische. Denn dem Film geht es ebensowenig wie Freud um die Poetisierung des manifesten Trauminhalts, ihm geht es um Aufklärung. Er möchte den unerklärlichen Szenen die latente Botschaft entreißen. Die gelungene Interpretation allein kann den Kriminalfall zu Ende bringen. Eine derartige Hermeneutik widerspricht völlig der surrealistischen Ikonographie. Im Vordergrund dieser steht eine irreversible Rätselhaftigkeit. Solches will und darf Hitchcock nicht kennen.

Der balsamierte Alltag
Aufmarsch der neuen Realisten in Amerika

Ist das noch die Kunstszene New York? Dieser allerletzte Schrei, den zur Zeit der clevere Sidney Janis in seiner Galerie an der siebenundfünfzigsten Straße seinen kauffreudigen Kunden einflüstert? Beim letzten Besuch vor wenigen Wochen war noch Ellsworth Kelly an der Reihe: einfache Farbfeld-Bilder, ein Versuch, das Auftreten von Farbe als Modifikation der Bildform erscheinen zu lassen. Zweiteilige, geometrisch klar begrenzte Leinwände führten einen Balanceakt zweier Farben vor. Die eine Farbe suchte die andere vom Seil zu stoßen. Sensible Quantitätsprobleme, für die eine immer mehr reduzierte Schule der »post-painterly abstraction« ihre empfänglichen Besucher geschult hatte. Je enger das visuelle Limit geworden war, desto stärker wuchs sich – als unabdingbares Korrelat – eine ästhetisch-philosophische Interpretationsfähigkeit aus.

Jetzt brachte mich der Galeriebesuchsreflex wieder zu Janis, in eine, am Samstag, übervolle Galerie. Ich stand zunächst nur neben Leuten, ohne jegliches Vorwissen vom Ausgestellten. Die Veränderung der Kunstszene geschah für mich in der Schrecksekunde. Neben mir, auf einem Stuhle, saß ein Mann. Was mich schließlich in diesem das Kunstwerk entdecken ließ, war die beschämende Unvorstellbarkeit, daß ein Individuum von solchem Habitus in diese vornehme Galerie eingelassen worden sein könnte. Ein bis auf jede Hautfalte, Pore, Schmutzigkeit absolutes Faksimile des unerwünschten und undenkbaren Galeriebesuchers. Pueriles und morbides amerikanisches Sichdelektieren an augentäuschenden Effekten, das fast jede mittelgroße Stadt in Form eines Wachsfigurenkabinetts unterhält; und ein Delektieren, an dem das »american way of death«-Geschäft jährlich Milliarden verdient.

Pygmalions aufblasbares Weibchen

Denn dieser Hyperrealismus wird in keinem Moment stärker und gieriger erlebt als in dem Augenblick, da der Tote im kalifornischen Totenkult ausgeweidet, einbalsamiert, frottiert und geschminkt im Schlummerraum den letzten acte de présence ableistet. Mit höchstem finanziellen Aufwand läßt ihm die Gesellschaft noch einmal sein schönstes Lächeln von damals einkneten. Wie kein anderer hat Kienholz in Los Angeles diese ästhetische Todeslüge diffamiert. Wenn es eine obszöne Kunst gibt, dann die, die jetzt die neueste Avantgarde feilhält. Nicht etwa, weil man bei den tändelnden Mädchen de Andreas jedes Schamhaar zählen kann, sondern weil dieser ausgespreizte Naturalismus so kriecherisch-heimtückisch den Begriff vom *Können* ins Spiel zu bringen versteht. Wie sehr diese Rechnung aufgeht, davon kann sich der Besucher bei Sidney Janis rasch informieren. Alle Stücke sind verkauft. Die Käufer entreißen den prosperierenden Pygmalions die serienmäßig angefertigte Schöne Galatea und schleppen sie, wie Matrosen ihre aufblasbaren Weibchen, zu ästhetischer Beruhigung nach Hause.

Man muß schon sagen, Sidney Janis hat solche florierenden Stilumschwünge gut im Griff. Er weiß, wann eine gelangweilte Sammlerschicht ein neues Divertissement braucht. Als Anfang der sechziger Jahre in verschiedenen kleineren Galerien der eine oder andere künftige Popkünstler von sich reden machte, machte Janis kurzentschlossen daraus eine Richtung. Die Gruppenausstellung »New Realists« konsekrierte neben einigen wenigen unabhängigen Leuten eine Gruppe. Hieß es damals »neuer Realismus«, so darf es zehn Jahre späte »Sharp-focus realism« heißen. Der Begriff zumindest scheint diesmal besser gewählt, schließt er doch den Hinweis aufs Photographische, Genau-Abgebildete ein. Es sollen keine subjektiv, gewollt verwackelten, unter- oder überbelichteten Bilder sein, keine, die verschwommene (»soft-focus«) Wirkungen des Realen vortragen. Sie drängeln sich zwischen Realismus und Surrealismus ein, falls es da irgendwo noch einen Platz zu vergeben gibt.

Man wird an Man Rays gereizte Reaktion erinnert, der, auf die Frage, ob Fotografie Kunst sei, gerne mit einer Gegenfrage konterte, ob Kunst etwa Fotografie sei. Im Begriff »Sharp-focus realism« klingen gerade in dieser Galerie, die immer wieder Albers, Anuskiewicz, Vasarely zeigte, intellektuelle Obertöne mit: Läßt dieses Einbeziehen von Begrifflichkeit doch den geneigten Interpreten eine Nähe zu »optical art« festhalten. Raffiniert wird eine avantgardistische Zweideutigkeit hergestellt. Man hat nur noch darauf zu warten, daß ein Theoretiker dieser platten Langeweile das Picasso-Wort ausgräbt, das Kahnweiler überliefert: Nach dem Kubismus, während des Ersten Weltkrieges, zeichnete Picasso plötzlich wieder in einem offensichtlich klassischen Stil. Er präsentierte das Ergebnis seinen Freunden mit dem Selbstkommentar, man merke aber doch, daß inzwischen der Kubismus stattgefunden habe. Solche interne Dialektik, die Picassos Werk als Ganzes ermöglichte, mit diesen zynisch-akademischen Gesellenstücken bei Janis zu vergleichen, fehlt eben noch.

Kein Phänomen, das nicht seine Interpretation herausfordert. Sie ist angekündigt. Beruft man sich in New York vorerst noch oberflächlich (und wohl mit Recht) auf die eigene amerikanische Kunstgeschichte, die stets Spaß am perfekten Abklatsch der Wirklichkeit gefunden habe, so muß man fürchten, daß die nächste documenta diese Richtung nobilitieren könnte. Innerhalb des Gesamtkonzepts wird eine Abteilung dem heutigen westlichen Realismus gewidmet sein.

Der gut gemalte Truthahngral

Die Arbeiten bei Janis kopieren natürlich nicht alle bereits Gehabtes. Auch hier kann man Handschriften, persönliche Blickwinkel unterscheiden. Doch die Beispiele dafür fehlen wirklich nicht. Mit dem eingangs erwähnten sitzenden »Businessman« von Hanson scheint eine Leihgabe des Musée Grévin in die Galerie gekommen zu sein, für Pearlstein findet man Vergleichsmaterial bei Vallotton und bei Malern der Neuen Sachlichkeit. Er paßt sicher am wenigsten zu dieser Gruppe. Bravos »Untitled« verblüfft niemanden, der die das ganze amerikanische neunzehnte Jahrhundert durchziehende flämische Präzisionsmalerei bei Charles Bird King, Raphaelle Peale, William Michale Harnett, John Frederick Peto oder John Haberle je notiert hat. Das gilt auch für Sarkisian oder Posen.

Die große Ausstellung »19th-century America« vor zwei Jahren im New Yorker Metropolitan Museum rückte diese Tradition anscheinend wieder verblüffend rasch ins Bewußtsein. Fast jeder Historiker der amerikanischen Szene verweist auf die kaum zu unterdrückende amerikanische Lust, sich den Begriff der Realität nicht durch verfremdende Abbilder stehlen zu lassen. Die Abstraktion, das begrifflich überarbeitete Bild, sind in den USA, stärker als in Europa, bis heute bewußter und provokanter Modernismus geblieben. Die amerikanischen Künstler hatten es beileibe schwer, sich vom europäischen Akademismus, auf den die amerikanische Gesellschaft wie gebannt starrte, zu lösen. Erst spät, ganz am Ende des neunzehnten Jahrhunderts, wagte sich in Philadelphia um Robert Henri die Ash Can School (Mülltonnenschule) hervor. 1915 tauchte schließlich in Theodore Dreisers »The Genius« mit Eugene Witla eine Romanfigur auf, die den Künstler als unabhängigen, revoltierenden Geist deutete.

Amerika – wo gibt es sonst so ein Phänomen wie Norman Rockwell? Dieser befriedigte seit 1916 (bis zum Einstellen des Blattes) auf den Titelseiten der »Saturday Evening Post« das Kunstbedürfnis von vier Millionen Betrachtern. Der Prachtband, den Harry N. Abrams diesem Maler, den manche seriösen Leute allen Ernstes mit Rembrandt vergleichen, gewidmet hat, wurde innerhalb von zwei Jahren wohl zum größten Kunstbuchgeschäft der Geschichte. Von dem 180-Mark-Buch werden bald vierhunderttausend Exemplare verkauft sein. Nirgends wurde der amerikanische Traum besser dargestellt als hier. Phobien und Vorlieben bleiben in erwünschtem Maße abwesend oder präsent. Geht man die Abbildungen der 318 Titelblätter zur »Saturday Evening Post« durch, scheint man sich in einem glücklichen, duldsamen, höchstens dann und wann auch einmal neckischen Lande zu befinden. Es gab keinen Korea- und Vietnamkrieg, keine Depression und keine Prohibition. Ein Land, das ab und zu seine weißen Jungens auch mit schwarzen spielen läßt und in dem als Zentralerlebnis der gigantische Thanksgiving-Truthahn wie ein nationaler Gral auf den familiären Tisch einschwebt.

Thomas S. Buecher, der Leiter des Brooklyn Museums, der dieses harmonische Defilee kommentiert, kann mit Recht schreiben, Rockwell sei der berühmteste Künstler Amerikas. Er ist sicher neben Stieglitz die wichtigste Figur im Jahrhundert. Dieser setzte sich seit 1905 in seiner Foto-Secession Gallery in New York für das Neue ein. Er hatte erkannt, daß das Schisma zwischen Kunst und Gesellschaft, das in Europa die antiakademischen Kräfte zustande brachten, nach Amerika importiert werden müsse. Die Bekämpfung des Salonmalereibedürfnisses in der Kunst erschien ihm als eine große moralische Aufgabe. Die Beschwichtigungskunst eines Rockwell, die dem Betrachter nichts anderes als ein immer neues Wunschkonzert anbietet, hatte nicht nur einen starken konservativen Effekt, sondern war, und wurde jetzt mit der Publikation des Konvoluts, eine Art ständiger Anklage gegen den Modernismus.

Rockwell besitzt für seinen gewaltigen Konsumentenkreis alle die Qualitäten, die der modernen Malerei so offensichtlich abzugehen scheinen. Rubens, Greuze, Hogarth, Wright of Derby, Spitzweg, Leibl, all dies taucht hier in einer Wandlungsfähigkeit auf, die zwischen Brio und fotografisch genauem Abklatsch pendelt. Solch eine Perfektionsmalerei hat es vor Rockwell in diesem Ausmaße nicht gegeben. Man stelle sich die Wirkung vor, wenn Rockwell einen ehrfürchtig-ratlosen, perfekt gemalten besseren Herrn, ein Bild in der Art Pollocks betrachtend, als Titelblatt der Zeitschrift präsentiert und darunter »Der Kenner« setzt: Vier Millionen Leute bekommen am selben Tag eine Ausstellung »entarteter Kunst« ins Haus geliefert.

Parakünstlerisches Faksimile

Was sind die Leute bei Sidney Janis verglichen mit Rockwell? Oder die, die man seit zwei, drei Jahren in den Downtown-Galerien Manhattans zu sehen bekommt, oder die, die jetzt in der Jahresausstellung des Whitney-Museums so gut Gemaltes anbieten? Wer vor Estes', Salts, Blackwells, Mahaffeys, Mc Leans, Leslies oder Chuck Closes Präzision in Ekstase gerät, soll sich lieber gleich Rockwell zuwenden. Dieser ist beileibe nicht nur ein auf seine Weise genialer Perfektionist. Rockwell hat ebenso wie diese neuen Namen von den Medien profitiert, die den neuesten Realismus beeinflußt haben: Farbfotografie, Vergrößerung, Siebdruck, technisch mittelmäßiges Farbfernsehen, das das fluoreszierende Bild gerne überpräzis macht. Auch Rockwell spielt mit optischen Effekten, die wir erst seit einigen Jahren in den Farbfotos vom Mondlandeprogramm kennen. Seine »Astronauts on the moon« (1967) oder »Apollo II Space Team« (1969) gehören dann so gut zum »Sharp-focus realism« wie Goings' »Rosebowl Parade«.

Was die Themen des »Sharp-focus realism« selbst angeht, so läßt sich sagen, daß man diese ein bißchen überall findet. Bei Edward Hopper ebenso wie bei den Pop-Malern. Die exklusiven Rennwagen, die Salvatore Scarpitta in seiner Elfenbeingarage zusammenbaute, scheinen auch jetzt nichts von ihrer Faszination eingebüßt zu haben. Das Funkeln auf den Kotflügeln und Stoßdämpfern ersetzt Monets Farbrauch auf der Kathedrale, Stadtlandschaft, Reklamewelt, Signalkunst, ein bißchen Junk-art (Abfallkunst), sauber gemalte Christoverpakkung, all dies zieht in diese Bilder ein, die oft nur deshalb so fabelhaft technisch erscheinen, weil bei Wesselmann, Rosenquist, Warhol, Lichtenstein kalkulierte Bildbrüche, Ironie, Collageneffekte die akademische Präzision der Technik auf ein erträgliches Maß brachten. Barbara Rose, die sich für die zweite Generation der amerikanischen Abstrakten (Stella, Olitzki, Kelly, Al Held, Larry Poons) exponiert hatte, sieht denn auch voraus, daß die bei Janis betriebene Begriffs- und Denkfusion »malerisches Können = Avantgarde« zu einer Versöhnung zwischen Rockwell-Ästhetik und kaufunwillig gewordener Sammlerei führen wird.

Man muß die Figur Rockwells kennen und ernst nehmen, um diese verblüffend reaktionäre Zurückweisung allen Experimentierens und Theoretisierens zu verstehen. Gerade weil in den USA, wie immer wieder festgehalten wird, die europäische Unterscheidung zwischen roher und angewandter Kunst brüchig geblieben ist. Auch die Beschäftigung mit dem Comic Strip gehört in diese Sicht. Doch tauchte dieser nie faktisch, sondern arrangiert in den Galerien auf, so wie auch die Pop-Leute, die zumeist aus dem Gebiete der Dekoration, Werbung, Bühnenbildnerei stammten, ihre Herkunft zu kaschieren wußten. Man könnte sagen, daß dieses enorme akademische Potential, das sich nun mit einem Schlage freigemalt hat, in parakünstlerischen Gebieten tradiert worden war. Hollywood, Walt Disney, Dekoration, Werbe- und Plakatmalerei, Zeitschriftenillustration haben ein technisch anspruchsvolles Know-how weitergepflegt und weiterentwickelt, das die Kunstakademien und der Kunstmarkt selbst in jahrzehntelangem Prozeß zu tilgen oder zu umgehen such-ten.

So konnte die kuriose Situation entstehen, daß sich nun eine lange, als außerkünstlerisch betrachtete Tradition in den ästhetischen Wettbewerb wieder einschleicht. Erklären läßt sich dieses Phänomen wie jedes andere. Die Karenz an Realem rächt sich in der Präsentation von formloser Realität. Doch Analysieren sollte man nicht sofort mit Feststellen von Werten gleichsetzen. Sonst wäre jedes beschreibbare, weil sich von einem anderen Sein abhebbare Phänomen ein neues Museum wert. Selbst Pop und Nouvelle Figuration genügten offensichtlich nicht, diesen neuen Anspruch auf Darstellung zu befriedigen. Sie führten zwar wieder Themen ein, aber der Trend geht offensichtlich auf ein nichtinterpretierbares, geistig funktionsloses Faksimile. Welt, Motiv werden nicht dargestellt, sondern akzeptiert. Mit Courbet, mit der amerikanischen »Mülltonnen-Schule« der Jahrhundertwende, mit »Neuer Sachlichkeit« hat dies alles nichts zu tun. Wohl aber mit technisch aufgemöbelter Blut- und Boden-Blindheit.

Deutsch-französische Beleuchtungen
Rede im Hebbel-Theater in Berlin

In einem Buch, das in den Monaten nach Sedan zu Papier gebracht wurde, »Kriegsgefangen. Erlebtes 1870«, ist von einer historischen Figur die Rede: »Ich klopfte eben mit meinem spanischen Rohr an der Statue umher, um mich zu vergewissern, ob es Bronze oder gebrannter Ton sei, als ich vom Café de Jeanne d'Arc her eine Gruppe von 8 bis 12 Männern auf mich zukommen sah, ziemlich eng geschlossen und untereinander flüsternd. Ich stutzte, ließ mich aber zunächst in meiner Untersuchung nicht stören und fragte, als sie heran waren, mit Unbefangenheit: aus welchem Material die Statue gemacht sei? Man antwortete ziemlich höflich: ›aus Bronze‹, schnitt aber weitere kunsthistorische Fragen, zu denen ich Lust bezeugte, durch die Gegenfrage nach meinen Papieren ab.«

Der preußische Kriegsberichterstatter hatte von Toul aus einen Ausflug nach Domrémy unternommen, um der, in seinen Worten, »geweihte(n) Stätte, wo ›la Pucelle‹ geboren wurde«, einen Besuch abzustatten. Dem Besucher ging es nicht um Eroberung, sondern um Verstehen. Und dieser Weg ins Zentrum französischen Wesens nimmt nun einmal, wie Sieburg in »Gott in Frankreich« notierte, seinen Beginn bei der Nationalheldin Jeanne d'Arc. Die Huldigung, die der Retterin Frankreichs galt, hatte für den Deutschen schlimme Folgen. Der Ausflug hinter die Linien endete für ihn in Kriegsgefangenschaft.

Zwölf Jahre später erschien das Journal, das die Erlebnisse dieser Wochen festhält, auch auf französisch. Der Übersetzer macht mit dem Erzähler bekannt: »Er hat die verschiedenen Episoden der Gefangenschaft in dem sehr schönen Buch beschrieben, das hier vorliegt. Es ist voller amüsanter Anekdoten und tragischer Bilder.« Und er setzt das Entscheidende hinzu: »Es ist mit einer überraschenden Unparteilichkeit geschrieben.« In der Tat, der Autor schildert seine Begegnungen mit den französischen Menschen und mit den Orten, die er beim Transport durch das Land berührt, auf eine Weise, die vor dem Hintergrund des Kriegsgeschreis überraschen muß. Von Sorgfalt, von einer behutsamen Menschlichkeit im Umgang mit dem Gegner wollte man reden. Und ebenso geht die Mühe des Franzosen zu Herzen, der es unternahm, dieses Buch in einer der akutesten Phasen deutsch-französischer Erbfeindschaft als ein Dokument der Humanität dem Vergessen zu entreißen. In seinem Vorwort bemerkt er über den Verfasser: »Ich habe Herrn Fontane diesen Sommer in einer Berliner Straße gesehen... Man versicherte mir, es gebe keinen sanfteren, keinen bescheideneren und entgegenkommenderen Menschen als ihn. Die jungen deutschen Schriftsteller verehren ihn als ihren Meister. Das breite Publikum liest seine Bücher kaum, aber, weiß Gott, was liest das breite Publikum in Deutschland schon! Das ist ein Land, in dem die Verbreitung der ›lumières‹, der Aufklärung, so rapide vor sich ging, daß alle Welt für immer von diesem Lichte geblendet erscheint.«

Die Fontanesche Melancholie und Zurückhaltung bringt uns auf das weite Feld verpaßter Gelegenheiten. Auch die Bemerkung des Übersetzers geht tief. Sein Satz verweist auf die deutsche Welt von gestern, die damals für die gebildeten Franzosen zusammenbrach. Es kommt zu einem geistigen Gebietsverlust. Denn wer übersetzte oder wer las in Frankreich nach 1870 noch Fontane? Und wer wollte da noch den preußischen Menzel kennen, den großartigen, neuen Künstler, der, wie Fontane, den Blick kalt-präzise auf den Deutsch-Französischen Krieg richtete, der seine Wiedergabe von Toten und Gefangenen als eine Anklage gegen den »Verbrauch von Menschen« erhob? Obwohl der Schriftsteller und der Maler auf der Seite der Sieger standen, verzichteten sie auf das pathetische Heldenstück. Auf alle Fälle, mit einem Schlag war eine »fortuna critica« zu Ende gegangen. Fontane, auch Stifter oder Keller haben nie den Platz gefunden, der ihnen gebührt.

Die animierende Differenz oder die Schwärmerei mit Abstand

Es hat lange gedauert, um dieses intellektuelle Sperrgebiet, das im ausgehenden neunzehnten Jahrhundert installiert wurde, zu entminen. Deutschland-Frankreich heute – wie verhält es sich damit? Ist dies überhaupt noch eine Frage? Es gibt doch kein behaglicheres, selbstverständlicheres Verhältnis zwischen zwei Ländern. In der Politik werden die Gemeinsamkeiten ständig beschworen. Die Politiker sind längst daran gewöhnt, sich wechselseitig im Schloß oder im Reihenhaus zu besuchen. Sie haben zwar nicht die Sprache des anderen gelernt, aber sie essen sich wenigstens geradezu wider ihre Natur dieselben Leibspeisen vor. Das Verschwinden der Verletzlichkeit ist nicht zu übersehen. Weit entfernt sind wir von Zeiten, da die diplomatische Sous-conversation der Emser Depesche einen Krieg in Gang bringen konnte. Es fehlt nicht mehr viel, um einen Satz, den Kafka 1910 ins Tagebuch notierte, als erfüllte Prophetie lesen zu können: »Wenn die Franzosen ihrem Wesen nach Deutsche wären, wie würden sie dann erst von den Deutschen bewundert werden.«

Zum Glück gibt es immer noch das, was man die animierende Differenz nennen möchte. Sie hängt nicht zuletzt an der Verschiedenheit der Sprachen. Hier liegt die Pflicht der Politiker, nicht zu übersehen, daß Goethe oder Fontane französisch sprachen und Nerval und Benjamin Constant deutsch. Es ist nicht nur komisch, sondern ein demoralisierender Anblick, wenn deutsche und französische Politiker als englisch sprechende Schausteller ihrer Innigkeit auftreten. Führen wir an, was ein Brite in einer mehr als zweitausend Seiten umfassenden

»Geschichte der französischen Leidenschaften« notiert hat. Seine Darstellung beschäftigt sich mit dem Zeitraum, der zwischen den Jahren 1848 und 1945 liegt. Der Autor resümiert: »›Die Beziehungen zwischen Frankreich und Deutschland‹ drückten sich in einer Haßliebe aus, die die Franzosen ständig quälte und frustrierte. Denn wenn sich Frankreich einmal mit einem Land vermählt hatte, dann gewiß mit Deutschland. Die drei Kriege, die beide Länder gegeneinander führten, konnten die wechselseitige Faszination nicht zum Verschwinden bringen. Verglichen damit, blieb das Interesse Frankreichs an England allenfalls ein Flirt.« Dieses Urteil eines Außenstehenden fordert dazu auf, nach den Gründen dieser Schwärmerei zu fragen. Nicht in der Angleichung, im Abstand liegen deren Reserven. Was in der Literatur, in Kunst, Theater, Musik, im Film den Franzosen oder den Deutschen fasziniert, kann sich, wenn wir näher hinschauen, weiterhin auf eine unversiegliche Energiequelle verlassen: auf das wechselseitige Gefälle an Fremdheit.

Das zeigte vor Jahren schon die Ausstellung »Paris-Berlin« im Centre Pompidou. Der Titel sprach von »Übereinstimmungen und Gegensätzen«. Diese Bilanz brachte eine Stimmung zustande, die nach und nach den Umgang zwischen Frankreich und Deutschland prägte. »Le Monde« definierte damals präzis diesen nun plötzlich möglichen Sprung aus der Unmündigkeit im Umgang mit dem Nachbarn: »Die Summe der Unkenntnis, der Mißverständnisse, der gegenseitigen Gereiztheit, der bitteren Ressentiments auf der einen Seite, der Verachtung und der hochmütigen Ignoranz auf der anderen, die die Geschichte beider Länder in der jüngsten Epoche kennzeichnen, ist derart beschaffen, daß es tatsächlich eines Tages notwendig wurde, wenn schon nicht den Abszeß aufzuschneiden, so doch zumindest das Dossier zu öffnen: den Menschen guten Willens die Möglichkeit anzubieten, sich kennenzulernen in ihrer unvermeidbaren und heilsamen Unterschiedlichkeit.« Die ethnologische Ferne, in die eine hundertjährige

Feindschaft geführt hatte, forderte zu neuen Entdeckungen auf. Doch ein deutsch-französischer Kulturbegriff kann nur in der Differenz bestehen. Überall stellen wir fest, daß die entscheidenden Raster des Verstehens und Urteilens, die vor 1870 wirksam waren, weiterhin bestehen.

Vieles von dem, was heute die Franzosen zu Richter, Kiefer, Polke, Heiner Müller, Fassbinder, Wenders, Syberberg oder Peter Handke zieht, wird auf dem Hintergrund der Erwartungen verständlich, die im frühen neunzehnten Jahrhundert an den Nachbarn gerichtet wurden. Man vermißt den Wandel im Umgang mit dem Nachbarn nur, wenn man den Blick nicht von der Vergangenheit löst. Deshalb kommt die historische Bilanz »Marianne und Germania« zur richtigen Zeit. Das revuehafte Defilee wird zum Denkstück, das die heutige Normalität in ihrer Zerbrechlichkeit und Einzigartigkeit erst so richtig hervortreten läßt. Im blitzschnellen, collageartigen Ablauf der Bilder nationaler Extravaganz tritt das Ausmaß unvereinbarer Empfindungen und Überzeugungen vor Augen. Mit Recht werden die häßlichen Bilder nicht übergangen. Die Französische Revolution und die erste Hundertjahrfeier der Revolution, 1889, bilden die Zeitgrenze.

Jeder suchte beim anderen und im anderen seine eigene Vorstellung. Erniedrigung und Triumphalismus – die Bilder und Dokumente der Ausstellung rekapitulieren die entscheidenden Phasen dieses Kampfes. Immer wieder stoßen wir auf Mythen, Revolution, Befreiungskriege, französische ›légende du siècle‹, Einheit Deutschlands.

Das Idealbild der Erwartung und die Lücken
der chinesischen Mauer

Der Rhein führt zu den stärksten Polarisierungen. Für die Franzosen bedeutet sein Ufer sachliche Arrondierung. Sie erfinden für ihren Expansionismus das Gesetz der natürlichen Grenzen.

Hinter dem Prinzip steckt die Ästhetisierung des Landeskörpers. Das logisch-kartesianische Sechseck, das Hexagon, soll aus dem Lande einen schneidenden Diamant schleifen. Den Deutschen geht es um eine weiche, nach allen Richtungen fließende Seelenlandschaft. Das zeigt auch die ironische Antwort Mussets auf das »Rheinlied« der Deutschen, das in den vierziger Jahren des vorigen Jahrhunderts angestimmt wurde. Der Spott des Dichters, der Rhein habe im Weinglase der Franzosen Platz gefunden, unterstreicht den Unterschied zwischen dem Glück an sinnlichem Besitz und romantischer Lust am Entzogenen. Alexandre Dumas hatte kurz zuvor, 1838, in den »Excursions sur les bords du Rhin«, notiert: »Für uns Franzosen ist die tiefe Ehrfurcht, die die Deutschen dem Rhein gegenüber hegen, nur schwer zu begreifen.« Sachlichkeit steht gegen Sakrileg. Wir haben es plötzlich mit umgekehrten Bildern zu tun.

Das Inventar des Hasses, das die Nationaldenkmäler, die Karikaturen, die Schlachtenbilder entwerfen, zeugt von einer Faszination, die, wie eine negative Theologie, von Leugnung und Exorzismus lebt. All dies gründet auf einer passionierten und übersteigerten Sicht des anderen. Diese Einordnung stellt eine Reihe fundamentaler Klischees auf den Kopf. Zunächst hatten diese einen ausschließlich positiven Charakter. Bei Madame de Staël tauchen diese Kategorien erstmals in einer völkerpsychologisch scharfen Begrenzung auf. Sie haben den Blick auf den Nachbarn bestimmt. Und zwar letztlich, das zeigt der Hinweis des Übersetzers von Fontane, im negativen Sinne, in der Enttäuschung idealistischer Erwartung. Auf deutscher Seite hat man sich zumeist über diese französische Einschätzung gefreut. Denn »De l'Allemagne« bezeichnete ein wichtiges Datum. Erstmals traf man auf den Versuch, den Blick auf ein unverwechselbares intellektuelles Deutschland zu werfen. Im Umkreis Friedrichs des Großen wäre dieses Buch nicht geschrieben worden. Es war in den Worten Goethes »als ein mächtiges Rüstzeug anzusehen, das in die chinesische Mauer antiquierter Vorurteile, die uns von Frankreich trennt, sogleich eine breite Lücke durchbrach«. Doch lieferte Madame de Staël nun eben alles andere als nur ein Buch über die quietistische Natur des Nachbarn. Sie schrieb diesen Nachbarn auf eine hochpolitische Illusion fest. Sie stellte ihn auf einen gefährlich hohen Sockel. Denn alles kreist in der Schrift um den Gegensatz Tat und Geist, Politik und Idealismus, Einheitsstaat und Verherrlichung einer ins Partikulare zersplitterten Ohnmacht. Die Teilung, »schmerzlich für die politische Macht, aber überaus fruchtbar für alle Unternehmen, die das Genie und die Einbildungskraft betrafen« (de Staël), wird als Bonus ausgegeben.

Mit dieser captatio benevolentiae begründete noch Mitterrand 1989 seinen ebenso berüchtigten wie erfolglosen Weihnachtsbesuch in Ost-Berlin. »De l'Allemagne« lieferte die Beschreibung einer, wie man meinen konnte, selbstgewählten Machtlosigkeit. Das Idealbild des Luftreiches wird von der politischen Aktion getrennt. Es wird zur transzendentalen Bestimmtheit des deutschen Nachbarn. Dabei stand überhaupt nicht mehr zur Diskussion, daß die Kleinstaaterei des Westfälischen Friedens unter Einwirkung Frankreichs als eine, wie Hegel schrieb, »konstituierte Anarchie« erst eingesetzt worden war. Der Blick auf Deutschland kulminiert im Lob des Verzichts, des Verzichts auf säkulare Macht. All das war überzogen, aber verständlich, denn die Autorin schrieb ihre Annäherung an Deutschland in dem Geiste, in dem Tacitus seine »Germania« geschrieben hatte. Dahinter steckte in erster Linie die Fronde der Patriotin gegen das eigene Land.

Die Fabrikation der Utopie betreibt die Abrechnung mit der Politik Napoleons. Die schärfste Rache an diesem steckt in der Geringschätzung der Tat. Die Autorin findet dafür folgende Formel: »Man könnte mit Recht behaupten, daß die Franzosen und die Deutschen an den beiden äußersten Enden der moralischen Kette stehen, da jene die äußeren Gegenstände als den Hebel aller Ideen annehmen und diese die Ideen für den Hebel aller Eindrücke halten.« Nach und nach wird aus dieser Polarität von Germania und Marianne eine neue Olympia, eine Kunstfigur, die den Nationalismus aufheben soll. Bei Victor Hugo lesen wir: »Frankreich und Deutschland sind eigentlich Europa. Deutschland ist das Herz, Frankreich der Kopf.(...) Gefühl und Verstand machen den gebildeten Menschen.«

Tat und Gedanke

Niemand hat wie Madame de Staël den deutschen Nachbarn auf den Idealismus seiner Dichter und Philosophen festgelegt. Bei ihr entstand das Bild einer Anthropologie, die gewissermaßen ohne säkulare Macht auszukommen hatte. An dieser Erwartung wurden auch die Zeitgenossen von Fontane und Menzel gemessen, die in Frankreich einfielen. Man kann dies bei Flaubert nachlesen, der 1870 im Auftritt der siegreichen Preußen etwas entdeckte, das eigentlich, weil es nicht mehr der Welt der Ideen angehörte, undenkbar war. Flaubert schrieb: »Hat man sich nicht genügend über Deutschland, seine Ideologen, seine Träumer, seine in den Wolken schwebenden Dichter lustig gemacht? Sie haben leider gesehen, wohin die Wolken es geführt haben! Ihre Milliarden haben es für all die Zeit entlohnt, während der es nicht versäumt hatte, Systeme aufzubauen.« Der Hinweis des Übersetzers von Fontane wie das Wort Flauberts zeigen, zu welchen Illusionen die Sicht der Madame de Staël geführt hatte. Nur Heine hatte vor der Erwartung, die dieses Buch weckte, gewarnt. Er hatte den instrumentalen Charakter der Schrift dieser »exilierten Seele« (Edgar Quinet), die »unbewußten« und »bewußten« Parteilichkeiten erkannt.

Von dieser grundsätzlichen Auseinandersetzung zwischen Gedanke und Tat kündet diese Ausstellung auch. Die Trennung ist nicht eindeutig. Auch die Franzosen greifen in ihrem romantischen Eskapismus auf die Möglichkeit des Luftreiches zurück. Davon lebt ihre ›légende du siècle‹, die der untergegangenen Revolution und dem abgesetzten Napoleon nachtrauert. Und vergessen wir nicht, in unserem Jahrhundert offeriert Frankreich die bedeutendste Inkarnation des Romantischen. Der Surrealismus, die einzige überlebensfähige Ideologie, nimmt dessen Berührungsscheu wieder auf. Gegen die Politik setzen die Surrealisten den Begriff vom »peu de réalité«, den Hinweis auf die Geringfügigkeit des Realen. Auch hier leben Idealismus, Romantik, noch einmal als Einspruch gegen die Verwicklung durch Taten auf. Im Melancholischen ist der Konsensus von Germania und Marianne erreicht.

Was wir lieben, wird sterben
Wenn die Politik *Guernica* kaschieren muss

Die Tapisserie, die Picasso nach seinem Bild *Guernica* ausführen ließ, und die im ersten Stock des UN-Hauptquartiers in New York hängt, wurde für den Tag, an dem Colin Powell zu den Waffen rief, mit einer blauen Stoffbahn verhüllt. Dann hagelte es Proteste, und man entschloss, die Präsenz des bedeutendsten Historienbildes des zwanzigsten Jahrhunderts nicht mehr zu negieren. Man wird wohl in Zukunft Rednerpult und Mikrofone vor eine andere Wand stellen. Wir können dankbar sein, daß die Profanation des Historienbildes an dem Sitz der UNO stattgefunden hat. Denn dieses Verhüllen von *Guernica* erscheint als eine der wenigen folgerichtigen Aktionen, von denen man in diesen Tagen lesen konnte. Das Verschleiern hat den Inhalt offengelegt. Hätte man einfach vor der unverhüllten Komposition über den angemeldeten Krieg gesprochen, wäre die Aussage des Werks wohl definitiv ins Vergessen geraten. So zog man es vor, das Bild zu verstecken, um sich selbst vor der unzumutbaren Botschaft des Bildes in Schutz bringen zu können. Dank dieser Geste wurde eines deutlich, die Wirkungsgeschichte von *Guernica* ist alles andere als abgeschlossen. Das Bild hat nichts von der akuten Erkenntnisschärfe eingebüßt, die der Künstler in Szene setzt.

Die Irritation setzt sich fort, und zwar weil Picassos grandiose Komposition nicht nur um einen bestimmten, datierbaren Horror kreist. Picasso überarbeitet am 1. Mai 1937, da die Weltöffentlichkeit von der Bombardierung der baskischen Stadt durch die Legion Condor erfährt, sofort den Auftrag, den ihm die Regierung der spanischen Republik für den Pavillon auf der Pariser Weltausstellung erteilt hatte. Erste Skizzen, die

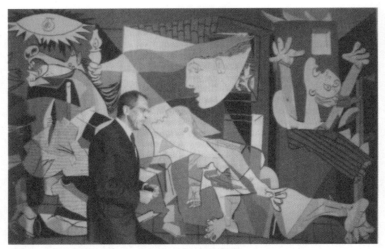

Der russische Botschafter der Vereinigten Nationen Sergey Lavrov vor einer nach Pablo Picassos Guernica gefertigten Tapisserie im UN-Hauptquartier

im April entstanden, kreisen um eine Bühnenplastik, die ein Hauptmotiv des Künstlers, »Maler und Modell«, vorführen sollte. Unter dem Schock dieser ersten Bombardierung einer Zivilbevölkerung, sucht Picasso nach einer Darstellung, die Tod und Terror zum Ausdruck bringt. Ansatz für die Evokation des Unfasslichen, das sich jeder bisherigen Erfahrung entzieht, ist die visuelle Panik, die Baldung Grien im Holzschnitt *Der behexte Stallknecht* vorführt. Von diesem Ausgangsbild geht Picasso aus. Er ergänzt es, aber nicht mit Hilfe datierbarer Details oder narrativer Elemente. Er sucht nach Möglichkeiten, um das Unfassliche des Geschehens zu evozieren. Je länger wir das Bild *Guernica* betrachten, desto stärker spüren wir, dass vom gedrückten Breitformat selbst etwas Drückendes, Deprimierendes ausgeht.

Die schärfste Interpretation dieses Totenamtes gibt Michel Leiris. Er schreibt: »In einem schwarzweißen Rechteck, dem der antiken Tragödie, sendet uns Picasso unsere Todesanzeige:

alles, was wir lieben, wird sterben, und deshalb war es notwendig, daß all das, was wir lieben, sich, wie bei dem großen Abschiedsschmerz, in etwas unvergeßlich Schönes zusammendränge.« Der Maler erfasst das folgenschwer Neue der Kriegsstrategie: die Nichtbeachtung der Wehrlosigkeit, das anonyme, feige Töten, das dem Gegner nicht mehr in die Augen schaut, sondern das ihn unter Bombenteppichen erstickt. Das Bild hält eine Ausrottung fest. Die Ursache dieser Vernichtung liegt außerhalb des Bildes, und zwar – dies vermittelt der zusammengedrückte, enge Bühnenraum – oberhalb des Bildes. Fast alle Augen im Bild schauen nach oben, die Bewegungen gehen nach oben, stoßen sich an der Kellerwelt. Die anagogischen Motive und Strukturen der Darstellung benennen den Grund des Desasters: Sie pervertieren Verkündigung und Offenbarung, sie weisen auf einen Himmel, der sich in eine Sphäre verwandelt hat, aus der nicht Erlösung, sondern Zerstörung kommt. Picasso kommentiert das aktuelle Ereignis »Guernica«. Er prangert die Technizität der Vernichtung an, die auf die Entartung des Fortschrittsgedankens zurückgeht, den – in diesen Tagen, da sich »Guernica« ereignet – die Pariser Weltausstellung unter dem Motto »Technik im modernen Leben« feiert. Dem farbigen Fest stellt er die ausgeblutete Grisaille seines apokalyptischen Bildes entgegen. Die Urteile und Berichte der Zeit unterstreichen den sachlichen Inhalt, den Picasso symbolisch zum Ausdruck bringt.

In einem Brief, den die »Times« veröffentlicht, lesen wir: »Das Blut der schutzlosen Opfer von Guernica schreit laut nicht nach Rache, sondern nach der Befreiung der Menschheit von der gräßlichen Gefahr aus der Luft.« Und der Kanonikus Peter Green von Manchester fasst zusammen: »Das ist der moderne Krieg.« Es ist der neue, psychologisch vereinfachte Krieg, weil er keine Emotionen mehr bindet. Darauf hat Günther Anders in »Die Antiquiertheit des Menschen« hingewiesen. Er benennt die Unfähigkeit, die Tragweite eines derartigen Geschehens überhaupt noch zu begreifen: »Und auf gleiche

Weise humpelt unser Fühlen unserem Tun nach: Zerbomben können wir zwar Hunderttausende; sie aber beweinen nicht.«

Die Aktion in der UNO hat das Bild wieder sichtbar gemacht. In einem Museum hätte diese apotropäische Geste nicht ihre Kraft entfalten können. Für die Kunst aus dem alten Europa erscheint das Verhüllen als Kompliment. *Guernica* ist das aktuelle Ereignisbild der letzten hundert Jahre geblieben. Denn hätte man einen Pollock oder Newman auch kaschieren müssen?

»Beaubourg« – eine Spekulation auf die Zukunft
Das größte kulturelle Projekt Frankreichs, vor der Eröffnung

Am kommenden Montag wird Staatspräsident Giscard d'Estaing auf dem Karree Beaubourg in Paris das ehrgeizigste kulturelle Projekt der letzten Generation einweihen. Dann endlich können die Superlative des Lobs und der Schmähung, die man dem »Centre National d'Art et de Culture Georges Pompidou« nun schon seit Jahren verschwenderisch nachwirft, eingelöst werden.

Was wird der Alltag, der Gebrauch aus »Beaubourg« eigentlich machen? Niemand kann es voraussehen. Der Erwartungshorizont wurde derart hoch angesetzt, daß keiner im Lande neutral bleiben kann. Zu sehr hat »Beaubourg« von sich behauptet, mehr zu sein als alle anderen Museen der Welt, als alle anderen Stätten, an denen sich Leute begegnen, als daß es sich nur mit der Rolle eines großen Museums, einer frenetischen Ausstellungsgigantomachie zufriedengeben dürfte.

In einem Buch, das jetzt erschienen ist (die Bibliographie wächst täglich an), stimmt Claude Mollard, der Generalsekretär des Kulturzentrums, auf über dreihundert Seiten das Lob dieses »Glaubensbekenntnisses« an, in dem das ausgehende zwanzigste Jahrhundert so eindrucksvoll und konsequent seine kulturelle Synthese erfahre. Unverhohlen ist die Befriedigung darüber, daß ein solcher Wurf allein in Frankreich möglich gewesen sei. Wie selbstverständlich wird ein Jahrhundert von den Franzosen in die Pariser Schranken zurückbefohlen.

Es mag zunächst vielleicht der traurigste und schwächste Punkt im Unternehmen sein, daß die vielbeschworene und oft versprochene Internationalität mehr und mehr als Taktik erscheint, mit der sich die französische Planung Sympathien, Interesse und Mitarbeit sicherte. Auf ausländische Stimmen wurde zumeist verwiesen, um im Lande die Skepsis, die Schwierigkeiten, die Gegnerschaft zu unterlaufen. Die Gefahr erscheint groß, daß das Zentrum – statt in Begriffen des Austauschs, der Öffnung, der kulturellen Anthropologie zu denken – in den Händen ehrgeiziger Administrateure erneut die erstickenden Konzepte kultureller Hegemonie einsetzt.

Um das Unternehmen einem Teil der politischen Gremien, die jährlich erneut das Budget bewilligen müssen, überhaupt schmackhaft zu machen, redete man sehr schnell davon, daß selbst die Amerikaner nun reuig wieder zur Wiege der modernen Kunst zurückkehrten. Die internationale Funktion, von der ursprünglich so selbstverständlich die Rede war, wird auch schon dadurch in Frage gestellt, daß der Plan, neben einem ständigen Personal großzügig Gäste für bestimmte Vorhaben heranzuziehen, durch die Gewerkschaften blockiert wurde. Sie suchen für die 900 Angestellten einen definitiven Status, der kaum Flexibilität zuläßt, um für »Beaubourg« jederzeit die besten Fachleute einsetzen zu können, hatte man einen Sonderstatus vorgesehen, der eine entschieden höhere Entlohnung gestattete.

Trauma der sechziger Jahre

Doch ein derartiger Gastspielbetrieb wird gleichfalls von der Gewerkschaft vereitelt. Sie duldet nicht, daß die Leute, die hier arbeiten, besser gestellt werden als die, die im Louvre oder sonst in der kulturellen Administration des Landes tätig sind. Zu schnell hat man Leute engagiert, alle Stellen vergeben – darunter leiden heute bereits diejenigen, die mit diesem über Nacht geborenen Staff nun Wundertaten vollbringen sollen. Sie sehen sich von einem gewaltigen Heer von Neulingen umgeben, die noch nie zuvor mit derart komplizierten Aufgaben betraut worden waren. Inwieweit es sich hier um Kinderkrankheiten oder bereits um die ersten Anzeichen einer lähmenden administrativen Elefantiasis à la Opéra de Paris oder französischer Rundfunk handelt, wird sich bald erweisen.

Halb Wunschkind eines kultivierten Präsidenten, halb Bankert der Notzucht im wunderschönen Monat Mai 1968: »Beaubourg« sollte zunächst mit dem Trauma der späten sechziger Jahre fertigwerden. Dazu schrieb es sich zunächst fast alle Parolen, die damals im Umlauf waren, auf die Fahne. Mit einem beispiellosen offiziellen Aufwand (der Bau kostete allein eine Milliarde Franc – das sind etwa 500 Millionen Mark – der jährliche Unterhalt wird mit über 130 Millionen Francs beziffert) versuchte man das zu verwirklichen, was 1968 in aller Munde kam, nämlich das Inoffizielle, Spontane, einen freien, fließenden Austausch von Ideen und Gefühlen, die keine ästhetische, moralische oder politische Zensur zu reglementieren hatte. Ohne Zauberworte wie Partizipation, ohne die Magie einer kollektiven Fähigkeit zum Schöpferischen hätte man wohl kaum ein derart komplexes Programm aufzustellen gewagt.

Das Leben neu erfinden

Sicherlich fiel dieser Auftrag, zu dem 681 Architekten aus aller Welt Vorschläge einreichten, mit einer Phase kultureller Realität zusammen, in der fast nur noch in Begriffen des Ambiente, des Medienpluralismus und der wechselseitigen Durchdringung von Arbeitswelt und Kunst gedacht werden konnte. So verstanden steht der Bau des Architektenteams Renzo Piano und Richard Rogers für einen bestimmten, bereits historisch gewordenen Moment, für eine Ethik, der man in den sechziger Jahren die interessantesten und, möchte man hinzufügen, nachträglich gesehen verzweifeltsten Utopien verdankt.

Es entsprach völlig einem gewissen Realismus der Hoffnung, einen Mann wie Pontus Hultén, den Direktor des vorübergehend großartig animierten Moderna Museet in Stockholm, nach Paris zu berufen. War er doch die beste Garantie dafür, ein Projekt zu realisieren, das nur dann in einer von Museen überfüllten Stadt eine Chance erhalten konnte, wenn es all die neuen halbformulierten, aber unter ungeheurem Druck stehenden Erwartungen der sechziger Jahre zu kanalisieren vermochte. Denn die Zeit, da die Planung einsetzte, wußte ja eigentlich viel mehr von Ablehnung des Kulturellen als von möglichen klaren Projekten.

Es genügt, die Manifeste dieser Jahre hervorzuholen, die damals jedem in den Ohren dröhnten: »Schluß mit der Kulturindustrie! Besetzt und zerstört ihre Einrichtungen! Erfindet das Leben neu!« Es schien, als ob Dada und Surrealismus – in neu versuchter Vereinigung von Sabotage und Traum – ein Maß an Aktualität erreicht hätten, die alle Konzepte von künstlerischer Autonomie, von schöpferischer Einmaligkeit wegfegen konnten. Es war die Zeit, da alle an einer Unio mystica teilhaben wollten, da man glaubte, den Begriff des Unersetzlichen, des Genialen sprengen zu können – auch das Geschäft blühte dank dieser demokratischen Spiritualität, vertrieb doch der letzte Galerist seine Ablaßzettel in Form von Multiples.

Womit soll man beginnen, um nun diese kolossale Antwort auf die sechziger Jahre zu beschreiben, um diesen ungeheuerlichen kulturellen Verdauungstrakt im – Herzen der Stadt vorzustellen, in dem nach den Erwartungsstatistikern täglich 10 000 Besucher »einen Zuwachs an Verantwortlichkeit und schöpferischer Fähigkeit« erfahren sollen? Denn der Funktionalismus dieser provokativen, brutalistischen, fauvistisch eingefärbten Architektur hin und her: die Symbolik der verglasten, das Innen nach außen stülpenden Fassaden, Aufzüge, Rolltreppen, will sich nicht, kann sich nicht verleugnen. Hier wird, nicht weit von der Stelle, wo bis vor kurzem noch die Markthallen, Zolas berühmter »Bauch von Paris«, den Flaneur so erschreckend verzauberten, mit allen Mitteln heutigen Ingenieurwesens dem zerebralen Verzehr ein Monument errichtet.

In der Offenheit des Baus soll ein wenig von der Welt der Passagen fortleben, die überall dort im Quartier des neunzehnten Jahrhunderts entstanden sind. Auch erinnert manche die Transparenz der Hauptfassade wenigstens ein wenig an Baltards großartige, nun abgerissene Markthallen. In diesen Hallen sollte ja zunächst, nach dem Willen und Wunsch der nicht offiziellen Animateure, die Partizipation fortleben, auf die sich das heutige »Beaubourg« beruft. Das kontinuierliche Spektakel, das damals in den ausgeräumten Hallen organisiert wurde, hatte etwas von einer halluzinatorischen Pracht, die in diesen neuen Räumen nicht denkbar erscheint. »Beaubourg« projiziert sich nach außen. Wie ein Aquarium steht es da, in dem sich – bis abends zehn Uhr – die Besucher bewegen können: Ihre winzigen Silhouetten sollen, wie freudig erregte Geißeltierchen unter der Lupe, kulturelle Choreographie vorführen.

Unten auf dem Platz, an der Schauseite, unten in den engen Straßen, aus denen jetzt noch ganze Häuserpakete herausgebrochen werden, stehen die Neugierigen, die Anrainer, die prosaisch Betroffenen. Die Diskussionen sind hart, und hinter den Argumenten versteckt sich die kulturelle Erfahrung vieler Ausgebürgerter, Ausgestoßener. Die Ablehnung des Baus, der jede Vorstellung von Architektur auf eine harte Probe stellt, überwiegt. Von einer »Anthologie der Häßlichkeit« ist die Rede, von den zerstörerischen Metastasen, die auf den Leib dieses alten Quartiers übergriffen. Ein älterer Mann, der hier seit seiner Kindheit lebt, meint, er habe nun nach und nach etwa tausend Leute zu dieser Scheußlichkeit befragt: »Nur einer mochte diese Ölraffinerie, und das war ein Amerikaner.«

Oben im Glashaus, im vierten Stock, hoch über den Dächern der Stadt, wo, wie überall, noch fieberhaft gearbeitet wird, kniet ein prominenter Amerikaner auf dem Boden und läßt, offensichtlich beunruhigt durch die Stadtlandschaft, die sich dem Norden, Montmartre zu hochzieht, für eine Weile den Aufbau des eigenen Werks im Stich: Schlägt für Claes Oldenburg wie für alle die anderen, die nun wieder zum, wie es die französischen Offiziellen von Tag zu Tag beherzter behaupten, wahren Zentrum der Kunst zurückkehren, eine Sekunde der Wahrheit? Gibt es in diesen Räumen für die Etablierten so etwas wie Beunruhigung, Selbstironie, Skepsis? Oder befinden sie sich, wie sonst auch, einfach im normale Kulturbetrieb, im Museum, das nach ihnen verlangt, weil sie nun einmal zum Establishment gezählt werden? Was ist hier anders?

Um sich in den Stockwerken zurechtzufinden, die nun dem Musée National d'Art Moderne mit seinen Sammlungen an der Avenue du President Wilson gehören, braucht man keine neuen Begriffe. Wir haben es mit einem Museum der Kunst, des zwanzigsten Jahrhunderts zu tun und sonst mit nichts. Die technischen Bedingungen allein machen einen Unterschied. Sie sind gewaltiger. Doch auch hier hat sich die als so revolutionär gepriesene Architektur dem klassischen Museum anpassen müssen. Ein praktikables Museum mußte erst von der Ausstellungsregie eingebaut werden. Der diaphane, nach außen offene Großraum ist kein New Yorker, nach Paris transportierter Riesen-Loft. Der Großraum blieb auf dem Papier – man findet ihn nur in den Bürotrakts, in denen, durch kleine Paravents getrennt, Schreibtisch neben Schreibtisch steht.

Den Museumsteil hat man mit Stellwänden gegliedert, um überhaupt Ausstellungsfläche zu schaffen. Doch dieses praktische, mobile Museum praktiziert heute ja jeder Kunstverein. Eigentlich liegt in diesem Punkt die größte Überraschung und zugleich auch das größte Verdienst: »Beaubourg« möchte – zumindest, was die Präsentation seiner Sammlungen angeht – nichts anderes als ein Museum sein. Erfreulicherweise verschwindet das technische Gadget hinter den Bildern. Gemessen an all der provokativen Zurschaustellung, die im modernen Museum der hochinstrumentierte Himmel über uns besitzt (man denke nur an den geradezu bestialischen Vorrang der Accessoires im Anbau des Zürcher Kunsthauses) bleibt »Beaubourg« in diesem Punkt wenigstens etwas unter der Schwelle museographischer Selbstbefriedigung. Man kann Bilder und Skulpturen in angenehmer Sachlichkeit aufnehmen.

In die Ausstellungshallen baute man mit Stellwänden und eingezogenen Gazedecken, die das Licht der Projektoren dämpfen, so etwas wie Haupt- und Nebenwege. Im Grunde gestattet das mobile System in einem derart großzügigen Raum eine notwendige Reglementierung, die schon Le Corbusier für sein nie realisiertes Projekt eines Museums der Kunst des zwanzigsten Jahrhunderts vorgeschlagen hatte. Um den Besucher zu entlasten, sollten ihm neben einem zumutbaren, optimalen Mindestparcour verschiedene Möglichkeiten, Erweiterungen angeboten werden. Ein Konzept, für das zunächst ja vieles spricht, das jedoch selbstverständlich seine Tücken und Schwächen besitzt, denn es zwingt dem so »freien« Besucher von vorneherein Wertungen auf, von denen er sich eigentlich nie mehr ganz freimachen kann. Psychologisch verstanden wird der Hauptweg zur prämierten, mit Sternen besäten Königsallee – und was daneben liegt, bleibt in einem deutlichen Sinn historisches Füllsel, das allenfalls die großen Namen, die bekannten Werke noch weiter salbt.

Stehen Matisse oder Delaunay in der guten Stube, so hängen Kirchner, Nolde, Macke, der, frühe Picabia und Malewitsch im Nebenzimmer. Sie illustrieren das Lieblingsdenken einer Kunstgeschichte: Abhängigkeiten zu konstruieren, um dadurch die maßlose Subjektivität in der Entwicklung des Jahrhunderts zurückzurufen. Selbstverständlich gerät die Präsentation der Sammlung zu einer Glorifizierung der fanzösischen Kunst. Dagegen ist nichts zu sagen, die Realität der Sammlung mit ihren Schwerpunkten läßt gar nichts anderes zu. Man braucht hier erst gar nicht den Ausgleich zu suchen, den ein Institut wie das New Yorker Museum of Modern Art bieten kann.

À la 19. Jahrhundert

Doch hat man dank einer großzügigen, alles andere als chauvinistischen Ankaufspolitik in Paris vieles nachzuholen vermocht. Die neue Sammlung, die nun erstmals komplett gezeigt wird, gestattet zahlreiche Korrekturen. Es wurde viel gekauft, selbstverständlich konnten die Ankäufe nichtfranzösischer Kunst nicht mit den Schenkungen, Abgeltungen von Erbschaftsteuern durch Kunstwerke, die aus dem Lande hinzukamen, Schritt halten. Man hat deshalb, um ein derart breites Spektrum an Werken zeigen zu können, wie die Konservatoren zugeben, »etwas für die Eröffnung gemogelt«. Manches, was jetzt zu sehen ist, steht als Leihgabe da. Man versuchte, die Möglichkeiten an eigenen Doubletten auszuschöpfen. Der große Fonds an Werken Delaunays oder Kupkas wurde benutzt, um – wie zum Beispiel von Den Haag – vorübergehend einen Mondrian einzutauschen. Hinzu kommen zahlreiche andere Leihgaben (Guggenheim, Museum of Modern Art, New York usw.). In einigen Fällen (Matisse, der immer sehr schlecht in der Sammlung präsentiert war) rückt die Familie ein Hauptwerk zu einem Sonderpreis heraus.

Wesentlich erweitert wurde die Sammlung in den letzten Monaten durch die Stiftung Nina Kandinskys und durch acht Bilder und mehrere Skulpturen aus dem Nachlaß Max Ernsts. Die Sammlung bleibt – und hier hat sich die Reflexion über die Entstehung der Kunst des zwanzigsten Jahrhunderts noch kaum hervorgewagt – eine Sammlung, die das Jahr 1905 weiterhin als die Zäsur betrachtet. Vorangestellt wurden lediglich – als eine Art Schwanengesang oder als Ouvertüre? – je ein, zwei Bilder des Zöllner Rousseau, von Cézanne, Seurat, van Gogh, Gauguin, Redon, Gustave Moreau und Munch. Von hier springt der Blick auf Bonnard und wandert dann – in der Hauptallee – zwischen den Kontrastfiguren Picasso und Matisse weiter bis zum Futurismus. Die Zeit 1905 bis 1918 ist im dritten Stock vereinigt. Im vierten Stock geht es dann weiter bis zu

Ben Vautier, Warhol und den französischen Malern der Gruppe Support/Surface.

Im fünften Stock schließlich – wenn wir weiter von dem reden, was in die Kompetenz des Museums fällt – wurde die umfangreichste Duchamp-Retrospektive ausgerichtet, die bisher gezeigt worden ist. Auch hier finden wir den musealen Klassizismus, auch Duchamp, der Verneiner, hat kein Konzept anzubieten, dem Museum zu entkommen – und er braucht es auch nicht. Was nun die eigentliche »Kreativität« betrifft, das Eingehen auf das Neueste, so bleibt dies auf die 800 Quadratmeter im Erdgeschoß beschränkt. Dort liegt die Galerie expérimentale, in der Gerhard Richter den Anstoß geben darf.

Ein Haus, ein Universum, das es zu entdecken gibt – und das im Grunde einer Hierarchie der Wertungen folgt. Öffnung innerhalb der Institution im Hause gibt es eigentlich nicht. Schon Sicherheitsgründe stehen dem entgegen. Was gibt es alles: Eine öffentliche Bibliothek, ein Atelier, in dem Kinder nach allen Regeln des Bauhaus-Vorkurses basteln und matschen dürfen. Von Pierre Boulez' »Ircam« (Institut de Recherche Acoustique/Musique) findet man im Hauptbau nichts. Das musikalische Programm wurde erst 1971, als die Planung bereits abgeschlossen war, hinzugenommen. Zu Boulez geht es durch ein ehemaliges öffentliches Wannen- und Brausebad neben dem Bau. Recherchiert wird in der unterirdischen Stille.

Wichtig schließlich auch als emsiger Ausstellungsträger – ist das »CCI« (Centre de Creation industrielle). Dieses »Zentrum für industrielle Kreativität/Design« tritt bereits seit Jahren mit einer Reihe bemerkenswerter Ausstellungen hervor. Von diesem Partner im Hause werden möglicherweise die stärksten Angriffe und Infragestellungen dieser Institution selbst ausgehen. Schon zuvor galt das CCI als der linke, schwer zu kontrollierende Flügel. François Barré, einer seiner Direktoren, verlor vor wenigen Monaten seinen Posten, ein entschiedener Mann, der ironisch zu erkennen gegeben hatte, er werde sich nicht damit begnügen, eine »Organisation für die Kreation von Kasserollen« zu betreiben. Ihm schwebte – wie auch seinen Mitarbeitern, die daran festhalten – nicht nur Formgebung vor, sondern, vor allem Formkritik, Inhaltsanalyse und Verbraucherberatung: der Abbau der einlullenden Reklamewelt. Eine »Pädagogie des Einkaufs« soll betrieben werden. Was für ein Zündstoff hier bereitliegt, mag man sich leicht ausmalen.

»Creation« – »Kreativität«: Hier haben wir das Schlagwort, das im Grunde das ganze aufwendige Vorhaben rechtfertigen sollte. Wer heute zum Centre Beaubourg kommt, vergißt dies gerne. Er erwartet Ausstellungen, Museen. Doch »Beaubourg«, wie es Georges Pompidou vor dem Hintergrund der sechziger Jahre definiert hatte, steht und fällt mit der Einzigartigkeit, auf die es spekuliert. Es will ein »Zentrum kultureller Kreativität und Information« sein. Wie soll diese im Bereich der bildenden Kunst funktionieren? Es erscheint einem auf alle Fälle sonderbar, daß gerade ein Land wie Frankreich, in dem sich der Begriff der Modernität, des Avantgardistischen gegen den offizellen Kulturapparat seine Muskeln holte, nun eine, wenn auch mit aller Suada des Aktuellen verbrämt, Institution à la 19. Jahrhundert erschafft. Man braucht nicht Prophet zu sein, aber wer nur ein wenig die Züge des französischen Intellektuellen kennt, seine reflexhafte Notwendigkeit, dem Offiziellen zu mißtrauen, dissident zu werden, der darf von den nächsten Jahren Spannung erwarten.

»Beaubourg« wird sicherlich schon deshalb ein Erfolg sein, weil es dialektisch wirksam werden muß, geradezu zu Sezessionen auffordert. Denn dann, wenn es mehr als ein Museum und ein Ausstellungshaus sein wird und, wie das Programm fordert, Kreativität ermöglichen, das heißt subventionieren kann, werden sich diejenigen, die auch diesmal zu kurz kommen, gegen und auf Kosten von »Beaubourg« profilieren. Nimmt man den Auftrag, eine Stätte künstlerischer Produktivität sein zu müssen, ernst, kommt man nicht darum herum, erneut all die Fragen der Reglementierung, der Auswahl, der

Beurteilung anzuschneiden, die in der zweiten Hälfte des 19. Jahrhunderts den damals für Frankreich und die künstlerische Welt befreienden Bruch mit der Akademie und dem kulturellen Dirigismus einleiteten.

Eines scheint jedoch gewiß zu sein, daß sich der Kunstbetrieb unserer Zeit immer neue Strukturen erschafft, Umräume, in denen er sich für einige Zeit wohl fühlt. Ob er dieses gleißnerische Walhalla ertragen kann, ist fraglich. Mobilität – auch im Sinne einer kulturellen, städtischen Geographie – erscheint sinnvoller als Zentralismus.

Paris – Berlin 1900-1933
Übereinstimmung und Gegensätze
Vorwort zur Ausstellung

Diese Ausstellung gibt erstmals in breitem Umfang Gelegenheit, die in Frankreich weitgehend ignorierte Kunst im Deutschland des ersten Drittels unseres Jahrhunderts vorzuführen. Sie zeigt nicht die deutsche Kunst, sondern Kunst in Deutschland, ein Bild, an dem zahlreiche Künstler aus aller Welt mitwirkten, die damals in Berlin, München, Weimar, Dessau und anderswo von den spezifischen Möglichkeiten und Aufgaben angezogen waren.

Den Betrachter erwartet in weiten Teilen der Schau ein visueller Schock, die Begegnung mit Gewalttätigkeit, Furie, Tragik, die sich in den Themen und Darstellungsmitteln offenbaren. Sind solche Werke dem empfindsamen französischen Auge zumutbar? In dieser ängstlichen Frage äußert sich ebenso eine stereotype Vorstellung vom Französischen wie wohl eben auch in der Erwartungshaltung, in der deutschen Kunst nichts anderes als Ausdrucksexzesse erkennen zu müssen. Wie sehr jedoch hierzulande Unvoreingenommenheit den Blick auf bislang unbekannte oder kaum bekannte Phänomene zu konzentrieren vermag, hat vor zwei Jahren die Resonanz auf die Ausstellung »La peinture allemande à l'époque du Romantisme« in der Orangerie überzeugend gezeigt. Eine Reihe von Klischeevorstellungen sind in den letzten Jahrzehnten notgedrungen ins Wanken geraten. Die Beteiligung der deutschen Museen am Zustandekommen der Ausstellung »Paris-Berlin, Rapports et contrastes. France-Allemagne 1900–1933« war beispiellos. Für kein anderes Land, für keine andere Stadt als Paris wäre eine derartige Bereitschaft zur Mitwirkung zu errei-

chen gewesen. Das hat historische Gründe und hängt nicht
zuletzt mit diesem Faszinationsgefälle zusammen, das die
Nachbarn auf der anderen Seite des Rheins, die sich immer
wieder ungeliebt oder mehr noch unverstanden sehen, zu
Deutungen auffordert. Die begeisterte Mitarbeit an dieser Ausstellung geschieht jedoch ohne jegliche kulturpolitische Aggressivität, ohne Hintergedanken einer ästhetischen Expansion: Man möchte nicht mehr, als endlich einmal in Frankreich
diesen für Deutschland typischen und notwendigen Nebenweg der Kunst des 20. Jahrhunderts präsentieren, der im übrigen, wie es die Ausstellungspraxis der letzten Jahre und eine
Reihe von Publikationen anzeigen, andernorts mehr und mehr
zu faszinieren beginnt. Im übrigen liefert diese Ausstellung
auch weit mehr Eigenkritik an den Zuständen, als daß man
eine harmonische, von den französischen Nachbarn lediglich
bisher übersehene Entwicklung als Alternative anböte.

Kultur und Zivilisation – Weltanschauliches Apriori

Wir haben versucht, dem Besucher einen möglichst vielfältigen Blick auf das zu bieten, was im ersten Drittel unseres Jahrhunderts in den damaligen Grenzen Deutschlands aufzuweisen ist; das, was im Bereich der verschiedenen künstlerischen
Medien dem Begriff der Modernität entsprang, was sich um
das von den Künstlern wie eine Heilsbotschaft ergriffene Thema Traditionsbruch in immer neuen Schüben kristallisiert.
Wenn man auch heute die Grenzen zur Moderne immer weiter zurückschieben möchte, ja diese Aktionen der Väter der
Moderne schließlich in Kontinuität und Tradition einzuschmelzen versucht, so bleibt es doch eigentlich unanfechtbar, daß es
ein Dezisionismus war, der den Fauvismus, den Kubismus, die
»Brücke« oder den »Blauen Reiter‹ erst ermöglichte. Eben das,
was die früh in Deutschland sich abzeichnende Doktrin des
Faschismus all dieser Aktivität vorwerfen sollte – ihre Abhän-

gigkeit von ›Mode‹, ›Tagesströmungen‹ –, hat uns zu interessieren, weil hier der Gang der Geschichte, die Korrespondenz mit politischen und sozialen Fakten akzeptiert und einer verlogenen und bequemen Ideologie von ›bleibender, ewiger Substanz‹ künstlerischen Tuns entgegengestellt wird. Deshalb beschließen wir diese Ausstellung mit Max Beckmanns Triptychon *Abfahrt (Departure)* aus dem Museum of Modern Art, New York, und der Vorzeichnung von Otto Dix für *Die sieben Todsünden*: Wenn es ein Datum gibt, das die für die deutsche Geschichte so wesentliche Verquickung zwischen Politik und Kunst auf heillos definitive Weise anzeigt, so das Jahr 1933, in dem die Naziherrschaft die Macht an sich riß. All das, was unsere Ausstellung vorführt, wurde damals zugunsten einer rassistisch-normativen Aufwertung der frustrierten Reaktion untersagt, die bis dahin die revolutionären und liberalen Kräfte nur auf provinzieller Basis zu treffen vermochte. Ein Dezisionismus der Freiheit, des Engagements wird durch einen Staatsakt abgewürgt. Schon dieser Umstand zeigt, daß wir es auf weite Strecken, was den deutschen Beitrag angeht, nicht nur mit einer Kunstausstellung zu tun haben, sondern mit dem Psychodrama einer Nation: Die beiden genannten Werke symbolisieren den faktischen intellektuellen Zusammenbruch.

Es geht keineswegs darum, die Zeit vor der Schreckensherrschaft zu verklären. Bei aller Verschiedenheit, die die Kunst in Deutschland in diesem Zeitpunkt bestimmt und für die es kaum brauchbare generelle Schemata anzubieten gibt – zeigt es sich doch, daß nur wenig von dem, was sich hier abspielt, in Begriffen einer stilistischen Entwicklung fassen läßt –, dominieren am ehesten vielfältige politisch-gesellschaftskritische Aussagen und Konzepte. Auch der Berlin-Raum in der Ausstellung dient nicht dazu, idyllische Unwiederbringlichkeit einer Hauptstadt des 20. Jahrhunderts zu besingen. Er will nicht einfach das aus der Wirklichkeit Berlins herauslösen, was in der Erinnerung diese pompejanisch-erstarrte und bereits in mythologische Unwirklichkeit eingegangene Weltstadt auszeichnet: die faszinierende Kulturindustrie der zwanziger Jahre. Hier soll an einem Beispiel aufgezeigt werden, auf welch disparate Weise der kulturelle Überbau die soziale und politische Wirklichkeit widerzuspiegeln oder zu verzerren vermochte.

Weitgehend gerät diese Präsentation der Kunst, die auf der anderen Seite des Rheins entstand, zu einer Illustration des Themas:»Was die Deutschen in weltanschaulichem und politischem Apriori diskutierten, während die Franzosen sich in einem selbstverständlichen Bereich von Kunst aufhalten konnten.« Eben dies ist nicht zu übersehen – und alle gut gemeinte Konvergenztheorie französischer und deutscher Zustände, die mit Stilmitteln allein arbeitet, kann an dem, was in jenen Jahren auf beiden Seiten entstanden ist, nicht die Verschiedenheit abbauen. Kunst in Deutschland bietet ein grundsätzlich anderes Bild. Die Einflüsse, die aus Frankreich kamen – und die Perlenkette von Meisterwerken, die dem Besucher innerhalb dieser Ausstellung die großartige Entwicklung der École de Paris in Erinnerung ruft –, verschwinden häufig sehr rasch hinter einer verzweifelten und dramatischen Konfession der Verschiedenheit. Die polyfokale Struktur des Kulturbetriebs in Deutschland spielt hier eine entscheidende Rolle. Norbert Elias, der Verfasser des wohl bemerkenswertesten Buches, das die Genetik einer deutsch-französischen Verschiedenheit darstellt (*Über den Prozeß der Zivilisation*, 1936), hat in seinen Untersuchungen des französischen Begriffs der ›Zivilisation‹ und des deutschen Wortgebrauchs von »Kultur« die historische, soziogenetische Begründung geliefert. Er weist darauf hin, wie sich in diesen beiden unterschiedenen Begriffen eine verschiedene politische Entwicklung ausdrückt, wie sich im Unterschied zum Oberbegriff ›civilisation‹ der Franzosen der deutsche Begriff ›Kultur‹ im Kern auf geistige, künstlerische, religiöse Fakten beziehen möchte und wie hier den essentiellen ›kulturellen‹ die politischen, wirtschaftlichen, gesellschaftlichen jeweils aktuell nachweisbaren Fakten beinahe im pejorativen Sinne entgegengehalten werden. Weniges in dieser Ausstellung bleibt diesem Idealismus, der reales Sein als Manko empfindet, nahe. Doch gegen diese Trennung revoltiert, scheint es, das meiste, was in dieser Ausstellung zusammengeführt worden ist – und zwar auf Kosten eines harmonischen, privilegierten Kunstbegriffs. Fast allen Künstlern, die damals in Deutschland tätig waren, war diese Einengung durch einen Kulturbegriff bewußt. In den zahlreichen Künstleraussagen, die wir im Katalog publizieren, wird es deutlich: Der häufig faszinierte Blick nach Frankreich wird an den eigenen Möglichkeiten – denen einer schwierigen Identität, einer notwendigen Eigenentwicklung, einem Pluralismus, der seine historischen und geographischen Gründe hat – gemessen. Die Komparatistik Deutschland-Frankreich, die bereits Heinrich Heine leidenschaftlich in ein Zwischenstadium trieb, taucht, um nur ein Beispiel anzuführen, bei einem anderen Rheinländer, bei August Macke, 1910 auf: »En France, la réussite vient à la suite des plus audacieuses expériences des jeunes, qui cependant se lancent dans le risque à partir d'une tradition. Chez nous, chaque risque est l'expérience déchirée en éclats d'un homme confus qui ne domine pas la langue.«

Einbahnstrasse mit Sonderwegen

Nicht zu übersehen, daß sich die Kunst in Deutschland vor dem Ersten Weltkrieg in einer ständigen und vielfältigen Annäherung oder Auseinandersetzung mit Paris entwickelte. Die Museen, die Ausstellungspolitik, die Schriften zur Kunst zeigen dies auf überwältigende Weise. Doch diese Begegnung der deutschen Künstler mit den französischen spielt sich weitgehend auf einer Einbahnstraße ab. Impulse aus Deutschland sind spärlich. Die Reisen Matisses, Delaunays nach Bonn, Berlin oder München haben etwas von einem herablassenden Patronalismus, vergleicht man sie mit dem existentiellen Engagement, das Modersohn-Becker, Lehmbruck, Macke, Beckmann nach Frankreich trieb. Der einzige, der auch hier ein Rätsel aufgibt, ist Marcel Duchamp. Er begann 1912 in München, wo er einige Monate verbrachte, mit seinen Notizen zum *Grand Verre*. In der Stadt des »Blauen Reiter« setzte seine Abwendung von der retinalen Malerei ein. In München bekam er Kandinskys Schrift *Über das Geistige in der Kunst* (1912) in die Hände. Er versucht dank seiner Deutschkenntnisse eine (bisher nicht publizierte) Interlinearversion größerer Textpartien herzustellen. Mit Bleistift notiert er über eine Zeile Kandinskys: »De même purs...intérieur essentiel...produire renonciation hasard.« Die Frage, inwieweit Duchamp dem Text Kandinskys zu folgen vermochte, steht hier nicht zur Debatte. Doch man ist zu sagen geneigt, daß diese handschriftliche Eintragung Duchamps, die die Wörter Kandinskys aus dem Kontext herausholt, für sich autonom geworden, geradezu zum ›Rosette-Stein‹ wird, den es zu entziffern gilt, will man etwas über die Beziehung zwischen Kunst in Frankreich und Kunst in Deutschland anmerken. Dem »pur...intérieur essentiel«, das man als Definition der lyrischen Abstraktion, des expressionistischen Glaubens, den »Geist materialisieren zu können« (Brecht), auszeichnet, lassen sich die Wörter »produire...renonciation ...hasard« entgegensetzen. Aus diesen spricht eine Position kunstinterner Skepsis, eines Bewußtseins um die Bildmittel und die Bildgrenzen. Die drei Wörter geben die aufs Minimum reduzierte Phylogenese Duchamps im Rahmen der französischen Kunst wieder. Sie verweisen auf eine Möglichkeit, über kunstimmanente Fragen zu diskutieren, die, wie es die Entwicklung in den Kriegs- und Nachkriegsjahren zeigen sollte, in Deutschland undenkbar war.

Affektkontrolle und Politik

Zweierlei zeichnet die Kunst in Deutschland während dieser Jahre aus: der Expressionismus mit seinem Irrationalismus und der Versuch, der expressionistischen Gefahr, das kosmische Pathos nicht mehr artikulieren zu können, einen Ordnungsgedanken gegenüberzusetzen, eine Versprachlichung, um damit Kommunikation und Verbindlichkeit zu erreichen. Die zwanziger Jahre mit den ironisch-aggressiven Gebärden der Berliner Dadaisten, dem kollektiven Moment des »Bauhauses« mit seinem Appell an eine Kunst des dritten Standes, der kühlen Figuration der Maler der Neuen Sachlichkeit – all dies steht im Zeichen einer erregenden Affektkontrolle, die der aufkommende Faschismus eben als möglichen Widerstand, der jeder Aufklärung entsteigt, sofort, übrigens zusammen mit dem Expressionismus, außer Kurs setzt. In diesem Umkreis entstanden Debatten, die in dieser Art auf Deutschland beschränkt bleiben mußten, Debatten über den Expressionismus und den Realismus, die bis tief in die dreißiger Jahre hinein die kritische Intelligenz beschäftigten. Die bedrückende Frage, inwiefern der Expressionismus mit seinem leidenschaftlichen Spiel mit einem weltanschaulichen Vakuum eben der Ideologie des Nazismus Vorschub leisten konnte, taucht immer wieder auf. Georg Lukács sprach von einer »Ablenkungsideologie des Expressionismus« – Ernst Bloch setzte dem entgegen, der Expressionismus sei seit 1922 verleumdet worden, durch einen Wunsch nach Ruhe und Ordnung: »Diese Lust hieß ›Neue Sachlichkeit‹ sie führte zwar von allzu verstiegenen Träumen zuweilen wieder zur Welt zurück, aber sie verschwieg den Wurm in dieser Welt.« Diese Zitate nur als Hinweise darauf, daß Kunst in Deutschland – auch dort, wo sie offensichtlich im Widerstand agierte – nie in eine Sphäre künstlerischer Unbedenklichkeit zu flüchten vermochte.

Nicht zu übersehen: Diese Kunst in Deutschland mußte zu einem Politikum werden. Mehr als anderswo wurden hier die Grenzen des Tafelbildes gesprengt, versuchten die Künstler von der Staffelei abzutreten und auf die Öffentlichkeit einzuwirken. Kandinsky, Baumeister, Schlemmer, um nur einige Namen zu nennen, erweiterten den Wirkungsradius von Kunst auf das

Theater, auf den dekorativen Bereich. Sie wurden dabei von einer Reihe fortschrittlicher Museumsleute unterstützt, die lange Zeit gegen das Konzept einer ›entarteten Kunst‹ Front zu machen verstanden.

Bei der Auswahl gingen wir davon aus, daß es unsere Aufgabe war, Schwerpunkte zu setzen. Manche Namen, die eine wichtige Rolle spielten – Munch, Corinth –, mag man vermissen. Auf ihre Bedeutung wird in Katalogbeiträgen hingewiesen. Wir hielten es für sinnvoll, die Künstler, die erst in diesem Jahrhundert auftraten, jeweils mit einer möglichst geschlossenen Werkgruppe vorzustellen. Wir haben auch versucht, gewisse Stereotypien der Anerkennung einzudämmen. Es erschien nicht notwendig, erneut den ganzen pädagogischen Bereich der »Bauhaus«-Lehre auszubreiten, zudem hier ja die Gefahr besteht, pädagogischen Exempeln mehr und mehr einen Werkcharakter zuzubilligen, der diesen nicht zukommen kann.

Saal der Aussstellung »Paris – Berlin 1900-1933« des Musée national d'art moderne, Centre Pompidou, Paris, 1978. Privatsammlung

Da es in Frankreich noch keine Retrospektiven von Kirchner, Nolde, Schwitters, Grosz oder Schlemmer gegeben hat, erschien es uns angebracht, hier breitere Information anzubieten. Auch war es uns wichtig, dem Thema ›Brücke‹ – Expressionismus, das bisher in Frankreich – man erinnere sich an die Ausstellung ›Fauves-Expressionisme‹ – primär ein Datierungsproblem blieb, das ganz selbstverständlich für die Fauves sprach, das anzuschließen, was den deutschen Expressionismus so stark charakterisiert, die Graphik, die ikonographische Diversität, die an van Gogh und Munch anschließen. Eine wichtige Rolle spielen die verschiedenen Dada-Gruppierungen. Max Ernst in Köln, das später wohl großartigste Beispiel einer deutsch-französischen Möglichkeit, formale Strenge mit der von Breton so begeistert an Max Ernst festgestellten Fähigkeit, dem »peu de réalité« zu entgehen, zu verbinden, die politischen Dada-Gruppen in Berlin – all dies taucht detailliert in der Ausstellung auf. Nirgends wurde versucht, von dem abzulenken, was – neben der Lyrik der Klee, Macke, Kandinsky, Jawlensky, Schlemmer, Baumeister – häufig das Wesentliche der Kunst in Deutschland ausmacht, die aggressive Deformation, der Zwang nach Selbstzerstörung, Selbstkarikierung: Grosz, Dix, Schlichter, Beckmann, Scholz, Hubbuch – all dies wird vorgeführt, ohne daß der abstruse und unnötige Versuch unternommen worden wäre, sich dem französischen Geschmack einzuschmeicheln.

Der Katalog will ein möglichst breites Spektrum von Fragen und Themen anschneiden. Hier ist von zahlreichen Kontakten und Auseinandersetzungen die Rede. Wir haben der Sachinformation dabei den Vorrang gegeben. Texte, die die Wirkungsgeschichte oder mangelnde Wirkungsgeschichte und Mißverständnisse festhalten, erhalten dabei – hier zum Großteil erstmals dem Leser zugänglich gemacht – ein besonderes Gewicht.

Der gespaltene Schädel
Jean Clairs Ausstellung »L'âme au corps«

Die Meldung ging durch alle Welt: Über Nacht mußte die Riesenschau »L'âme au corps« im Pariser Grand Palais aus Sicherheitsgründen geschlossen werden. Nur wenige Besucher hatten überhaupt Gelegenheit gehabt, sie zu sehen. Die Ausstellung ist so komplex, daß es nicht denkbar ist, sie, wie zunächst großzügig verkündet, abzubauen und an einem Platz zu präsentieren. Die Lösung des Problems ist einfach, denn der Trakt des Grand Palais, in dem »L'âme au corps« zu sehen ist, ist selbst nicht gefährdet. Das Problem bilden allein die Notausgänge. Sie müßten verlegt werden. Mehr und mehr Stimmen werden laut, eine der anregendsten Unternehmungen der letzten Jahre zu retten: Man könne nicht alle Anstrengungen allein auf den Großen Louvre konzentrieren.

Diese Riesenschau hat sich nicht mehr und weniger vorgenommen, als die Beziehungen zwischen Körper und Seele auszustellen. Den Besucher erwarten Schocks – nicht nur die Suite der Präparate und eine Anthologie der anatomischen Faksimiles, in denen die Wachsbosseure des 18. Jahrhunderts ihre brillanten Fähigkeiten an den Tag legten, gehören dazu. Die Fülle des Materials, die zahlreichen ungewohnten Exkurse auf all das, was im Bereich der Wissenschaft zwischen Descartes, Enzyklopädie, Charcot, Freud und Tomographie zur Sprache kommt, verwirren. Zwischen diesen scharfsinnigen und kunstfertigen Materialien taucht die Kunst auf. Ein verwirrendes Bild wirbt auf dem Plakat: Ein aus Wachs geformter weiblicher Kopf erscheint zweimal. André-Pierre Pinson, ein Keroplastiker des 18. Jahrhunderts, hat das Haupt vom Scheitel bis zum Hals aufgebrochen und die beiden Hälften auseinandergerückt. In diesen Spalt soll sich der Betrachter hineinversetzen, um dem offengelegten Gehirn seine Geheimnisse zu entreißen. Das Gesicht der Schönen richtet sich nach oben. Eine gläserne Träne glitzert unter dem weit-geöffneten Auge. Der Ausdruck repetiert etwas Vertrautes: die Pathosformel der Märtyrerin. Für welchen Glauben opferte sich dieses Faksimile der Wirklichkeit? Der Gang durch die ersten Räume, in der diese Arbeit neben vielen anderen anatomischen Präparaten, neben den großartigen Muskelmodellen von Houdon, Bouchardon und Fontana auftaucht, legt nahe, daß wir es mit einem Opfer des Zeitalters der Vernunft zu tun haben. Die stupenden technischen Modelle und die Automaten, die menschliche Fertigkeiten imitieren und die gleichzeitig das Erscheinen des Prothesenmenschen ankündigen, evozieren ein stolzes Selbstverständnis, das sich anschickte, die letzten Geheimnisse »sichtbar« zu machen

Beilhieb in den Kopf

Umgekehrt treffen wir in dieser früheren Zeit auch in den Ateliers immer wieder auf Beispiele einer wissenschaftlichen Landnahme. Dazu gehören nicht zuletzt die physiognomischen Studien des Hofmalers Charles Le Brun, die bereits hundert Jahre vor dem Zeitalter der Aufklärung ein Vokabular von Ausdrucksmodi verbindlich zu machen versuchen. Doch dieses Equilibrium Wissenschaft und Kunst, das den Besucher empfängt, wirkt steril. Es kommt einem vor, als beugten sich Wissenschaftler und Künstler emotionslos über einen bis ins letzte Detail vermessenen Kadaver. Die Seele scheint aus diesen Präparaten entwichen zu sein. Dem sprechenden Ausstellungsplakat, das einen Menschen zeigt, in dessen Kopf die Wißbegier gewaltsam eingebrochen ist, antwortet eine Vorstellung, die sich gegen den Materialismus auflehnt. Diderot prägte dafür die großartige Formulierung vom »Beilhieb im Kopf«.

Ohne eine gewalttätige, unberechenbare Absage an die Regel gebe es keinen großen Künstler und kein großes Werk. Damit erhebt Diderot Einspruch gegen die Banalisierung der Seele durch das Konzept vom »L'Homme machine«, vom Menschen, der wie eine Maschine funktioniert. Man könnte das doppelschneidige Bild vom gespaltenen Schädel, das des Anatomisten und das Diderots, als Leitthema der ambitiösen Schau nehmen. Wenn man durch die Säle der Ausstellung geht, kommt es einem vor, als ob, historisch gesehen, keiner die mechanistische Vorstellung vom Menschen, in dem sich Wissenschaft und Kunst zunächst noch friedlich treffen, stärker durcheinander gebracht hätte als der Wiener Magnetiseur Mesmer. An diesem Mann, der damals mit seinem Zuber Europa bereiste, spaltete sich die Zeit. Sicher, für viele ist er nichts anderes als ein Scharlatan, gegen den immer neue Traktate publiziert werden. Doch die gläubige Klientel, die sich um ihn versammelte, profitiert hier erstmals von Wirkungen, die – auch wenn diese mit dem halb metaphysischen, halb mechanischen Begriff Magnetismus erklärt werden – Hypnose und die psychotherapeutischen Behandlungsmethoden ankündigen. Man kann hier eine Linie ziehen, die von Mesmer über Charcots theatralische Inszenierungen der Hysterie in der Pariser Salpêtrière bis zur Freudschen Liturgie reicht, deren berühmtestes Versatzstück, das mit einem orientalischen Muster bedeck-

Der Diwan Sigmund Freuds in der Ausstellung »L'âme au corps« in Paris, 1994. Privatsammlung

te Sofa, denn auch in einem der letzten Säle der Ausstellung auftaucht.

Über die Brauchbarkeit der Kunstutopien für die Wissenschaft

Und im Namen all dessen, was inmitten der Erklärungsschemata imponderabel bleibt, wenden sich auch andere überragende Geister wie Lichtenberg gegen die pedantischen physiognomischen Vermessungen Lavaters oder ironisieren Grandville und Daumier in ihren Karikaturen das beängstigende Analogiedenken, das die Schädellehre Franz Galls in Gang zu setzen beginnt. Er lokalisiert in seinen kranioskopischen Karten Eigenschaften des Menschen und sucht dabei nachzuweisen, wie sich Fähigkeiten oder Laster in der Kopfform niederschlagen. Dies kann der leichtgläubigen Welt weismachen, Charakter und Schicksal eines Menschen ließen sich an der äußeren Erscheinung ablesen. Die Phrenologie hat sich hier auf den gefährlichen monistischen Tummelplatz begeben, auf dem später Konzeptionen wie die vom Untermenschen und vom rassistischen Reinheitsgebot entstehen sollten. So etwas deutet die Ausstellung nur an – die Manipulation von Körper und Biologie, die Vernichtung des Lebens in unserem Jahrhundert bleiben ausgespart. Die Auseinandersetzung der Kunst mit Erklärungsmuster der Welt und der Anthropologie macht diese Ausstellung so spannend. Vieles klingt an – wenn auch, je mehr wir uns dem 20. Jahrhundert nähern, zumeist in Form der Antiphrase. Dort, wo die Kunst aus der Sachlichkeit der Wissenschaft ausbricht, wo sie ihre eigenen Utopien einsetzt, kommt es zum eindrucksvollen Dialog. Dazu zählen die Beschäftigungen mit Darwin, mit der Chronophotographie, mit der Verhaltensforschung oder schließlich mit Freud. Um diese Eroberung der Sichtbarkeit und um die Erklärung des menschlichen Mechanismus kreisen großartige und ingeniöse Objekte, Traktate und Darstellungen. All die erregenden Versuche des 18. und 19. Jahrhunderts, Leben und Seele dank einem raffinierten Maschinenpark in den Griff zu bekommen, werden vorgeführt. Den Experimenten von Galvani und Volta, den Prismen von Newton, den elektrostatischen Maschinen von de Chaulnes antworten Bilder von Friedrich und Dahl. Das goldene Zeitalter der Sichtbarkeit liegt vor uns ausgebreitet: Denn die großen Leistungen der Wissenschaft und Technik des 18. und 19. Jahrhunderts erreichen noch ein Höchstmaß an Anschaulichkeit.

Diesen prekären Moment nimmt die Ausstellung zum Ausgangspunkt: Noch kann die Wissenschaft in ihren medizinischen Modellen die Ausdrucksgesten der Kunst verwenden, um das Studium physiologischer Funktionen zu nobilitieren. Die Bilanz ist nicht zuletzt deshalb so interessant, weil sie anzudeuten vermag, wie es nach und nach zu einem Schisma zwischen Kunst und Technik gekommen ist. Sie zeichnet die Geschichte einer Trennung nach. Vieles erinnert an die Ausstellung »Wunderblock – Eine Geschichte der modernen Seele«, die vor vier Jahren in Wien zu sehen war. Einer der maßgeblichen Anreger dieser Schau, der Kunsthistoriker Jean Clair, ist zusammen mit dem Gehirnforscher Jean-Pierre Changeux für die faszinierende Pariser Ausstellung verantwortlich. Den wesentlichen Unterschied zwischen der Wiener und Pariser Veranstaltung eröffnet jedoch ein Blick auf das Datum, das begangen werden soll. In Wien stand die fünfzigste Wiederkehr des Todestages von Sigmund Freud im Mittelpunkt. In Paris gehört die Veranstaltung in die Reihe der Festivitäten, die das große Jubiläumsjahr des Louvre begleiten.

Die zwei Geschichten des Sichtbaren

Der Königspalast wurde vor zweihundert Jahren zum Museum umgewandelt. Zunächst dachte man daran, eine Institution zu gründen, in der neben den schönen Künsten auch die technischen und naturgeschichtlichen Sammlungen eine Heimstatt fänden. Bereits in den ersten Revolutionsjahren debattierte der Nationalkonvent über diesen Plan. Das ambitiöse erzieherische Programm sollte die Leistung der Enzyklopädie greifbar vor aller Augen ausbreiten. Man hatte damals nicht mehr die Absicht, im Sinne der manieristischen Welterkundung, die künstlerischen, technischen und naturwissenschaftlichen Meraviglia einfach zu mischen. Denn von der Vorstellung einer Einheit der »techne«, die einst Künste und Wissenschaften wesensmäßig verband, hatte man Ende des 18. Jahrhunderts längst Abschied genommen. Man wollte sich an der kühlen, systematischen Gliederung ausrichten, zu der die Enzyklopädie bei der Anordnung der Tafelbände gegriffen hatte. Diese Publikation, die in einem völlig neuen Ausmaße Kenntnisse verfügbar gemacht hatte, nahm definitiv von der Kunst-und Wunderkammer Abschied. Die Geschichte verlief anders. Das Zentralmuseum im Louvre kam nie zustande. Man trennte das Kunstmuseum vom Museum der Technik und vom Museum für Naturgeschichte ab. Handelt es sich dabei lediglich um einen bedauerlichen administrativen Akt, den es, wenigstens in Gedanken, zu revidieren gilt? Hätte ein solches Zentralmuseum aller »artes« die Vorstellung von der Autonomie des Ästhetischen verhindern können? Das ist eine der Fragen, die hier aufgeworfen werden. Denn der Zusammenstoß, der in dieser Ausstellung zwischen Newton und Blake, Zumbo und Géricault, Franklin und Sade, Gall und Messerschmidt, Helmholtz und Turner, Darwin und Redon, Haeckel und Jugendstil, Marey und Futurismus, Freud und Surrealismus inszeniert wird, eröffnet den Blick auf zwei getrennte Geschichten. Der Wissenschaftsgeschichte steht die Geistesgeschichte gegenüber, die die Vorstellung von Entwicklung und Verbesserung zwar auch einbezieht, diese jedoch in ihren Werken, die letztlich gleichberechtigt nebeneinander im Museum stehen, annulliert. Das spüren wir auf Schritt und Tritt. Ein Kunstwerk sagt im Museum etwas anderes aus als eine technische Apparatur, die einen definierbaren, zeitlich begrenzten Nutzwert verkörpert. Den Ertrag dieser Dichotomie macht sich erst unser Jahrhundert zunutze. Selbstverständlich stellt sich hier in erster Linie der Name Duchamp ein. Man denkt an die Objektkunst, der es dank der Aufwertung des Veralteten und Außerkursgesetzten gelingt, ein Reservoir an Formen ins Museum zu holen, das bis dahin aus der Kunstgeschichte ausgegrenzt worden war. Die Kunst beginnt sich wie ein Einsiedlerkrebs in fremde, tote Schalen einzunisten. Sie verändert dabei auf radikale Weise die ursprüngliche Bedeutung dieser Objekte. Die Funktionen, die in den ersten Räumen der chronologisch angelegten Ausstellung noch übersehbar und anschaulich ausgebreitet sind, sind bald nicht mehr mit dem bloßen Auge wahrnehmbar. Das mit Instrumenten bewaffnete Sehen führt dazu, daß zwei verschiedene Sichtbarkeiten entstehen. Die Sprache der Kunst und die der Wissenschaft treten auseinander. Die Wissenschaft bezieht sich nicht mehr länger auf die Gesamtheit des Körpers – sie entdeckt infinimale Strukturen, die eine andere Perzeption voraussetzen: In Zeitlupe zerfällt die anschauliche Welt unter unseren Augen. Die Hermeneutik der Wissenschaft, die sich immer näher und detaillierter auf Moleküle und Neutronen wirft, tendiert streng genommen zur Unsichtbarkeit. Sie geht den Abstraktionsprozessen der Kunst voraus. Ende des 19. Jahrhunderts forderte das instrumentale Sehen der Wissenschaft die Maler dazu auf, die Veränderung des Sehens und Verstehens selbst zum Thema der Kunst zu nehmen. Hier tauchen streckenweise beeindruckende Beziehungen zwischen Darwinismus, Genetik und den formalen Lizenzen des Künstlers auf. In diesem Zusammenhang lassen sich auch die kubistische Zersplitterung und die neuen Proportionsraster für die Darstellung des Menschen oder die biomorphe Verformung mit anderen Augen erleben. Kunst und Natur, Seele und Körper bleiben getrennt.

Im letzten Saal wird dies noch einmal mit aller Deutlichkeit unterstrichen. Das Schlußbild *Das Fenster zur Seele,* das mit aktuellsten Techniken »normale« und »pathologische« Gehirntätigkeiten und Unterschiede von Verhaltensweisen visualisiert, prägt sich dem Betrachter tief ein. Daneben steht die Skulptur eines spanischen Künstlers, ein Menschenpaar. Es hält an der Anatomie fest. Haut grenzt es von der Welt ab, es kündet von der »Antiquiertheit des Menschen«.

Man kann den Dualismus, der in der Schau vorherrscht, personifizieren. Zwei Vorstellungen, zwei Kommissare schlagen aufeinander ein. Der Hochzeitsmarsch des Paares Kunst und Wissenschaft klingt schrill. Auf der einen Seite steht der Rationalist, der Gehirnforscher Jean-Pierre Changeux. Er ist für den Beitrag in der Ausstellung zuständig, der sich dem Körper widmet, der erklärt. Und er tut dies offensichtlich mit der unerschütterlichen Überzeugung des Positivisten, der noch nie in die Verlegenheit gekommen war, im Gehirn so etwas wie Seele lokalisieren zu müssen. Seele, Kunst erscheinen in »L'âme au corps« als Ausschlußbegriffe des Wissenschaftlers. Für diese tritt Jean Clair ein. Er stellte an den Ausgang der Schau eine

Holzmodell des Gehirns aus dem 19. Jahrhundert in der Ausstellung »L'âme au corps« in Paris, 1994. Privatsammlung

Serie von Porträts, die Antonin Artaud gezeichnet hat. Die Psychologie, die Lavaterschen Gewißheiten, die Etiketten Galls entgleisen in den rätselhaften Gesichtern. Das Denken verdunkelt sich. Ein siegessicherer Satz von Artaud begleitet den Zugriff auf den Positivismus: »Was das menschliche Gesicht sagen will, hat seinen Ausdruck noch nicht gefunden... das menschliche Gesicht spricht und atmet seit Tausenden von Jahren, und dennoch hat man den Eindruck, daß es noch nicht begonnen hat, das zu sagen, was es eigentlich ist und was es weiß.« Der Hinweis auf das Unerklärliche soll das letzte Wort haben. Es ist beileibe keine einfache Schau. Sie verletzt Tabus, sie widerspricht Geschmacksnormen. Nicht zuletzt, weil sie Körper und Seele so haarscharf zur Kollision treibt. Denn das Spektakuläre und das Anrüchige allein, auf das wir hier stoßen, erklärt nicht die Stimmung, die in den Sälen aufkommt. Die Besucher verhalten sich anders als sonst im Museum, sie reagieren ungehemmter und extrovertierter. Sie suchen Befreiung von sich selbst. So, als gelte es, eine Verletzung zu überspielen. Versperren, Notausgang, Tabu – mit solchen Aktionen und Worten, die die schwierige Geschichte dieser Ausstellung begleiten, benennen wir folglich mehr, als es zunächst den Anschein hat. Eine Ausstellung wurde geschlossen, verdrängt. Warum? Man konnte dem Inhalt nur dadurch entrinnen, indem man feststellte, daß man nicht mehr Herr im baufälligen Hause war. Das Versperren der Ausstellung kommt einem nachträglich wie ein Lapsus der ganzen Gesellschaft vor. Dieser wirft Licht auf die dunklen Seiten des Körpers.

Die Sammlung Flick im Hamburger Bahnhof
Kein Modell für die Franzosen

Ein Problem, wie das mit der Sammlung Friedrich Christian Flick, das in Berlin aufgetaucht ist und nun so etwas wie Behandlung sucht, wäre in Frankreich undenkbar. Denn eine Sammlung wie die von Flick würde vom französischen Staat erst dann in einem seiner Museumsräume gezeigt werden, wenn die Besitzfrage definitiv zugunsten des Staates geregelt wäre. Diese Abstinenz sorgt dafür, daß es keine schwankenden Sammlungen gibt, keine Sammlungen, die am ungenauen Ort hängen, von einem Museum ins andere wandern. Der Staat würde auch nie improvisieren und Räume schaffen, um eine private Sammlung unterzubringen. Es ist nicht zuletzt die völlig neue, geradezu fabrikneue Raumfrage, die Sammler dazu bringt den Weg in die Öffentlichkeit zu suchen. Denn sie selbst können das, was sie aufgehäuft haben, in ihren eigenen Wänden überhaupt nicht mehr zeigen.

Aus diesem Grunde kann es auch keine Ratschläge für das andere Berliner Problem geben. Man präsentiert öffentlich eine Sammlung, die niemand zuvor gesehen hat. Der Faktor Überraschung, der allen Kriterien von Auswahl und Sammlung widerspricht, wird als Mittel des Marketings eingesetzt. Deshalb mußte der Katalog bis zur Eröffnung Verschlußsache bleiben. In Frankreich würde sich kein Verantwortlicher, kein Museumsmann mit vergleichbarer Gier auf den Dark Room eines Sammlers stürzen. Ein derartiges Roulette-Spiel mit dem Unerwarteten wäre im rational verhandelten, dirigistisch geführten Kulturbetrieb Frankreichs undenkbar.

Müssen sich die Museen gegen den Druck zur Wehr setzen, den die Ansprüche und die Ambitionen privater Sammler stellen? Eine solche Vorstellung wird demjenigen, der von französischen Verhältnissen ausgeht, geradezu abwegig erscheinen. Welcher private Sammler hätte hier schon Macht? Es gibt in Frankreich, abgesehen von François Pinault, keine Megasammler, die sich mit den Ludwig, Panza, Marx, Grothe, Brandhorst, Fröhlich, Saatchi oder Frieder Burda vergleichen ließen. Man suchte auch vergebens nach Sammlermuseen, in denen private Bestände zugänglich gemacht würden. Nur mit Neid kann man von Frankreich aus also auf das schauen, was andernorts möglich ist. Deshalb käme in Frankreich sicherlich niemandem in den Sinn, von einer »Macht des Sammlers« und von der »Verantwortung der Museen« zu reden, die sich gegen eine bedrohliche Einflußnahme zu behaupten hätten. Die Zugkräfte sind anders verteilt. In Frankreich lamentieren die Sammler. Zu übermächtig ist die Präsenz der öffentlichen Institutionen, zu sichtbar sind die öffentlichen Ankäufe. Sie stellen all das in den Schatten, was sich privater Initiative verdankt. Der Staat verteidigt eifersüchtig sein Privileg.

Frankreich und der Kunstmarkt

Das hat Rückwirkungen. Der französische Kunsthandel muß mit einer mageren privaten Kundschaft auskommen. Wenn von Privatpersonen die Rede ist, die sammeln, so trifft man immer auf dieselben wenigen Namen. Nur wenige vermögen hier – als Puffer zwischen Künstlern und Staat – eine Rolle zu übernehmen. Das hat dazu geführt, daß viele Künstler dazu verurteilt sind, als Staatskünstler zu vegetieren. Sie sind von öffentlichen Aufträgen und Ankäufen, von staatlich organisierten Ausstellungen abhängig. Und wenn sie einmal auf internationalem Parkett auftreten können, werden sie so gut wie nie von Sammlern, sondern von staatlich bestellten Paten, von Offiziellen begleitet. Es fehlt zwischen den Ateliers und dem Staat das Glacis des Privaten und Engagierten.

Das scheint all dem zu widersprechen, was wir über die jüngere Kunstgeschichte in Frankreich, über die unbegrenzte Freiheit der Künstler, über Bohème, Experiment und Unbotmäßigkeit gehört haben. Vom Staat, von Aufträgen und Kontrolle war in der ersten Hälfte des zwanzigsten Jahrhunderts überhaupt nicht mehr die Rede. Die Künstler der epochalen klassischen Moderne lebten in einer selbstgesuchten sozialen Isolation. Sie schufen sich, denken wir an die Kreise um Apollinaire, um Léger oder um André Breton, so etwas wie intersubjektive Absicherungen, die intellektuell über all das hinausgingen, was Salonbetrieb und Kuratorenästhetik anzubieten vermochten. Der Staat blieb unsichtbar, war, auch wenn es ihm nicht gefiel, zur Unsichtbarkeit verdammt.

Die Museen kauften so gut wie nicht. Kein französisches Museum hat zu Lebzeiten Picassos auch nur ein einziges Bild des Spaniers erworben. Bei Kahnweiler, dem Kunsthändler des Kubismus, gingen Ausländer ein und aus. Wenn wir die Geschichte dieser Galerie überblicken, stellen wir mit Erstaunen fest, daß keiner ihrer Künstler an den französischen Salons teilnehmen durfte. Zu Kahnweilers Politik gehörte es, die Künstler der Galerie ausschließlich auf Ausstellungen im Ausland auftreten zu lassen. Das prinzipielle, ja aggressive Mißtrauen gegenüber Staat und öffentlicher Meinung erschien als Bedingung für künstlerische Freiheit und Kreativität.

Die jüngste Geschichte, die Unfähigkeit im Umgang mit Impressionismus und Cézanne, hatte sich Kahnweiler tief eingeprägt. Sie galt ihm als abschreckendes Vorbild. In keinem Land blieb die neue Kunst, die Avantgarde, derart eindrucksvoll an die Überwindung behördlicher Strukturen und an die Zurückweisung offizieller Einmischung gebunden. Salon, Akademie – das waren die Institutionen des neunzehnten Jahrhunderts, gegen die Cézanne, Gauguin, van Gogh und, auf sie folgend, die Fauves und Kubisten, die Indépendants des neuen Jahrhunderts, anzukämpfen hatten.

Prestige und Autorität der Künstler, die ohne engeren Kontakt zum Staat und zum Museum auskommen wollten, gingen in der Zeit nach dem Zweiten Weltkrieg zurück. Die administrative Kontrolle, die im neunzehnten Jahrhundert alles regelte, wurde plötzlich wieder spürbar. Im Laufe der letzten Jahrzehnte machte sich eine Kulturbürokratie breit, die ein so starkes Selbstvertrauen gewann, daß sie erneut direkt mit den Künstlern zu verhandeln wagt. Der Status des Künstlers, der auf Entwurzelung und Autonomie pocht, veränderte sich. Die für die Avantgarde so unentbehrliche, glückliche Kluft, die sich Ende des neunzehnten Jahrhunderts zwischen Staat und Künstler auftat, ist heute nicht mehr wahrnehmbar. Der Staat beansprucht seine alten, im neunzehnten Jahrhundert verlorenen Rechte.

Ein konkreter Hinweis kann Argumente für das schwierige, von gegenseitigem Mißtrauen begleitete Verhältnis zwischen Staat und Sammler in Frankreich beisteuern. Er führt uns zudem in die Zeit, die ihren Schatten auf das wirft, von dem im Umkreis der Sammlung Friedrich Christian Flick wohl weiterhin die Rede sein wird. Von Juni bis August 1946 zeigte die Pariser Orangerie in den Tuilerien eine Ausstellung, in der einzigartige Arbeiten, die der Stab Rosenberg während der Besatzungsjahre nach Deutschland verschleppt hatte, der Öffentlichkeit vorgestellt wurden. Der Katalog, der aus Anlaß der Präsentation in der Orangerie erschien, trug den Titel »Les chefs-d'œuvre des collections françaises«. Doch kurz danach revidierte eine zweite Auflage den Titel. Nun war zu lesen: »Les chefs-d'œuvres des collections privées françaises«. Den Wechsel von »collections françaises«, das heißt von französischem Patrimonium, zu »collections privées françaises«, zu französischen Privatsammlungen, gilt es festzuhalten. Denn in der Tat handelte es sich bei dem, was hier im Musée de l'Orangerie dem staunenden Publikum zugänglich gemacht wurde, nicht um Arbeiten, die sich zuvor im Besitz des Staates befunden hatten. Ausschließlich Werke aus Privatsammlungen waren in der Orangerie zu sehen. Es war dieser Fehler, der in der Neuauflage des Katalogs korrigiert wurde.

Doch ganz offensichtlich handelte es sich bei der ersten Fassung des Titels um mehr als um einen Irrtum: Der Titel präsentiert einen aufschlußreichen Lapsus. Die Fehlleistung beleuchtet das, was es über die Mentalität des Sammelns, über das Verhältnis von Staat und Sammler in Frankreich anzumerken gilt. Der erste Titel, der an öffentliche Sammlungen denken läßt, entsprach präzise der Vorstellung, die man sich in Frankreich von einem »sichtbaren« Kunstbesitz macht: Etwas, was öffentlich gezeigt wird, kann nur der Allgemeinheit gehören. Eine Reihe von Reglementierungen des Staates, der Versuch, den privaten Kunstbesitz zu inventarisieren, den Leihverkehr von Kunstwerken zu kontrollieren, beim Verkauf von Kunstwerken mitzureden und ein Vorkaufsrecht bei Auktionen zu beanspruchen, haben mit ästhetischer Staatsräson zu tun. Es geht um Übernahme in die staatlichen Sammlungen. Die Gründung von Stiftungen und Fondationen, die Arbeiten in eigener Regie der Öffentlichkeit zugänglich machen wollen, werden aus diesem Grund nicht gerade ermutigt. Für sie sind keine Hilfen und auch keine Steuererleichterungen vorgesehen.

Tabu des Privaten

Viel bedeutender, prestigeträchtiger für den Staat ist das System der »dation«, das es zuläßt, wichtige Arbeiten aus Privatbesitz zur Begleichung der Erbschaftsteuer anzubieten. Dies ermöglicht eine Kulturpolitik, die Privates und Patrimonium in Frankreich zusammenbindet. Denn der Staat soll, das ist das Ziel der Kuratoren, auf die Dauer alles Wichtige übernehmen. Der Privatsammler ist nichts anderes als der Garant des ständig wachsenden Patrimoniums. Was er besitzt, wartet im Vorzimmer der Museen auf Einlaß. Diese Möglichkeit, dank der »dation« das Patrimonium zu bereichern, geht auf ein Gesetz zurück, das Kulturminister André Malraux durchsetzte. Man sprach damals von einer »Lex Picasso«. Es ging darum, im Vorgriff auf den Tod Picassos, dafür zu sorgen, daß die Hauptwerke aus dem Nachlaß dank dieser fiskalischen Konstruktion nicht dem Staat entgehen konnten.

Private Sammlungen bleiben in Frankreich in der Regel vor fremden Augen verborgen. Doch im Sammler äußert sich eine vitale Begierde, auf die das soziale Leben angewiesen ist. Die symbolistische Kunstreligion steckt dahinter. In »Idées et sensations« 1858 notieren Edmond und Jules de Goncourt: »Im Café Riche saß ein alter Mann neben mir. Der Kellner fragte ihn, nachdem er alle Gerichte aufgezählt hatte, was er denn wünsche. ›Ich wünschte‹, antwortete der alte Mann, ›einen Wunsch zu haben.‹«

Wir rühren mit der Scheu, Privates auszubreiten, an ein entscheidendes Tabu. Der Exhibitionismus des eigenen Besitzes gilt als vulgär, als Ausdruck neureicher Mentalität. Dies betrifft gewissermaßen den moralischen Überbau. Doch man darf darüber etwas anderes nicht vergessen. Es gibt in Frankreich weiterhin das, was man postrevolutionäre Angst vor Konfiskation und Zugriff des Staates nennen kann. Das Trauma, das die Enteignungen der grandiosen Sammlungen hervorrief, wirkt bis heute fort. Das Verstecken und das Understatement sind aus diesem Grunde ein Lieblingssport des französischen Sammlers geworden. Daran hat sich kaum etwas geändert. Die Verunsicherung sitzt tief. Auch wenn die Ängste etwas Irreales haben. Der Sammler fühlt sich bedroht. Denn mit schöner Regelmäßigkeit wird im Parlament bei den Budgetberatungen wenigstens von einem Abgeordneten der Vorschlag gemacht, Kunstbesitz zu besteuern. Die Regierung mag noch so oft eine derartige Absicht abstreiten. Der Sammler zieht es vor, seinen Besitz zu tarnen.

Überaus selten wurden Arbeiten aus Privatbesitz zu eigenen Ausstellungen zusammengestellt. Diese fanden im französischen Provinzmuseen statt. Eine wichtige Ausstellung »Un musée éphémère: collections françaises 1945-1985« fand 1986 bezeichnenderweise in der Fondation Maeght statt, der einzigen Institution im Lande, die autonom ihr Programm entwirft und deshalb auch nicht den Empfindlichkeiten der Staatsräson, der Berührungsscheu mit dem Privaten unterworfen ist. Schließlich versuchte Suzanne Pagé mit der Ausstellung »Passions privées«, die sie 1995 im Musée de la Ville de Paris organisierte, die Zwangsjacke aufzuschnüren. Die Schau war eine Offenbarung. Sie wandte sich polemisch gegen das Monopol des Staates. Pagé besuchte 300 Sammlungen. Werke aus 92 suchte sie aus. Zwei Drittel der Sammler, die schließlich an der Ausstellung teilnahmen, wollten anonym bleiben. Es war eine exzeptionelle Aktion, die heute wohl nicht mehr möglich wäre.

Das Sammlerhaus »Maison rouge«, das Antoine de Galbert vor kurzem in Paris gegründet hat, versucht auf privater Ebene, den Sammlern ein vorübergehendes Logis anzubieten. Eines offenbart der Blick auf die Titel der Ausstellungen: Wir treffen nie auf Namen von Besitzern. Es handelt sich um Bestandsaufnahmen, die einem Kollektiv von Sammlern gelten. Nur der Mäzen kann Anspruch auf die Nennung des Namens erheben. Die Legate in den Museen, auch die spektakulärsten Schenkungen der letzten zwanzig Jahre zeigen einen großen Bürgersinn: die Stiftung Kahnweiler/Leiris, die Stiftung Gourgaud, die Stiftung Laugier/Cuttoli und die Stiftung Daniel Cordier. Cordier allein übergab dem französischen Staat an die sechshundert Arbeiten.

Was im Museum zu sehen ist, was im Museum mit einer Provenienz gekennzeichnet ist, verweist auf den Mäzen. Dieser Begriff wird in Frankreich nicht leichtfertig gebraucht. Was Kahnweiler oder Cordier erbracht haben, entspricht dem, was Bernhard Sprengel oder Peter Ludwig für die Gemeinschaft taten. Entspricht dem, was früher in Deutschland – denken wir nur an James Simon, van der Heydt, an Haubrich – selbstverständlich war. Aus jüngerer und jüngster Zeit können wir neben Reinhold Würth noch Frieder Burda anführen. Sie haben den Bau für die eigene Sammlung nicht nur selbst finanziert und mit einer eigenen bedeutenden Sammlung ausgestattet. Sie übernehmen auch die Kosten für den laufenden Betrieb.

Diese Zurückhaltung des Staates gegenüber der privaten Initiative ist in Frankreich die Regel. Nur das Centre Pompidou wagte nach seiner Gründung vor dreißig Jahren auf Leihgaben aus privater Hand zurückzugreifen. Einige Arbeiten aus der Sammlung Ludwig halfen mit, vorübergehend die augenfälligsten Lücken des Hauses im Bereich der amerikanischen Kunst zu schließen. Sie hatten eine Funktion, halfen mit, Mittel zu mobilisieren, um eklatante Schwächen der Sammlung auszugleichen. Dies war nur möglich, weil das Centre Pompidou einen eigenen, halbautonomen Status besitzt. Bei der Wiedereröffnung des Musée national d'art moderne im Centre Pompidou im Jahre 2000 griff ich auf dieses Verfahren, das Pontus Hultén ein Vierteljahrhundert zuvor durchgesetzt hatte, zurück und entlieh einige Arbeiten aus europäischen und amerikanischen Museen, um weiße Stellen auf der Landkarte der Kunstgeschichte zu tilgen. Die Leihgaben aus Museumsbesitz traten dabei als Botschafter befreundeter Institutionen auf.

Bis heute sprechen also psychologische und institutionelle Gründe in Frankreich gegen die Präsentation einer Privatsammlung. Dieses Mißtrauen trägt die Schuld daran, daß in Frankreich kaum große private Kollektionen entstehen. Die schwierigen Beziehungen zwischen Staat und Sammler haben, so besehen, weitreichende Folgen. Die Berührungsangst schwächt den Kunstbetrieb. Darunter leidet die aktuelle Kunstszene, leiden Künstler, Sammler und Galerien. Institutionell ist Frankreich für die Kunst der großen Formate und Installationen schlechter ausgerüstet als die europäischen Nachbarländer. Denn zeitgenössische Kunst sprengt den Rahmen der meisten privaten Sammlungen und der meisten Museen. Sperrgut macht einen Rückgriff auf unkonventionelle Räume notwendig. Die einzigen Institutionen, die hier mitspielen können, befinden sich in der Regel fern der Hauptstadt. Regionale Kunstfonds kaufen, stellen aus und lagern. Damit ist die Wirkungsgeschichte der jungen Kunst häufig ziemlich schnell am Ende.

Es kommt im Verhältnis zwischen junger Kunst und Staat keine passionierte Beziehung zustande. Den Kauf von Kunst, die Verwaltung von Kunst umgibt so etwas wie ein laizistisches Pflichtgefühl. Das paßt zum republikanischen Geist, zum Spiel mit der Chancengleichheit. Für den Künstler hat die Vorstellung, nur den Staat zu beliefern, etwas Demoralisierendes, Pejoratives. Denn der Diskurs, den der Künstler mit dem Sammler zu führen vermag, fällt aus. Und für die leidenschaftliche Beziehung ist allein der Sammler zuständig. Er darf ungerecht, subjektiv sein. Darin, daß sich so wenige Privatleute offen um Kunst kümmern, besteht die Schwäche des französischen Systems, das die Arbeit der Museen streng von der des Sammlers zu trennen sucht.

Die amerikanische Unfehlbarkeitserklärung
Das MoMA-Komplott: Anmerkungen zum Gastspiel des Museum of Modern Art in der Nationalgalerie Berlin

Eine splendide Auswahl von Bildern und Skulpturen aus dem Besitz des MoMA nach Berlin zu holen war eine bedeutende, aber folgenschwere Entscheidung. Die Nachwehen der Schau sind unabsehbar. Die Wirkung läßt sich am ehesten mit der »Sonderbundausstellung« vor dem Ersten Weltkrieg oder der ersten »documenta« vergleichen. In beiden Fällen ging es um mehr als um die Begegnung mit Bildern, es ging um die Veränderung der Mentalität.

Was sich in diesen Tagen noch in der Berliner Nationalgalerie abspielt, wird auf den ersten Blick keiner bedauern: Es besteht die Möglichkeit, mythischen Originalwerken zu begegnen. Niemand hatte mit diesem unerhörten Zulauf gerechnet. Der administrative, finanzielle Kraftakt und das diplomatische Geschick der Berliner Initiatoren, Peter-Klaus Schuster und Peter Raue, haben einen immensen Erfolg eingeheimst. Man sieht in der Rückschau: Diejenigen, die dem Auftritt des MoMA in die Suppe spucken wollten, hatten im falschen Lokal reserviert. Man konnte vielmehr erleben, daß sich Berlin, wie Paris, wie London, zu einem spektakulären »acte de présence« aufzuraffen vermag. Aber die Stadt ist dazu vorerst nur fähig, weil ihr die beherzte private Initiative der Freunde der Nationalgalerie unter die Arme griff. Denn trotz der vielbeschworenen besonderen Beziehungen, trotz »deutsch-amerikanischer Freundschaft« ging es den Verantwortlichen des MoMA auch um Geld. Das trübt ein wenig die Legende, New York habe Berlin gegenüber eine exzeptionelle Geste gemacht. Doch es läßt sich nicht abstreiten: Noch nie hat das Museum so viele und so hochkarätige Arbeiten gleichzeitig auf die Reise geschickt.

Der Berliner Erfolg zeigt: Man begnügt sich nicht mehr mit normalen Ausstellungen, man fordert Events. Dieser Betrieb braucht inzwischen auch seine gitarrenspielenden Priester und die Bauchtänze der Sponsoren. Wenn man die in süßliches Rosa gehüllten »MoMAnizer« sieht, die den Besucher artig beim Gang durch die Ausstellung assistieren, muß man unweigerlich an das Ballett der Spermatozoen in Woody Allens Film denken. Die Art und Weise, wie sich Kommunikation und Werbung verselbständigen, gehört inzwischen leider zu dem, was auch das New Yorker Weltinstitut tolerieren muß. Es vermag sowenig wie andere Häuser gegenüber dem Guggenheim-Effekt immun zu bleiben.

Wie weit hat sich das Weltmuseum von seinen früheren Gewißheiten entfernt, Gewißheiten, die in den fünfziger Jahren noch dazu führten, jede Annäherung an Pop und Populismus mit Mißtrauen zu betrachten. Als Andy Warhol dem MoMA wohl mehr im Spaß eine seiner »Shoe«-Zeichnungen zusandte, antwortete ihm Alfred H. Barr am 18. Oktober 1956, daß das Museum das »großzügige Geschenk« leider nicht annehmen könne. Warhol möge das Werk, wann immer er wolle, wieder abholen. Was hier auftauchte, schien die transzendentale Ordnung des Museums zu gefährden. Erst später wurde diese Bewegung akzeptiert, wiederum dank historischer Kategorien. Als Fortsetzung Dadas fanden Pop und künstlerische Ironie ihre Legitimation. Das Museum hat diese Zurückhaltung aufgeben müssen. Was es heute für das Publikum unternehmen muß, grenzt schon an Mitbestimmung, an Konditionierung durch den öffentlichen Geschmack.

Das Verschwinden einer Zeitzone

Das alles bleiben Randbemerkungen zu diesem Erfolg. Es gibt Einwände, die auffordern, von einer folgenschweren Ausstellung zu reden. Denn die Präsentation der Schätze, die das New Yorker Museum nach Berlin sandte, kann nicht mit dem triumphalen Hinweis auf die Verkaufszahlen und den Besucherrekord einfach so zu Ende gehen. Über eine Million Menschen werden das Ereignis gesehen haben. Die Rezensionen, die sich mit dem Auftritt des New Yorker Hauses beschäftigten, haben kaum nach der Langzeitwirkung der Schau gefragt. Doch das, was die Besucher aufgetischt bekommen, wird sie bei ihrem Gang in Museen und Galerien, bei ihrem Blick in Kataloge und Bücher nicht mehr loslassen.

Die Amerikaner, die die Auswahl getroffen haben, betreiben Kulturpolitik, es geht ihnen um den Kanon, den das MoMA, der Vatikan für die Ästhetik des zwanzigsten Jahrhunderts, seit den dreißiger Jahren durchgesetzt hat und auch weiterhin verbindlich machen möchte. Für eine so ehrgeizige Operation ist die Stunde günstig. Das New Yorker Museum darf in Berlin auf geradezu expansionistische Weise nicht nur die eigene Sammlung, sondern die amerikanische Kunst zum Kulminationspunkt der Entwicklung erklären.

Was an den Wänden der Berliner Nationalgalerie zu sehen ist, lebt von einem starken Kontrast. Die Ausstellung zerfällt in zwei scharf getrennte Phasen. Wir treffen auf zwei Zeiten, auf zwei Modi, mit Zeit und Geschichte umzugehen. Konfrontiert wird das akute Bewußtsein von Moderne mit der Entdeckung historischer Distanz. Sie halten sich wechselseitig in der Schwebe. Dies findet Platz in Nietzsches Dialektik des Historischen und des Unhistorischen: In der Praxis eines lebenden Museums treffen Phasen der Revitalisierung von Geschichte immer wieder auf solche, die von der Fähigkeit des »Vergessenkönnens« dominiert werden.

Die ersten fünfzig Jahre beherrschen Picasso, Matisse, Brancusi, Mondrian, Malewitsch, die Expressionisten und die Surrealisten. Sie liefern den bestechenden »Beweis für das zwanzigste Jahrhundert« (Foucault). Der eigene Beitrag der Amerikaner fällt für diese Zeit überaus knapp aus. Nur Stuart Davis, Georgia O'Keeffe und Edward Hopper brechen in die Phalanx der europäischen Größen ein. Eine solche Zurückhaltung sieht nach Objektivität aus. Aus diesem Grunde fehlen die Zwischenfiguren, die sonst in der nationalen Kunstgeschichte, in ihrer amerikanischen Version die europäischen Richtungen, den Kubismus, Fauvismus, den Expressionismus illustrieren dürfen. Doch eigentlich stößt die Rekapitulation der amerikanischen Malerei, die sich mit diesen drei Namen begnügt, bereits an die Grenze. Es gibt nicht viel mehr, was man guten Gewissens den Europäern an die Seite stellen könnte. Doch nun wird das, was der Besucher als objektive Strenge zu goutieren beginnt, Strenge, die eigentlich nur dazu dient, Belangloses zu opfern, zur Falle für die Europäer.

Es geht der Ausstellung in ihrem zweiten Teil nicht nur um Präsentieren, sondern ebenso um Verstecken und um Verschweigen. Die zwei Partien prallen aufeinander. Das, was dem Besucher vorenthalten wird, soll dem, was zu sehen ist, eine zusätzliche Bedeutung sichern. Das Zensierte unterstreicht die Wahl. Der Blick auf die zweite Jahrhunderthälfte kehrt das Verfahren um. Die strengen Kriterien, die dazu dienten, die eigenen Schwächen zu verstecken, werden nun gegen Europa ins Feld geführt. Das Kapitel »neue amerikanische Malerei« gibt den Ton an. Das versteht jeder. Der amerikanische Aufbruch in den späten vierziger Jahren ist spektakulär.

Doch was sich von hier an in der Ausstellung abspielt, ist absolut ungeheuerlich: wir treffen in den Sälen, in denen die Kunst der Nachkriegszeit ausgebreitet wird, auf kein einziges Werk von Matisse. Dabei hatte der greise Künstler mit seinen Papierschnitten die Amerikaner zu einer geradezu revolutionären Befreiung aufgerufen. Wir finden nichts von Max Ernst, obwohl dieser, wie Masson, noch zu Beginn der fünfziger Jahre dank der Spontaneität der »écriture automatique« eine erkennbare Wirkung auf die New Yorker Schule ausübte. Vergeblich sucht man Dubuffet, Fautrier, Giacometti. Nicht einmal der späte Picasso, der in den sechziger Jahren dank seiner expressiven, existentiellen Malerei überall auf der Welt eine beispiellose Aktualität erreichte, hat auf diesem amerikanischen

Parnaß Platz gefunden. Über dem, was sich hier abspielt, liegt wie ein Fluch der Schatten des Großkritikers Clement Greenberg. Seine ebenso formalistische wie chauvinistische Rechthaberei hat das historische Denken für Generationen versaut.

Das Spiel mit gezinkten Karten, der verfälschende rapide Überblick, der die letzten fünfzig Jahre Kunst in der Sammlung des MoMA zusammenfaßt, ist ein Affront. Dabei hatten die Konservatoren Sinn und Triumph der Sammlung stets um die zwei Hauptwege Picasso und Matisse gruppiert. Beide Künstler konnten als Garanten für die Geschichtskonstruktion dienen, die das MoMA seit seiner Gründung verfolgte. Diese zwei ihr Jahrhundert dominierenden Figuren setzte die Sammlung von Anfang an als Urmeter der Moderne ein.

Was den unverzichtbaren Namen der klassischen Moderne, was dem Spätwerk Picassos, Braques oder Légers zustößt, widerfährt auch all den nichtamerikanischen Künstlern, die während der letzten Jahrzehnte den Kunstmarkt, den Ausstellungsbetrieb und die Diskussion beherrschen. Wir begegnen weder Nam June Paik noch Tinguely, Fontana, Klein, Bacon, Hockney, Beuys, Boltanski, Baselitz, Kiefer, Polke, Becher oder Ruff. Kein Europäer, kein außerhalb Amerikas wirkender Künstler hat Gnade gefunden. Einen derartigen ästhetischen Isolationismus hat man seit den fünfziger Jahren, in denen die »École de Paris« süperb die Weltkunst zu repräsentieren meinte, nirgends mehr erlebt. Diese Entscheidung wirkt geradezu kolonialistisch. Sie propagiert ein Geschichtsbild, von dem man sich nicht leicht befreien kann. Das alles fällt auch auf das New Yorker Museum zurück. Denn man gewinnt eine völlig falsche Vorstellung von dem, was bisher seine Museumspolitik auszeichnete.

Raumschifftorpedo

Es ist ein Jammer, daß die Berliner Schau neben Bildern und Skulpturen überhaupt nichts von der hohen, sinnlichen Intelliganz zu vermitteln vermag, die das MoMA, Glenn Lowry und seine brillanten Mitarbeiter auszeichnet. Denn das MoMA ist keineswegs nur diese Rezeptionsmaschinerie, als die es sich mit dieser Visitenkarte präsentiert. So wirkt dies alles ein wenig eingesargt. Man hätte gerne Einsicht in das intellektuelle Projekt genommen, das dieses Haus von Anfang an verfolgt. Wenn das MoMA heute als das bedeutendste Schatzhaus der klassischen Moderne gilt, so nicht, weil es allein darum ging, möglichst viele wertvolle Kunstwerke einzuheimsen: Im Mittelpunkt stand die Konstruktion der Geschichte der Kunst des zwanzigsten Jahrhunderts. Das macht die Einzigartigkeit des MoMA aus.

Die Institution, der immer einflußreiche Kunsthistoriker vorstanden, hat von Anfang an diese Aufgabe wahrgenommen. Es sprang nicht zuletzt in die Lücke, die nach der Machtübernahme der Nationalsozialisten die deutschen Museen hinterlassen mußten. Diese hatten sich auf einzigartige Weise der Gegenwart zugewandt. Das Berliner Kronprinzenpalais, Sammelstätte zeitgenössischer Kunst, war für Alfred H. Barr, den Gründungsdirektor des MoMA, das leuchtende Beispiel. Peter-Klaus Schuster hat mit Recht auf diese Filiation hingewiesen, die Berlin zum natürlichen Partner des amerikanischen Instituts macht. Deshalb mischt sich in Berlin auch Melancholie ein: Das New Yorker Museum zeigt, was Berlin, was Europa verloren haben.

Hätten große Museumsleute wie Alfred H. Barr ihre großartige Sammlungs- und Erkenntnisleistung nicht in der Absicht erbracht, die Kategorien eines Wölfflin auf Picasso, auf Matisse, auf Dada, den Surrealismus oder die Abstraktion auszuweiten, so hätten wir kaum das, was eine Geschichte moderner Kunst genannt werden kann. Alfred H. Barr stellte ein visuelles Schema auf, das die verschiedenen Verzweigungen der Kunst zwischen Figuration und Abstraktion verständlich zu machen suchte. Er ging dabei von der Überzeugung aus, daß sich in der Kunst eine Entwicklung feststellen läßt. Doch es ging nicht nur um Definition, sondern auch um Eroberung.

Barr definierte den Torpedo, der die Arbeit des MoMA versinnbildlichen soll, als eine Art Raumschiff. Die Nase des Torpedos, meinte er, schnuppere an der Gegenwart, die sich unaufhörlich entziehe, während das Heck die nach und nach verschwindende Vergangenheit der letzten fünfzig bis hundert Jahre durchpflüge.

Die Nachkriegszeit stellte die Institution MoMA vor völlig neue intellektuelle Probleme. Plötzlich sah man sich mit einer amerikanischen Kunstszene konfrontiert, die es zu beobachten und zu beachten galt – nicht zuletzt, weil das, was nun in den New Yorker Ateliers stattfand, auch in Europa wahrgenommen und gesammelt wurde. Die neue Aufgabe war, diese Maler, die gewissermaßen in Nachbarschaft leben, in dem wohldurchdachten Ablauf der Kunstgeschichte unterzubringen.

Dies hatte unerhörte Folgen. In den ersten Jahrzehnten nach der Gründung konnte das Museum aus großer Distanz heraus sammeln. Die geradezu ethnologische Ferne, in der sich die ästhetischen Entwicklungen in Europa abspielten, machte das andere, das Neue sichtbar. Das MoMA profitierte von dem Gefälle zwischen Europa und Amerika. Als private Institution brauchte es auch kaum auf Pressionen einzugehen. Die Stärke und Ausgeglichenheit der Sammlung spiegelt sich nicht zuletzt in den paritätischen Entscheidungen für wichtige Stile und Künstler wider. Bis zu dem Tag, als in Amerika selbst eine selbstbewußte Kunstszene entstand, konnte das MoMA ohne Affekt dokumentieren.

Dies alles änderte sich mit dem Auftreten Pollocks und der Maler des »Action Painting«. Deren Beitrag ließ sich immerhin noch formal mit europäischen Kategorien definieren, schienen ihre Arbeiten doch die Auseinandersetzung mit dem kubistischen Bildraum fortzuführen. Man konnte Pollock oder Kline in der Entwicklung sehen, die mit Picasso und Braque begonnen hatte. Als weitere Referenz bot sich für Barr der Surrealismus an, um den gestuellen Aktionismus der neuen amerikanischen Malerei abzusichern.

Dies alles bedeutete jedoch ein Umdenken, von dem wir uns heute kaum mehr eine Vorstellung machen können. Erstmals mußte sich die Ästhetik, die sich das MoMA, ausgehend von der eigenen Sammlung, zurechtlegte, mit amerikanischen Beiträgen beschäftigen. Barr tat dies, aber er kam nach der ersten längeren Reise, die ihn in der Nachkriegszeit wieder nach Europa führte, zu einem eher gemischten Urteil über die amerikanische Situation: »Mit der sehr wichtigen Ausnahme des Werks einiger weniger Maler in Frankreich, die der Generation jenseits der Fünfundsechzig angehören, erscheint mir die amerikanische Malerei kräftiger und origineller zu sein als die irgendeines einzelnen europäischen Landes. Gleichwohl würden die besten Maler der Alten Welt insgesamt die Amerikaner übertreffen.« Der Übergang von der europäischen Moderne zur amerikanischen Gegenwartskunst stellt Probleme.

Der Glaube an die Objektivität des Kanons, den das MoMA erarbeiten möchte, wird durch den zweiten Teil der Berliner Ausstellung, die sich auf Amerikanisches beschränkt, in Frage gestellt. Als Ausrede für diese Karrenz wird angegeben, man habe nicht zeigen wollen, was man in Europa schon zur Genüge kennt. Das ist ein Argument, das man nicht hinnehmen kann. Die große Mehrzahl der Besucher des Events kennen sicherlich weder die Sammlung der Nationalgalerie noch die Bestände im Hamburger Bahnhof. Das heißt, man kann nicht erwarten, daß sie das, was in der Ausstellung fehlt, durch Erinnerung kompensieren. Das Argument, das mit dem »Vertrauten« spielt, könnte ebenso für die amerikanische Kunst gelten. Denn es gibt wohl kein anderes Land, in dem die Beschäftigung mit amerikanischer Kunst so opulent betrieben wird wie in Deutschland.

Man hätte allzu gerne gesehen, wie das MoMA die europäischen und amerikanischen Bestände seiner Sammlung zu einem Gesamtbild zusammenfügt. Man kommt nicht um den Verdacht herum, die europäischen Künstler sollten einfach geopfert, in ihre Schranken verwiesen werden. Denn eines geht auch dem gutgläubigen Besucher auf: In dieser Ausstellung handelt es sich nicht darum, ihn objektiv mit dem ganzen Spektrum der Sammlung bekannt zu machen. Im Mittelpunkt der Berliner Operation steht die Konsekration. Die Höchstnote, die jeder Besucher der Sammlung der klassischen Moderne zubilligen muß, soll auch den Arbeiten aus der Nachkriegszeit – den amerikanischen Arbeiten – erteilt werden.

Deswegen folgen auf die Arbeiten der europäischen Pioniere der ersten Jahrhunderthälfte im zweiten Teil der Ausstellung alle irgendwie bekannten Namen der amerikanischen Szene. Hier setzt die perverse Wirkung der Schau ein. Sie kreist um die amerikanische Exklusivität. Diese animiert zu einer Sicht auf die Geschichte, in der die Namen, die für Europa unentbehrlich sind, überhaupt nicht mehr vorkommen. Die Besucher können die Abwesenheit der Europäer in einer so prestigiösen Ausstellung nur als abschlägiges Urteil deuten. Europa akzeptiert dies, ohne zu murren, und flüchtet sich noch ein wenig mehr in seine selbstauferlegte Servilität. Doch die Rechnung geht in dieser Form für das MoMA nicht ganz auf.

Die schlimme Botschaft und der Rosenkavalier

Die Auswahl, die für die zweite Jahrhunderthälfte nur den Beitrag der Amerikaner gelten läßt, dünnt die Ausstellung aus. Es gibt unter dem, was gezeigt wird, nicht mehr allzuviel, was sich mit dem messen kann, was in der ersten Hälfte des Jahrhunderts in Europa entstanden ist. Gewiß, eine Auswahl, die alles beiseite lassen muß, was der Nachkriegszeit ihren eigenen Akzent setzt – Fluxus, Neo-Dada in seiner ganzen, zwischen »High« und »Low« changierenden Frechheit –, kann nur eine schwache Vorstellung von der ungeheuer reichen und komplexen Entwicklung vermitteln. Denn zu stark bleibt die Präsentation auf das Bild und auf Skulptur beschränkt. Gewiß, wir treffen in diesem Teil der Ausstellung auf de Kooning,

Rothko, Kline, Still und wenigsten auf zwei bedeutende Pollock, auf Rauschenberg und Jasper Johns. Doch keiner dieser Künstler ist mit Arbeiten vertreten, deren Bedeutung sich mit Cézannes »Der Badende«, Henri Rousseaus »Der Traum«, Kandinskys Wandbildern für Edwin R. Campbell, Matisses »Tanz« oder Picassos »Drei Musikanten« vergleichen ließe. Dagegen darf mit Tomlin, Gottlieb, Frankenthaler und Noland in Fülle das auftauchen, was im »Rosenkavalier« mit dem Prädikat »ansonsten das gewöhnliche Bagagi« apostrophiert wird. Hier schwächt sich der Überblick selbst. Dabei war es immer die Politik des Hauses, das einzelne, unumgängliche Meisterwerk in den Vordergrund zu rücken.

Wie kein anderes Museum hat es die Kunstpolitik des MoMA geschafft, durch Rezeption und Aufmerksamkeit Meisterwerke zu schaffen. Kein anderes Bild des zwanzigsten Jahrhunderts hat eine höhere Konsekration empfangen als Picassos »Les Demoiselles d'Avignon«. Es wurde richtiggehend zum Überbild ausgerufen. Deshalb durfte es auch nicht reisen. Dafür sind weniger restauratorische Gründe als ein Besitzfetischismus verantwortlich, der sich auf dieses Bild wie auf den Rosette-Stein der Kunst des Jahrhunderts kapriziert. Schade, daß nicht einmal Warhol, der amerikanischste der Künstler, in seiner vollen Bedeutung erscheint.

Dieser Ostrazismus der europäischen Kunst leistet sich eine, man muß sagen, gravierende Ausnahme. Gerhard Richter erscheint mit fünfzehn Bildern. Der Zyklus »18. Oktober 1977« bildet das eine Ende der Schau. Warum diese Wahl? Richter dient als Exempel: Die Entscheidung, die europäische Kunst der letzten fünfzig Jahre allein durch den Baader-Meinhof-Zyklus zu illustrieren, verweist auf Terrorismus, auf ein nicht geheures Europa, das nur als Überbringer der schlimmen Botschaft erscheinen darf.

Am Webstuhl der Zeit
Kronos sei der Gott der Künste: Meine Präsentation des Musée national d'Art Moderne, Centre Georges Pompidou, Paris

Hängen heißt immer wieder abhängen, heißt nicht zuletzt auch auf Sehgewohnheiten verzichten. Zum Glück, denn die Konflikte, die dabei entstehen, haben nicht allein mit der beschränkten Topographie zu tun, sie veranschaulichen die Konstruktion der Geschichte, sie tangieren das Überleben von Emotion und Aufnahmefähigkeit. Henri Michaux hat in »Passages« notiert: »Man kann nicht zu mehr als zwanzig in einem Jahrhundert leben. Daher rühren die großen Dispute, in denen es um Berühmtheit geht.«

Der Besucher betritt das Musée national d'Art Moderne im vierten Stockwerk, das für die Kunst der letzten dreißig, vierzig Jahre reserviert wurde. Hier wird er von einem großen Werk von Jean Tinguely empfangen. Das mobile Relief »Requiem pour une feuille morte« (Requiem für ein totes Blatt) drückt genau aus, was am Ende des Jahrhunderts evident geworden ist. Fortschrittsoptimismus und evolutionäres Denken haben einer lethargisch-melancholischen Aussage Platz gemacht, die eher auf das zuschnappende Räderwerk in Chaplins »Modern Times« oder auf Kafkas Tötungsmaschine in der »Strafkolonie« als auf den Maschinentaumel der Futuristen verweist. Dieser Weg, der mit einem Blick auf die neuere und neueste Kunst beginnt, ist ein entscheidender inszenatorischer Eingriff in die frühere Präsentation. Viele Besucher schauen sich zunächst in dieser Gegenwart um. Sie werden im vierten Stock mit dem konfrontiert, was heute in den Ateliers, in der Architektur, im Bereich des Design vorgeschlagen wird. Man begegnet hier nicht einer kanonisierten Kunstgeschichte, man nimmt an einem Prozeß, am Prozeß der Gegenwart teil. Früher konnte der Besucher ins Haus kommen und seine Fauves, seine Matisse bestaunen und sich mit diesen Gewißheiten wieder verabschieden.

Heute ist die zeitgenössische Kunst hier gegenwärtiger als je. Das ist gut, ist aber auch Anlaß für Konflikte. Denn nirgends fühlt sich jedermann stärker zu einem eigenen Urteil aufgerufen als im Bereich der zeitgenössischen Kunst. Dieses wache Interesse am Umgang des Museums mit den Zeitgenossen ist ein erstes Fazit der Wiedereröffnung. Auf dieser unteren Etage des Museums beschleunigt sich der Faktor Zeit. Deshalb sollen sich hier in regelmäßigen Abständen immer wieder andere Werke aussprechen. Bilder, Objekte, Maquetten, die an die Stelle anderer treten, werden sich dann wie ein Palimpsest überlagern und Erinnerung schaffen. Das Auswechseln von Werken soll die Aktualität lesbar und lebendig halten.

In der Begegnung mit den zwei Stockwerken des Museums geht es nicht allein um zwei verschiedene Zeiten, sondern um das akute Bewußtsein von Moderne und um die Entdeckung historischer Distanz. Beides hält sich wechselseitig in der Schwebe. Dies entspricht der Dialektik, die Nietzsche in seiner Abhandlung »Vom Nutzen und Nachteil der Historie für das Leben« als eine »unzeitgemäße« Betrachtung definierte. In der Praxis unseres Museums treffen Phasen der Revitalisierung von Geschichte immer wieder auf solche, die von der Fähigkeit des »Vergessenkönnens« dominiert werden. Darin sah Nietzsche die Hygiene der neuen Zeit, denn das »Unhistorische und das Historische ist gleichermaßen für die Gesundheit eines einzelnen, eines Volkes und einer Kultur nötig«.

Eine bewegliche, nicht rechthaberischen Präsentation der jüngsten Vergangenheit ist die eine Aufgabe des Museums. Die andere besteht darin, ausgehend von den reichen Sammlungen, Arbeiten der ersten zwei Drittel des zwanzigsten Jahrhunderts vorzuführen. Während das Museum im Bereich der zeitgenössischen Kunst guten Gewissens allenfalls Statements abgeben kann, geht es dort, wo mit einem größeren zeitlichen Abstand gearbeitet wird, um einen bewußten Beitrag zur Konstruktion der Kunstgeschichte. Einen solchen Beitrag zu leisten gehört zweifellos zu den wichtigsten Aufgaben des Museums. Institutionen wie das New Yorker Museum of Modern Art, das immer von bedeutenden Kunsthistorikern geführt wurde, haben diese Aufgabe lange Zeit federführend übernommen. Hätten große Museumsleute wie Alfred Barr nicht – in der Absicht, die Erkenntniskategorien eines Wölfflin auf Picasso, auf Matisse, auf Dada, Surrealismus oder auf die Abstraktion auszuweiten – ihre großartige Sammel- und Erkenntnisleistung erbracht, so hätten wir heute kaum das, was ein Museum moderner Kunst genannt werden kann. Sie arbeiteten mit einem Stammbaum, der für uns immer noch ein Baum der Erkenntnis ist.

Die Kategorien als Kraftstationen

Der grandiose Bestand des Musée national d'Art Moderne zwingt dazu, nicht einfach als agile Kulturpolitiker nur das Neue zu präsentieren, sondern auch als Kunsthistoriker die Präsentation der Sammlung und ihren Diskurs zu überdenken. Glücklicherweise bleibt diese doppelte Aktion – Hinweis auf Heutiges und Aufbau eines referentiellen Systems der modernen Kunst – unter einem Dach. Denn zweifellos modifiziert der Blick auf die zeitgenössische Kunst unsere Aufmerksamkeit für die Kunst der ersten Hälfte des Jahrhunderts. Vieles von dem, was heute in den Ateliers geschieht, fordert zu einem prägnanteren Erleben der jüngeren Geschichte auf. Umgekehrt liefern die Räume, die dem Kubismus, die Dada, dem Surrealismus, der figurativen Kunst der zwanziger und dreißiger Jahre oder dem Informel gewidmet sind, überhaupt erst die Kategorien für die zeitgenössische Kunst. Deshalb haben wir

Blick in die neue Hängung der Klassischen Moderne im Centre Pompidou, 2000. Paris, Musée national d'art moderne, Centre Pompidou

auch die Räume, in denen der Dialog Braque-Picasso, in denen die intersubjektive, antinationalistische Rolle Dadas oder die surrealistische Revolution präsentiert werden, zu den Kraftstationen des Museums werden lassen. Darum geht es, nicht um den Proporz zwischen den Künstlern, die zu einem engstirnig ausgelegten Territorium der École de Paris gerechnet werden, und denen, die nicht dazugehören.

Diese großartige, reiche Sammlung stellt vor eine Verantwortung. Diese betrifft den Umgang mit der Geschichte, und sie betrifft – die modische Präferenz für das Aktuelle, Modische muß als Warnung dienen – den Kampf um die Erhaltung von Geschichte. Wie soll man auf dem Hintergrund dieser Reflexion eine so umfassende Sammlung zeigen, und wie kann man ihre Bedeutung sichtbar machen? Für die Präsentation so einzigartiger Sammlungen wie der des Musée national d'Art Moderne oder des Museum of Modern Art in New York kann sich nichts anderes anbieten als die chronologische Ordnung. Auf diese wird deshalb im großen und ganzen zurückgegriffen. Jeder andere Umgang mit den Werken kompliziert das Verstehen, führt zu dekorativer Beliebigkeit, produziert Entropie.

Dominierend ist in unseren Augen die Erinnerung an den Beginn der modernen Kunst und an das, was der Avantgarde des zwanzigsten Jahrhunderts die Begründung liefert: die folgenreiche und brillante Schlagkraft der kontradiktorischen subjektiven Setzungen, die dem früheren, noch in ein gesellschaftliches Ganzes eingebetteten Verlauf von Kunst immer aufs neue kalkulierte scharfe Trennlinien und Ausgrenzungen entgegensetzt. Stilistische Vorbilder und thematisch verbindliche Modelle verschwinden in dieser Umbruchszeit der »Moderne«. Unverwechselbarkeit als ästhetischer und anthropologischer Wert und scharf konturierte Selbstgewißheit der avantgardistischen Positionen sind darauf angewiesen, daß sie sich dem einebnenden methodischen Diskurs und der nachträglichen Verankerung in einem übergeordneten ideologischen Geschichtsentwurf entziehen: der durch Lehrbarkeit und akademische Vermittlung garantierten Vorausberechnung der Genese eines Werks und der Entwicklung einer Künstlerbiographie ebenso wie der Erwartungshaltung der Gesellschaft an ihre Kunst.

Unser Plädoyer für die historische Feineinstellung schließt dabei nicht aus, innerhalb der Chronologie stärker als zuvor ikonographische Gesichtspunkte zu betonen und mit inhaltlichen Kontrasten und Assoziationen zu arbeiten. Deshalb bietet das Entree mit Rousseaus »Krieg« und mit Picassos »Seilhüpfendem Mädchen« eine doppelte Lektüre an. Einmal geht es bei diesem sprechenden Dialog um den Hinweis, daß Kunst im zwanzigsten Jahrhundert eine starke Ikonographie und Zeitbezug zu vertreten hat. Rousseaus Bild, noch im neunzehnten Jahrhundert gemalt, antizipiert den Horror des zwanzigsten Jahrhunderts. Es ersetzt an dieser Stelle ein im Musée national d'Art Moderne abwesendes Bild, Picassos »Guernica«. Ein Historienbild steht am Beginn.

Die Relativierung der thematischen Hungerkur, die von einer idealistischen Ästhetik behauptet wurde, die ihre Kulminationspunkte in Mondrian, Kandinsky und dem Informel sah, unterstreicht symbolisch, daß wir den Gang durch das Museum mit einem so stark inhaltlich bestimmten Bild beginnen lassen. Ihm können wir Themen – aber auch formale Kategorien – der Dadaisten, des Surrealismus, des Nouveau Réalisme, der Pop-art, eines Boltanski und vieler zeitgenössischer Arbeiten angliedern. Der Griff nach dem Zöllner Rousseau kommt einem Manifest für die Aufgabe gleich, die heute im Umgang mit den Werken auf uns wartet. Vor zwanzig, dreißig Jahren hätten wir eher für einen späten Cézanne oder einen späten Monet plädiert, um in die Geschichte der Avantgarde einzuführen.

Der Hinweis auf das Kind – in Picassos »Seilhüpfendem Mädchen« antwortet eine »Miss Jekyll« der unheimlichen »Miss Hyde« Rousseaus – unterstreicht, wie wichtig für die Herausbildung der Avantgarde der Neuanfang und der Bruch mit der Überlieferung, mit Salonkunst und Akademiegewohnheit wurden. Dafür spricht das Thema Kind, und dafür spricht die innovative, geradezu taktische Naivität des Zöllners Rousseau. Das berühmte »désapprendre«, das Verlernen, der Ruf nach Spontaneität hat hier seinen symbolischen und anschaulichen Ausdruck gefunden.

Akute Chronologie der Brüche

Dieser ikonographische Weg bietet sich an, da die lang behauptete Teleologie der Avantgarde – die Eroberung einer irreversiblen abstrakten, gegenstandslosen Bildsprache – heute selbst schon eine historisch gewordene Behauptung geworden ist. Wir plädieren für die chronologische Abfolge, weil diese allein das Gesetz, das die Moderne regiert, erkennbar hervortreten läßt. Doch noch etwas anderes spricht für die chronologische Anordnung.. Die chronologische Anordnung allein vermag die Virulenz in Erinnerung zu rufen, mit der die Avantgarde des zwanzigsten Jahrhunderts den Salonbetrieb und den akademischen Kanon zerbrach. Avantgarde läßt sich als akute Chronologie charakterisieren. Das Ziel der Präsentation muß daher sein, die. Irritationen und Brüche, die die Kunst in der ersten Hälfte des zwanzigsten Jahrhunderts auszeichnet, spürbar werden zu lassen. Vorgeführt wird eine Abfolge von künstlerischen Taten, die sich im Moment ihres Entstehens auf keine Absicherung und keine geschichtlichen Ableitungen mehr beziehen wollten.

Die geradezu systematische Suche nach dem Bruch mit der Tradition umkreist das, was in ständigen Variationen immer wieder zu finden ist: in Manets Griff nach der Mode und damit nach dem mit der Saison zusammenfallenden Jetzt ebenso wie in Gauguins Abkehr vom eurozentrischen Motiv, in Rousseaus Blick auf die Holzstiche seiner Zeit oder im »papier collé« von Braque-Picasso, das in dem Augenblick als Fluchtpunkt des Neuen erscheinen kann, da das vierhändige Malen beider Künstler ein für den modernen Subjektivismus erstaunliches Maß an Verbindlichkeit erreicht hatte.

Schon diese Beispiele rufen in Erinnerung, daß jede avantgardistische Neuerung auf eine möglichst totale Entfremdung von einem anderen aktuellen kulturellen Code zielt, jede Neuerung beruft sich auf eine eigene Epiphanie. Das Bild von der »Inselhaftigkeit« des Kunstwerks, von der Croce spricht, um das Genie der evolutionistischen Eingebundenheit zu entreißen, umschreibt diesen Anspruch auf Autonomie. Dieses Wort veranschaulicht den Charakter der Distanz, welche die Kunst zu sich selbst sucht. Avantgarde braucht als Energie und Begründung dezisionistische Entscheidungen, die unentwegt den ungeschichtlichen Moment des Neuen zu inszenieren suchen.

Speicherkammer der Diachronie

In diesem Sinne bleibt die Epoche, die hier im Mittelpunkt steht, von allen vorhergehenden radikal geschieden. Der Gang der Moderne, das, was uns die Moderne an Objekten anbietet, fällt mit der Suche nach Wirkungen zusammen, die der Begründung durch geschichtliche Traditionen entgehen wollen. Was sich aus diesem Verlauf erkennen läßt, ist keine Lehrstunde für intersubjektive Gewißheiten, die tradiert werden. Was wir sehen, erscheint als ein Kaleidoskop pointierter, oft intoleranter Versuche, sich von Tradition freizumachen. In dieser radikalen Diskontinuität realisiert sich das Prinzip der Modernität. Allein das Festhalten an der Chronologie vermag die Geschichte der unerhörten erfinderischen Wildheit und Leidenschaftlichkeit der Avantgarde zu bewahren und zu visualisieren.

Die diachrone Struktur bewahrt die Energie der Avantgarde, während synchrone Präsentationsformen das dialektische Prinzip, das die historische Entwicklung bestimmte, abschleifen. Für Museen und Sammlungen, die sich weitgehend auf die Kunst der letzten Jahrzehnte konzentrieren, für Sammlungen zeitgenössischer Kunst, die – wie die neue Tate Modern – allenfalls einige historische Belegstücke in ihre breite Präsentation integrieren, mag die Fragestellung und mag die Lösung anders ausfallen. Eine Präsentation, die mit thematischer Gliederung arbeitet und dabei die Chronologie abschafft, kann nur vorübergehend von den schwerwiegenden Lücken ablenken, die die Sammlung aufweist.

Die Inbesitznahme der historischen Sensibilität ist um so wichtiger, als die postmoderne Situation die Vorstellung von der Verfügbarkeit aller Modi, welche die Avantgarde sukzessive herangezogen hat, zur Regel erklärt hat. Mit dem Gewinn der Simultaneität aller Techniken, Stilhöhen und Inhalte ging das Gespür für zeitliche Differenz verloren. Die faszinierenden Tropismen im Bereich von Form und Farbe, die von den Fauves,

Blick in die neue Hängung der Klassischen Moderne im Centre Pompidou, 2000. Paris, Musée national d'art moderne, Centre Pompidou

vom Kubismus, vom Expressionismus, von den idealistischen Schüben, die die Gegenständlichkeit zu tilgen versuchten, ausgeübt wurden, stehen im Vordergrund unserer Präsentation. Innerhalb dieses Rahmens funktionieren auch Bewegungen wie Dada und Surrealismus, die den Begriff von Avantgarde in Frage gestellt haben. Eine andere Präsentationsform würde die Konstruktion der Geschichte unleserlich machen.

Es kommt darauf an, für den Kunstbetrieb einige klare Koordinaten zu retten, nicht zuletzt den Unterschied zwischen Museum und Ausstellung. Im Centre Pompidou korrespondieren Sammlung und Ausstellungen auf eine präzise und sich ergänzende Weise. Eine thematische Präsentation dagegen, die auf die historische Dimension verzichtet, bringt den Unterschied zwischen Museum und Ausstellung zum Verschwinden. Und warum sollte man sich bei der Präsentation einer Sammlung der Kunst des zwanzigsten Jahrhunderts, die sich an Themen hält, überhaupt noch an eine Zeitgrenze zum neunzehnten Jahrhundert halten? Wenn man schon Themen wie Porträt, Landschaft, Stadt, Historienbild, Stilleben einführt, wäre es konsequenter, das Spektrum vom Zeitbegriff zu befreien.

Es gibt genügend Ausstellungsthemen, die vorübergehend von einer nicht-chronologischen Präsentation von Werken profitieren können. Doch danach sollten diese wieder von historischer Schwerkraft ergriffen werden und wieder an den Ort zurückfallen, den sie in der Chronologie – im Museum – einnehmen. Denn ohne die Struktur des Museums, seine dramatischen und bewegenden Präsentation von Zeitlichkeit, werden die Deplacierungen und Collagen, denen die Werke im Ausstellungsbetrieb unterzogen werden, auf die Dauer unverständlich und beliebig.

Quellenverweise

Folgende Texte erschienen als Artikel in der Frankfurter Allgemeinen Zeitung:

Die Wirklichkeit der Dinge und die Phantome der Kunst
Cervantes, Duchamp, Beckett, Nauman, 19. September 1998

Herzschrittmacher des Surrealismus
André Breton, 17. Februar 1996

André Breton, Rue Fontaine
Die Kunst- und Wunderkammer des Surrealismus, 22. Juni 2002

Ein Leben, aber welches?
Louis Aragon, 1. Oktober 1977

Absage an die Gewissheit
Henri Michaux' Fluchtgebärden, 27. Mai 1978

Eine Parallelaktion
Der Dichter und Maler Henri Michaux, 22. Mai 1999

Der Leib wird zum Lapsus
Max Ernst und Kafka, 27. April 1996

Pablo Picasso, Schriftsteller, 28. Oktober 1989

Mit Denkspielen gegen den hohen Ton
Der Dichter Jean Tardieu, 30. Januar 1995

Die Erschaffung der Welt in der Sprache
Francis Ponge und seine Ansichten über »Die literarische Praxis«, 13. März 1965

Poetische Phänomenologie
Francis Ponge, 6. August 1966

Wir brauchen einen Kahlschlag der Gefühle
Zum Tod von Alain Robbe-Grillet, 24. Mai 2008

Welt unter Verdacht
Zum Tod von Nathalie Sarraute, 21. Oktober 1999

Labyrinthe der Erinnerung
»Das Seil« – ein frühes Werk des französischen Schriftstellers Claude Simon, 24. November 1964

Pierre Klossowski, 14. August 2001

Weh dem, der Symbole sieht
Watt von Samuel Beckett, 22. September 1970

Eine Schwäche für alles, was vorbei ist
Samuel Beckett, 13. April 1976

Ein ungespieltes Leben
Zum Tode von Samuel Beckett, 27. Dezember 1989

Was hat die Welt heute, für immer, von Beckett?
Zum 100. Geburtstag von Samuel Beckett, 8. April 2006

Paul Auster und Sophie Calle
Zwischen Brooklyn und Malakoff, 8. Feburar 2001

»Meine Laufbahn entschied sich an einem Sonntag im Herbst 34, um 9 Uhr morgens«
Rede zur Verleihung des ›Meiser Eckhart Preises‹ an Claude Lévi-Strauss, in gekürzter Version abgedruckt am 6. Dezember 2003

Das Wort als revolutionäre Realität
Versuch einer Phänomenologie des Pariser Mai, 21. Juni 1968

Der Bart des Gartenzwergs
Der »Kitsch« – Eine Anthologie von Gillo Dorfles, 9. Mai 1970

Wie Arno Breker die Kunst vor Picasso retten wollte
Eine Begegnung mit Hitlers Lieblingsbildhauer in Paris, 5. August 2006

Kunst an der amerikanischen Westküste
Siddharta in der Bucht von San Franciso, 20. August 1969

Venice in Kalifornien
Jesus-Jünger und technologische Kunst an der Pazifikküste, 23. Oktober 1971

Hitchcock und die Kunst, 24. März 2001

Der balsamierte Alltag
Aufmarsch der neuen Realisten in Amerika, 19. Februar 1972

Ein wechselseitiges Gefälle
Deutsch-französische Beleuchtungen, diese Rede hielt Werner Spies anlässlich der Eröffnung der Berliner Ausstellung »Marianne und Germania. Frankreich und Deutschland. Zwei Welten – eine Revue« im Hebbel-Theater in Berlin. In leicht gekürzter Version abgedruckt am 28. September 1996 in der FAZ.

Was wir lieben, wird sterben
Wenn die Politik *Guernica* kaschieren muss, 25. Februar 2003

»Beaubourg« – Eine Spekulation auf die Zukunft,
Das größte kulturelle Projekt Frankreichs vor der Eröffnung, 29. Januar 1977

Der gespaltene Schädel
Jean Clairs Ausstellung »L'âme au corps«, 4. Dezember 1993

Die Sammlung Flick im Hamburger Bahnhof
Kein Modell für die Franzosen, 11. Dezember 2004

Die amerikanische Unfehlbarkeitserklärung
Das MoMA – Komplott: Anmerkungen zum Gastspiel des Museum of Modern Art
in der Nationalgalerie Berlin, 17. August 2004

Am Webstuhl der Zeit
Kronos sei der Gott der Künste: Meine Präsentation des Musée national d'art
moderne, Centre Georges Pompidou in Paris, 21. August 2000

Folgender Text erschien in der Stuttgarter Zeitung:

Flucht eines Seifmade-Helden
Die »Anti-Memoiren« des André Malraux, erschienen am 27. November 1968 in
der Stuttgarter Zeitung

Folgender Text erschien in der Zeitschrift »Der Spiegel«:

Steine aus dem Himmel unseres Kindes
Die Erinnerungsspiele des Salvador Dali, 28. Mai 1984

Weitere Quellen:

Francis Ponge
Texte zur Kunst, dieser Text erschien als Nachwort für die Publikation »Francis
Ponge, Texte zur Kunst«. Die Auswahl erschien erstmals 1967 als Band 223 der
edition suhrkamp (Frankfurt am Main), die Originaltexte in den Editions
Gallimard (Paris). Der französische Text wurde durch Gerhard M. Neumann und
Werner Spies ins Deutsche übersetzt und erschien 1990 in Erstauflage.

Paris – Berlin 1900-1933
Übereinstimmungen und Gegensätze Frankreich – Deutschland
Dieser Text erschien als Einleitung für den Ausstellungskatalog »Paris – Berlin,
1900-1933, Übereinstimmungen und Gegensätze Frankreich – Deutschland« im
Centre Georges Pompidou (Paris), die von Werner Spies und Jean-Hubert Martin
kuratiert wurde. Die französische Ausgabe erschien 1978 in den Editions Centre
Georges Pompidou (Paris), während die deutsche 1979 im Prestel -Verlag
(München) erschien.

Personenregister

Abrams, Harry N. 349
Adorno, Theodor 107, 277
Albers, Josef 195, 324, 348
Allais, Alphonse 61, 166
Allen, Woody 406
Anders, Günther 129, 137, 365
Andrea, John de 347
Anuskiewicz, Richard 348
Apollinaire, Guillaume 9, 10, 30, 36, 39, 42, 57, 58, 67, 106, 315, 398
Aragon, Louis 67, 97, 102, 103, 104, 105, 106, 107, 108, 109, 110, 111, 112, 117, 123, 144, 273, 277
Arc, Jeanne d' 354
Arendt, Hannah 220, 221
Arman, Fernandez 70, 268
Arp, Hans 34, 166, 240
Artaud, Antonin 54, 83, 395
Augustinus 223, 284
Auster, Paul 266, 267, 268, 269, 270, 271, 272, 273, 274
Avery, Milton 338
Bacon, Francis 67, 409
Ball, Hugo 34
Balthus 228, 230, 231
Balzac, Honoré 221
Barr, Alfred H. 406, 410, 411, 412, 417
Barré, François 375
Barthes, Roland 52, 69, 70, 189, 212, 225, 228, 292, 293, 303, 316

Baselitz, Georg 409
Bataille, Georges 77, 119, 228, 229, 340
Baudelaire, Charles 70, 81, 92, 183, 315
Baumeister, Willi 384, 386
Baumgart, Hildegard 181
Beardsley, Aubrey Vincent 339
Beaudin, André 54
Becher, Bernd 409
Beckett, John 244
Beckett, Samuel 60, 68, 72, 73, 119, 125, 164, 190, 191, 192, 207, 208, 209, 212, 214, 220, 232-265, 266, 267, 268, 309
Beckmann, Max 380, 386
Beethoven, Ludwig van 244
Belaval, Yvon 120
Bell, Larry 329, 335
Belmondo, Paul 306, 313
Benjamin, Walter 70, 105, 107, 129, 131, 273, 277, 356
Berkeley, George 192
Bertgang, Zoë 149
Beuys, Joseph 409
Blackwell, Tom 351
Blake, William 92, 342, 392
Blins, Roger 254
Bloch, Ernst 384
Blum, Irving 323, 324
Boas, Franz 44, 284
Boltanski, Christian 263, 268, 272, 273, 289, 409, 420
Bondy, François 220

Bonnard, Pierre 311, 374
Borès, Francisco 54
Borges, Jorge Luis 119, 266
Bosch, Hieronymus 237, 239
Bouchardon, Edmé 388
Bouglé, Célestin 276
Bouguereau, Adolphe William 323
Boulanger, Daniel 191, 193
Boulez, Pierre 375
Brancusi, Constantin 407
Brandhorst, Udo 397
Braque, Georges 9, 14, 15, 20, 21, 23, 26, 27, 29, 30, 33, 35, 36, 38, 41, 43, 51, 53, 57, 78, 84, 85, 156, 171, 174, 183, 311, 409, 411, 418, 421
Brassaï (Gyula Halász) 81
Brecht, Bertholt 67, 261, 383
Breker, Arno 305, 306, 307, 308, 309, 310, 311, 312, 313, 314, 315, 316
Breton, André 51, 55, 66, 67, 74-101, 106, 108, 109, 117, 123, 124, 125, 126, 131, 132, 133, 134, 135, 137, 141, 145, 148, 160, 162, 163, 214, 215, 229, 261, 262, 273, 276, 277, 279, 282, 386, 398
Broch, Hermann 300, 302, 303
Buecher, Thomas S. 350
Buñuel, Luis 146, 338, 344
Burda, Frieder 397, 403
Butler, Eugenia 324, 326
Butor, Michel 189, 191, 194, 195, 196, 197, 200, 226, 228, 262
Byron, George Gordon Noel, Lord 112, 144
Caillois, Roger 229
Calle, Sophie 266, 267, 268, 269, 270, 271, 272, 273, 274, 289
Cameron, Julia Margaret 342

Camoin, Charles 23
Campbell, Edwin R. 414
Camus, Albert 177, 240
Canova, Antonio 323
Carpeaux, Jean-Baptiste 102
Carroll, Lewis 237
Carter, Huntley 37
Cervantes, Miguel de 60, 62, 63, 64, 65, 66, 67
Cézanne, Paul 12, 16, 23, 25, 59, 67, 313, 374, 398, 414, 420
Chamberlain, John 335
Changeux, Jean-Pierre 391, 394
Chaplin, Charlie 243, 415
Charbonnier, Pierre 172
Charcot, Jean-Martin 281, 387, 389
Chardin, Jean-Baptiste Siméon 27, 92
Chateaubriand, François René Vicomte de 152, 154, 194, 284
Chaulnes, Duc de 391
Chevalier, Haakon M. 148
Chirac, Jacques 102
Chirico, Giorgio de 82, 84, 92, 95, 97, 129, 276, 341
Christo (eigentl. Christo Jawatschew) 351
Clair, Jean 387, 391, 394
Clair, René 243
Clark, Robert 323
Claudel, Paul 178
Close, Chuck 351
Clouzot, Henri-Georges 71
Cocteau, Jean 307, 308, 315
Cohn-Bendit, Daniel 107
Connolly, Cyril 171
Conrad, Joseph 226
Constant, Benjamin 356
Cordier, Daniel 402
Corinth, Lovis 384

Courbet, Gustave 16, 353
Crémieux, Francis 56
Crevel, René 261
Croce, Benedetto 421
Cross, Henri Edmond 12
Cuttoli, Marie 402
Dahl, Johan Christian 391
Daix, Pierre 102, 108
Dalí, Gala 143
Dalí, Salvador 66, 84, 138, 140, 141, 142, 143, 144, 145, 146, 147, 148, 149, 308, 345
Dante Alighieri 244, 248
Darmesteter, Arsène 167
Darwin, Charles 390, 392, 393
Daumier, Honoré 390
Davis, Stuart 407
De Palma, Brian 344
Delaunay, Robert 373, 374, 382
Deleuze, Gilles 229
Delft, Vermeer van 11
Denis, Maurice 26
Déon, Michel 148
Derain, André 9, 20, 21, 23, 26, 27, 29, 30, 31, 53, 313
Descates, René 237, 387
Desnos, Robert 54
Despiau, Charles 306, 307, 313
Dickens, Charles 109
Diderot, Denis 100, 148, 321, 388, 389
Disney, Walt 334, 352
Dix, Otto 67, 380, 386
Dongen, Kees van 23, 33
Dorfles, Gillo 299, 300, 301, 302, 303
Dostojewski, Fjodor 222
Dreiser, Theodore 349
Dubuffet, Jean 68, 69, 126, 183, 335, 408

Duchamp, Marcel 49, 60, 61, 62, 63, 64, 65, 66, 67, 69, 77, 82, 90, 91, 99, 100, 104, 137, 162, 243, 246, 247, 263, 299, 375, 383, 393
Dufy, Raoul 338
Dumas, Alexandre 359
Dunoyer de Sogonzac, André 313
Durand-Ruel, Paul 16, 28
Duras, Margueritte 193, 204, 208, 262
Dutilleul, Roger 24
Eaton, Hubert 321, 322, 323
Einstein, Carl 35, 36, 54, 240
Ellis, Havelock 128
Eluard, Paul 67, 117, 134, 160, 166, 261, 262, 282
Emrich, Wilhelm 129
Ernst, Max 78, 84, 90, 95, 96, 97, 99, 100, 101, 104, 116, 117, 125, 129, 130, 131, 132, 133, 134, 135, 136, 137, 138, 139, 146, 166, 242, 261, 276, 278, 279, 306, 309, 325, 349, 374, 384, 386, 408
Estaing, Giscard d' 367
Estes, Richard 351
Fagus, Félicíen 22, 57
Fargue, Léon-Paul 116
Fassbinder, Rainer Werner 358
Faulkner, William 226
Fautrier, Jean 68, 69, 168, 173, 174, 183, 408
Fénéon, Félix 24
Fest, Joachim 310
Feuillades, Louis 215
Fichte, Johann Gottlieb 12, 234
Fiedler, Conrad 44, 47
Fiori, Ernesto de 306
Flaubert, Gustave 125, 207, 361
Flick, Friedrich Christian 396, 399

Focillon, Henri 49
Fontana, Lucio 388, 409
Fontane, Theodor 244, 355, 356, 359, 361
Fortuny y Carbo, Mariano 322
Foucault, Michel 229, 407
Fragonard, Jean-Honoré 321
Francis, Sam 335
Franco, Francisco 159, 311
Frankenthaler, Helen 414
Franklin, Benjamin 392
Freud, Sigmund 45, 62, 76, 77, 79, 80, 83, 84, 132, 147, 149, 153, 218, 275, 284, 345, 387, 389, 390, 391, 392
Friedrich II. 359
Friedrich, Caspar David 244, 391
Friesz, Othon 23
Fröhlich, Josef 397
Fromentin, Eugène 322
Füßli, Johann Heinrich 342
Gachons, Jacques de 25
Gall, Franz Joseph 390, 392, 395
Galvani, Luigi 391
Galvez, Luis de 39
Garbo, Greta 326
Gauguin, Paul 25, 26, 374, 398, 421
Gaulle, Charles de 150, 151, 153, 155, 312
Gehry, Frank Owen 272
Géricault, Théodore 392
Gerz, Jochen 273, 289
Geulincx, Arnold 237, 243
Giacometti, Alberto 55, 67, 84, 131, 174, 183, 263, 408
Gide, André 113, 119, 230
Giesz, Ludwig 302
Giorgione 246, 247
Gleizes, Albert 16, 38, 42, 48, 59
Godard, Jean-Luc 207, 338

Goethe, Johann Wolfgang von 167, 257, 356, 359
Gogh, Vincent van 16, 25, 219, 374, 386, 398
Goncourt, Edmond und Jules 401
Gottlieb, Adolph 414
Goya, Francisco José 260
Grandville 390
Greco, El (Domenikos Theotokópoulos) 11
Green, Peter 365
Greenberg, Clement 71, 302, 409
Greuze, Jean Baptiste 350
Grien, Baldung 231, 364
Gris, Juan 9, 15, 39, 41, 47, 51, 53, 55, 56, 58
Groethuysen, Bernard 182
Grohmann, Will 246
Grosz, George 67, 386
Grothe, Hans 397
Guggenheim, Peggy 251
Guillaume, Paul 29
Haberle, John 349
Halbe, Max 12
Halberstadt, Vitali 247, 263
Hamann, Johann Georg 231
Handke, Peter 358
Hare, David 101
Harnett, William Michale 349
Hathaway, Henry 214
Haubrich, Joseph 402
Hauptmann, Gerhart 12
Hawthorne, Nathaniel 266
Haydn, Joseph 258, 330
Hebbel, Friedrich 229, 233
Hegel, Georg Wilhelm Friedrich 360
Heidegger, Martin 231
Heine, Heinrich 259, 361, 382
Held, Al 352
Helmholtz, Hermann von 392

Henninger, Gerd 175
Henri, Robert 349
Hermosa, Ramon de 143
Herodot 211
Herrmann, Bernard 337, 342
Heydt, August Freiherr van der 402
Hill, Carl Frederik 73
Hitchcock, Alfred 272, 337, 338, 339, 340, 341, 342, 343, 344, 345
Hitchcock, Patricia 338
Hitler, Adolf 111, 305, 307, 309, 310, 311, 312, 313, 314, 315
Hockney, David 409
Hoffmann, E.T.A. 145
Hofmann, Werner 99
Hofmannsthal, Hugo von 249
Hogarth, William 350
Hölderlin, Freidrich 167, 231, 250, 256
Hopper, Edward 339, 351, 407
Hopps, Walter 326
Horkheimer, Max 80, 249
Horn, Rebecca 73, 75
Houdon, Jean-Antoine 388
Hubbuch, Karl 386
Hugo, Victor 361
Hultén, K.G. Pontus 331, 370, 403
Hume, David 60
Ingres, Jean-Auguste-Dominique 27
Ionesco, Eugène 164, 260
Iwanowna, Tonio und Lisaweta 222
Jacob, Max 9, 54, 166
Janet, Pierre 80, 338
Janis, Sidney 346, 347, 348, 351, 352
Jardot, Maurice 59
Jarry, Alfred 61, 133
Jawlensky, Alexej 386
Jensen, Wilhelm 149

Jewtuschenko, Jewgeni 220
Johns, Jasper 414
Jolas, Eugene 240
Jouhandeau, Marcel 54
Joyce, James 97, 98, 125, 161, 162, 233, 235, 236, 239, 246, 248, 252, 253, 257, 260, 261, 276, 291
Kafka, Franz 67, 119, 129, 130, 131, 132, 133, 134, 135, 136, 137, 138, 139, 212, 220, 222, 231, 233, 249, 255, 266, 275, 284, 291, 356, 415
Kahnweiler, Daniel-Henry 9-56, 88, 89, 309, 348, 398, 402
Kandinsky, Nina 347
Kandinsky, Wassily 55, 313, 341, 383, 384, 386, 414, 420
Kant, Immanuel 21, 45, 47, 58, 59
Keaton, Buster 192, 256
Keller, Gottfried 356
Kelly, Ellsworth 346, 352
Kenner, Hugh 236, 252
Kermadec, Eugène de 54
Kiefer, Anselm 8, 358, 409
Kienholz, Edward 324, 325, 326, 327, 329, 347
King, Charles Bird 349
Kirchner, Ernst Ludwig 373, 386
Klee, Paul 56, 116, 338, 386
Klein, Yves 409
Kline, Franz 411, 414
Klossowska, Baladine 231
Klossowski, Balthasar siehe Balthus
Klossowski, Pierre 228, 229, 230, 231
Kolbe, Georg 306
Kooning, Willem de 206, 413
Korngold, Erich Wolfgang 342
Kubin, Alfred 339
Kupka, František 374

La Fontaine, Jean de 164, 182
Lacan, Jacques 148
Lam, Wilfredo 99
Landy, Eugene 330
Lang, Fritz 338, 344
Lascaux, Elie 54
Laudier, Henri 402
Laurens, Henri 54
Lautréamont, Comte (eigentl. Isidore Lucien Ducasse) 67, 92, 95, 110, 113, 122, 133, 144, 160, 287
Lavater, Johann Kaspar 390, 395
Lavrov, Sergey 364
Le Brun, Charles 388
Le Corbusier 373
Le Gac, Jean 273
Léger, Fernand 9, 15, 40, 53, 58, 343, 398, 409
Lehmbruck, Wilhelm 306, 382
Leibl, Wilhelm Maria Hubertus 350
Leibniz, Gottfried Wilhelm 237, 244, 252
Leigh, Janet 338
Leiris, Luise 28, 56, 402
Leiris, Michel 12, 54, 56, 76, 77, 117, 120, 153, 160, 161, 223, 226, 228, 229, 285, 364
Levine, Les 335
Lévi-Strauss, Claude 101, 117, 123, 214, 275-289, 303, 335
Lichtenberg, Georg Christoph 166, 390
Lichtenstein, Roy 329, 334, 336, 352
Lifar, Serge 308
Limbour, Georges 54, 109
Lindner, Richard 317
Lindon, Jérôme 207
Louis XV. 162

Lowry, Glen 410
Lows, Jackson Max 335
Ludwig, Peter 397, 402, 403
Lukács, Georg 384
Lynch, David 211
Macke, August 373, 382, 386
Maeterlinck, Maurise 12
Magritte, René 104, 215, 340
Mahaffey, Noel 351
Maillol, Aristide 307
Majakowski, Wladimir Wladimirowitsch 104
Mallarmé, Stéphane 52, 67, 123, 242, 342
Malraux, André 54, 109, 150, 151, 152, 153, 154, 155, 301, 312, 313, 315, 401
Man Ray 84, 104, 340, 344, 348
Manessier, Alfred 303
Manet, Edouard 12, 25, 421
Mann, Heinrich 67
Mann, Thomas 222
Manolo (Manuel Martínez Hugué) 54
Mao Zedong 151, 152, 154
Marey, Jules Etienne 392
Marx Brothers 233
Marx, Erich 397
Masson, André 54, 55, 84, 99, 104, 116, 125, 229, 408
Matisse, Henri 23, 28, 33, 39, 48, 104, 306, 311, 341, 373, 374, 382, 407, 408, 409, 410, 414, 416, 417
Matta, Roberto 99
Mauclair, Camille 53
Mauriac, Claude 190, 196
Mauss, Marcel 117
McCarthy, Mary 220
Meister Eckhart (eigentl. Eckhart von Hochheim) 275, 289

Mendel, Deryk 263
Menzel, Adolph 355, 361
Merleau-Ponty, Maurice 97
Mesmer, Franz Anton 389
Messager, Annette 268, 273, 289
Messerschmidt, Franz Xaver 392
Métraux, Alexandre 284
Metzinger, Jean 16, 38, 42, 48
Michaux, Henri 68, 113-128, 166, 415
Michelangelo Buonarroti 307, 323
Middleton Murry, John 37
Mihalovici, Marcel 244
Millais, John Everett 342
Milton, John 112
Miró, Joan 82, 84
Modersohn-Becker, Paula 382
Mollard, Claude 367
Mondrian, Piet 100, 341, 374, 407, 420
Montaigne, Michel Eyquem de 223
Moreau, Gustave 374
Morin-Sinclair, Denise Marie Roberte 229
Morrissette, Bruce 214, 225
Müller, Heiner 358
Müller-Freienfels, Reinhart 262
Munch, Edvard 374, 385, 386
Musil, Robert 162, 309
Nadar (eigentl. Gaspard Félix Tournachon) 16
Namuth, Hans 71
Napoleon I. Bonaparte 151, 360, 362
Nauman, Bruce 60, 73, 263
Nehru, Jawaharlal 154
Nerval, Gérard de (eigentl. Gérard Labrunie) 356
Newton, Isaak 92, 391, 392
Nietzsche, Friedrich 12, 77, 131, 153, 231, 407, 416

Nizan, Paul 108
Noland, Kenneth 414
Nolde, Emil 373, 386
Novak, Kim 340
Novalis (eigentl. Georg Friedrich Philipp Freiherr von Hardenberg) 279
O'Keeffe, Georgia 407
Oldenburg, Claes 324, 325, 334, 336, 372
Olitzki, Jules 335, 352
Ollier, Calude 190, 191, 193, 201
Orff, Carl 303
Oursler, Tony 263
Pabst, Georg Wilhelm 341
Pagé, Suzanne 402
Paik, Nam June 409
Panza, Guiseppe 397
Paolozzi, Eduardo 327, 335
Pascal, Blaise 123
Pasley, Malcom 129
Paulhan, Jean 68, 171
Peale, Raphaelle 349
Pearlstein, Philip 349
Perec, Georges 273
Peto, John Frederick 349
Peyrefitte, Roger 308
Piano, Renzo 369
Picabia, Francis 84, 243, 373
Picard, Raymond 292
Picasso, Olga 157
Picasso, Pablo 9, 14, 15, 17, 18, 19, 20, 21, 22, 23, 26, 27, 28, 33, 35, 36, 37, 38, 39, 41, 43, 50, 51, 53, 55, 56, 57, 59, 71, 78, 81, 82, 84, 85, 86, 88, 89, 104, 120, 156, 157, 158, 159, 160, 161, 162, 163, 171, 174, 256, 305, 306, 309, 311, 313, 314, 315, 316, 341, 343, 348, 363, 364, 365, 374, 398, 401,

407, 408, 409, 410, 411, 414,
  417, 418, 419, 420, 421
Picq, Emile 169
Pinault, François 397
Pinget, Robert 191, 192, 193, 194,
  201, 217, 262
Pinson, André-Pierre 387
Piot, Christine 158
Pisanello (eigentl. Antonio Pisano)
  164
Platon 37, 45
Poe, Edgar Allan 341
Polke, Sigmar 358, 409
Pollock, Jackson 70, 71, 206, 351,
  366, 411, 414
Ponge, Francis 54, 68, 69, 128,
  165, 168-185, 240, 262, 287
Pontormo, Jacopo 231
Poons, Larry 352
Posse, Hans 246
Powell, Colin 363
Power, John 257
Proust, Marcel 152, 222, 226, 244,
  260
Queneau, Raymond 54, 117, 211
Quinet, Edgar 361
Radford, Michael 269
Radiguet, Raymond 54
Rank, Otto 144
Raue, Peter 405
Rauschenberg, Robert 324, 331,
  332, 336, 340, 414
Raynal, Maurice 58
Redon, Odilon 339, 374, 392
Régnier, Gérard, siehe Jean Clair
Reignier, Eugène 12, 13
Rembrandt Harmenszoon van Rijn
  349
Renard, Jules 251, 257
Renoir, Pierre Auguste 12
Reverdy, Pierre 54, 78

Rheims, Maurice 210
Richter, Gerhard 358, 375, 414
Riegl, Alois 44
Rilke, Rainer Maria 230, 231
Rimbaud, Jean Nicolas Arthur 92,
  112, 113, 119, 133
Ristat, Jean 112
Robbe-Grillet, Alain 190, 191,
  195, 204, 206, 207, 208, 209,
  210, 211, 212, 213, 214, 215,
  225, 262, 344
Rockwell, Norman 349, 350, 351,
  352
Rodenbach, Georges 342
Rodin, François Auguste René 104,
  306, 338
Rogers, Richard 369
Rose, Barbara 352
Rosenberg, Paul und Léonce 29
Rosenberg, Harold 71, 101
Rosenquist, James 352
Rossetti, Dante Gabriel 342
Rothko, Mark 414
Rouault, Georges 338
Rousseau, Henri (Le douanier)
  374, 414, 419, 420, 421
Rousseau, Jean-Jacques 153, 223,
  280, 284
Roussel, Raymond 209
Rouvre, Yves 54
Roux, Gaston-Louis 54
Rubens, Peter Paul 350
Ruff, Thomas 409
Rupf, Hermann 24
Saatchi, Charles 397
Sabartès, Jaime 156
Sade, Marquis de 144, 208, 229,
  392
Saint-Laurent, Yves 102
Salacrou, Armand 54
Salt, John 351

Sarraute, Nathalie 190, 191, 193, 201, 202, 203, 204, 205, 206, 207, 209, 213, 216, 217, 218, 219, 220, 221, 222, 223, 262, 287, 290, 291, 309
Sartre, Jean-Paul 109, 111, 176, 183, 208, 217, 273
Saussure, Ferdinand de 167
Scarpitta, Salvatore 351
Schdanow, Andrej 111
Scheler, Max 231
Schlemmer, Oskar 384, 385, 386
Schlichter, Rudof 386
Schlosser, Julius von 88, 89, 91
Schmid, Carlo 155
Scholz, Georg 386
Schopenhauer, Arthur 12, 251
Schreber, Paul 147
Schuster, Peter-Klaus 405, 410
Schwitters, Kurt 386
Segonzac, Dunoyer de 313
Serra, Richard 73
Seurat, Georges 374
Shaftesbury (Anthony Ashley Cooper, Earl) 60
Sickert, Walter Richard 338
Signac, Paul 12, 23
Sima, Josef 134
Simon, Claude 191, 204, 209, 224, 225, 226, 227, 262, 298, 330
Simon, James 402
Sisley, Alfred 12
Skira, Albert 82, 85
Sollers, Philippe 191, 201, 262
Sombart, Werner 222
Sontag, Susan 300
Soupault, Philippe 78, 160
Speer, Albert 310, 311
Spitzweg, Carl 350
Sprengel, Bernhard 402

Staël-Holstein, Anne Louise Germaine de, Baronin 359, 360, 361
Stalin, Jossif 111, 308
Stein, Gertrude 39, 54, 67
Stella, Frank 352
Stendhal (eigentl. Marie-Henri Beyle) 144, 153
Stifter, Adalbert 356
Still, Clyfford 414
Stout, Rex 242, 258
Strauss, Richard 322
Strecker, Paul 307
Styka, Jan 322
Sudermann, Hermann 12
Swanson, Gloria 326
Swift, Jonathan 125, 133, 239
Swinburne, Algernon Charles 342
Syberberg, Hans-Jürgen 358
Tacitus 360
Tanguy, Yves 33, 55, 84
Tardieu, Jean 68, 125, 164, 165, 166, 167, 188, 192, 262
Tarkovsky, Andrei 75
Teige, Karel 134
Tériade, E. 53, 55, 56 57, 59
Thannhauser, Heinrich 33
Thibaudeau, Jean 187, 188, 189, 191, 201, 202
Thoreau, Henry David 268
Tinguely, Jean 70, 409, 415
Tizian 247
Tomlin, Bradley Walter 414
Tophoven, Elmar 232, 242
Tophoven, Erika 265
Toulouse-Lautrec, Henri de 12
Triolet, Elsa 102, 104, 109, 112
Truffaut, François 338
Tschechow, Anton 216, 219
Tuchman, Maurice 332, 335
Turner, William 392

Tzara, Tristan 34, 54, 160 161, 254
Uhde, Wilhelm 14
Unseld, Siegfried 261
Vaché, Jacques 77, 78
Valéry 54, 78, 106, 125, 166, 177, 211
Valli, Alida 343
Vallotton, Félix 349
Vasarély, Paul 195, 336, 348
Vautier, Ben 375
Vauxcelles, Louis 32
Velde, Bram van 240, 257, 260
Velde, Gert van 257
Velde, van de, Brüder 68
Verhaeren, Emile 12
Vico, Giambattista 235, 244, 246, 248
Vlaminck, Maurice de 23, 26, 27, 29, 53, 313, 315, 338
Vollard, Ambroise 16, 21, 23, 28, 30, 57, 159
Volta, Alessandro Graf 391
Voltaire (François-Marie Arounet) 252

Vulliamy, Gérard 68
Walpole, Horace 135
Warburg, Aby 84, 85
Warhol, Andy 238, 327, 352, 375, 406, 414
Wenders, Wim 358
Wesselmann, Tom 352
Wilde, Oscar 342
Wilder, Nick 324
Wilson, Robert 75
Winckelmann, Johann Joachim 308
Wittgenstein, Ludwig 231, 249
Wittig, Monique 191, 203, 204, 205, 220
Wölfflin, Heinrich 410, 417
Wols (Wolfgang Schulze) 69, 126
Wright of Derby, Joseph 350
Wright, Frank Lloyd 340
Würth, Reinhold 403
Zeltner-Neukomm, Gerda 181
Zola, Emile 12, 370
Zumbo, Don Gaetano Giulio 392

Erste Auflage September 2008

© Berlin University Press

Alle Rechte vorbehalten

Ausstattung und Umschlag
Groothuis, Lohfert, Consorten | glcons.de

Satz und Herstellung
Dittebrandt Verlagsservice, Baden-Baden

Der Schuber dieser Gesamtausgabe wurde unter Mitarbeit von Andreas Gursky auf der Grundlage seiner Fotografie »99 cent« von 1999 gestaltet.

Schrift
Borgis Joanna MT

Druck
DruckPartner Rübelmann GmbH, Hemsbach

Printed in Germany

ISBN 978-3-940432-41-4

Verlag und Herausgeber bedanken sich bei allen Rechteinhabern für die freundliche Überlassung der Abdruckrechte für Bild und Text für diese Ausgabe.

© Balthus, André Derain, Max Ernst, Roy Lichtenstein, Henri Michaux, Robert Rauschenberg bei VG Bild-Kunst, Bonn 2008

© Marcel Duchamp bei Succession Marcel Duchamp/VG Bild-Kunst, Bonn 2008

© Pablo Picasso bei Succession Picasso/VG Bild-Kunst, Bonn 2008

© Salvador Dalí by Fundació Gala-Salvador Dalí/VG Bild-Kunst, Bonn 2008